Ursula Nötzoldt-Linden

Freundschaft

Studien zur Sozialwissenschaft

Band 140

Ursula Nötzoldt-Linden

Freundschaft

Zur Thematisierung einer
vernachlässigten soziologischen Kategorie

Westdeutscher Verlag

Umschlaggestaltung: Christine Huth, Wiesbaden

Gedruckt auf säurefreiem Papier

ISBN 978-3-531-12551-0   ISBN 978-3-322-94199-2 (eBook)
DOI 10.1007/978-3-322-94199-2

Für Horst

Inhalt

1. Einleitung

Wer über die Freundschaft schreibt, bleibt immer hinter den Möglichkeiten, die dieses Thema bietet, zurück.
Freundschaft, dieser „schwarze Schwan" (LÖWITH 1928:162), entzieht sich dem perfektionistischen Bemühen, alle Facetten des Phänomens auf einmal einzufangen. Sie verändert sich im Vollzug, nimmt die Schattierungen der jeweiligen Epoche und ihrer Menschen mit auf.
So kann es sich hier nur um einen soziologischen Versuch über Freundschaft als historische Zeitgestalt handeln. Ein solches Vorhaben will und muß zur Entzauberung von Freundschaft als einer alltagsfernen Idee beitragen zugunsten eines Freundschaftsverständnisses, welches sich an den spezifischen Gegebenheiten des sozialen Lebens orientiert.

1.1. Freundschaft in der individualisierten Gesellschaft

Wir leben in einer Zeit der Freisetzungsprozesse und Individualisierungsschübe (vgl. BECK 1986). Auch wenn das neu entstehende Verhältnis zwischen Individuum und Gesellschaft, die neue Unmittelbarkeit, noch nicht von allen gesellschaftlichen Gruppierungen in gleicher Weise erfahren wird, ist doch nicht zu leugnen, daß dieser globale Trend einer systematischen Individualisierung sich mit der „Gleichzeitigkeit des Ungleichzeitigen" (E. BLOCH) überall durchsetzt.
Welcher Stellenwert könnte der dyadischen Freundschaft in einer Gesellschaft zukommen, von der man befürchtet, daß sie sich zu einer „vollmobilen Single-Gesellschaft" (BECK 1986:190) ausweitet, die narzißtischen Verhaltensweisen entgegenkommt (vgl. STIMMER 1987:314) und in der am andern orientierte Gemeinschaften mehr und mehr ins Hintertreffen geraten?
Die spezifische Umbruchsituation, in der wir uns befinden, die zu veränderten Lebensformen und -qualitäten führt, wird von BECK (1986:206) unter dem Aspekt einer „dreifachen Individualisierung" präzisiert als
- Herauslösung aus historisch vorgegebenen Sozialformen und -bindungen wie z.B. Familie, Ehe, Beruf, traditionellen Geschlechterlagen sowie aus regionaler Kultur und Raum
- Verlust von traditionalen Sicherheiten bezüglich Handlungswissen, Glauben und Normen
- neue Art der sozialen Einbindung über Arbeitsmarkt-, Konsum- und Medienabhängigkeit.

Diese Momente einer umfassenden Freisetzung vollziehen sich auf dem Hintergrund eines wohlfahrtsstaatlichen Auffangnetzes, bei vergleichsweise hohem materiellen Lebensstandard. Für den einzelnen bedeutet dies die Herauslösung aus relativ stabilen sozialen Kontexten und Bezugspunkten von Alltags- und Lebensbewältigung.

Es „nehmen die Bereiche ab, in denen gemeinsam verfaßtes Handeln das eigene Leben affiziert, und es nehmen die Zwänge zu, den eigenen Lebenslauf selbst zu gestalten, und zwar auch und gerade dort, wo er nichts als das Produkt der Verhältnisse ist." (ders. 1986:216)

Mit allen Widersprüchen, Risiken und Chancen ist der einzelne auf sich selbst verwiesen.

Im Rahmen dieser Differenzierungsprozesse und bei abnehmender Gültigkeit tradierter Normen, kommt das Individuum in die Lage, aus einer sich herausbildenden Vielfalt potentieller Lebensformen seine eigene Kombination entwerfen zu müssen. Entscheidungen über den Umgang mit Berufswahl, Familienform, Wahl des Lebenspartners, Zahl der Kinder, Wahl religiöser Zugehörigkeit, Wohnort, Freundschaften und Bekanntschaften, Lebensstil, politisches Engagement, Lebensdeutung, Hobbies und Interessen werden zum individuellen Dilemma (vgl. NUNNER-WINKLER 1985:469).

Daß in den letzten 20 Jahren in der Bundesrepublik tatsächlich andere Sozialverhältnisse entstanden sind, belegen folgende Daten (aus BECK 1990a:24ff.): Jede dritte Ehe in der Bundesrepublik wird geschieden, in Großstädten jede zweite und in kleinstädtischen Gebieten etwa jede vierte Ehe. Bei Langzeitehen, Wiederverheirateten und Eltern mit Kindern nimmt die Scheidungsquote zu. Eine Vielzahl ungeklärter Beziehungskonstellationen entsteht: „meine, deine, unsere Kinder". Schätzungen zu „Ehen ohne Trauschein" in der Bundesrepublik glauben, daß etwa 2,5 bis 3 Millionen Personen in nichtehelichen Partnerschaften leben. Entsprechend nimmt der Anteil unehelicher Kinder zu (1967 = 4,6%; 1988 = über 10%). Die Zahl der Trennungen, das Pendant zu Scheidungen, ist unbekannt.

Diese Freisetzungs- und Ausdifferenzierungstendenz von Familie und Ehe verweist auf eine wachsende Vielfalt von noch wenig erprobten Lebenslagen und sozialen Kreisen, in die der einzelne häufig hineingedrängt wird.

„Immer mehr Menschen leben allein." (BECK 1990a:26) Die Zusammensetzung der bundesrepublikanischen Haushalte dokumentiert dies: 35% sind Einpersonen-Haushalte; in Großstädten sind es 50%; Tendenz steigend. 30% sind Zweipersonen-Haushalte und für nur 6% der Haushalte leben fünf und mehr Personen zusammen.

Etwa 9 Millionen Menschen (= 15% der Bevölkerung) leben Ende der 80er Jahre allein. Nur die Hälfte davon sind junge, ledige berufstätige Single, der andere Teil bezieht sich auf ältere, verwitwete Personen, überwiegend Frauen. In der Mehrzahl der Fälle, so weiß man, leben Menschen nicht freiwillig allein.

Jugendstudien bestätigen, daß junge Leute kein bindungsloses Leben anstreben und die amerikanischen Forscher REIS/SHAVER (1988:386) konstatieren, daß der Wunsch nach intimen Bindungen allgemein anwächst.

Wenn tradierte Partizipationsvorgaben immer mehr entfallen, neue Beziehungsdimensionen erst als Möglichkeiten aufscheinen oder gerade in der Erprobungsphase sind, und ein Zurück zu den alten Lebensmustern nicht angemessen erscheint, dann wird es notwendig, andere Formen des Zusammenlebens zu finden, die individuellen Freiraum und relativ dauerhafte Bindung erlauben.

Der Ausbau „differenzierter Freundschaften" wie SIMMEL (1968:269) sie skizziert, als kürzerfristige, projektbezogene und dennoch am Individuum orientierte Gemeinschaften[1], könnte einen Weg aus dem Dilemma zwischen Überforderung durch möglich gewordene Beziehungsvielfalt und drohender Isolation darstellen. Damit das Leben des Single nicht durch die „Nichtgegenwart des anderen" (BECK 1990b:191) ausgefüllt ist, und Individuen sich gezwungenermaßen im Alleingang ihren Weg durch den Beziehungsdschungel bahnen müssen, wird es notwendig, sich Gleichgesinnte und Vertraute zu suchen, die unterstützen und begleiten. Freundschaftsbildung könnte dem sich ausbreitenden instrumentellen, manipulativen Umgang mit anderen vorbeugen. Sie könnte eine Alternative zu nicht vorhandenen traditionellen Bindungen darstellen, etwa zur Ehe und bei Abwesenheit oder räumlicher Trennung von Familie und Verwandtschaft. „In many instances, friends function as the single person's ,family'." (KERSTEN/KERSTEN 1988:409) Auf der Basis von Freundschaften werden individuelle und soziale Bedürfnisse abgedeckt, ohne die gerade gewonnene soziale Autonomie und Unabhängigkeit zu beschneiden.

Auf unterschiedlichsten Sektoren sieht sich das Individuum zwischen Risiken und Chancen zum Aushandeln seiner Lebensperspektiven veranlaßt. Mit zunehmender „Flexibilisierung der Erwerbsarbeitszeit" und „Dezentralisierung des Arbeitsortes" (BECK 1986:209) findet auch eine Freisetzung relativ zum Beruf statt. Aus der veränderten Handhabung von Zeit und Raum brechen Beziehungen und biographische Verlaufsmuster auf.

Neben der nicht zu unterschätzenden Chance für viele, sich unkonventionell in den Arbeitsbereich einklinken zu können (Computer-Heimarbeit!), ziehen flexible, nicht zeit- und ortsgebundene Arbeitsweisen immer auch eine Entkoppelung von bisher synchron in direkter Interaktion bewältigter Beschäftigung nach sich. Gemeinsame Arbeitsplatzbiographien verkürzen sich oder entfallen. Gefahr der Fragmentierung, Anonymität und des Orientierungsvakuums zieht herauf.

Ein autonomer Weg soziale Einbindung in den Produktionsprozeß zu gewährleisten, der Wissensfluß garantiert und eine oder mehrere Anlaufstellen für persönliche Sorgen, Probleme, Fragen und Vergleichsmöglichkeiten bietet, ist der aktive Ausbau von Freundschaften im Rahmen von Tätigkeiten.

---

1   dazu Kap. 3.1.1, 4.2.1, 4.2.4

Das gilt auch für die Gestaltung des zunehmenden Freizeitkontingents, in welchem man vom Grundsatz her auf andere angewiesen ist, besonders auf Freunde, die nicht mit Berufskollegen identisch sind (vgl. VESTER 1988:117).

Mit dem über die allgemeine Anhebung des Bildungsniveaus einsetzenden Bildungszwang und einer gleichzeitigen Entwertung von Bildungsabschlüssen (es gibt keine Garantie dafür, im erlernten Bereich auch Arbeit zu finden), geht das Gespenst der Berufsverunsicherung, der Austauschbarkeit, entwerteter Individualität und Zukunftsangst um. Andererseits eröffnen sich neue Perspektiven einer erweiterten und nicht standardisierten Berufswahl.

Wo die allgemeine Tendenz droht, daß Arbeitsuchende sich als unerbittliche Konkurrenten gegenüberstehen, scheint es wichtig, sich auf Möglichkeiten der gemeinsamen Bewältigung neuer Probleme zu besinnen. Unter Freunden kann die geteilte Situation im Informationsaustausch reflektiert und bewertet werden. Phantasievollere Verhaltens- und Umgangsweisen, die nicht auf Einzelkämpfertum abzielen, könnten gesucht und ausprobiert werden.

Ein weiteres Potential an Konflikten und Chancen entzündet sich über die Angleichung des Bildungszuganges von Mann und Frau, der Tendenz zur Aufhebung geschlechtsspezifischer Arbeitsteilung und dem Bestreben von Frauen, in vielen Berufssektoren, auch in sogenannten ‚Männerdomänen' akzeptiert zu werden. Was für Frauen eine Chance, kann für den Ehepartner, die Kinder eine Restriktion bedeuten: Umdenken und zusätzliche Mitarbeit im familialen Binnenbereich werden nötig.

Vielleicht könnten gerade an diesem Punkt gleichgeschlechtliche Freundschaften Männern wie Frauen Rückhalt bieten bei der Modifizierung oder Verabschiedung traditionaler Handlungs- und Bewertungsschemata. In einer stützenden Atmosphäre könnten z.B. Enttäuschungen aufgefangen, überzüchtete Ansprüche relativiert werden. Durch Mut zum Experiment im Privatbereich, Offenheit für wertschätzende Diskussionen und Solidarität in der Öffentlichkeit, würde möglicherweise die Realisierung eines neuen Geschlechterverhältnisses etwas näher rücken.

Mobilität ist eine typische Erfahrung der Moderne. Räumliche und soziale Mobilität gehen Hand in Hand. Sich bewegen können zwischen und in verschiedenen geographischen Räumen ist einerseits Teil kreativer Freiheit, andererseits, wenn Mobilität zum Existenzzwang wird (etwa bei Arbeitslosigkeit oder Scheidung), entstehen Gefühle der Austauschbarkeit und Entwurzelung. Im Gefolge von Mobilitätsprozessen verschwinden traditionell ökologische Nischen, alte Wohngebiete und damit Geschichte(n), Wissen und Hilfsangebote. Besonders soziale Mobilität, das Verlassen der Familie, des Ehepartners, Auflösung von Arbeitsbeziehungen hat ein Doppelgesicht in der Chance zu neuen Bindungen und der Erfahrung, verlassen zu werden, ersetzbar zu sein und Phasen von Einsamkeit zu erleben.

„Mit zunehmender sozialer Differenzierung wächst zwar die allgemeine soziale Abhängigkeit, aber die Abhängigkeit von spezifischen Personen sinkt." (NUNNER-WINKLER 1985:469).

Wir glauben, daß es deshalb umso dringlicher wird, verschiedenste Freunde zu finden, mit denen man auch über Räume hinweg mehr oder weniger intensiven Kontakt hält, soziale und lokale Anker schafft und pflegt. Die Erfahrung gemeinsamer Episoden, die Beziehungsgeschichte konstituiert, vermittelt ein Gefühl von Individualität, Stabilität und Zugehörigkeit im Wandel (vgl. KERSTEN/ KERSTEN 1988:409).

Parallel zu Freisetzungsprozessen aus Lebensbezügen ist ein Verlust von gesichertem Handlungswissen und richtungweisenden Normen zu konstatieren. Sinnzusammenhänge entfallen, werden umgewertet oder entwertet. Stabilitäts- und Orientierungsverlust durch Beliebigkeit von Deutungsmöglichkeiten droht und der

„Zwang zur Auseinandersetzung mit den unterschiedlichsten subkulturellen Deutungsmustern (Wertepluralismus) zählt zur normalen Erfahrung fast aller Gesellschaftsmitglieder." (NUNNER-WINKLER 1985:468)

Um der Abnahme unmittelbaren Erfahrungswissens entgegenzuwirken und den Einfluß massenmedial angebotener Interpretationsfolien kritisch zu relativieren, scheint ein gangbarer Weg der, sich Freunde zu suchen, mit denen man gemeinsam relevante Lebensbereiche gestaltet. Im direkten Austausch erwächst prüfbares Handlungswissen, werden Bedeutungszusammenhänge, Wertigkeiten und Normen geschaffen, die sich am jeweiligen sozialen Kontext messen. Auf dieser Basis ließe sich der Zwang, im Alleingang das Sinn- und Wertevakuum auffüllen zu müssen, mildern und sozial rückbinden.
Festzuhalten bleibt:

„Die Folgen dieses Freisetzungsprozesses gehen für die Subjekte weit über die Veränderungen äußerer Lebenskonturen hinaus. Sie fordern eine veränderte innere Ausstattung, um durch eine sich partikularisierende Welt und die ständig geforderten situativen Umstellungen ohne Zerfall der Person durchzukommen." (KEUPP 1988:124)

Wir sehen im Eingehen von differenzierten Freundschaften *einen* Lösungsansatz im Dilemma zwischen Individualisierung und Notwendigkeit zur Sozialität. Ohne soziale Bezugspunkte können weder die Chancen und Vorzüge des eigeninitiierten Lebens entfaltet, noch die Risiken und Verunsicherungen aufgefangen werden.
Um die Balance zwischen Selbst- und Du-Bezogenheit nicht völlig zu verlieren, gilt es „so langweilige Begriffe wie Freundschaft - als gewählte Vertrauenspartnerschaften" (BECK 1990b:217) neu zu entdecken und inhaltlich so auszugestalten, daß sie der individualisierten Lebenslage entsprechen.

13

Weil differenzierte Freundschaft bindet ohne zu fesseln, neuen Perspektiven aufgeschlossen ist und Handlungs-, Wissens-, Sinnzusammenhänge aktiv experimentierend ausloten kann, stellt sie gerade heute einen Modus der autonomen Lebensbewältigung dar, der den anderen nicht instrumentalisiert, sondern wertschätzend miteinbezieht.

Eher lockere, weniger durch extreme Ausschließlichkeit gekennzeichnete, kürzerfristige, am gemeinsamen Projekt orientierte Freundschaften widersprechen der Forderung nicht, daß

> „der einzelne ... sich selbst als Handlungszentrum, als Planungsbüro in bezug auf seinen eigenen Lebenslauf, seine Fähigkeiten, Orientierungen, Partnerschaften usw. zu begreifen (hat)" (BECK 1986:217).

Diese heute in den Vordergrund tretende Beziehungsform wird dem gesellschaftlichen Anspruch einer Partizipation des Individuums in verschiedensten, teils neu zu schaffenden Bereichen leichter gerecht, als etwa sogenannte enge Busenfreundschaften.

1.2. Freundschaft - ein Weg aus dem Dilemma zwischen „Kontaktinfarkt" und sozialer Isolation

Als Folge der gesellschaftlichen Individualisierungsprozesse treten gegenwärtig auf dem Beziehungssektor zwei miteinander verwobene Trends hervor: „Kontaktinfarkt" (ERNST 1991) und soziale Isolation.

Aus der Tatsache eines nie dagewesenen Beziehungsangebotes und dem Zwang, sich über Kontakte mit möglichst vielen Bereichen, Menschen, Wissensgebieten ins private wie ins öffentliche Leben einzuschalten und attraktiv zu machen, droht jenen, die nicht mit Bewußtheit Bindungen knüpfen und verweigern, eine Aushöhlung von Beziehungen. Der konsumierende Kontakt, der zwar zur Berührung mit anderen führt, aber die zwischenmenschliche Beziehung im eigentlichen Sinne verwehrt, nimmt die Fragmentierung und Funktionalisierung des anderen inkauf. Der Mensch heute lebt in ständiger Berührung mit anderen, ob er sich das ausgesucht hat oder nicht. Wir sind

> „unablässig den Augen und Ohren anderer ausgesetzt, und umgekehrt absorbieren wir ständig Meinungen, Einstellungen, Moden, Überzeugungen von anderen." (Vgl. ERNST 1991:23)

Jeder Kontakt ist Chance zu neuen persönlichen Beziehungen und enthält das Risiko enttäuscht, mißverstanden, mißbraucht und verunsichert zu werden. Je mehr Beziehungen aufrechterhalten werden, desto weniger Zeit kann im Einzelfall investiert werden und um so größer ist die Gefahr der Oberflächlichkeit und Ersetzbarkeit.

Eine Pluralisierung der sozialen Lebenswelt äußert sich nach BERGER u.a. (1987:64f.) zum Beispiel in Überlegungen zur konkreten Lebens- und Alltagsplanung. Der einzelne ist heute in der Lage, aus verschiedensten Alternativen seine Beziehungs-reise „auf der Landkarte der Gesellschaft" zusammenzustellen. Auswählen und selbst entscheiden zu können, gibt ein Gefühl der Freiheit und Autonomie. Andererseits bedeutet dies immer auch Informations- und Entscheidungszwang, Einschränkung und Absage an andere Optionen. Es besteht in der Gegenwart eine Tendenz zur Abdeckung möglichst vieler Alternativen. Im Chaos der Möglichkeiten und Notwendigkeiten begleitet viele Menschen die Angst, etwas zu verpassen, ‚out' zu sein. Oft fungiert sie als Motor zu neuer Kontaktbereitschaft. Nichtanwesenheit und vermeintliche Informationslücken isolieren. Man liefert sich der Gefahr der Zerreißprobe aus. Kultur und Medien bearbeiten das ästhetische und soziale Verhalten und seine Symbolik auf allen Ebenen. Besonders über die Medien werden immer neue, international gespeiste Lebens-, Beziehungs-, Verhaltens- und Sprachstile präsentiert. Ausdrucksschablonen und ‚Secondhand-Wissen' erschweren die Mühe der eigenen Erfahrung und der sozial ausgearbeiteten Lösungssuche, die sich nicht nur im Aufspüren von Modetrends erschöpft. Wir verlernen allmählich zwischen der Echtheit und Künstlichkeit unserer Handlungen zu unterscheiden, meint GERGEN (1991). Gemessen an den offenen Möglichkeiten, sind wir nie auf der Höhe der Zeit. Die Forderung lautet, immer stärker alle Sensoren auf das Neue, den Anschluß an bestimmte Felder der sozialen Welt zu richten.

Im individuellen Zugang und der persönlichen Nutzbarmachung von Kommunikationstechnologien[2] sind wir heute in der Lage, mit einer Vielzahl von Menschen und Ideen in Verbindung zu treten - auch ohne direkte Präsenz. Überwindung von Raum und Zeit sind eine Frage des Medieneinsatzes geworden. Man kann mit einem Freund in Australien Schach spielen, ohne die eigene Wohnung zu verlassen. Man kennt seine Geschäftspartner via Bildschirm und Telefon, ohne sie je persönlich getroffen zu haben.

Die Verlagerung von der Hand- zur Kopfarbeit zwingt zur Auseinandersetzung mit einer „unmenschlichen Informationsflut" (BAIER 1991:28), derer man fast überall auf der Welt gleichzeitig habhaft werden kann. Gleichzeitigkeit zwingt zu schnellen Reaktionen. Sie wirkt kontrollierend, macht aus Menschen Konkurrenten, weil es darauf ankommt, unter den ersten zu sein, die informiert sind. Einerseits ist es ein imaginäres Publikum mit dem man in Beziehung tritt, andererseits potenziert sich die Zahl der konkreten, verpflichtenden Kontakte.

Es scheint sich zu bestätigen, daß täglich mehr Menschen im Zeitraffertempo ihre Kontakte und Beziehungen durchlaufen (vgl. ERNST 1991:20). GROSS (1989:41) weist im Anschluß an das Institut „Mensch und Arbeit" (Baden-Baden) auf die Ambivalenz von Karrierestreben hin:

---

2   Verkehrs- und Transportmittel, Telefon, Radio, Film, Print-Medien, Fernseher, Videorecorder, Computersysteme, Telefax

„Zwar haben Schnellaufsteiger Erfolg, Ansehen und Selbstbestätigung, doch fehlt es ihnen an genügend Privatleben. Bei 70 bis 80 Stunden Arbeit in der Woche fehlen Zeit und Muße, um private Beziehungen zu pflegen. Häufig ist man nicht verheiratet, oder die Ehe läuft leer. Partner und Kinder kommen fast immer zu kurz. Auch Freundschaften werden oft nicht mehr gepflegt... Vielfach suchen sich Karrieristen ihre ‚Freunde' nach Gesichtspunkten der Karriereverträglichkeit aus."

Ein Trend zur Außenorientierung, zur Segmentierung von Zeit und zur Vermarktung der Person zeichnet sich ab. - Wird Qualität von Beziehungen zum Luxus?

Was den Freizeitbereich anbetrifft, so stellt OPASCHOWSKI (1992:28) in seiner neuesten Studie fest: „Im Jahre 2000 wird etwa ein Drittel der Bevölkerung ständig irgendwo Kurzurlaub oder Wochenendfahrten machen". Obwohl gerade hier die Chancen zu intensiven Beziehungen gut stehen, frägt sich, ob nicht der Hunger nach Aktionismus vor der Beziehungspflege obsiegt. „Jeder dritte Bundesbürger fühlt sich heute schon gestreßt, wenn er ‚in völliger Stille mit sich allein' sein muß." (ders. 1992:57). Die Studie prognostiziert, daß der mitmenschliche Umgang unverbindlicher wird, Mitgliedschaften in Gruppen und Vereinen abnehmen, verwandtschaftliche Bindungen ihre Intensität verlieren. Der Freundeskreis jedoch tendiert dazu, immer bedeutsamer und zur „zweiten Familie" (ders. 1992:33) zu werden. In der Rangskala der wichtigsten sozialen Bezugsgruppe für Freizeit liegen Freunde und Cliquen jetzt mit 72% noch vor Familie mit 69% (vgl. ders. 1992:41f.). Freundschaften sind sehr viel variabler auf individuelle Bedürfnisse abzustimmen.

Bei aller Nachvollziehbarkeit der von uns angeschnittenen Globaltrends und der Ergebnisse aus dieser Studie, muß differenziert werden. Wo findet sich etwa der „Freizeitmensch"? Der Freizeitmensch hat Arbeit, ist wohlhabend. Die Zahlen derer, die sich nicht unter dieses Phänomen subsumieren lassen, gehen in die Millionen. Die neue Armut - Arbeitslose, Obdachlose, Sozialhilfeempfänger - betrifft vor allem alte Menschen und Frauen (vgl. SCHMITT 1989). Es fehlt ihnen an grundlegenden materiellen und damit meist auch sozialen Ressourcen, die nötig sind, um die neuen Freiheiten nutzen zu können. Stattdessen sind sie gezwungen, Kontakt zu Sozialhilfeeinrichtungen aufzunehmen und zu halten, um sich zu rehabilitieren und in ihrer Randständigkeit nicht alle Chancen zu vergeben.

Die Situation der Ausländer, Zuwanderer aus den neuen Bundesgebieten oder Asylsuchenden in unserem Land ist damit noch gar nicht erfaßt. „Mit Beginn der 90er Jahre sind die meisten Regionen der Welt von Wanderungen... betroffen." (TREIBEL 1990:7). Die ungelösten Fragen zu einer multikulturellen Gesellschaft kreisen auch darum, ob wir bereit sind zu interethnischen Primärkontakten (freundschaftliche und Liebesbeziehungen), die nach TREIBEL (1990:70) *eine* Basis für Verständigung und Assimilation wären. Inwieweit können wir in dieser Option auch eine Bereicherung unserer Beziehungslandschaft erkennen?

Das Zusammenspiel einer übertriebenen Beziehungsvielfalt und sozialer Isolation ist leise. Mit der Ausbreitung der individualisierten Gesellschaft mehren sich die Anzeichen für soziale Isolation und Einsamkeit. Derjenige, der durch Vielfachbeziehungen in Gesellschaft integriert ist, läuft Gefahr, inmitten seines sozialen Kosmos aufgrund einer selbstinszenierten Fragmentierung zu vereinsamen und derjenige, dem materielle, soziale und persönliche Ressourcen fehlen oder abhanden gekommen sind, wird isoliert und kommt erst gar nicht in die Lage, sich Beziehungen aussuchen zu können. Qualitative und quantitative soziale Isolation sind mögliche Folgen.

Qualitative Isolation äußert sich darin, daß das Individuum innerhalb der bestehenden intimen dyadischen Beziehungen oder seiner Beziehung zu Kleingruppen keine ausreichende Zuwendung erfährt. Während unter quantitativer sozialer Isolation ein Mangel an Kontakten des Individuums auf der dyadischen und Kleingruppenebene zu verstehen ist. (Vgl. PULS 1989:47ff., BERGHAUS 1985:23ff., ELIAS 1982:97f.)

Die Annahme, daß Vereinsamung durch emotionale Isolation und soziale Isolation verursacht wird, ist mehrfach empirisch bestätigt (vgl. etwa WEISS 1973:18f., RUBENSTEIN/SHAVER 1982:212).

Einsamkeit als Resultat „der Frustration relativ stabiler Grundbedürfnisse im Hinblick auf soziale Nähe und Intimität" (PULS 1989:57f.) bedeutet schließlich im Kontaktverlust mit anderen Menschen „auch den Kontaktverlust mit sich selbst" (DREITZEL 1970:43). Das Ich als personale Identität findet keine Beachtung - ein Gefühl der Entindividualisierung entsteht.

Nach DREITZEL ist Einsamkeit soziologisch gesehen, immer die Beschneidung der dem Individuum bedeutsamen Bereiche sozialen Handelns und damit wichtiger Entfaltungsmöglichkeiten. Dies sind jene „personenbezogenen Rollen, die nicht ablösbar sind von der Persönlichkeit des Rollenspielers" (ders. 1970:43), welche eine Chance zur Selbstdarstellung, Mitbestimmung und zum Neuentwurf enthalten. Neben Familie und Kleingruppe zählt dazu Freundschaft.

Der Soziologe PULS (1989:365ff.) hat in seinem Mehrebenen-Ansatz zur sozialen Isolation eine Reihe gesellschaftlicher Determinanten erarbeitet, die für diesen Kontext relevant sein könnten. Unter kritischer Berücksichtigung der empirischen Forschung kommt er zu den folgenden Annahmen:
Die Wahrscheinlichkeit der sozialen Isolation bzw. Einsamkeit von Menschen erhöht sich
- mit der Größe der sozialen Distanz (Prestige) zwischen den Gruppen einer Gesellschaft;
- mit der Größe des Anteils der Personen innerhalb einer Gesellschaft, der gezwungen wird, seine räumlich-geographische Lage zu verändern;
- mit der Stärke der Ausprägung des Konkurrenzdenkens innerhalb einer Gesellschaft;
- mit der Höhe der Scheidungsquote innerhalb einer Gesellschaft;
- mit der Höhe des Anteils der Einpersonenhaushalte einer Gesellschaft;

- mit der Größe des Anteils der Schichtarbeiter innerhalb einer Gesellschaft und der Stärke der Unvereinbarkeit dieser Schichtarbeit mit dem Rhythmus der Normalarbeitszeit und Freizeit;
- mit der Größe des Anteils der Arbeitslosen in einer Gesellschaft und der Stärke der Abwertung der Betroffenen.

Schon SIMMEL (1968:56) sieht, daß

„eine gegebene Quantität und Qualität des gesellschaftlichen Lebens eine gewisse Zahl von zeitweise oder chronisch einsamen Existenzen (erzeugt)."

Das Einsamkeitsgefühl ist dann besonders eindringlich, wenn man sich unter vielen physisch ganz nahen Menschen fremd und beziehungslos weiß (ebd.).

Einige Zahlen sollen dokumentieren, daß die Annahme zur Vereinsamung heute, einem realen Hintergrund entspringt:
- Etwa ein Drittel der jährlich ca. 700 000 Anrufer bei den 87 Telefonseelsorge-Stellen der alten BRD, leidet unter Einsamkeit und Verlassenheit (vgl. DAAD-Letter 1987).
- Der aus Ostdeutschland kommende Medizin-Psychologe SCHRÖDER schildert in seinem Vortrag im Juli 1991 in München, daß seit 1990 die Anruferzahl beim „Telefon des Vertrauens" extrem zugenommen hat. Neben älteren Menschen, Frauen und Obdachlosen sind dies 80-90 % mehr (!) Suicidgefährdete. Hauptthema: Verlust der Existenzsicherheit.
- Das österreichische Institut für Markt- und Sozialanalyse fand, daß unter 1500 Befragten jeder vierte den ganzen Tag über keinen Menschen zu Gesicht bekommt, mit dem er mehr als nur Belanglosigkeiten austauschen kann. Jeder fünfte gibt zu, daß er sich mehr Kontakt wünscht. Viele Menschen verschweigen dies. (Vgl. DAAD-Letter 1987)
- BELL (1981a,1981b) fand in seinen Studien zur Freundschaft, daß 10% der befragten Männer keine engen Freunde haben und verweist auf andere Studien, in denen 20% der Befragten ohne Freunde sind. LOPATA (1979) stellte fest, daß 16% der untersuchten älteren Witwen keine Freunde haben. Eine Studie von ASHER (1978) ergibt, daß 10% der untersuchten Kinder von andern nicht als Freund gewählt wurden.

Diese Ergebnisse lassen zumindest den Schluß zu, daß viele Menschen in dieser Gesellschaft unfreiwillig ihren Alltag ohne engere Bezugspersonen bzw. Freunde gestalten.

Im Dilemma zwischen einer Multiplikation von Kontakten und der Gefahr sozialer Isolation plädieren wir für eine Rückbesinnung auf persönliche Beziehungen wie Freundschaften sie exemplarisch darstellen. Oder wie BERGER u.a. (1987:160) vorschlagen, die Schaffung einer Privatsphäre, welche

„als eine Art Ausgleichsmechanismus zur Bereitstellung von Sinngehalten und sinnvollen Tätigkeiten als Kompensation für die durch die großen Strukturen der modernen Gesellschaft erzeugten Unzufriedenheiten" dienen könnte. „Eine beschränkte Zahl signifikanter Beziehungen, die zumeist vom einzelnen freiwillig gewählt sind, liefert die emotionalen Hilfsmittel, um die multirelationale Wirklichkeit ‚draußen' bewältigen zu können". (ebd.)

Es gilt, die Gestaltungsspielräume der Freisetzungen mit Sorgfalt experimentierend zu nutzen. Kontaktvielfalt muß nicht zwangsweise zur Entfremdung, Oberflächlichkeit und schließlich zur Beziehungslosigkeit führen. Gerade weil jeder sich selbst verwirklichen kann, intensivieren sich Kontakte. Nur: Das Ausleben einer wachsenden Kombinationsvielfalt impliziert auch die Gefahr der Selbsttäuschung und Selbstüberschätzung. Es scheint fast alles machbar. Die ständige reale und fiktive Teilhabe am Leben der anderen suggeriert, nicht allein zu sein.

Freundschaftsbildung als Gegenentwurf im schnellen gesellschaftlichen Wandel könnte ein Moment der Beständigkeit, des Beharrungsvermögens und der Besinnung bringen. Sie wäre ein Beziehungsmodell gegen Mobilitätszwang, Zerrissenheit und Anpassungsdruck, ohne Offenheit, Flexibilität und Phantasie zu verbieten.

Freundschaft bedeutet ganzheitliches Aufeinanderbezogensein bei der Bewältigung von Lebensepisoden. Die Bereitschaft zur Konzentration, zum empathischen Zuhören und Hinschauen, also auch zum Zeit-Nehmen, wird kultiviert. Die Pflege von Freundschaften macht ein Maß an qualitativer Auswahl, Rückzug und Verzicht auf andere Optionen erforderlich. Sie stärkt die Fähigkeit zum Neinsagen und Aushandeln, zur Verantwortung und Rücksichtnahme - was möglicherweise auf den Umgang in anderen Bereichen abstrahlt.

Freundschaft bedeutet innere Nähe, weil sie bei aller Realitätsbezogenheit eine nicht-ausbeutende Haltung voraussetzt und über berechtigte instrumentelle Vorteile hinaus das Individuum anspricht. Sie stellt sich gegen Einsamkeit und Isolation.

Freundschaft ist kein Allheilmittel. Es wäre eine Illusion, zu glauben, daß sie uns von den Verletzungen und Enttäuschungen heilte, die aus anderen Primär- und Sekundärbeziehungen resultieren. Doch steht es jedem einzelnen heute frei, im Dickicht der Chancen und Risiken des Überangebotes an Kontakten, jene Beziehungen zu vertiefen, in denen er glaubt, verstanden und angenommen zu sein. Trotz der Ungleichverteilung persönlicher Ressourcen (vgl. BILDEN 1989:23) liegt für uns in dieser Handlungsfreiheit ein wichtiges Potential zu einer neuen, freieren Art und Weise des Zusammenlebens, die eigene Qualitäten entfaltet. Es gilt, sich auf dieses ‚Abenteuer' einzulassen.

1.3. Psychophysisches Wohlbefinden und Freundschaft

Schon Durkheim (1897) hat mit seiner klassischen Studie über die sozialen Ursachen des Selbstmordes zu einer soziologischen Betrachtungsweise von Krankheiten Akzente gesetzt. Seit den siebziger Jahren richtet die Sozialepidemiologie im Rahmen der „Belastungs- und Ressourcenforschung" denn auch vermehrte Aufmerksamkeit auf die Analyse von Zusammenhängen zwischen sozialer Isolation und psychischer sowie somatischer Erkrankung. Die psychiatrische Epidemiologie ist dabei heute im Vergleich zur somatischen Sozialepidemiologie relativ gut erforscht. (Vgl. BADURA 1981:16ff.) Grundsätzlich wird angenommen, daß Krankheiten und deren Bewältigung eine Funktion sozialer Stressoren (lebensverändernder Ereignisse), psychosozialer Ressourcen (persönlicher Fähigkeiten und Kompetenzen), sozialer Ressourcen (das soziale Netzwerk eines Individuums) und Streßreaktionen (kurzfristige psychische und physische Störungen) sind (vgl. WALTZ 1981:45). Dyadische Freundschaften als Teil der sozialen Ressourcen von Individuen haben maßgeblichen protektiven und intervenierenden Einfluß auf psychophysisches Wohlbefinden.

Die folgenden empirischen Befunde sollen einen groben Eindruck darüber vermitteln, daß langfristige soziale Isolation und chronische Einsamkeit die psychische und körperliche Gesundheit von Betroffenen stark beeinträchtigen kann.

Das Auftreten neurotischer Symptome, so die Arbeitsgruppe um HENDERSON (1981), steht hochwahrscheinlich in einem engen Zusammenhang zum Fehlen sozialer Bindungen. Wesentlich ist dabei nicht so sehr die tatsächliche Verfügbarkeit sozialer Unterstützung, sondern deren subjektive Einschätzung durch die Personen.

Psychische Erkrankungen wie Schizophrenie, wurden schon seit FARIS (1934) und neuerdings im interaktionistischen Ansatz von THOITS (1983) in ursächlichen Zusammenhang zu sozialer Isoliertheit gebracht. Verlust intimer, bestätigender Beziehungen über lange Zeit z.B. durch Pseudobeziehungen innerhalb der Familie, können das Erkrankungsrisiko erhöhen.

Auch depressive Neurosen - so zahlreiche Befunde - scheinen eindeutig mit Defiziten aus dem Kontaktbereich einherzugehen. Einsame Menschen nennen immer auch depressive Gefühle (vgl. RUBENSTEIN/SHAVER 1982:213). Bei Frauen finden sich etwa doppelt so häufig Depressionen, wie bei Männern. Die Vermutung DAMKOWSKIS (1980:74), daß Frauen in gesellschaftlichen Bereichen isolierter sind als Männer, ist angesichts einer ebenfalls belegten stärkeren sozialen Einbindung von Frauen, nur eingeschränkt gültig.

Anhaltende depressive Zustände führen häufig zu Selbstmordgedanken (vgl. POHLMEIER 1980). Selbstmordtendenzen - das hat DURKHEIM ausgeführt - basieren in der Mehrzahl der Fälle auf dem Herausfallen aus zwischenmenschlichen Beziehungen. Geschiedene und verwitwete Männer (zwischen 25-64 Jahren) weisen im Vergleich zu verheirateten eine fünfmal höhere Selbstmordrate auf. Bei unverheirateten Frauen ist die Rate doppelt so hoch (vgl. WALTZ 1981:63).

Neben depressiven Menschen sind Alkohol- und Drogensüchtige stark selbstmordgefährdet: Oft fehlen dort „echte und tragfähige Beziehungen" so STIMMER (1979:180). Betroffene scheitern häufig an der Interaktionsgestörtheit ihrer Beziehungsgeflechte. Flucht in Alkohol- oder Drogenkonsum ist immer auch zu begreifen als der Versuch, unbefriedigende soziale Bindungen zu substituieren bzw. erträglicher zu machen.

Was den Bereich der somatischen Erkrankungen anbetrifft, so läßt sich auch hier eine Relation zur sozialen Isolation bzw. Einbindung erkennen. BERKMAN/SYME (1979) konnten bei 2229 Männern und 2496 Frauen zwischen 30-60 Jahren innerhalb einer Follow-up-Studie nachweisen, daß sozial isolierte Personen die höchste Mortalitätsrate aufweisen und sozial eingebundene die niedrigste. Andere Faktoren, etwa Zigarettenkonsum oder Alkoholkonsum wurden statistisch ausgeschlossen.

Die eher populärwissenschaftlichen Ausführungen von LYNCH (1979:71,82) belegen im Zugriff auf Mortalitätsstatistiken, daß nichtverheiratete Personen aller Altersgruppen, beiderlei Geschlechts und aller Rassen, eine signifikant höhere Sterblichkeit in Folge von Herz-Kreislauf-Erkrankungen, Bluthochdruck, Zerebralsklerose, rheumatisch bedingte Herzleiden, Krebs- und Nierenleiden aufweisen - im Gegensatz zu verheirateten. (Vgl. auch PULS 1989:298f.)

Auch wenn aus dem Familienstand „nichtverheiratet" nicht notwendig Einsamkeit abgeleitet werden kann, bleibt bestätigt, daß wichtige Bindungen für menschliches Glück fehlen, was etwa zur Unbekümmertheit und Fahrlässigkeit bezüglich der eigenen Person führen mag (vgl. WALTZ 1981:63).

Mortalitätsraten variieren linear mit dem sozialen Status. Sie sind am höchsten bei Menschen mit niedrigem Status. Diese Gruppe scheint auch am stärksten von sozialer Isolierung und Streßbelastung betroffen. (Vgl. WALTZ 1981:63, KESSLER u.a. 1985:560)

Forschungen zur psychosomatischen Krebsanalyse haben ergeben, daß 72% von 450 Krebspatienten in der Kindheit traumatisierenden Verlusterlebnissen ausgesetzt waren (z.B. Tod eines Elternteils, Geschwisters), die im späteren Leben nie völlig bewältigt werden konnten. Von den 150 Kontrollpersonen wiesen nur 10 % derartige biographische Einbrüche auf. Die Krebsrate verwitweter Frauen ist höher als die von geschiedenen und diese wiederum liegt über der Rate von verheirateten. (Vgl. PULS 1989:300f.)

Männliche Patienten, die einen Herzinfarkt erlitten haben, sozial isoliert und allgemeinem Lebensstreß ausgesetzt waren, leben mit einem viermal höheren Mortalitätsrisiko als Personen ohne diese Stressoren (vgl. RUBERMAN u.a. 1984). Geschiedene weiße Männer starben zwei- bis viermal so häufig an Herzinfarkt wie verheiratete (vgl. WALTZ 1981:64). Herzinfarkt ist aber in den oberen Schichten häufiger anzutreffen, als in den unteren (vgl. ders. 1981:88).

Zunächst kann festgehalten werden, daß chronische Erkrankungen leichter ertragen werden, wenn soziale Einbindung und Stütze existiert. Depressionen sind seltener und von kürzerer Dauer, wenn auf gute Beziehungen zurückgegriffen werden kann. Die Bewältigung belastender Lebensereignisse wie z.b. Tod oder Verlust einer wichtigen Bezugsperson, Arbeitsstreß, Arbeitslosigkeit oder Pensionierung wird weniger dramatisch erlebt, wenn soziale Stütze und gegenseitiger Austausch möglich sind. (Vgl. auch COHEN/SYME 1985, BADURA 1981)

Trotz dieser Befunde ist nicht eindeutig klar, *wie* das Vorhandensein sozialer Bindungen Wohlbefinden und Widerstandsfähigkeit beeinflußt. Angenommen wird ganz global, daß Gegebensein von sozialer Unterstützung den Effekt von Stressoren abmildert und/oder direkt vor Erkrankung schützt. Der sogenannte „stress-buffering effect" (KESSLER u.a. 1985:544) sozialer Unterstützung ist aber keinesfalls undifferenziert gültig. Jeder Beziehungstypus (z.B. Ehepartner, Verwandtschaft, Freundschaft, Nachbarschaft, Bekanntenkreis) ist *ein* Reservoir an besonderen Hilfequellen, die je nach Problemkonstellation den Betroffenen weiterbringen aber auch behindern können (vgl. 4.2.4). Art und Qualität sozialer Unterstützung steht in Relation zu Alter, Geschlecht, Rasse, Bildungsgrad und sozialem Status, wie LOPATA (1979) zeigt.

Neben dem „Puffereffekt", der sich besonders auf den Krisenfall beschränkt, wird ein „Haupteffekt" sozialer Integration in dessen wohltuender Gesamtwirkung gesehen, die aus der subjektiven Gewißheit resultiert, eingebettet zu sein und prinzipiell mit der Hilfe der anderen rechnen zu können. Wohlbefinden und soziale Orientiertheit aktivieren gesundheitsbezogene Verhaltensweisen, die biophysische Zustände positiv beeinflussen, indem etwa der Immunstatus gestärkt wird. Andererseits kann die beruhigende Wahrnehmung des Vorhandenseins sozialer Bezüge die Streßeinschätzung einer Person in kritischen Situationen dämpfen. Möglicherweise unterbleiben fahrlässige physiologische Überreaktionen. Bisher sind empirische Befunde zu der durchaus über mehrere Funktionszirkel vorstellbaren Einwirkung von sozialer Unterstützung auf die „Immunkompetenz" allerdings selten. (Vgl. SCHWARZER/LEPPIN 1990:399f.)

Die Unterstützungskapazität eines Netzwerkes wurde von WALKER u.a. (1977) unter Einbeziehung von dessen Struktur und Interaktionsmerkmalen kategorisiert:

1. Affektive Unterstützung erfolgt, wo man sich gut kennt und ähnlich ist.
2. Instrumentelle Unterstützung nimmt zu mit der Netzwerkgröße.
3. Kognitive Unterstützung erfolgt eher über ein Netzwerk schwacher Bindungen, wo verschiedenartige und neue Information eingebracht wird.
4. Aufrechterhaltung sozialer Identität leisten besonders Netzwerke mit geringer Größe, hoher Dichte, starker Bindung.
5. Vermittlung sozialer Kontakte erfolgt am ehesten durch Netze mit schwachen Bindungen und Offenheit nach außen.

Daß jede Beziehung nur einen sich wandelnden Funktionskomplex abdecken kann, d.h. für bestimmte Bereiche eine adäquate Ressource darstellt und für andere nicht, zeigt WEISS (1979) an geschiedenen Alleinerziehenden. Freund-schaften spielen eine große Rolle bei der emotionalen, moralischen Unterstützung und Vermeidung sozialer Isolation sowie deren psychischer Folgen (z.b. Lange-weile, Ausgeschlossensein, Sinn- und Strukturverlust im Alltag). Sie können zwar beim Umgang mit dem Partnerverlust helfen, nicht aber von dieser spezifischen Einsamkeit befreien und andere Bezüge substituieren.

Die Komplexität des Faktors „soziale Unterstützung", der auch Kontrollen und Zwänge beinhaltet, wird von den Soziologen HALL/WELLMAN (1985) kritisch be-leuchtet. Soziale Beziehungen stellen Bündel positiver, negativer und sich wider-sprechender Funktionen bereit, die sich relational zur Problemsituation verhalten (vgl. KESSLER u.a. 1985:547).

Wenn die Annahme Gültigkeit hat:

> „Je (subjektiv) befriedigender und auch (objektiv) hilfreicher das persönliche soziale Netzwerk eines Menschen, um so geringer die Wahrscheinlichkeit psychischer und/oder somatischer Leiden." (BADURA 1981a:36),

dann impliziert dies auch die Relevanz von dyadischen Freundschaften, als un-verzichtbarer Teil der sozialen Ressourcen eines Individuums.

Schließlich gilt es, die gesellschaftlichen Bedingungen für die (Wieder-) Ent-deckung dieser Vertrauensbeziehung zu überdenken und zu verbessern.

Im folgenden wird Freundschaft in ihrer Begrifflichkeit genauer bestimmt, denn weder in der alltäglichen noch in der wissenschaftlichen Verwendungsweise ist eindeutig geklärt, was gemeint ist, wenn von ‚Freundschaft' gesprochen wird.

1.4. Zum Begriff ‚Freundschaft'

1.4.1. Die Ambivalenzen des Freundschaftsbegriffs

Freundschaft ist von den verschiedensten Fachgebieten der Philosophie, Sozio-logie, Psychologie unter Heranziehung unterschiedlichster Aspekte definiert worden. Fast nie fehlt der Hinweis darauf, welch schwieriges - im Grunde aus-sichtsloses - Unterfangen dieses Bemühen sei.

Die scheinbare Vertrautheit des Begriffes verführt zu der stillschweigenden Annahme darüber, daß jeder ihn mit derselben Plausibilität und ähnlichem Be-deutungshorizont verwendet.

Freundschaft ist eine private Angelegenheit. Im Gegensatz zur Privatheit der Familie und Verwandtschaft allerdings scheint sie höchst ambivalent. Es gibt keine gesellschaftlich fixierten Strukturen, Rituale, Inhalte oder sprachliche Formen, die ihre Existenz eindeutig dokumentieren.

„We have friends, and we have ‚just' friends; we have good friends, and we have best friends. Yet such is the elusiveness of the idea of ‚friend' that not even the people involved can always say which is which." meint RUBIN (1985:7).

In ihrer Untersuchung zur Erwachsenenfreundschaft hat RUBIN nachgeprüft, ob die im Interview angegebenen ‚engen' oder ‚besten' Freunde umgekehrt ihre Beziehung zu der jeweiligen Person genauso einschätzen und definieren. Resultat: Von den 132 als ‚Freund' angegebenen Personen erwähnten 84 (= 64%) die Erstinterviewten nicht einmal. Darauf angesprochen, warum sie die Person, welche sie als ‚Freund' bezeichnet hatte, vergessen haben, stellte sich heraus, daß für die Kontrollpersonen die Beziehung nicht als Freundschaft erlebt wurde.

Auf die Frage „Was ist ein Freund?", kommen die meisten der 300 von RUBIN interviewten Personen zu einer stark idealisierten Definition des Freundes bzw. der Freundschaft, welche nicht den vorgefundenen realen Beziehungen entsprach. (Vgl. RUBIN 1985:7, GOULDNER/SYMONS-STRONG 1987:7)

Daß weder interpersonal noch interkulturell mit einem einheitlichen Freundschaftsverständnis zu rechnen ist, zeigt auch die groß angelegte Studie (1.050 Personen) des Soziologen FISCHER (1982a) in Nordkalifornien. Das Label ‚friend' war sehr allgemein gehalten und wurde insbesondere auf Leute angewendet, für die eine klare soziale Kategorie fehlte. Außerdem auf Gleichaltrige und Leute, die man lange kennt, sowie auf jene, mit denen man relativ unverbindliche Sozialkontakte pflegte, wo jedoch kein materieller Austausch bestand.[3] Verwandte wurden so gut wie nie als ‚Freunde' bezeichnet, ebensowenig wie Nachbarn, Kollegen oder Personen aus klar definierten Beziehungen. Durchschnittlich wurden elf Personen mit diesem Label bezeichnet.

Erst wenn der Begriff ‚close' verwendet wurde, galt dies als Hinweis auf eine persönliche, intime Beziehung, in der man Rat sucht und die materielle Hilfe miteinschließt. Häufig traf dies auf Verwandte zu.

FISCHER (1982a:305) vermutet aufgrund des in diesem Kulturkreis sehr weit gefaßten Begriffes, daß Menschen in Amerika mehr Freunde haben als in Europa.

FATKE/VALTIN (1988), die 130 Deutsche (Kinder, Jugendliche, Erwachsene) zu ihrer Vorstellung von Freundschaft befragten, finden in ihrem Sample tatsächlich ein qualitativ anderes Verständnis vertreten, als in der amerikanischen Studie. Es wird von „mehreren" Freunden gesprochen - in der Regel bis zu fünf.

Ein Freund ist in verschiedenerlei Hinsicht für Erwachsene bedeutsam: in pragmatischer, sozialer, personaler und emotionaler. Er ist nicht nur unverbindlicher Begleiter, sondern sollte neben konkreter Unterstützung seelisch-moralischen Beistand leisten, vor Alleinsein schützen und sozialen Rückhalt bieten. Mit dem Freund sollte wechselseitiger persönlicher Austausch möglich sein und

---

3   Das Wort ‚friend' kann sich im anglo-amerikanischen Raum auf ‚best friend', ‚good friend', ‚comrade', ‚playmate', ‚pal', ‚chum', ‚buddy', ‚associate', ‚companion', ‚aquaintance' beziehen. (Vgl. DUBOIS 1974:16)

Zuneigung herrschen. Freundschaft spielt typischerweise *neben* Familie und Verwandtschaft eine wichtige Rolle. Sie ist eine eigenständige Sozialform mit besonderen Qualitäten und nicht, wie bei FISCHER, eine Residualkategorie.

Die Heterogenität der alltagsweltlichen Auffassungen setzt sich in der Vielzahl wissenschaftlicher Definitionen zur Freundschaft fort. Besonders von Psychologie und Sozialpsychologie ist der Begriff nach unterschiedlichsten Kriterien angegangen worden: von ihren Handlungsprinzipien, Inhalten, Funktionen her oder über Klassifizierungen als ‚echte‘, ‚gute‘, ‚enge‘, ‚beste‘, ‚nützlichste‘ Freundschaft. Aber auch in der Soziologie, die sich zu diesem Thema insgesamt zurückgehalten hat, fehlt eine theoretische Leitlinie, was zum jetzigen Zeitpunkt eine integrative Darstellung erschwert.

Soziologische Ansätze zur definitorischen Klärung der Freundschaft - eine Auswahl wird hier exemplarisch angeführt - setzen implizit oder explizit an bei deren systematischer Zuordnung zur Gemeinschaft (TÖNNIES) bzw. zum Gemeinschaftshandeln (M. WEBER).
Gemeinschaftshandeln als

„soziales Handeln auf Grund von stark affektiv gefärbten und solidarischen Beziehungen der Akteure, die sich primär an ihrem eigenen partikularistischen Bezugsrahmen orientieren und einander nach persönlichen Qualitäten und Sympathien bewerten" (LÜDTKE 1978:259),

impliziert wesentliche Elemente von Freundschaft, die sozialwissenschaftliche Analysen immer wieder aufgreifen. Explizit stellt TÖNNIES (1965:50) Freundschaft in diesen Handlungszusammenhang. (Vgl. 3.1.1)

Gemeinschaftshandeln dominiert typischerweise in Primärgruppen mit persönlichem Charakter. Für TENBRUCK (1964:431f.) ist Freundschaft eine „persönliche" Beziehung im Gegensatz zur „unpersönlichen" Zweck- und Leistungsbeziehung. Sie ist eine persönliche Zweierbeziehung „im engeren Sinne" (ebd.), weil sie auf Freiwilligkeit beruht und wenig sozial standardisiert ist. In Familien dagegen, die zwar zu den primären Gruppen zählen, kommen persönliche Beziehungen über Zuschreibungen und soziale Regelungen zustande.

Der Anthropologe PAINE (1974b:128) akzentuiert diesen Aspekt der geringen gesellschaftlichen Normiertheit und bezeichnet Freundschaft als „a kind of institutionalized non-institution". Als universell vorfindbare und akzeptierte soziale Beziehungsform ist sie „Institution". Gemessen am (heutigen) geringen Grad ihrer gesellschaftlichen Vorgegebenheit, kann Freundschaft als „Nicht-Institution" aufgefaßt werden.

Auch die Anthropologin DuBois (1974:15) thematisiert implizit diese Besonderheit, wenn sie Freundschaft als einen „freiwilligen Akt" der Bevorzugung eines andern auffaßt. Sie entwirft drei Freundschaftskategorien entlang den Dimensionen „expressiv oder instrumentell", „dyadisch oder polyadisch", „Intimität" und „Dauerhaftigkeit" (dies. 1974:18f.):

Die *exklusive* Freundschaft ist primär expressiv, ausschließlich dyadisch, intim und von erwarteter Dauer. Die *enge* Freundschaft ist expressiv und instrumentell, kann durch mehrere Dyaden repräsentiert werden, ist von begrenzter Intimität und von der Hoffnung auf Dauer getragen. Die *oberflächliche* Freundschaft schließlich ist primär instrumentell, polyadisch, d.h. offen für andere, mit situationaler Intimität und Dauer.

Eine weniger systematisierte Auffassung findet sich bei MILLS (1969:198). Freundschaft ist

> „frei von einem bestimmten Ziel, frei von zeitlichen und räumlichen Beschränkungen, ausdehnungsfähig und aufnahmefähig für positive und negative Gefühle."

Sie gilt als Prototypus der emotionalen Beziehung.

Dagegen ordnet WALLNER (1972:102f.) die gleichgeschlechtlichen Freundschaftspaare den „Gesellungsgebilden" mit ausgeprägter strukturierter sozialer Verdichtung und deutlichen Kennzeichen von Organisiertheit zu. Im Unterschied zur Gruppe endet die Paarverbindung, wenn ein Partner sich abwendet.

BERNSDORF (1969:309) (eine Ausnahme unter den Wörterbüchern) definiert die gleichgeschlechtliche Zweierfreundschaft

> „durch die rein persönliche Ich-Du-Beziehung..., die bei gegenseitiger Sympathie, beim Gefühl persönlichen Gleichklangs mannigfachen Grundes aus dem Anlehnungs- und Ergänzungsbedürfnis entsteht."

Freundschaft ist ein soziales Phänomen, es unterliegt dem gesellschaftlichen Wandel, wird kulturspezifisch ausgeformt und gedeutet. Die Heterogenität der Definitionen verweist auf den Facettenreichtum dieses Phänomens aber auch auf die Willkür der Definitionsstrategien. Neben der Suche nach objektiven Kriterien und Zusammenhängen spielt die subjektive Inhaltssetzung und Deutungsfreudigkeit bis hin zur nicht mehr an der Realität nachvollziehbaren Idealisierung noch immer eine Rolle.

Es sieht zwar so aus, daß die neuere theoretische Forschung sich von der ideologieverdächtigen Fragestellung nach der ‚echten' Freundschaft zugunsten einer ganzheitlicheren prozessualen Sichtweise gelöst hat, doch steht sie damit erst am Anfang.

Im folgenden wird unserer eigenen Auffassung von Freundschaft eine etymologische Klärung und Hinweise auf deren mythologischen Gehalt vorangestellt.

1.4.2. Zur Etymologie und Mythologie der Freundschaft

Zur Etymologie

Etymologisch befindet sich der Begriff der „Freundschaft" bzw. des „Freundes" fast durchweg im Bedeutungszusammenhang mit Verwandtschaft, Kameradschaft, Liebe und Freiheit.

Das deutsche Wort „Freundschaft" bezieht sich auch auf Liebe, enge Verwandtschaft, gemeinsames Heim und gleiche Abstammung. Das althochdeutsche Wort „friunt" (Freund) basiert auf dem gotischen Ursprung „frijònds" (Freund, wörtlich „Liebender") (HOFFMEISTER 1955:237). „Frijònds" läßt sich zurückführen auf das Verb „fryon", was „lieben und hegen" bedeutet (MIELENBRINK 1967:42, KON 1979:20).

Auch das englische Wort „friend", das altenglische „freond", das altsächsische „friund" leiten sich von „fryon" ab. In all diesen Wörtern ist die indogermanische Wurzel „fri" enthalten mit der Bedeutung „hüten, sich sorgen" (HOFMANN 1972:1104). Diesen Wortstamm enthalten auch die Wörter „Friede", „Freiheit", was auf deren ursprüngliche Zusammengehörigkeit hindeutet.

Der Begriff der Freiheit findet sich in dem altenglischen Wort „freo" (frei), während das althochdeutsche „vrien" lieben und befreien zugleich heißt und die niederländische Version von „vrien" freien bedeutet.

Das altslawische „droz'ba" (innere Nähe, Kameradschaft) sowie das litauische „draugas" (Intimus) oder „drug" (Freund) könnten nach PREOBRASCHENSKI (vgl. KON 1979:19) auf dem gemeinsamen indogermanischen Wortstamm „dhrug", das heißt „bereit sein", „fest sein" aber auch „durchhalten", „handeln", „erzeugen" basieren.

Das französische Wort „amitie" (Freundschaft) und das italienische „amicizia" kommen vom lateinischen „amicitia" (Freundschaft), „amicus" (Freund), was auf die Worte „amor" (Liebe) und „amare" (lieben) verweist. (Vgl. KON 1979:28) „Intimus" im Sinne von „Busenfreund" findet um das 16./17.Jh. Verwendung und zwar parallel zum Heraufkommen des Adjektives „privat". (Vgl. KRUSE 1980:33)

Das griechische Wort „philos" (Freund) wurde in Verbindung mit „etwas besitzen", „mein" benutzt: ursprünglich neben Menschen auch Tiere, Gegenstände und Körperteile. Zum andern bedeutet „philos" auch Nähe, verwandtschaftliche Beziehung. Ein Fremder wird „philos", wenn er Familienangehöriger wird. Die „philoi" sind alle Hausbewohner, die unter dem Hausherrn zusammengehören, sie sind „die Seinigen". (Vgl. DIRLMEIER 1931:7f.)

Die ursprüngliche griechische Wortverwendung richtete sich also zunächst auf die (objekthafte) Besitz-Beschreibung, ohne daß damit eine gefühlshafte Beziehung gemeint ist. HOMER verwendet den Begriff „philos" und „philotes" dagegen als Substantiv (Liebe, Freundschaft). Jetzt bezieht er sich auf diejenigen, die sich gegenseitig helfen, auf die man sich verlassen kann. Es geht dabei eher um die Tat als um Gefühle. (Vgl. ADKINS 1963:36) „Philia" bedeutet neben Freundschaft auch Annäherung, Vereinigung von Gleichem, Verschmelzung und Identifizierung.

Die Freundschaft kennt keine eigene Sprache. Es wird auf Sprachanleihen aus Familiensphäre und Liebe zurückgegriffen. So wird ‚Bruderschaft' getrunken oder davon gesprochen, daß der Freund wie ein ‚Bruder', die Freundin wie eine ‚Schwester' sei. Freundesbriefe der vorigen Jahrhunderte sind oft nur am Kontext von Liebesbriefen unterscheidbar.

Mythologische Fragmente

Seit Jahrtausenden wird immer wieder über Freundschaft geschrieben. Ihr Wert bleibt ungebrochen und spiegelt sich auch im Bestand der Mythen.

Schon bei EMPEDOKLES (ca. 485 v.Ch., Naturphilosoph und Seher) gilt Freundschaft als verbindendes Prinzip. Sie gleicht einer kosmischen Kraft, die die Menschen aber auch die Elemente (Feuer, Erde, Wasser, Luft) zusammenhält. Für EMPEDOKLES ist „Freundschaft die Ursache des Guten" (NOAK 1986:251, ARISTOTELES 1985:28). Sie stiftet neben der göttlichen Ordnung auch politische Eintracht (PLATON 1925). Nach ARISTOTELES (1985:213) ist sie ein „Naturtrieb", der „fast allen Lebewesen...." zugrundeliegt. Freundschaft ist eine Tugend: sie ist das verbindende Gute und Nützliche. Bei EPIKUR dient Freundschaft der Konfliktvermeidung (vgl. BERGHAUS 1985:207).

Noch für MONTAIGNE (1984:103) ist sie eine „unerklärliche Schicksalskraft", ein „himmlischer Machtspruch", der die Menschen vereint.

Bis in die neuere Zeit hinein wird Freundschaft als „Urgefühl" und „unverwüstlicher Trieb des Menschen" zur Überwindung von Einsamkeit beschrieben (COHEN 1907:573f.). LÖWITH (1928:160) bezeichnet sie als „Maximum der Wechselliebe".

Angesichts der behütenden und verbindenden Eigenschaften wundert es nicht, daß es eine weibliche Göttin der Freundschaft gibt. Hlyn ist eine Dienerin der nordischen Göttin Frigga. Hlyn bringt Hilfe, Schutz und Trost für jene Unglücklichen, die Frigga unter ihrer Obhut hat (GOLTHER 1895:110). Im griechischen Raum ist Philia die Göttin der Freundschaft mit einem Altar auf der Akropolis. Die personifizierte Freundschaft zeigt Philia zusammen mit Peitho, der Ehegöttin. (Vgl. ROSCHER 1884:2303)

Als Beschützer der Freundschaft gilt das Zwillings- und Freundespaar Kastor und Pollux (Dioskuren). Ihr Element ist das Licht im Übergang zum und vom Dunkel. Sie stehen für Tapferkeit und Edelmut, beschützen den Fremden. (Vgl. ROSCHER 1884:1154ff.)

Zur Symbolik der Freundschaft gehört der Ring, wenngleich in zweifacher Bedeutung. Der zerbrochene Ring kann die zerbrochene Freundschaft anzeigen. Oder aber jeder der Freunde ist im Besitz des halben Ringes und sucht die andere Hälfte. Das beidseitige Vorzeigen der Ringhälften symbolisiert die zusammengehörigen Freunde. (Vgl. COOPER 1986:150) Der Ring als solcher steht für Ewigkeit, d.h. ohne Anfang und ohne Ende.

Der Begriff ‚Freundschaft' besitzt noch immer hohen Symbolwert. Durch die unreflektierte Etikettierung etwa einer Person als Freund oder von Beziehungen als Freundschaften, kann ein Komplex positiver Assoziationen hervorgerufen werden, welcher, auf konkrete Tatbestände hin überprüft, der tatsächlichen Qualität dieser Beziehung oft nicht standhält.

1.4.3. Freundschaft - die wir meinen

Einer soziologischen Definition von Freundschaft entspricht deren theoretische Einbindung in den weiteren sozialen Rahmen. Ohne Beachtung zeithistorischer Gesellschaftsprozesse, sozio-ökologischer Lebenskontexte, der Gesamtheit von Rollenanforderungen eines Individuums, sowie interaktionaler und subjektiver Komponenten, wird man einer integrativen, prozessualen Sichtweise von Freundschaft nicht näherkommen.

Im Vorgriff auf unser im folgenden zu erarbeitendes Freundschafts-Modell, wollen wir deshalb ausgehen von ‚Freundschaft als einem dynamischen, multidimensionalen Beziehungsprozeß in der Zeit'. (Vgl. 3.4)

Grundsätzlich ist mit dem verwendeten Freundschaftsbegriff ein Komplex an Merkmalen verbunden: Freundschaft ist eine auf freiwilliger Gegenseitigkeit basierende dyadische, persönliche Beziehung zwischen nicht verwandten, gleichgeschlechtlichen Erwachsenen in einer Zeitspanne.

Wir verstehen darunter folgendes:
- Dyadische, persönliche Beziehung zwischen Erwachsenen:
  Freundschaft ist als *dyadische* Beziehung zu erfassen im Sinne der von SIMMEL (1968:32ff.) bzw. BECKER/USEEM (1942) erarbeiteten Implikationen. Es geht uns nicht um den ‚besten' Freund oder einzigen Vertrauten (‚confidant'), sondern um jene Vielzahl dyadischer Freundschaften, in denen man ein je angebbares Interessenspektrum teilt. Wir greifen auf, was SIMMEL (1968:269) „differenzierte Freundschaft" unter Erwachsenen nennt. Es handelt sich also nicht um Freundschaftscliquen oder -gruppen, in denen die einzelne Person keine solch starke Akzentuierung erfährt. Deshalb ist Freundschaft eine sehr *persönliche* Beziehung, die sich am Individuum orientiert, im Gegensatz zu einer eher unpersönlichen, formalen Rollenbeziehung. Die geteilten Aktivitäten eröffnen eine besondere Perspektive auf den anderen als unverwechselbare Person, die den Freunden handlungsleitend wird.
  Freundschaft bedeutet in unserem Kontext *Erwachsenenfreundschaft*. Das Erwachsenenalter zwischen 20 und 65 Jahren ist nach REISMAN (1981) die längste Lebensphase, in der die meisten sozialen Bewegungen stattfinden. In dieser Zeit vollziehen sich einerseits Etablierungen, andererseits stellen sich permanent Veränderungen ein, die neue „soziale Kreise" (SIMMEL) eröffnen:

Familie, Beruf, Freizeit, Kinderaufzucht und ‚Leere-Nest-Phase', Scheidung, ‚Midlife-Crisis', Tod, Wohnungs- und Ortswechsel, zunehmend physische Veränderungen. An diesen sozialen Bewegungen knüpfen „differenzierte Freundschaften" an, spielen eine wichtige Rolle.

- Freiwilligkeit:
Im Gegensatz zu institutionalisierten, sozial vorgegebenen Beziehungen bestehen Freundschaften aufgrund freier Wahl und freier Ausgestaltung. Das heißt, sie unterliegen in hohem Maße persönlicher Kontrolle.

- Reziprozität:
Von Freundschaft kann nur gesprochen werden, wenn diese beidseitig als solche konstruiert, erlebt und definiert wird.

- Gleichgeschlechtlichkeit:
Analytischer Prototypus ist die Frauen- bzw. Männerfreundschaft, wobei nicht gemeint ist, daß es keine gemischtgeschlechtlichen Freundschaften gibt. Schon SIMMEL (1968:70) prognostiziert, daß „die moderne hoch differenzierte Frau" auch zur Freundschaft mit Männern neigt. Diese Annahme liegt auf dem Argumentationsstrang von DICKENS/PERLMAN (1981:116), die feststellen, daß allgemein mit höherem Bildungs- und Beschäftigungsgrad von Frauen in der modernen Gesellschaft Freundschaften mit Männern zunehmen.
Sogenannte „platonische Verhältnisse" bedeuten immer auch Auseinandersetzung mit Sexualität. Die von MÖNKEMEYER/NORDHOFF (1991) dargestellten Beziehungsverläufe demonstrieren das deutlich. Freundschaften zwischen Frauen und Männern, aber auch homoerotische Freundschaften, rechtfertigen deshalb gesonderte wissenschaftliche Beachtung.
Dennoch: In jeder Freundschaft findet sich eine erotische Komponente dergestalt, daß man sich zum Beispiel gerne anschaut, sich gefällt, sich ‚riechen' kann und gerne berührt.

- Freunde sind Nicht-Verwandte:
Familienmitglieder und Verwandte können durchaus befreundet sein. Es gilt jedoch als erwiesen, daß Freunde normalerweise nicht aus Familie und Verwandtschaft kommen (vgl. FISCHER 1982a). Freundschaftsdyaden und familiale Dyaden sind unseres Erachtens eigenständige, nach Struktur und Qualität unterscheidbare Beziehungen. Beide leisten ähnliche Dienste. Sie können sich zwar kompensatorisch verhalten, aber einander nicht ersetzen. Einen Beitrag zu dieser Problematik bietet AUHAGEN (1991), die Freundschaften und Geschwisterbeziehungen hinsichtlich Kontakt und sozialer Unterstützung vergleicht.

- Zeitlichkeit:
„Differenzierte Freundschaften" implizieren einen Begriff von Zeitlichkeit, der wegführt vom übertriebenen Anspruch auf Dauer. Unsere Vermutung einer Kürzerfristigkeit von heutigen Freundschaften bestätigt sich tendenziell bei FATKE/VALTIN (1988).

Wir meinen, der häufig im Zusammenhang mit Freundschaft verwendete Begriff „Dauer" suggeriert einen Bedeutunghof von ‚Haltbarkeit', ‚lebenslange Dauerhaftigkeit' (s. 1.4.2). Demgegenüber scheint uns wichtig, daß Freundschaft keine punktuelle Spontanbegegnung ist, sondern eine prozessuale Größe im Verlauf einer Zeitspanne. Die Ausdehnung dieses Zeitabschnittes sehen wir - unter Vernachlässigung anderer Faktoren - mitbedingt vom Focus der Beziehung. Ob eine Freundschaft länger oder kürzer dauert, erfährt hier keine Wertung. Dennoch: Zur Freundschaft gehört prinzipiell eine Zukunftsperspektive.

Ein Grund des Bedauerns darüber, es gäbe immer weniger Freundschaften, resultiert unseres Erachtens aus einer nachträglichen Re-Definition der abgeschlossenen Freundschaft in eine Nicht-Freundschaft. (Vgl. auch GOULD-NER/SYMONS-STRONG 1987:131f.) In diesem Akt werden virulente Ideale freigelegt, und er demonstriert die Tatsache, daß Freundschaft ein Konstrukt ist, ohne eindeutigen gesellschaftlichen Rahmen.

Wir stellen uns hier gegen ein Weg-Definieren von vormaligen Freundschaften und plädieren dafür, daß diese in ihrer wie immer gearteten Dauer und Inhaltlichkeit auf ihren sozialen Sinn und Zweck zum Zeitpunkt ihres Bestehens befragt werden.

1.5. Zielsetzung und Aufbau der Arbeit

Generelles Ziel unserer Arbeit ist, das Phänomen Freundschaft ins ‚Rampenlicht' wissenschaftlich-soziologischer Diskussion zu heben.

Es fällt hier leicht, den Vorwurf einer äußersten Vernachlässigung des Gegenstandes durch die Soziologie auszusprechen.

In Anbetracht unserer einleitenden Ausführungen meinen wir aber, daß es sich Soziologen nicht länger leisten können, diese Sozialkategorie zu ignorieren. Differenzierte Freundschaft, so glauben wir, bietet *einen* ‚Lösungsansatz' zur solidarischen Bewältigung der Chancen und Risiken, die das Leben in der individualisierten Gesellschaft bereithält.

Die engere Zielsetzung der Arbeit beschränkt sich auf zwei Aspekte:
- Zunächst soll hier eine Bestandsaufnahme der vorliegenden wichtigsten historischen Abhandlungen, sowie aktueller theoretischer Ansätze und ausgewählter Daten zum Gegenstand erfolgen. Damit wird ein erster Überblick zum Forschungsstand ermöglicht. In einem weiteren Schritt wird die Vielzahl der Variablen systematisch in ein Mehrebenenmodell der ‚Bestimmungsfaktoren von Freundschaft' integriert. Freundschaft zeigt sich als unabdingbar soziologische Kategorie.
- Zweitens wird auf der Grundlage dieses Mehrebenenmodells in einem eigenen Ansatz versucht, die Besonderheiten von ‚Freundschaft als nicht-familiale Privatbeziehung' auf der Folie ihrer interaktiven Konstruktion auszu-

arbeiten und darzustellen. Unser Konzept ist als heuristisches Instrument zu verstehen.

Die Arbeit baut sich wie folgt auf:

Im *zweiten* Kapitel soll über einen historischen Abriß ausgewählter philosophischer Beiträge, der Wandel des Freundschaftsverständnisses durch die Geschichte - angefangen bei der Antike bis zur Neuzeit - dargestellt werden. Es wird gezeigt, daß Formen, Inhalte und Funktionen von Freundschaft mit ihren gesellschaftlichen Voraussetzungen korrespondieren und sich epochespezifisch mitverändern. Freundschaft als soziologische Kategorie ist auch abhängig vom Differenzierungsgrad der Gesellschaft. Ein wichtiger Impuls zu diesem Kapitel kommt von TENBRUCK (1964).

Das *dritte* Kapitel konzentriert sich auf die Bestandsaufnahme aktueller Konzeptionen, Theorien und empirischer Befunde zur Freundschaft. Ausgehend vom weiteren soziologischen Rahmen (3.1), über die interaktionale und Kommunikations-Ebene (3.2) sowie ihre psychologische und biosoziologische Ausrichtung (3.3), soll Freundschaft auf die Mehrschichtigkeit ihres Ursprungs, ihrer Merkmale und Funktionen hin überprüft werden.

Im „kaum zu überblickenden Gestrüpp" der Variablen (AUHAGEN), wird mittels eines Determinanten-Modells (3.4) eine Ordnungslinie geschaffen, die Freundschaft als komplexe, multidimensionale, ständig im Wandel befindliche, soziologische Kategorie widerspiegelt.

Im *vierten* Kapitel wird schließlich ein eigener Ansatz entworfen. Unter Ausdifferenzierung der Interaktionsebene des Modells wird der Konstruktionsprozeß von ‚Freundschaft als einer nicht-familialen Privatbeziehung' zum Gegenstand gemacht. In einem ersten Schritt wird Freundschaft von Familie abgegrenzt (4.1), um dann deren Strukturbesonderheiten (4.2), zentrale symbolische Qualitäten (4.3) und ihren Beitrag zur Identitätsbildung (4.4) herauszuarbeiten.

Zur Vermeidung eines allzu spekulativen Vorgehens wurde weitestgehend darauf geachtet, daß theoretische Überlegungen empirisch untermauert werden. Eine gewisse Willkür war dabei nicht auszuschließen, zumal die Mehrzahl der Daten theoretisch nicht aufgearbeitet ist. Problematisch scheint auch, daß mangels deutscher Arbeiten auf die Vielzahl anglo-amerikanischer Forschungsergebnisse zurückgegriffen werden mußte. Trotz ambivalenter Freundschaftsauffassungen (vgl. 1.4.1) ist REISMAN (1981:213) zuzustimmen, der meint, daß die verschiedenen Daten tendenziell auf alle Industrieländer übertragbar sind. Dies besonders angesicht der neueren politischen Ereignisse in der BRD, den zunehmenden Wanderungsprozessen (TREIBEL 1990) und der damit verbundenen Diskussion um die multikulturelle Gesellschaft.

Die Zusammenfassung im *fünften* Kapitel diskutiert im Rahmen einer Gesamtübersicht die Verknüpfung der erarbeiteten Bestimmungsfaktoren von Freundschaft (3.4) mit den Elementen unseres Freundschaftskonzeptes, um die komplexe Vielfalt und Funktionalität freundschaftlicher Realitäten noch einmal vor Augen zu führen.

Die relativ umfangreiche *Bibliographie* erklärt sich mit einer Eigenart des Schreibens über Freundschaft: Bis heute werden Ideen und Daten zur Freundschaft immer wieder im Essay festgehalten. Der Essay unterstreicht zwar den Facettenreichtum des Phänomens, verwehrt aber gleichzeitig eine (notwendige) integrierte Gesamtsicht der Literatur.

2. Zur Geschichtlichkeit des Freundschaftsverständnisses

Begriff und Verständnis der Freundschaft haben eine lange Geschichte. Ohne Anspruch auf Vollständigkeit erheben zu wollen, werden einige Stationen der Wandlungen dieses Begriffes vorgestellt, weil damit die vielfältige Verwobenheit des Phänomens mit der jeweiligen kulturellen Epoche, d.h. seine historisch belegbare soziologische Relevanz durchscheint.

Bis heute ist die ‚Geschichte der Freundschaft' nicht geschrieben. In den folgenden Kapiteln geht es deshalb darum, eine Vorstellung von der soziokulturellen Spannweite und Vielschichtigkeit der Freundschaft im Geschichtsverlauf zu vermitteln. Zunächst werden die frühen Formen institutionalisierter Freundschaft, wie sie die archaische Epoche hervorbrachte, dargestellt (2.1). Mangels historischer Vorarbeiten wird anhand der Konzepte von ARISTOTELES (2.2), AUGUSTINUS (2.3), THOMAS VON AQUIN (2.4) und MONTAIGNE (2.5) das jeweils herrschende Freundschaftsverständnis dieser Epochen skizziert. In einer Zwischenbilanz (2.6) wird rückblickend der Formen-, Inhalts- und Funktionswandel von Freundschaft entlang gesellschaftlicher Differenzierungsprozesse herausgestellt. Kapitel 2.7 befaßt sich mit dem Entstehen des Freundschaftskultes, dessen Einfluß bis in die Moderne reicht.

2.1. Die archaische Epoche und Freundschaft (ca. 700- 500)

Schon zu HOMERs Zeiten (ca. Ende 800 v.Ch.) war Freundschaft nicht eindeutig definiert, es existierten verschiedene Vorstellungen und Typen. Wie aus den etymologischen Erörterungen hervorgeht, wurden jene Freundschaften kultiviert, die insbesondere durch gegenseitigen Beistand (die Tat) ausgezeichnet waren, und die am häufigsten zwischen Verwandten vorkamen. Es gilt allgemein, daß ursprünglich Freundschaft - nicht nur bei den Griechen - in enger Beziehung zur Verwandtschaft steht, d.h. aus ihr erwachsen ist und sich erst in zweiter Linie auf der Grundlage gemeinsamer Interessen als besondere Beziehung entwickelt (vgl. DIRLMEIER 1931:14f.).

Achilles und Patroklos gehören zu jenem Freundschaftstypus, der weder durch Blutsverwandtschaft noch durch freie Zuwendung zustandekommt: das militärische oder heroische Freundschaftsbündnis, welches zu den institutionalisierten Beziehungen zählt (vgl. TENBRUCK 1964:442). Primär verbindet die Freunde ihre militärische Verpflichtung, Seite an Seite zu kämpfen, miteinander zu wohnen und zu essen. Zweitrangig ist die expressive Funktion. Es geht darum, die Freundschaft eines mutigen Kriegers förmlich durch Schwur und Blut[4] zu erwerben. Die Freunde haben füreinander einzustehen, opfern sich auf bis zum Tod. Die archaische Freundschaftsvorstellung kennt dabei kein alter ego, sondern Freunde werden als ein und dieselbe Person erlebt, sie verschmelzen. Dem homerischen (anthropomorphen) Weltbild sind innere Regungen oder Selbstreflexionen fremd. Freundschaft wird von Gott in die Menschen geschickt, die sie ausführen (vgl. BURKERT 1977). Die heroische Freundschaft als politisches Bündnis wurde höher gewertet als alle anderen persönlichen Bindungen (z.b. zu Frau und Kindern) und war lange Zeit Teil eines sozialen Verhaltenskodex (vgl. TENBRUCK 1964:442). Daran läßt sich ihre gesellschaftskonstituierende Funktion ablesen.

Exemplarisch wird dieser Typus im Dialog des Lukian verherrlicht. Der Grieche Mnessipus und der Skythe Toxaris fechten einen Wortstreit darüber aus, in welchem Land die Freundschaft einen höheren Rang besitzt, um damit dessen kulturelle Überlegenheit unter Beweis zu stellen.

Mit der homerischen Heldenfreundschaft steht auch die Gastfreundschaft in funktionaler Verbindung. Sie garantierte dem Fremden Schutz, Unterstützung und Ausrüstung. Dies war notwendig, weil die Gemeinschaften der damaligen Zeit sich prinzipiell feindlich und mißtrauisch oder wie FINLEY (1968:102) meint, in „bewaffnetem Frieden" gegenüberstanden. Um Gastfreundschaft zu erlangen, erklärt der fremde Held ‚wer er ist'. Er erzählt seine Genealogie und alle Heldentaten. Danach wird der Fremde aufgenommen wie ein Verwandter. Daß es sich dabei um keine prozeßhaft gewachsene Beziehung im heutigen Sinne handelte, zeigt der Umstand, daß nach Vollzug des Vorstellungsrituals aus dem potentiellen ‚Feind' fast übergangslos ein ‚Freund' wird. Gastfreundschaft überträgt sich „automatisch" auf die gesamte Familie und kann Generationen überdauern (vgl. MIELENBRINK 1967:253).

Als Beispiel einer weit verbreiteten politischen Beziehung gilt die Hetairia, ein Freundesverband, der schon im heroischen Zeitalter um Homer, in der demokratischen Periode und im hellenistischen Königreich eine einflußreiche Rolle spielte. Nach HUTTER (1974:135ff.) kommen diesen zwar persönlichen, aber fast vollständig politisch orientierten Bundesgenossen (den Hetairoi) wichtige beratende und rechtsprechende Funktionen zu. Hetairoi unterstützen sich sowie ihre Familien gegenseitig und verhelfen sich zu politischen Ämtern (vgl. DIRLMEIER 1931:37, HUTTER 1974:151ff.). Sie greifen in die politische Machtverteilung und Konstitution von Regierungen ein, was heute als ‚Vetternwirtschaft' disqualifiziert werden würde.[5]

In der Antike galt es jedoch „töricht, ohne Geld und ohne Freunde (=politische Anhänger) nach Herrschaft zu streben, die doch nur mit Hilfe von Freunden und äußeren Machtmitteln gewonnen werden könne" (DIRLMEIER 1931:35). „Die Griechen empfanden ihr eigenes Selbst nur unter der Form der Freundschaft" meint GOETHE (zit. n. SCHELIHA 1968:61).

---

4   Das Zusammenfließen des Blutes steht für symbolische Verwandtschaft.
5   Daß dieses Prinzip bis in die Gegenwart hinein praktiziert wird, findet sich bei SCHEUCH (1992).

Erst mit der Ausweitung der Sippen zur Dorf- und Stadtkultur, beginnender Mobilität, höherer ethnischer Heterogenität und einer sich verbreiternden Bildungsschicht, erweitert sich das soziale Feld des einzelnen. Es ergeben sich neue Bindungschancen. (Vgl. STEINBERGER 1956:4, TENBRUCK 1964:443) Am Übergang zur klassischen griechischen Epoche (ca. 500-300) nimmt die Intensität der Verwandtschaftsbindungen als Basis für Freundschaft ab. Zunehmend finden sich frei gewählte, durch persönliche Zuneigung begründete Freundschaften und stehen der Verwandtschaft als eigene Sozialform gegenüber.

Während HOMER noch die Gleichsetzung von Verwandtschaft und Freundschaft betonte, kommt es jetzt auch zur Höherwertung der Freundschaft z.b. bei EURIPIDES (bis ca. 406 v.Ch.). Der Begriff ‚philia' erscheint nach DIRLMEIER (1931:34) erstmals bei HERODOT (ca. 445 v.Ch.) und stellt dort noch eine Verflechtung von politischer Freundschaft und persönlichen Interessen dar (als Friedensvertrag zwischen Staaten und Freundschaft zwischen Bürgern). Der Freund als politisch Verbündeter und Mitstreiter kann jetzt aber weder der institutionalisierten Heldenfreundschaft noch einer primär persönlichen Zuneigung zugerechnet werden.

Die bisher klaren sozialen Verpflichtungen zwischen den Verbündeten verschwimmen und eine psychologische Dimension tritt hervor. Daraus erwachsen Überlegungen (z.B. seitens der Sophisten ca. 480-410) zur rationalen Instrumentalität und Nützlichkeit von Freundschaft. Es setzt aber auch das Lamentieren über Untreue, Verrat und Vergänglichkeit ein (z.B. bei AISCHYLOS 472-458).

Von dieser neuen Perspektive, wo die Funktionen der Freundschaft nicht mehr durch einen fraglosen Verhaltenskodex gewährleistet waren, wird rückblickend die institutionalisierte Heldenfreundschaft idealisiert, und es werden ihr Expressivität aber auch Geistigkeit zugeschrieben.

Mit der zunehmenden Differenzierung der Gesellschaft und damit des Individuums, manifestiert sich mehr und mehr auch Rivalität und die Erfahrung von Einsamkeit. Im Zulassen der Verfeinerung des Innenlebens aber entsteht etwas wie Selbstbewußtheit und Reflexivität, welche bei HOMER fehlte, aber bei SOKRATES (469-399) und PLATON (427-347) anzutreffen ist.

Eine Verschiebung der Freundschaftsvorstellung von der institutionalisierten Nützlichkeit hin zur expressiven, geistigen und persönlichen Zuwendung vollzieht sich. Damit beginnt auch das Fragen nach der ‚echten' Freundschaft, nach den Wertrelationen zu anderen emotionalen Bindungen und danach, welche Menschen denn freundschaftsfähig sind. Während EMPEDOKLES (485 v.Ch.) Freundschaft noch als Naturkraft (nicht als Beziehung) begreift und von einem Streben alles Gleichen nach Harmonie ausgeht, betont HERAKLIT (540-475) die Vereinigung der Gegensätze, und PLATON wiederum spricht von innerer Ähnlichkeit und Ergänzung der Personen (PLATON 1967, EGLINGER 1916:4). Die Dominanz der geistigen d.h. intellektuellen Freundschaft manifestiert sich zum Beispiel in der (homoerotischen) Beziehung zwischen dem älteren Lehrmeister und dem jungen Mann, welche auch als wichtige soziale Bildungsinstitution fungiert.

2.2. Freundschaft in der klassischen Antike (ca. 500 v.- 200 n.Ch.) am Beispiel ARISTOTELES

Über Freundschaft zu schreiben, ohne auf ARISTOTELES (384-322) zurückzugreifen ist kaum denkbar. Er widmet diesem Thema zwei Bücher seiner Ethik und entwirft darin eine erste systematische Theorie. In dieser wird die zeitgenössische Diskussion um Freundschaft zusammengefaßt. EGLINGER (1916:8) sieht darin eine Synthese der platonischen und xenophontischen Überlegungen (beide Schüler des SOKRATES), ohne daß ARISTOTELES das Ideenreich PLATONs oder die pragmatischen Nützlichkeitserwägungen XENOPHONs (430-354) übernommen hat.

Freundschaft wird von ARISTOTELES als eigenständige Sozialbeziehung erörtert, die nicht mit anderen Bindungen identisch ist. Seine Abhandlung ist nicht mehr nur philosophisch-ethisch, sondern bezieht sich auch auf die gesellschaftliche Realität des Staates, auf sittliche Normen und psychologische Reflexionen. Freundschaft ist ein spezifisch menschliches Phänomen und

„...in Hinsicht auf das Leben (in der Gemeinschaft) höchst notwendig. Denn ohne Freunde möchte niemand leben, auch wenn er die übrigen Güter alle zusammen besäße... Sie ist übrigens nicht nur etwas Notwendiges, sondern auch etwas Edles..." (ARISTOTELES 1985:213f.).

ARISTOTELES hält die Zweierbeziehung, ausgehend von Mann und Frau, für die Grundeinheit der Gesellschaft.

„Denn der Mensch ist von Natur ein Wesen, das eher auf die Gemeinsamkeit zu zweien als auf die (umfassende) Polis eingestellt ist..." (ders. 1985:236).

Für ARISTOTELES ist Freundschaft eine Tugend zwischen Guten. Sie fällt unter die ethischen Tugenden des auf die Mitte ausgerichteten Verhaltens[6], welche durch ausgewogenes Handeln zu erwerben sind. Das Problem, die ‚echte' Freundschaft annähernd zu bestimmen, löst ARISTOTELES indem er drei Typen bildet, die auf einem je eigenen Motiv beruhen:
- die Tugendfreundschaft
- die Sinnesfreundschaft
- die Nutzenfreundschaft:
Nur die Tugendfreundschaft wird von ihm als vollkommene Freundschaft akzeptiert, die anderen werden „gemäß ihrer Ähnlichkeit mit der ersten" (ders. 1985:220) umrissen. Echte Freundschaft ist genau genommen nur zwischen vollkommenen Menschen (Guten) möglich. Die Frage ist, ob diese überhaupt Freunde brauchen? Menschliche Vollkommenheit ist für ARISTOTELES nicht gegeben,

---

6   Im Gegensatz zu den dianoetischen Tugenden des Verstandes, wie z.B. Kunst, Weisheit, Klugheit, Geist, die man durch Belehrung erreicht (vgl. MEISTER 1974:34).

sondern relativ und bedingt durch soziale Prozesse, wie z.B. die Bewährung und Reflexion in der Freundschaft. (Vgl. GIGON 1959:312)

Menschen befreunden sich, weil sie sich für liebens-wert halten. Jedem Menschen aber erscheint etwas anderes begehrenswert. ARISTOTELES führt drei typische Gründe an, nach denen die erwähnten Freundschaften zustandekommen. Diese Motive zeigen eine abnehmende Ausrichtung auf den anderen als Person. Die vollkommene Freundschaft beruht auf bewußtem, gegenseitigem Wohlwollen. Der andere wird wegen seiner besonderen Wesensart geliebt und nicht wegen eines partiellen Nutzenaspekts oder eines unmittelbaren und kurzfristigen Reizes, wie ihn die Lust darstellt. Verständlich ist dann auch, daß wahre Freundschaft eine Grundhaltung des Charakters ist, die gegenseitig aktiv gelebt werden muß, wenn sie von Dauer sein soll. Sinnes- und Nutzenfreundschaft (dazu zählt auch die Gastfreundschaft) hingegen ist nicht auf Gemeinschaft und dauerhafte Ergänzung gerichtet, sondern hat ein kurzlebiges Ziel im Auge. Wirkliche Freunde hat man deshalb im allgemeinen nur wenige und lebenslang. Sie zeichnen sich durch „einen gewissen Grad der Wesensgleichheit" aus (ders. 1985:218), was „gleiche äußere Verhältnisse und innere Qualitäten" bedeutet (GIGON 1959:310). Im Idealfalle ist der Freund „ein zweites Ich", welches einen aber auch ergänzt und an welches man sich angleichen kann (ARISTOTELES 1985:227,261). Die Diskussion um die Dynamik zwischenmenschlicher Anziehung wird also schon hier entfacht.

Der weitgefaßte Freundschaftsbegriff bei ARISTOTELES läßt es zu, auch Freundschaften aufgrund von Ungleichheiten abwägend mit dem idealen Typus in Beziehung zu setzen. Freundschaften zwischen Mann und Frau, zwischen Eltern und Kindern, Jüngeren und Älteren unterscheiden sich in der unterschiedlichen Herkunft und Gewichtung der Zuneigung und durch die Proportionalität des Beitrags, der jedem möglich ist. „Eltern lieben das Kind wie sich selbst.. das Kind aber liebt seine Eltern, weil es von ihnen stammt..." (ders. 1985:235).

Demgemäß findet sich als übergreifende Funktion der sittliche Wert der Freundschaft, der sich in emotionaler und instrumenteller Hinsicht manifestiert. Freunde bringen Freude, Vertrauen und Unterstützung. In spezifischer Weise wirkt Freundschaft sozial integrierend und stiftet Eintracht: Den Jüngling bewahrt sie vor Irrtum, der Erwachsene wird zur Leistung motiviert, im Alter sichert sie Pflege und Schutz vor Einsamkeit. Der Reiche teilt seinen Wohlstand mit Freunden, Arme finden Zuflucht und Hilfe. Schließlich hält Freundschaft die Polis zusammen. (Vgl. ders. 1985:213)

Wirkliche Freundschaft hat auch ein altruistisches Moment. Sie ist eher am Geben als am Nehmen orientiert. Diese Haltung ist aber nur in Relation zur Selbstliebe konstruktiv. Nur wer mit sich selbst einig ist, wird in der Lage sein, sich wohlwollend auf den anderen zu richten (vgl. ders. 1985:258f.).

Die realistische und am sozialen Prozeß orientierte Position des ARISTOTELES kommt auch bei der Erörterung der Auflösung von Freundschaft zum tragen. Sie bedarf der „lebendigen Verwirklichung". Räumliche Trennung, „fehlender Austausch des Wortes" oder Tugendlosigkeit (ders. 1985:221) tragen zur Entfremdung bei. Anders als bei PLATON aber soll der Freund den anderen, der vom Pfade der Tugend abgekommen ist, helfend unterstützen. Freundschaft kann wiederhergestellt werden.

ARISTOTELES hat im Grunde viele psychologische und soziale Fragen angeschnitten und diskutiert, von denen manche bis heute offen geblieben sind. So sieht er explizit soziologische Vernetzungen: „Die Gemeinschaftsformen aller Art sind nichts anderes als Teile der (großen) Polisgemeinschaft" (ARISTOTELES 1985:229f.). Er weist darauf hin, daß jedes politische System bestimmte Freundschaftsformen begünstigt, und daß die Polisverfassungen nicht allein auf Rechtskriterien beruhen können, sondern freundschaftlicher Verbindungen bedürfen. Die Demokratie bietet seiner Meinung nach die besten Chancen für Freundschaften, während die Tyrannenherrschaft diese auf ein Minimum einschränkt (vgl. ders. 1985:234, SEIDEL 1972:1106).

2.3. Freundschaft in der Patristik (ca. 200-900) am Beispiel AUGUSTINUS

Die patristische Epoche ist durch das Bemühen charakterisiert, mit Hilfe platonischen, stoizistischen und neuplatonischen Gedankengutes die christliche Glaubenslehre zu begründen und zu festigen. In dieser Zeit wird der Grundstein der bis heute gültigen christlichen Dogmatik gelegt, welche in den folgenden Jahrhunderten weiter ausgebaut wurde und die Scholastik vorbereitete. AUGUSTINUS (354-430) gilt als „Höhepunkt" der Patristik, die im Gegensatz zur Scholastik, keine scharfe Trennung zwischen Religion (Theologie) und Wissen (Philosophie) kennt und auf deren Synthese hinarbeitet. (Vgl. KOSING 1985:396, RAEYMAKER 1949:116)

Grundlage des patristischen Denkens ist die Bibel. Es finden sich jedoch weder im Alten noch im Neuen Testament Ausführungen über Freundschaft. Zugunsten der Nächstenliebe wird sie sogar skeptisch und negativ beurteilt,

„...denn alle Bindungen werden in der neuen Zeit, die mit Christus gekommen ist, nur noch in Beziehung auf ihn hin gesehen. Damit bekommt die Freundschaft einen neuen Sinngehalt. Sie ist nicht mehr auf sich selbst und auf das eigene Wohl, sondern auf ein höheres Ziel gerichtet." (MIELENBRINK 1967:29)

Als schönstes literarisches Zeugnis der Freundschaft in diesen ersten christlichen Jahrhunderten gelten die Schriften des Kirchenlehrers AUGUSTINUS. Sein Freundschaftsideal entwickelt sich in enger Verflechtung mit den Stufen seiner krisenhaften Persönlichkeitsfindung. NOLTE (1939:12) sieht drei Etappen:
- Freundschaft nach dem Vorbild der Antike
- Freundschaft im Sinne des Neuplatonismus
- Freundschaft auf der Grundlage christlichen Denkens.

Antike Elemente tragen AUGUSTINUS' Jugendfreundschaften, die auf der sinnlichen Liebe und auf gleichen Neigungen basieren. Er erinnert sich daran voll Schuld in seinen „Bekenntnissen".

„Aus morastiger Gier des Fleisches... erhoben sich düstere Nebel und verhüllten mein Herz, daß es das heiter ruhige Strahlen der reinen Liebe nicht mehr zu scheiden vermochte." (Ders. 1963:36)

Es geht ihm in dieser Phase um den gegenseitigen Austausch von leiblichen und geistigen Bedürfnissen. So lobt er das Reden, Lachen, Bücherlesen, Freundlich- und Gefälligsein, aber auch die Achtung vor dem andern und die Sehnsucht nach ihm. (Vgl. ders. 1963:73f.).

In der Rückschau verwirft AUGUSTINUS diese von körperlicher Anziehung und Genußsucht motivierten, verführerischen Beziehungen als unechte Freundschaften, weil deren Intention auf das Irdische gerichtet ist.

Auch die Freundschaft zu Alypius, einem Schüler, trägt antike Züge. Jetzt ist es gerade die Verschiedenheit der Charaktere, die durch gegenseitiges Lehren und Lernen geistige Werte schafft. Es ist die Liebe, die dabei schöpferisch wirkt (vgl. ders. 1963:115).

Im Moment der Abwendung vom Manichäismus, durchsteht AUGUSTINUS eine schwere Krise zwischen der Bewußtheit seiner Jugendsünden und der Suche nach Wahrheit. Der Neuplatonismus gibt ihm eine Perspektive. Er erkennt: Die Weisheit, die er sucht, ist zu finden in der „Loslösung von dem Materiellen, um in innerer Schau die ewige Ideenwelt zu ergreifen." (NOLTE 1939:30). Dies aber, wie schon in der Stoa bei PLATON und XENOPHON, ist nur im Zusammenschluß mit mehreren Freunden möglich und nicht in egoistischer und hedonistischer Haltung. AUGUSTINUS' Plan, seine Freunde zu einer Gemeinschaft zusammenzuschließen, ging erst später in Erfüllung. Er steht vor einem Wandel: In der Ausrichtung auf Gott fühlt er sich noch zwischen dem „Willen des Fleisches" und dem „Willen des Geistes" zerrissen (AUGUSTINUS 1963:163).

Am Übergang zur christlichen Lehre kristallisiert sich für ihn heraus, daß Gott die Wahrheit ist, nach der er sucht (vgl. ders. 1963:187f.). Echte Freundschaft, die ewige Werte anstrebt, ist dann nur über den Weg zu Gott möglich.

Dreh- und Angelpunkt des augustinischen Freundschaftsideals ist die Liebe. „Caritas" ist die auf die andere Person gerichtete Liebe, die das Gute für die Seele des anderen will. Sie wird nicht in einem zwischenmenschlichen Prozeß erworben, sondern die Kraft der Liebe wird „ausgegossen... in unsere Herzen durch den heiligen Geist..." (ders. 1963:69). Diese „christiana caritas" ist das Wesen der Freundesliebe. Der göttliche Anteil, der in jedem Menschen vermutet wird, verbindet die Freunde auf gleicher Stufe und ist Gegenstand der Zuneigung. (Vgl. NOLTE 1939:52f.)

Indem AUGUSTINUS seinen früheren Freundschaftsbegriff vom Materiellen und vom Egoismus befreit, tritt für ihn „Freundesliebe als Urbild und Betätigungsfeld der Nächstenliebe..." in den Vordergrund (NOLTE 1939:36). Im Prinzip sind alle, die dem christlichen Glauben dienen, abstrakte Freunde in der Ausrichtung auf Gott. MIELENBRINK (1967:36) fragt zurecht, ob dann noch von Freundschaft zu sprechen sei. Tatsächlich ist körperliche Anwesenheit nicht Voraussetzung zur Freundschaft, erleichtert jedoch den Austausch (vgl. NOLTE 1939:64,96). Implizit erfolgt eine Ausgrenzung der Nicht-Christen.

Da aber ideale Freundschaft nicht nur Nächstenliebe ist, wird von AUGUSTINUS die besondere Paarfreundschaft spezifiziert: Sie erfordert Gegenseitigkeit und gleiche Interessen. Er spricht von „der Glut der gleichen Neigungen", die die Freundschaft vollendet (AUGUSTINUS 1963:69). Die dyadische Freundschaft beruht also auf der „mutua caritas", über die eine gegenseitige innere Verbindung zustandekommt, weil sie an der ganzen Person orientiert ist.

Da AUGUSTINUS aber alles in seiner Relation zum Göttlichen sieht und die „mutua caritas" die göttlichen Anteile im andern anspricht, beruht für ihn die ideale Freundschaft schließlich auf der Liebe zu Gott. (Vgl. NOLTE 1939:76) Sie ist durch und durch geistige Seelenverbundenheit. Ihr Ursprung und Ziel ist Gott. Sie hat die Funktion, seelische Anlagen zu fördern und damit die Nähe zu Gott. In dieser Nähe aber intensiviert sich das Zusammensein der Freunde selbst. Konkret geschieht das über Dienen, Helfen, Opferbringen und Beten. Wahre Freunde kritisieren sich aber auch (vgl. ders. 1939:36,62). Letztlich wird jedoch die Vergrößerung der kirchlichen Gemeinschaft angestrebt. Nur wenn durch Freundschaft das Verhältnis zu Gott beeinträchtigt wird, ist sie aufzulösen (vgl. MIELENBRINK 1967:40). Da sie aber von Gott kommt und auf ihn abzielt, ist sie auf Ewigkeit angelegt. Sie ist eine Quelle der Glückseligkeit und wird von AUGUSTINUS höher als die Mutter-Kind-Beziehung bewertet (vgl. NOLTE 1939:82).

2.4. Freundschaft in der Scholastik (ca. 800-1400) am Beispiel THOMAS VON AQUIN

In dem adligen Dominikanermönch THOMAS VON AQUIN (1225-1274) sieht MIELENBRINK (1967:43) einen Hauptvertreter der Scholastik. Diese Epoche ist durch Bemühungen charakterisiert, das von der Patristik übernommene kirchliche Dogmensystem vernunftgemäß zu begründen, um es logisch verstehbar zu machen (vgl. KOSING 1985:462). Vor allem im Rückgriff auf (den Heiden) ARISTOTELES, dessen Werke am weitesten verbreitet waren, soll die Philosophie die Wahrheit der Dogmen untermauern und diese gegen heidnische Kritiken immunisieren. Mittels der scholastischen Methode des Lesens, Kommentierens und des argumentierenden Schlußfolgerns von Texten wird überliefertes und neues Wissen in ein theologisch-philosophisches System (Summa) integriert. Die Oberhoheit behielt dabei aber die Theologie bzw. das kirchliche Dogma (vgl. KLAUS/BUHR 1975:944ff.). Trotz heftiger Auseinandersetzungen zwischen den verschiedenen Schulen war die Scholastik die einflußreichste Lehre der damaligen europäischen Feudalgesellschaft, als deren Bestandteil die katholische Kirche gelten kann.

THOMAS, der auch als „größter Theologe des Mittelalters" anerkannt ist (vgl. MATZ 1974), beruft sich hinsichtlich seiner Theologie auf die augustinische Tradition und als Philosoph auf ARISTOTELES. Letzterer dient ihm auch als Grundlage bei der Auseinandersetzung mit dem Thema Freundschaft.

Im Gegensatz zu AUGUSTINUS philosophiert THOMAS „aus dem christlichen Glauben heraus, aber er geht in seiner Methode nicht vom Glauben aus." (MATZ 1974:54) THOMAS setzt an bei der Erfahrung und Auseinandersetzung mit dem ‚natürlichen' Leben (vgl. RAEYMAKER 1949:125).

THOMAS' Ausarbeitung von Freundschaft findet sich in der „Summe der Theologie"(1954). Im Anschluß an seine Liebestheorie kommt er zu dem Schluß, daß Liebe in die begehrende und in die freundschaftliche einzuteilen sei. In einem differenzierten Disput ergibt sich, daß die begehrende Liebe dann gegeben ist, wenn jemand ein Gut - es kann z.b. Gesundheit oder Geld sein - „liebt", um es zu besitzen. Neben dieser, für uns schwer nachzuvollziehenden Vorstellung von Liebe, gibt es für THOMAS jene liebende, bewußte und wohlwollende Ausrichtung auf die andere Person, die die Bezeichnung Freundschaft verdient (amor benevolentiae). „Denn der heißt im eigentlichen Sinne Freund, dem wir irgendein Gut wollen." (Vgl. ders. 1954:182f.) Einschränkend gilt, daß das Wohlwollen die ganze Person miteinbezieht und es sich nicht um eine an Nutzen oder Sinneslust entzündete Liebe handeln darf, die ARISTOTELES immerhin noch zuläßt.

Zusammenfassend ist mit DANDER (1931:133f.) festzuhalten, daß Freundschaft bei THOMAS „bewußt gegenseitige Liebe des Wohlwollens zwischen verschiedenen Personen" ist. Entscheidend dabei - etwa im Unterschied zu AUGUSTINUS - ist, daß die Betroffenen die Liebe erwidern bzw. darum wissen.

Für THOMAS ist diese Freundschaftsliebe die Liebe schlechthin. Sie liegt, wie PINCKAERS (1963:228f.) das sieht, zwischen den Polen der egoistischen, aber durchaus natürlichen (Selbsterhaltungs-) Neigung des Menschen und der ekstatischen Weltabgewandtheit. Die Freundschaftsliebe ist Fähigkeit zur personalen Öffnung hin zum andern, um ihn (antizipierend) als eigenständiges Wesen anzuerkennen und zu unterstützen. Indem jeder das Wohl des anderen zu realisieren versucht, erhält er quasi als Zugabe das vom andern intendierte Gute zurück.

Basis bzw. Ursprung von Freundschaft ist die Ähnlichkeit (vgl. THOMAS 1954:187). Wenn Menschen sich keine irgendwie geartete Ähnlichkeit oder Gemeinsamkeit vorstellen können, werden sie auch nicht Freunde (vgl. DANDER 1931:135). Dieselbe Lebensanschauung, Erziehung, ähnlicher Beruf oder Verwandtschaft liefern die Grundlage für tiefere Beziehungen. Je nachdem, welcher Art diese Ähnlichkeit ist, wird die Freundschaft ausgestaltet. Um eine wirkliche und dauerhafte Freundschaft entwickeln zu können, ist außerdem - ganz aristotelisch - beidseitige Tugendhaftigkeit Voraussetzung. Alle anderen Motive (Nutzen, Lust) ebnen vergänglichen und nicht am inneren Wesen orientierten Beziehungen den (kurzen) Weg (vgl. DANDER 1931: 139).

Die Auswirkungen oder Funktionen dieser Freundschaft beschreibt THOMAS (1954:190ff.) als Vereinigung, Eintracht, gegenseitige Verknüpfung, wohlwollendes Handeln aber auch Eifersucht. Mit Vereinigung ist gemeint, daß sich aus der Freundschaft das tatsächliche, physische und verhaltensmäßige Zusammensein der Freunde ergibt. Die Selbstliebe spielt dabei eine wichtige Rolle

„Wenn einer in ähnlicher Weise einen mit der Liebe der Freundschaft liebt, so will er ihm Gut, gerade wie er auch sich Gut will; deswegen faßt er ihn wie ein anderes Ich..." (ders. 1954:191).

Die Kontroverse um die Unvereinbarkeit von Freundesliebe und Selbstliebe bei THOMAS ist bis in die neuere Zeit ungeklärt, wie aus den Beiträgen von PINKAERS und REINER (1963) zu entnehmen ist.

Sieht man in der Vereinigung auch Aspekte von antizipierender, wohlwollender Kommunikation, so bedeutet gegenseitige Verknüpfung die emotionale und gedankliche Suche nach dem tiefsten Wesen des anderen und dessen Hereinnahme in die eigene Person (vgl. DANDER 1931:142). Eine durchaus ‚moderne' Lösung bzw. Synthese seitens THOMAS'.

Die reale und innere freundschaftliche Auseinandersetzung stiftet Eintracht, gerade weil das Handlungsprinzip Wohlwollen ist, was aber auch Kritik und Differenz impliziert, d.h. keine Verschmelzung. Wohlwollen heißt, sich ehrlich, freudig und permanent für den Freund einzusetzen, um ihn vor leiblichem und seelischem Schaden zu bewahren, was ein Sich-Hineindenken voraussetzt.

Liebe erzeugt aber oft auch Eifersucht. Will diese den Freund für sich allein, ist sie negativ. Positiv aber wird sie zum Motiv, alles Schlechte vom Freund fernzuhalten.

Letztlich hat bei THOMAS die Freundschaft als Liebe einen eigenen Wert durch die auf dieses Ziel hin gelebte Gemeinsamkeit. Während bei ARISTOTELES das Streben nach der Tugend und bei AUGUSTINUS die Hinwendung zu Gott die Freundschaft auszeichnet, tritt unseres Erachtens bei THOMAS das ‚Wir' als Integration von Individualität und Sozialität in viel stärkerem Maße in den Vordergrund, ohne allerdings die Verbindung zu Gott zu vernachlässigen (vgl. auch DANDER 1931:144).

2.5. Freundschaft im Renaissance-Humanismus (ca. 1300-1600) am Beispiel Michel de Montaigne

Mit dem Heraufkommen der Neuzeit geht die mittelalterliche Scholastik in den Renaissance-Humanismus über. Im Mittelpunkt steht der Mensch. Das Streben nach umfassender Humanität und die Überzeugung der Entwicklungs- und Bildungsfähigkeit eines jeden Individuums, soll mittels Wiedererweckung und Vermittlung der klassischen griechisch-römischen Kultur in die Wege geleitet werden. Die Pflege des antiken humanistischen Gedankengutes erschöpft sich jedoch nicht in einer geistigen Renaissance, sondern ist auch Grundlage einer frühbürgerlichen Bewegung „...gegen den Feudalismus und die geistige Despotie der klerikalen Scholastik." (KLAUS/BUHR 1975:530, Bd.1)

Eine Aufwertung des Individuums zeichnete sich ab. In Absetzung von der starren traditionellen Einbindung und der asketischen, auf das Jenseits gerichteten Haltung, werden Freiheit und Eigenständigkeit des Individuums hervorgehoben. Die Orientierung wird auf das Diesseits und die Bewußtwerdung der eigenen Kräfte gelenkt. Mit der Säkularisierung setzt auch eine psychologische Sichtweise der Welt ein. Der immer noch durch Standeszwänge definierte und niedergehaltene Mensch tritt auch als Einzelpersönlichkeit hervor, und die Reflexion über inneres Erleben und äußere Zustände erhält eine Chance. Sprachhistorisch finden sich um das 16.Jh. erstmals Begriffe mit psychologischer Bedeutung (z.B. die Vorsilbe „self") (vgl. KON 1979:52ff.).

Durch seinen Essay „Über die Freundschaft" präsentiert MICHEL DE MONTAIGNE (1533-1592) eine von christlichen Zügen befreite und höchst individualistische, biographisch verankerte Vorstellung der Freundschaft. Diese von vielen Autoren gerühmte Abhandlung beschreibt GLEICHEN-RUSSWURM (1912:182) als „wärmste, lebendigste, wohl unsterblichste aus seinen Schriften".

Der nach V. STACKELBERG (1982:56ff.) zu den Moralisten gehörige MONTAIGNE gilt für die Spätrenaissance wenig typisch, weil er das Freundschaftsverständnis der Romantik des 18./19. Jh. vorwegnimmt. (Vgl. SEIDEL 1972:1107, KON 1979:57) MONTAIGNES Essays sind von der Stoa beeinflußt, von der er sich jedoch zugunsten des Skeptizismus abwandte. Die dadurch mögliche „Enthüllungspsychologie" (V. STACKELBERG) und kritisch beschreibende Analyse innerer Regungen, findet auch in seinem Freundschaftsaufsatz ihren Niederschlag.

MONTAIGNE, der einerseits einen starken Hang zur Gemeinschaft hin verspürte, legte andererseits großen Wert auf persönliche Freiräume, wie sein Essay über die Einsamkeit beweist. Mit leidenschaftlicher Offenheit schreibt er über sich

„Ich bin sehr dazu geeignet, wertvolle einmalige Freundschaften anzuknüpfen... ich stürze mich so gierig auf sie...." (ders. 1984:119,296).

Aus der vier Jahre dauernden Beziehung mit dem Dichter La Boétie entspringt sein Freundschaftsideal: die Herzensfreundschaft, neben der keine gewöhnliche Alltagsfreundschaft mehr bestehen kann.

Im Gegensatz zu Verwandtschaft, Ehe und Liebe, die letztlich doch aufgezwungen werden und eigennützige Motive verfolgen, ist sie freiwillige, von Alltagszwecken sowie familiären und gesellschaftlichen Problemen abgehobene „innige Seelengemeinschaft" (ders. 1984:104). In der echten Freundschaft verschwindet die Zweiheit durch vollständige Verschmelzung der Seelen. Sie absorbiert den ganzen Menschen, es gibt keine Geheimnisse mehr, der Freund verliert sich im andern. Freundschaft ist dauerhaft, vermittelt gleichbleibende

Wärme und verletzt nicht. Praktizierte Freundschaft verfeinert die Seele und intensiviert die Beziehung im Gegensatz zur Liebe (vgl. ders. 1984:103ff.).

Wenn MONTAIGNE (1984:101), der als Jurist der neuen, fortschrittlichen bürgerlichen Oberschicht angehört, davon spricht, daß „die Freundschaft die eigentliche Erfüllung des Ideals der Gesellschaft (ist)", dann ist das auch im unmittelbaren Zusammenhang zu den Lebenserfahrungen dieser Epoche zu verstehen. Im Leiden an den Wirren der wirtschaftlich-politischen Umgestaltungen, wo Intrigen, Käuflichkeit der Ämter und religiöse Streitigkeiten die Gesellschaft zersplittern und die Menschen trennen, sucht MONTAIGNE „geistige Gleichgestimmtheit" durch Freundschaft. Der Skeptiker MONTAIGNE fordert ehrliche Selbsterkenntnis, um die Kräfte der Gemeinschaft zu aktivieren.

Für ihn ist die Voraussetzung der Freundschaft der „innerlich gebildete" Mensch bzw. Mann. Unter Berufung auf die Antike spricht er den Frauen die intellektuelle Fähigkeit zur Freundschaft ab. Andererseits gibt MONTAIGNE zu, daß er sich in der „Jugend an der Frauenliebe die Finger verbrannt und alle rasenden Leiden durchgemacht (hat)"(ders. 1984:13). Dennoch: FRANZ (1984:13) und MAURINA verweisen auf die enge Freundschaft zu seiner Wahltochter Marie de Gournay, von der er meint „...ich schätze sie als bestes Teil meines eigenen Lebens." (MAURINA 1988:101).

Den Ursprung der Freundschaft umschreibt MONTAIGNE (1984:103) mystisch als „himmlischer Machtspruch, der uns vereinte", als Geschenk des Himmels, während andererseits die Alltagsfreundschaft auf Zufall und Gewöhnung beruht.

So ist das Medium der Freundschaft bzw. ihre Funktion der „ungehinderte Gedankenaustausch", aber auch die ehrliche Zurechtweisung. Sie hat kein spezielles Thema, sondern einen „nicht bestimmbaren Kern von Vielheiten" (ders. 1984:101,104). Freundschaft lebt aus sich heraus, aus der Art und Weise des Umgangs miteinander. Das vertrauliche Gespräch vermittelt Güte, Frohsinn, Offenheit, doch auch im gemeinsamen Schweigen und Lächeln liegt Nähe. Vom Alltagshandeln spricht MONTAIGNE nicht: Freundschaft dient vorwiegend dem Erspüren und Bewußtwerden, dem gegenseitigen Verstehen und Thematisieren innerer Regungen, welche mit durch die körperliche Verfassung diktiert werden (MONTAIGNE hatte ein schweres Nierenleiden).

Diese vollkommene Offenheit ist unteilbar und deshalb letztlich nur mit einer Person möglich. Demgegenüber ist bei der gewöhnlichen Freundschaft „argwöhnische Vorsicht" angezeigt, die Gedanken fließen nicht selbstverständlich. MONTAIGNE (1984:296) betont, daß es

„besonders in der heutigen Zeit... gefährlich ist, sich offen auszusprechen, ... wo man sich immer verstellen muß..."

Es zeigen sich hier Elemente, die genau jenen Freundschaftstypus repräsentieren, der für diese Epoche typisch ist: die stilisierte Standesfreundschaft, welche nur minimal persönliche Ausdrucksform ist. (Vgl. dazu 2.6)

2.6. Zwischenbilanz: Zum Formen-, Inhalts- und Funktionswandel der Freundschaft

Die Metamorphosen der Freundschaft von der Antike bis zum ausgehenden Mittelalter beweisen, daß es wohl zu keiner Zeit nur einen Freundschaftstypus gegeben hat, sondern daß von jeher mehrere Formen nebeneinander bestehen, die in verschiedener Weise die ‚dahinterliegende‘ Gesellschaft repräsentieren, in welche sie funktional eingebunden sind.

Die Entwicklungsgeschichte nimmt ihren Anfang bei der „Freundschaft als Verwandtschaft", welche auf dem Prinzip des natürlichen Zusammengehörens unter einem Herrn in einem Haus (Oikos) beruht. Parallel dazu als älteste Formen nicht-verwandtschaftlicher Freundschaft (vgl. DIRLMEIER 1931:22) finden wir die Waffenbrüderschaft und Schiffsgenossenschaft als solidarisches Militärbündnis, aber auch die Gastfreundschaft, welche sämtliche den institutionalisierten Freundschaften zuzurechnen sind (vgl. TENBRUCK 1964:443).

Institutitionalisierte bzw. ritualisierte Beziehungen sind sozial vorgegeben, standardisiert und gesellschaftlich geschützt. Sie beruhen nicht auf Freiwilligkeit sondern sind existentielle praktische Notwendigkeit, um außerhalb der Familiensphäre Fuß fassen zu können (vgl. DIRLMEIER 1931:35ff., HUTTER 1974:135ff.). Dieser Freundschaftstypus ist eng verflochten mit der relativ wenig ausdifferenzierten damaligen Gesellschaft, wo es keine öffentlichen Einrichtungen und Anlaufstellen, wie sie Gasthäuser oder Herbergen darstellen, für den Fremden oder Krieger gab (vgl. MIELENBRINK 1967:253).

Die Institution der adligen Heldenfreundschaft mit ihren Ritualen war wichtiger Bestandteil der griechischen Gesellschaft, welche nach HUTTER (1974:134) exzessiv gegenseitige Zerstörung praktizierte. Die genau vorgeschriebenen Verhaltensrituale zwischen Heroen garantierten, daß diese gegenseitig auf das Leben des anderen achtgaben, was letztlich neben einer prinzipiellen Überlebensfunktion für das Individuum, dem Bestand der Gesellschaft zugutekam. Im Gegensatz zu heute, wurde die Öffentlichkeit maßgeblich durch Freundschaften konstituiert.

Ähnlich die Gastfreundschaft. In einer Welt, die dem einzelnen keine öffentliche Daseinsberechtigung garantierte, waren jedoch persönliche Wege gangbar, sich fremde Menschen und Gemeinschaften zugänglich zu machen: Heirat und Gastfreundschaft. Letztere ist ein klar umrissenes, soziales Instrument um Isolation, Feindseligkeit und Spannungen aufzufangen und ein Miteinander zu ermöglichen. FINLEY (1968:107) sieht in ihr „gewissermaßen die homerische Form... der Vorläufer von politischen und militärischen Bündnissen." Gastfreundschaft als autonomes Mittel des Selbstschutzes - wie das Beispiel des ‚listenreichen‘ Odysseus kundtut - vernetzt Gemeinschaften und verhindert damit die Atomisierung der Gesellschaft in Fremde bzw. Feinde.

Politische Freundesverbände (Hetairia), welche einen Zwischenstatus zwischen institutionalisierter und Individualbeziehung einnehmen, können mit als

Basis gelten für die in der klassischen griechischen Epoche mit dem Niedergang der Polis vermehrt auftretenden freieren und gefühlshaften (Paar-)Freundschaften. Ihre Motive sind fast gänzlich an Interessensgleichheit und an die Erfordernisse des Lebens gebunden: Politik, Heer, gemeinsame Erziehung, kultische Veranstaltungen, das gemeinsame Mahl und philosophische Gespräch, Pflege bei Krankheit, Hilfe in der Not, Begleitung im Todesfall. Aufgaben und Inhalte, die heute über unterschiedliche Sicherungssysteme abgedeckt werden, lagen zur damaligen Zeit in den Händen des Freundes oder der Freunde. Die sozialen und persönlichen Funktionen zur Strukturierung und Bewältigung wichtiger Lebenszusammenhänge sind unübersehbar.

Daß aus der praktischen Nähe und Nützlichkeit der Freundschaft heraus unweigerlich gefühlshafte Zuneigung entstehen mußte, scheint logische Konsequenz. Im Verbund mit dem gesellschaftlichen Hervortreten des Individuums im demokratischen Athen (um 510 v.Ch.) wo Volksversammlungen, Gerichts- und Unterrichtswesen sowie hochentwickelter Geschäftsverkehr Begegnungen ermöglichten (vgl. DIRLMEIER 1931:35), zeichnete sich ein Wandel von der politisch getönten und rational-praktischen Beziehung zur intellektuellen und emotionalen, den ganzen Menschen miteinbeziehenden Philia ab.

Das Beispiel der Sophisten, die begannen, Geld für die ursprünglich über Freundschaft vermittelte Lehre zu nehmen, demonstriert deren Erübrigung und Verdrängung aus einem sich institutionalisierenden Gesellschaftsbereich. SOKRATES, PLATON und ARISTOTELES, welche die Auffassung vertreten, daß Weisheit und Liebe nur verschenkt werden können, kritisierten diesen Wandel scharf (vgl. SCHELIHA 1968:75f.).

Trotz des Mangels an detaillierter Literatur, kann gesagt werden, daß sich um ARISTOTELES erstmals eine eigenständige, individualisierte Form der Freundschaft ins Blickfeld schiebt (vgl. auch TENBRUCK 1964:443), die der komplexer gewordenen Gesellschaftssituation erwächst und entspricht. Neu an diesem Freundschaftstypus ist seine Loslösung von der bislang traditionellen Einbindung und von seinem Öffentlichkeitscharakter. Freundschaft gilt nun als selbständiges, zwischenmenschliches Verhältnis, welches zu trennen ist von vorgegebenen institutionalisierten Einrichtungen. Sie wird freiwillige Wahl- und Intimbeziehung zwischen Individuen und unterliegt der privaten Ausgestaltung. Die Rolle des persönlichen Freundes entsteht, parallel dazu verschwindet das bislang klare, allgemein verbindliche und allseits anerkannte Freundschaftsbild. Mit der ‚Privatisierung' verschwimmen die ehemals so markanten soziokulturellen Funktionen, während die individuell-geistigen Effekte der Liebe, des Vertrauens, der Moral und Vervollkommnung in den Vordergrund treten. Die Freundschaft beginnt, sich dem Beobachter zu entziehen, individuelle Variationen begünstigen die Diskussion um die ‚wahre' Freundschaft, den ‚echten' Freund.

Diese Frage hält sich durch die Geschichte bis zur Neuzeit und manifestiert sich in einer wertbehafteten Zweiteilung der Freundschaft in ein selten vorkommendes Ideal und eine häufiger anzutreffende Realbeziehung. So postuliert

ARISTOTELES die diesseitige, auf die Polis bezogene Tugendfreundschaft in Absetzung zur sinnlichen und nützlichen Freundschaft, während bei AUGUSTINUS die auf das Jenseits gerichtete Gottesfreundschaft im Kontrast steht zur irdischen, dem Materiellen verhafteten Freundschaft. THOMAS VON AQUIN entwirft eine Liebestheorie der Freundschaft. Als wohlwollende, auf das reale Leben und auf Gott gerichtete Liebe steht sie der utilitaristischen Beziehung gegenüber. Allein akzeptiert bei MONTAIGNE ist die Verschmelzungs- und Herzensfreundschaft, welche jede Alltagsbeziehung in den Schatten stellt. Diese Zweiteilung ist im übrigen beispielsweise auch bei KANT, SCHOPENHAUER, KIERKEGAARD anzutreffen, wie SCHERM (1976:117ff.) zeigt.

Die Ausgewogenheit der Philia-Diskussion bei ARISTOTELES wird im frühen christlichen Mittelalter mit seiner Feudalstruktur nicht übernommen. Der Mensch ist wieder eng durch die Familie, die Kirche, den Stand definiert; er kennt seine Rolle, seinen Platz in der Gesellschaft. Eigeninitiative wie sie die hochindividualisierte antike Freundschaft erforderte, kann nicht erwünscht sein. Dem entspricht aber durchaus die von den christlichen Theologen, z.B. AUGUSTINUS, postulierte Nächstenliebe als Freundschaft. Nächstenliebe ist jedoch eher eine moralische Haltung, denn ein Beziehungsprozeß. Die Abwendung vom Irdischen, Körperlichen, Zwischenmenschlichen und die Verlegung der Freundschaft hinein in das Individuum und dessen geistige Haltung zu Gott, impliziert auch gesellschaftliche Passivität, obwohl diese Freundschaft relativ intellektuell ist. Durch Gebet und Opferbringen für die Freunde wird das Standessystem kaum gefährdet, durch solidarisches Alltagshandeln hingegen schon.

Wenn die Freundschaft im Neuen Testament ins Hintertreffen gerät und vor Freundschaft mit einzelnen Personen abgeraten wird, ja sogar zur Diskriminierung des Freundes in Glaubenskonflikten aufgerufen wird (vgl. MIELENBRINK 1967:32, KON 1979:46) so sicher auch deshalb, weil klar ist, daß gelebte Freundschaft Macht und Auflehnung bedeuten kann. Die kontemplative Gottesfreundschaft als Nächstenliebe (in letzter Konsequenz) nur unter Christen, führt zur Stärkung der kirchlichen Gemeinde und Stabilisierung des Klerus und der Gesellschaft.

Es darf nicht vergessen werden, daß neben dieser extrem individualistischen, asketischen, auf innere Erfüllung abzielenden Freundschaftsidee im weltlichen Alltag die unterschiedlichsten Freundschaften gepflegt wurden. Eine besondere Rolle spielten die Schwurfreundschaften unter den Herrschern, die der Absicherung des Friedens dienten und politische Handlungsspielräume gewährleisteten. Diese hatten Vertragscharakter, waren Zweckbündnis und verpflichteten zur allgemeinen oder speziellen Hilfe und Unterstützung. Die Instrumentalisierung von Freundschaft, aber auch von Verwandtschaft war an der Tagesordnung. (Vgl. ALTHOFF 1990:85ff.)

In der Zeit der räumlichen und sozialen Expansion, der Kreuzzüge, Ordens- und Universitätsgründungen, wo Berufsdifferenzierungen in Gilden und Zünfte sowie der Minnesang neue Bindungen auch zwischen verschiedenen Ständen einleiteten, wird bei THOMAS VON AQUIN die ‚nätürliche‘, nicht der Eingebung Gottes entsprungene Freundschaft Gegenstand des Interesses (vgl. MIELENBRINK 1967:42, ELIAS 1978:50, BOLTE/HRADIL 1984:85). Zutage tritt jetzt die psychologisch-interaktionale Funktion, gemeinsame Freude, Zuneigung, Vertrauen und gemeinsames Handeln. Freundschaft erleichtert das Leben und versittlicht, sie bleibt aber gebunden an die Ausrichtung auf Gott.

In der Folgezeit gibt das Beispiel MONTAIGNE Aufschluß darüber, daß die individualisierte Freundschaft als zwischenmenschliche Beziehung und mögliche Gegenkultur erst im Keim und nur bei jenen gebildeten Humanisten möglich war, die in einer ansonsten festgefügten Gesellschaft das Privileg der geistigen Freistellung leben konnten. Daneben findet sich in viel größerem Ausmaß die ritualisierte Standesfreundschaft, welche nach dem antiken Vorbild homerischer Heroen kopiert wird. Dieser Freundschaftstypus blüht im Späthumanismus nach TENBRUCK (1964:447) deshalb wieder auf, weil auch hier starre Traditionen und Ordnungsschemata den einzelnen festhalten. Es sind kaum gesamtgesellschaftliche Freisetzungsprozesse zu sehen und damit besteht noch keine funktionale Notwendigkeit für personale, erlebnishafte Beziehungen. Nach RASCH (1936:3ff.) ist die ständische Freundschaft dadurch gekennzeichnet, daß sie sich nicht auf innere, persönliche Qualitäten eines einzelnen richtet sondern auf seine gesellschaftliche Stellung, seinen Rang und seine Macht. Sie verfolgt kalkulierte, praktische Interessen und wird rituell durch Freundes- und Freundschaftsgedichte stilisiert. Die Verdienste von Gönnern und Fürsten werden bei Festivitäten besungen, um diese wohlgesonnen zu stimmen. Dieser „rhetorische Formalismus" (RASCH) läßt unseres Erachtens einmal Darstellungsfunktion, zum andern aber auch soziale Verteilungs-, Integrations- und Stabilisierungsfunktion erkennen, die den einzelnen im Gesellschaftsgefüge festhält oder ihm zu einem Amt verhilft.

Sicher steht die Herzensfreundschaft MONTAIGNEs in enger kontradiktorischer Verflechtung zu diesen verfremdeten und funktionalisierten Ritualen, die wenig empathische Zwischenmenschlichkeit enthielten, sondern auf konkurrierendem Egoismus und Mißtrauen basierten, was statt Einsamkeit zu mildern, diese fördert. Die Freundschaften jener Zeit symbolisieren auch deren Gesellschaftszustand und Umbrüche. Parallel zu hochindividualisierten Gelehrtenfreundschaften bestehen auch ritualisierte, stilisierte Nutzenbeziehungen, die nicht das Individuum, sondern dessen Status ansprechen. Je nach gesellschaftlicher Lage erfüllen verschiedene Freundschaftstypen spezielle persönliche und sozialintegrative Zwecke.

Von der Antike bis zum ausgehenden Mittelalter glauben wir zeitübergreifende Tendenzen eines Freundschaftswandels festhalten zu können. Im Gefolge gesellschaftlicher Differenzierungs- und damit Freisetzungsprozesse zeigt sich ein Formen-, Inhalts- und Funktionswandel:

- von der institutionalisierten, sozial vorgegebenen zur partial individualisierten, freiwilligen Freundschaft (Formenwandel)

- von der instrumentellen, rational-praktischen Tatenfreundschaft zur expressiven, gefühlshaft-intellektuellen geistigen Freundschaft (Inhaltswandel)
- von der sozialen Funktionalität zur personalen Funktionalität (Funktionswandel).

Zwei Dinge sollten angemerkt werden: Die Geschichte der Freundschaft ist die der Freundschaft unter Männern. Die andersgeartete gesellschaftliche Stellung der Frau, die vor allem auf Haus, Familie und Nachbarschaft konzentriert blieb (also ‚sicher' eingebunden war), erübrigte aus der Sicht des Mannes eine gesonderte Freundschaft. (Vgl. EGLINGER 1916:97, RAYMOND 1987:92, MÜNCH 1990) Dennoch gab es auch zu dieser Zeit emanzipierte Frauen, die geistige Freundschaften pflegten. Sappho mit ihren Freundinnen wurde „von PLATON als zehnte Muse gefeiert" (SCHELIHA 1968:62), der Staatsmann Perikles ersuchte verschiedentlich bei gebildeten Frauen um Rat, „es gab weibliche Gelehrte, Malerinnen und Dichterinnen" (GOULD DAVIS 1987:193). Die Wertschätzung der Ehefrau drückte sich außerdem im athenischen Gesetz aus, welches der Frau ‚moderne' Rechte einräumte: das Recht auf Geburtenkontrolle, auf einseitige Scheidung und auf Eigentum. Zärtliche Grabepigramme lassen den Schluß auf tiefere Beziehungen zwischen den Geschlechtern zu (vgl. GOULD DAVIS 1987:192, SCHELIHA 1968:62). Literarisch wird die Jahrtausende alte Frauenfreundschaft allerdings erst um das 18.Jh. von Interesse. (Vgl. KON 1979:164).

Zum zweiten Punkt, den hier vernachlässigten Kulturvergleich zur Freundschaft, sei nur soviel gesagt, daß die beschriebenen Freundschaftstypen auch in anderen Kulturkreisen vorzufinden sind. Ethnologen und Kulturanthropologen bieten reiches Material zur institutionalisierten Freundschaft als Erweiterung des Familiensystems. So scheint die Einrichtung des „compadrazgo" eine Reaktion der mittelamerikanischen Ladinos auf das Eindringen der spanischen Erorberer zu sein. Wo die Möglichkeiten der Familie überfordert waren, erfüllt der „compadrazgo" wichtige Anpassungs- und Integrationsfunktion in die neue Lage. Als freundschaftlicher Begleiter ist er verpflichtet, materielle und moralische Hilfe zu leisten, um letztlich einer Desintegration des einzelnen in der neuen Situation und damit des Stammes an die Strukturumbrüche, vorzubeugen (vgl. TENBRUCK 1964:452, LEYTON 1974, BRAIN 1978, KON 1979:20f.).

2.7. Entstehung des Freundschaftskultes in Pietismus, Aufklärung und Romantik (ca. 1600 - 1900)

Die historisch gewachsenen Vorformen der individualisierten personalen Freundschaft erhalten im Zusammenhang mit den gesellschaftlichen Differenzierungsprozessen im 17. bis 19. Jh. eine besondere gesellschaftstragende Bedeutung. Ein zwischen 1750 und 1850 sich ausbreitender Freundschaftskult, d.h. die exzessive Bildung von Zweierfreundschaften, Bünden und Kreisen, ist verflochten mit der einsetzenden Befreiung des Individuums vom Zugriff der Gesellschaft. Er läuft parallel mit Prozessen der Verstädterung, geographischer und sozialer Mobilität, Ausweitung der Bildungschancen und Berufe sowie religiöser Vorstellungen (vgl. TENBRUCK 1967:438f.). Mit der Entstehung einer vielfältigeren Lebenswelt, die der einzelne in Anspruch nehmen kann, verschiebt sich auch die soziale Kontrolle und so etwas wie ein genereller individueller Freiraum aber auch Vereinzelung entstehen. Der Mensch wird mehr und mehr auf sich selbst verworfen, sieht sich im Schnittpunkt verschiedenster „sozialer Kreise" (SIMMEL) und erfährt sich in der Unterscheidung als eigenständiges Ich. Mit der Auflösung bisher eindeutiger Standesstrukturen können Menschen keinen sicheren Halt mehr in fraglich gewordenen religiösen, sozialen, politischen und wirtschaftlichen Refugien finden. Diese Leerstelle aber muß aufgefüllt werden, hochpersonale Freundschaften entstehen.

Die konkreten Gesellschaftsprozesse werden notwendig flankiert von geistigen Umdenkungsprozessen. In Ermangelung explizit soziologischer Literatur greifen wir zur Erhellung der Entstehung des Freundschaftskults auf die Ausführungen des Germanisten RASCH (1936:63ff.) zurück. Dieser macht zwei unterschiedliche geistige Strömungen dafür verantwortlich, nämlich den Pietismus und den aufklärerischen Rationalismus, die schlußendlich in die gleiche Zielrichtung weisen: sie erstreben die Hinwendung zum Diesseits und eine Hervorhebung der individuellen Autonomie aller Menschen. Ihr Kampf gilt den gesellschaftlichen Zwängen des Absolutismus und dem alles beschattenden Dogma der Kirche. Aus dem feinen Zusammenspiel tatsächlicher Veränderungen und deren geistiger Legitimation kann schließlich die gesellschaftliche Bedingtheit des Freundschaftskults herausgelesen werden.

Der vom Protestantismus herkommende Pietismus (17./18. Jh.), der zunächst von den Bürgern, später aber auch von den Bauern bis zum Hochadel getragen wurde (vgl. KLAUS/BUHR 1975:937, Bd.1), unterstützt den Rückzug nach Innen aus einer Welt, die menschliche Bedürfnisse negiert. Ein religiös geprägter Individualismus, der das subjektive Erleben in den Vordergrund hebt, trägt zur Autonomie der Person bei. Damit aber vollzieht sich auch eine Außerkraftsetzung des Einflusses kirchlicher Institutionen. RASCH (1936:36ff.) aber auch MIELENBRINK (1967:55ff.) hat die ambivalente Haltung des Pietismus zur Freundschaft herausgearbeitet. Ein entscheidender Zug des englischen Pietismus und seiner katholischen Variante, des französischen Jansenismus sowie des milderen deutschen Luthertums, ist die Versenkung in sich selbst zur Erfahrung der göttlichen Offenbarung. Gewarnt wird vor der Einzelbeziehung, die von der Liebe zu allen Geschöpfen und zu Gott ablenkt und zur Sünde führt. Konsequenz ist die Abkehr von der Gemeinschaft der Menschen. In Anlehnung an SCHMALENBACH schreibt RASCH (1936:38)

„Der Kalvinismus hat die äußerste, radikalste Vereinsamung des Menschen verwirklicht, die überhaupt in der Geschichte anzutreffen ist...".

Genau aus dieser Basis aber kommt ein starker Gegenimpuls zum Austausch im kleinen Kreis, der sich schließlich in einer Reihe von brüderlichen Gemeinschaften, Sekten und Zirkeln manifestiert, die über das religiöse Gespräch unmittelbar persönliche Beziehungen pflegen (vgl. MIELENBRINK 1967:55). Mit der Herauslösung der Menschen aus Konventionen und Kirche, und im Durchgang durch erlebte Einsamkeit, entsteht ein neues Freundschaftsverständnis. Dieses ist nicht, wie noch im Barock des 17. Jhs. an Stand oder Macht, an Gewinn oder gemeinsamen Interessen orientiert, sondern am Menschen als Individuum. Mit der Hinwegsetzung über soziale Unterschiede aber wurde ein Beitrag zum Abbau von Distanz zwischen den Menschen geleistet, der sich über die religiöse Sphäre hinaus durch persönliche Anteilnahme, in weltliche Lebensbereiche hinein fortsetzte. Freundschaft stellte - ähnlich der Antike - eine wichtige Lebensform dar, durch welche der aus den Traditionen herausgeworfene Mensch sich eigene Bindungen schaffen konnte. Über die Wende zur Innerlichkeit wurde der Blick frei auf das Diesseits.

Eine andere, scheinbar gegenläufige Strömung, die den Freundschaftskult begünstigte, war der von der Bourgeoisie forcierte aufklärerische Rationalismus des 18. Jhs.. Diese Emanzipationsbewegung stand - ungeachtet ihrer nationalen Spielarten - im engen Zusammenhang zum Pietismus. Auch die Aufklärung trat für den mündigen Bürger und die Säkularisierung ein. Angesichts der revolutionären Entwicklungen auf dem Sektor der Naturwissenschaften, und in Anlehnung an deren analytische Methode, kommt es zur Suche nach Regeln des Zusammenlebens, welches jetzt als von Menschen geschaffen, als veränderbar und steuerbar gedacht wird. An die Stelle der Tradition tritt das Prinzip der Vernunft und das Gottesgnadentum wird durch eine Theorie, das rationalistische Naturrecht, ersetzt (vgl. RASCH 1936:64f., KÜHNL 1975:13, Bd.1).

Mit dieser doppelten Emanzipation von Staat und Kirche aber machten die Menschen, nun auf sich selbst verwiesen, auch die Erfahrung von Unsicherheit und Isolation im praktischen wie ideellen Sinne. Wohlwissend um die Notwendigkeit sozialer Bindungen, setzt die Aufklärung einen Gegenakzent: Die Pflicht zur Vergesellschaftung des Menschen mit dem Menschen jenseits staatlicher Bindungen wird betont. Im Rückgriff auf die Stoa wird eine allgemeine Menschenliebe gefordert (vgl. SEIDEL 1972:1110). Dieses Abstraktum aber läßt sich nur über die Freundschaft zum einzelnen realisieren, der als Repräsentant der Menschheit gilt (vgl. RASCH 1936:65f.). Freundschaft avanciert zur höchst bewerteten Sozialform und Tugend. Sie wird jetzt universal und (wie schon bei den Naturphilosophen) als Symbol aufgefaßt. Als „Sinnbild der Humanität" (KON 1979:58) oder der „Weltharmonie" (EGLINGER 1916:29) transportiert sie die Vorstellung vom solidarischen Zusammenhalt zwischen allen Menschen. Wie schon im Pietismus verwischen sich die sozialen Unterschiede, weil der Mensch sich an den andern als Individuum wendet und dessen Glück im Auge zu haben hat.

Diese neue, transnationalen Zusammenhalt versprechende Idee manifestiert sich in Malerei, Theater und Literatur. Künstlerisch wird das vorherige Nebeneinander durch das Miteinander in der Berührung, der gemeinsamen Arbeit und im Händedruck dargestellt (vgl. KON 1979:58f.). Die Bezeichnung „intimer Freund" wird eingeführt (KRUSE 1980:33). Von der in Gott fundierten Nächstenliebe gegen alle, wie sie etwa AUGUSTINUS vertritt, unterscheidet sich diese Freundschaftsvorstellung durch ihre vernunft- und moralgestützte Diesseitigkeit, welche das selbstverantwortlich handelnde Individuum in den Vordergrund stellt.

Um jedoch die vernünftige, uneigennützige, am andern orientierte Freundesliebe eindeutig von der triebhaften, affektbeladenen Liebe abzugrenzen, bedurfte es verschiedener Bemühungen. Unter Berufung auf stoisches und christliches Gedankengut werden moralisierende Schriften herausgegeben, die eine Ethik der humanitären Moral, der gegenseitigen Achtung, des Mitfühlens und der Gemütsruhe nahelegen. Insbesondere die Werke von CH. THOMASIUS, CH. WOLFF und SHAFTSBURY aber auch die Moralischen Wochenschriften haben zu einem langsam sich vollziehenden Umdenkungsprozeß beigetragen (vgl. SEIDEL 1972:1110, RASCH 1936:112ff.).

Dieser sich anbahnenden Idealisierung und Überforderung von Freundschaft als höchster Tugend und wichtigster gesellschaftskonstituierender Lebensform, setzen jedoch skeptische Stimmen Warnungen entgegen, daß diese eben auch mit Nutzen und Vorteilen zu tun habe, je nach persönlicher Gesellschaftslage. Aus dem Bewußtmachen realer Zusammenhänge findet sich bei HELVETIUS (1758) erstmals ein soziologischer Denkansatz.

Die Geschichte zeigt, daß verdrängte Aspekte sich zu einem anderen Zeitpunkt Gehör verschaffen. So hat die Aufklärung der Epoche der Romantik (Ende 18./Anfang 19.Jh.) insofern Vorschub geleistet, als persönliche Affekte und psychologische Reflexionen niedergehalten wurden. Momente, die schon im Humanismus bei der freien geistigen Oberschicht Thema waren, werden wieder aufgenommen (vgl. MONTAIGNE).

Die Besonderheit der romantischen Freundschaft liegt in der Betonung der Expressivität und ihrer Verbreitung unter der Jugend (vgl. TENBRUCK 1964:446). Es kristallisierte sich heraus, daß Freundschaftsbildung immer auch etwas mit der Freistellung von Menschen zu tun hatte. Die Kategorie der Jugend fällt genau unter jenes Prinzip, aber mit anderen Implikationen wie z.B. die freie Oberschicht (vgl. KON 1979:66ff.). Jugendliche sind prinzipiell lockerer in Gesellschaft eingebunden und haben historisch variierende Chancen wahrgenommen, der Orientierungsambivalenz und dem Bedürfnis nach Austausch mit Gleichgesinnten durch Freundschaftsbildung zu begegnen.

Für das 18. und 19. Jh. gilt, daß die von der Familie sozial abhängige, emotional isolierte Jugend gerade unter den Bedingungen gesamtgesellschaftlicher Differenzierungen, sich über Zusammenschlüsse zu profilieren begann. Die Stürmer und Dränger und später die Romantiker schreiben dem gefühlshaften eigenen Erleben, dessen Überhöhung und gegenseitigen Bespiegelung, einen außerordentlichen Stellenwert zu, der nun wichtigster Akzent in der Freundschaft mit einem Gleichgesinnten wird.

Um 1770 breiten sich an den Universitäten neben Zweierbeziehungen exklusive Jugendbünde aus, die vom gemeinsamen künstlerisch-intellektuellen Interesse geprägt waren. Bekannt ist beispielsweise der Göttinger Hainbund, Gleims Kreis, der Leipziger Kreis der Jünglinge, denen ein Mentor vorsteht. Die Parallele zur Antike ist offensichtlich. Gegenstück dazu bilden die Burschenschaften mit ihren oft groben Sitten. (Vgl. KON 1979:63f.) Auch seitens des Katholizismus formieren sich zu Anfang des 19. Jhs., entgegen vielerlei Bedenken, aus einer elitären Isolation heraus Freundschaftskreise (vgl. MIELENBRINK 1967:56ff.).

Ende des 19. und Anfang des 20. Jhs. wird besonders unter dem Einfluß der katholischen Jugendbewegungen (z.B. Wandervogel) das konventionelle Leben mit seinen bürgerlichen Moralvorstellungen und Tabus öffentlich infrage gestellt. Die Schriften NIETZSCHES und FREUDS spielten dabei eine wichtige Rolle (vgl. ders. 1976:75ff.).

Die Funktionen der romantischen Freundschaft liegen in der gegenseitigen Ergänzung und Vervollkommnung der Person und im kollektiven Lebensgenuß. Gleichzeitig waren die nunmehr in den Vordergrund tretenden Freundschaftsbünde wichtiges Instrument zur Verbreitung und Kritik philosophischer Anschauungen und der Aufdeckung politischer Mißstände. Sie dienten der Knüpfung und Sicherung neuer Lebensformen.

Festzuhalten bleibt, daß die überschwengliche, empathische, auf Verstehen und Ergänzen gerichtete Freundschaftsvorstellung, die sich zwischen dem 17. bis zur Mitte des 19. Jhs. durchsetzt, nachhaltigen Einfluß bis in die Gegenwart hat, was sich allzu oft im Bedauern darüber ausdrückt, daß die heutigen Beziehungen funktional und unbeständig seien (z.B. TENBRUCK 1964:454, TOFFLER 1970, RIESMAN 1958). Ignoriert wird, daß es sich dabei eher um eine universale, zur Schau gestellte Geselligkeit, um eine allgemeine Verbundenheit handelt, und erst in zweiter Linie die Beziehung von Mensch zu Mensch gemeint ist. Im Freundschaftskult findet eine Art der öffentlichen Zelebrierung individueller Empfindungen statt, konstatiert SALOMON (1979:299).

Mit zunehmender Differenzierung (Industrialisierung, Bürokratisierung, Massenkommunikation, Massenverkehrsmittel) zeigen sich am Übergang zum 20. Jh. problematische Konsequenzen der Individualisierung. Menschen geraten verstärkt in Abhängigkeit von unpersönlichen Organisationsstrukturen und deren Zeitrhythmus, der Spielraum für nicht-funktionale, persönliche Bindungen scheint sich zu verengen. Freundschaft hat ihren Zenith überschritten. Das schwärmerische Denken über die Vorzüge dieser Beziehung nimmt zugunsten anderer Werte ab. Freundschaft tritt in den Hintergrund.

In seiner quantitativen Inhaltsanalyse belegt TAVISS (1969), daß als dominierendes Problem um die Jahrhundertwende (19./20. Jh.) in amerikanischen Zeitschriften „soziale Entfremdung" auftritt, während der fünfziger Jahre „Selbstentfremdung" und danach der „Mangel an Intimität" beklagt wird. Dieser

Befund läuft parallel zu biographischen Aufzeichnungen berühmter Persönlichkeiten bei GREENE. Der „Held" zwischen dem 18./19. Jh. ist Gentleman und Patriot, er pflegt viele herzliche Freundschaften. Der „Held" in den Jahren zwischen 1894 bis 1903 kann ganz ohne Freunde auskommen, legt Wert auf Karriere und Erfolg. Etwas später sind jene Freundschaften interessant, in denen man dominiert. (Vgl. KON 1979:80) Das Schreiben über Freundschaft nimmt mehr und mehr ab.

Schließlich bleibt, daß seit der Aufklärung eine generelle Individualisierung und Säkularisierung der Freundschaft eingeleitet worden ist, ungeachtet dessen, ob es sich um eine Zweiergemeinschaft oder um informale Freundeskreise handelt. Ihre Transformation zum universalen Symbol für Humanität hat zum Abbau von und zur Reflexion über Statusdenken beigetragen, aber auch zur ideellen Überhöhung und Überforderung geführt, gerade weil sie mehr und mehr aus dem öffentlichen Sichtkreis entschwunden ist. Im Durchgang durch die verschiedenen gesellschaftlichen Umbrüche kristallisiert sich der expressiv-instrumentelle Charakter von Freundschaft als einer zwischenmenschlichen Privatbeziehung heraus. Aus der Sicht des einzelnen ist sie frei zu wählendes Ausdrucksmittel für persönliche Gefühle und Gedanken. Freundschaft trägt zur Stabilisierung und Selbstverwirklichung bei und bewahrt vor Isolation. Damit aber hat diese Beziehung hohe soziologische Relevanz, denn durch sie wird gesellschaftlicher Zusammenhalt konstruiert. Der historische Abriß läßt vermuten, daß Gesellschaften sich bewußt oder unbewußt diesen ‚Mechanismus' immer schon zunutze gemacht oder zumindest darauf gebaut haben. Aus soziologischer Perspektive steht Freundschaftsbildung und -ausprägung im engen Zusammenhang zu Differenzierungsprozessen, welche personale und soziale Unsicherheiten, d.h. Freistellung von Menschen nach sich ziehen. Persönliche Beziehungen stellen eine Möglichkeit dar, fehlende oder sich auflösende Strukturen zu ersetzen und/oder zu ergänzen, um Desintegration zu kompensieren.

3. Freundschaft - theoretische Perspektiven und empirische Befunde

3.1. Soziologische Konzepte zur Freundschaft

Das Interesse der Soziologie am Thema Freundschaft bewegte sich in der Vergangenheit kaum über beiläufige Überlegungen oder die illustrative Verwendung des Phänomens hinaus. Dies, obwohl Gesellschaft sich in ihrem Kern auf eine Vielzahl von Zweierbeziehungen und darauf aufbauenden kleinen Gruppen stützt.

Aus der geschichtlichen Unsicherheit heraus lassen sich die Gründe für die Vernachlässigung von persönlichen Beziehungen möglicherweise darin finden, daß die neu sich entwickelnde soziologische Disziplin den Anspruch hatte, jene regelhaften sozialen Gebilde zu erfassen, die direktere Hinweise auf konkrete gesellschaftliche Gestaltungsmöglichkeiten liefern als dies für Freundschaft der Fall ist. Bis heute hat sich nicht viel geändert. TENBRUCK, der 1964 einen ersten Versuch zur Soziologie der Freundschaft vorlegt, glaubt, daß die moderne Soziologie noch immer die Analyse handfesterer Phänomene wie z.B. Institutionen, Herrschaft, Wirtschaft, Familie, Rollen favorisiert, weil sie die „wirkliche" Struktur der Gesellschaft ausmachen, die es ermöglicht, dem Handeln des einzelnen eine Richtung zu geben.

> „Demgegenüber erscheint es dann gesellschaftlich ganz unerheblich, ob wir Freunde haben oder nicht. Als bloß privates Anliegen scheint die Freundschaft, und als Stillung bloß privater Bedürfnisse scheinen allgemeiner die persönlichen Beziehungen soziologisch irrelevant." (TENBRUCK 1964:435)

Ähnlich argumentiert MCCALL (1970a:4), daß das Interesse an interpersonalen Phänomenen bevorzugt in Verbindung zu sozialen Organisationen vorkommt oder auf sichtbar institutionell verankerte Gemeinschaften gerichtet ist. Freundschaft als private, gesellschaftlich gering geregelte Wahlbeziehung, die scheinbar primär psychologischer Natur ist, entzieht sich dem direkten Zugriff.

> „Es sieht demnach so aus, als ob eine soziologische Theorie der Freundschaft nicht nur gesellschaftlich unwichtig, sondern überdies auch unmöglich sei." bemängelt TENBRUCK (1964:436).

Als einer der ersten hat SIMMEL (1908) sich im Rahmen seiner Ausführungen zur „quantitativen Bestimmtheit der Gruppe" mit der besonderen Struktur der Zweier-Einheit auseinandergesetzt (ders. 1968:32ff.). Allerdings verlor sich in der Folgezeit das weiterführende Interesse an diesem Thema. Bemerkenswerte Ausnahmen sind BECKER/USEEM (1942), die in Anlehnung an die Vorarbeiten SIMMELs den Artikel „Sociological Analysis of the Dyad" verfaßten.

Etwa zur gleichen Zeit wie SIMMEL entwickelte CH.H. COOLEY (1909) in seinem Werk „Social Organization" das Konzept der Primärgruppe als einer - zwar den Mikrobereich überbetonenden - Möglichkeit, Individuum und Gesellschaft aus dem theoretischen Dualismus zu befreien:

> „These groups, then, are springs of life, not only for the individual but for social institutions. They are only in part molded by special traditions, and, in larger degree, express a universal nature." (COOLEY 1909, zit.n. HELLE 1977:58)

Im Jahre 1950 bricht auch GEIGER (1963:56f.) eine Lanze für die „Gruppen erster Ordnung", wie er die unmittelbar persönlichen und substantiellen Beziehungen, in die jeder Mensch eingebunden ist, nennt. Er stellt sich damit gegen den Mythos einer allesumfassenden Vermassung des Menschen in der Gegenwart und warnt gleichzeitig vor einer Glorifizierung der ‚guten alten Zeit'.

Trotz der Einigkeit darüber, daß persönliche Beziehungen[7] und damit auch die Freundschaft zur Grundlage menschlichen Daseins zählen und ihnen eine hohe Forschungswürdigkeit zukommt, gibt es keine spezielle soziologische Richtung, die sich des Themas angenommen hat. Weder zum Verhältnis zwischen Freundschaft und Gesellschaft, noch zu deren interaktionaler Binnenstruktur ist weiterführend gearbeitet worden.

Im folgenden werden deshalb die Beiträge von HELVÉTIUS, TÖNNIES, SIMMEL, M. WEBER, V. WIESE übersichtsartig vorgestellt (3.1.1). In chronologischer Ordnung folgen die Konzepte von KRACAUER (3.1.2), LAZARSFELD/MERTON (3.1.3), SUTTLES (3.1.4) und EISENSTADT (3.1.5), die den (ungenügenden) theoretischen Stand zum Thema spiegeln. Die Zusammenfassung (3.1.6) präsentiert Thesen über Ursprung, Merkmale und Funktionalität von Freundschaft, welche sich implizit aus den referierten Ansätzen herauslesen lassen.

3.1.1. Freundschaft bei HELVÉTIUS, TÖNNIES, SIMMEL, M.WEBER, V. WIESE

In seinem erstmals 1758 erschienen Werk „Vom Geist" schreibt der Humanist und Aufklärer HELVÉTIUS (1715-1771), daß es keine Freundschaft ohne Bedürfnis gibt, diese Bedürfnisse höchst unterschiedlich ausfallen und sich im Laufe der Zeit verändern. Er hält es demnach für nützlich, die Freundschaft unter ihrem zentralen Bedürfnisaspekt zu betrachten: die Menschen suchen Vergnügen, Geld,

---

7 Der Begriff „persönliche Beziehung" ist auch in der Soziologie unklar. Man spricht von „persönlich" als auf die ganze Person in der Breite ihres Daseins gerichtet, im Gegensatz zu „unpersönlich" als vorwiegend oder explizit an Zweck und Leistung orientiert, d.h. am Menschen als Rollenspieler. Für COOLEY wäre dies die auf persönlicher Bekanntschaft beruhende „Primärgruppe" und für TÖNNIES die „Gemeinschaft".

Ansehen, das Gespräch oder Vertrauen in ihren Beziehungen. Das eine Motiv ist so gut wie das andere und

> „selbst Schurken sind zur Freundschaft fähig.... Die Stärke einer Freundschaft läßt sich nicht an der Rechtschaffenheit zweier Freunde messen, sondern an der Stärke des Interesses, das sie miteinander verbindet." (Ders. 1973:394)

Schon HELVÉTIUS geht über eine Psychologisierung der Freundschaft hinaus. Er sieht einen Zusammenhang zwischen der Art der Verwirklichung der Persönlichkeit und den aktuellen gesellschaftlichen Bedingungen.

> „Wenn aber die Stärke der Freundschaft immer unseren Bedürfnissen entspricht, dann gibt es Regierungsformen, Sitten, Verhältnisse und schließlich Jahrhunderte, die der Freundschaft günstiger sind als andere." (Ders. 1973:317)

Zur Zeit des Rittertums etwa war es wichtig, mit aller Sorgfalt einen mutigen Waffenbruder auszuwählen, mit dem man Ruhm und Gefahr teilen konnte. Treue und Tapferkeit waren wichtige Freundschaftskriterien, die aber

> „zu verschiedenen Zeiten verschieden bewertet werden, je nach dem Nutzen, den sie in jedem Jahrhundert bringen." (Ders. 1973:317f.)

Zu Lebzeiten HELVÉTIUS' verlangte man von seinen Freunden andere Eigenschaften. Die gesellschaftliche Situation legte eher die Suche nach einem Gönner nahe, als eine persönliche Freundschaft im heutige Sinne. Dadurch kommt es auch zu Heuchelei und Mißbrauch der Freundschaft. (Vgl. RASCH 1936:14ff.)

Für TÖNNIES (1855-1936) ist

> „Freundschaft von der Verwandtschaft und Nachbarschaft unabhängig als Bedingung und Wirkung einmütiger Arbeit und Denkungsart; daher durch Gleichheit und Aehnlichkeit des Berufes oder der Kunst am ehesten gegeben." (Ders. 1926:15, Org. 1887).

Freundschaft bedarf der ständigen Erneuerung:

> „Solches Band muß aber doch durch leichte und häufige Vereinigung geknüpft und erhalten werden... Solcher guter Geist ... wohnt im Gewissen seiner Verehrer und begleitet ihre Wanderung in fremde Lande ... bildet ... eine Art von unsichtbarer Ortschaft, eine mystische Stadt und Versammlung." (Ders. 1926:15)

Die Freunde verbindet ein Verhältnis geistiger Natur, welches im Gegensatz zu Verwandtschaft und Nachbarschaft auf „Zufall oder freie Wahl" zurückzuführen ist.

In seiner „Einführung in die Soziologie" (1931) ist Freundschaft den gemeinschaftlichen Verhältnissen mit genossenschaftlichem Charakter eingegliedert. Sie gilt als Domäne junger Männer. Frauenfreundschaft - die TÖNNIES immerhin erwähnt - ist seiner Meinung nach unbedeutender als Männerfreundschaft. Sie stützt sich insbesondere auf das soziale Engagement der Frau, die „von Natur wärmere Sympathie und lebhaftere Hülfsbereitschaft" (ders. 1965:50) mitbringt. Freundschaft entspringt einerseits der Natur des Menschen und zum anderen dem Zusammenwirken des gleichen Geistes. Da die Kampfgenossenschaft an erster Stelle des freundschaftlichen Handelns steht, räumt TÖNNIES den Frauen ein, daß sie verhältnismäßig selten Gelegenheit hätten, in Freundschaft zusammenzuwirken - dies am ehesten noch in der Nachbarschaft.

Einen bis heute geltenden Impuls setzte SIMMEL (1858-1918) in seiner „Soziologie" (1908) mit der Version der „differenzierten Freundschaft" (1968:268f.) in einer immer komplexer werdenden Gesellschaft. Er zählt die Freundschaft zu jenen Verhältnissen, die nicht fest umschrieben (also kaum institutionalisiert) sind, die eher auf gegenseitigem Kennen als auf Nichtkennen aufbauen und die die ganze Person meinen, ohne den leiden-schaftlichen Tenor der geschlechtlichen Liebe. SIMMELs Prognose angesichts der modernen Gesellschaft lautet, daß

„völlige Vertrautheit... mit der wachsenden Differenzierung der Menschen immer schwieriger (wird). Vielleicht hat der moderne Mensch zuviel zu verbergen, um eine Freundschaft im antiken Sinne zu haben... Es scheint, daß deshalb die moderne Gefühlsweise sich mehr zu differenzierten Freundschaften neigte, d.h. zu solchen, die ihr Gebiet nur an je einer Seite der Persönlichkeit haben und in die die übrigen nicht hineinspielen. Damit kommt ein ganz besonderer Typus der Freundschaft auf... Diese differenzierten Freundschaften, die uns mit einem Menschen von der Seite des Gemütes, mit einem anderen von der geistigen Gemeinsamkeit her, mit einem Dritten um religiöser Impulse willen, mit einem vierten durch gemeinsame Erlebnisse verbinden." (Ders. 1968:269)

Entscheidend ist die Bemerkung, daß diese eingeschränkte freundschaftliche Zuwendung trotzdem aus dem „Zentrum der ganzen Persönlichkeit" kommen kann (ebd.). Wir greifen SIMMELs aktuelle Sichtweise später (Kap. 4.) auf.

Weniger gesellschaftsdiagnostisch als typologisch abgrenzend erwähnt M.WEBER (1864-1920) Freundschaft beispielhaft unter dem Begriff der „sozialen Beziehung" als

„ein seinem Sinngehalt nach aufeinander gegenseitig *eingestelltes* und dadurch orientiertes Sichverhalten mehrerer... Die soziale Beziehung *besteht* also durchaus und ganz ausschließlich: in der *Chance*, daß in einer (sinnhaft) angebbaren Art sozial gehandelt wird, einerlei zunächst: worauf diese Chance beruht." (Ders. 1972:13, Org. 1922).

Es gelten für Freundschaft die begrifflichen Implikationen der sozialen Beziehung. Interessant ist, daß WEBER darauf hinweist, daß die auf völliger Sinn-Gleichheit beruhende soziale Beziehung - wie etwa KRACAUER dies für die Freundschaft implizit zugrundelegt - ein Grenzfall ist. In der Realität ist es so, daß die Betroffenen mit durchaus anders gearteten Einstellungen und Sinnvorgaben in z.B. eine Freundschaft verwickelt sind, was für WEBER die „objektive Einseitigkeit" einer jeden sozialen Beziehung ausweist. „Objektiv beiderseitig" ist der Sinngehalt von Freundschaft nur insofern als die durchschnittlichen und typischen Erwartungen im Sinne dessen, was als Freundschaft gilt, in komplementärer Weise eingehalten werden.

Je affektueller eine Beziehung ist, desto eher wird ihr Sinngehalt über Verhaltensversprechen „mit verschiedener Sicherheit" (ders. 1972:14), also auf Vertrauensbasis geregelt. Dies aber trifft auch auf Freundschaft zu, denn sie beruht - in der Sprache WEBERS -

„im Einzelfall oder im Durchschnitt oder im reinen Typus - auf subjektiv *gefühlter* (affektualer oder traditionaler) *Zusammengehörigkeit* der Beteiligten." (Ders. 1972:21)

Freundschaft kann demnach WEBERS sozialen Beziehungstypus der Vergemeinschaftung (Prozeß) unterstellt werden analog der Gemeinschaft (Gebilde) bei TÖNNIES.

Auch für v. WIESE (1876-1969) gehört Freundschaft zu jenen Beziehungen,

„die nicht von einer autoritären Gewalt nach einer Norm geschaffen sind (sondern) durch Entschluß der Beteiligten" (ders. 1933:462, Org. 1924).

Freundschaft als sogenannte Wahlgruppe wird von ihm formal zu den „typischen Paaren" (ders. 1933:464)[8] gerechnet, neben Geschlechtspaaren und Generationspaaren.

v. WIESE hat sich, neben SIMMEL, als einer der ersten Soziologen mit dem Phänomen der Paarbeziehung beschäftigt. Die Zweipersonenkonstellation ist für ihn das persönlichste unter den sozialen Gebilden, weil „der Mensch dem Menschen begegnet" in einer formalen Beziehungsanordnung, die - wie in keiner anderen sozialen Situation - eine „selbständige Paarintimität" (ders. 1933:467),

---

8 Atypische Paare beruhen auf einem Herr-Knecht-Verhältnis wie z.B. Chef-Angestellter (vgl. v. WIESE 1933:464).

von vornherein unausweichlich vorgibt. Mit dem Auftauchen einer dritten Person verändert sich diese sofort.

Freundschaft ist auf gewisse zeitliche Dauer, d.h. wiederkehrende Prozesse angewiesen und richtet sich auf das persönliche Ich. v. WIESE trennt dabei ausdrücklich das soziale Ich als einen Anteil ab, der insbesondere etwa in größeren Gruppen angesprochen wird. Das prozessuale Zusammenspiel zwischen persönlichem und sozialen Ich (MEAD, GOFFMAN) wird im Dienste einer formalen Verständlichkeit ausgeblendet. Es geht v. WIESE darum, die Abhängigkeit der (Freundschafts-)Paare von der Entfaltung der Individualität zu betonen.

In ihrer Funktion „das *Allgemein-Menschliche*, das ja zugleich immer das Intime ist, *zur Geltung zu bringen"* trägt die Zweierbeziehung zur „Vermenschlichung des Sozialverkehrs" bei (ders. 1933:466,469), d.h. sie wirkt sozialisierend. Soziologisch gesehen ist das Paar die kleinste gesellschaftskonstituierende Einheit. Freundschaft z.B. erfaßt die ganze Person, stiftet Vertrauen, gibt innere Kraft, mildert Einsamkeit und ist Motiv zu weiterführenden Unternehmungen. Ähnlich SIMMEL, jedoch negativ formulierend, weist v. WIESE darauf hin, daß „mit zunehmender Kulturzersplitterung und dem Anwachsen der Unterschiede von Mensch zu Mensch" (ders. 1933:471) freundschaftliche Zweiergruppen seltener werden. Das heißt, die fortschreitende Differenzierung schlägt sich auch in den Individuen und deren Beziehungen nieder.

Zusammenfassend kann man sagen, daß Freundschaft der Kategorie der Gemeinschaft subsumiert wird, sich aber von Verwandtschafts- oder etwa Nachbarschaftsbeziehungen durch ihre geringe institutionelle Vorbestimmtheit abgrenzt. Als freiwillige und eher affektuale Beziehung ist sie permanent erneuerungsbedürftig. Durch die auf Dauer angelegte, ganzheitliche, gegenseitige Orientierung am andern kann ein besonders geartetes Vertrauensverhältnis zwischen ähnlich Gesinnten entstehen, welches personale und soziale Auswirkungen hervorbringt.

3.1.2. *Phänomenologische Annäherung durch* KRACAUER

Der Soziologe und Schriftsteller KRACAUER (1889-1966) verfaßte in den Jahren 1917-1921 zwei zusammengehörige Texte „Über die Freundschaft" (1917/18) und „Gedanken über die Freundschaft" (1921).

„Es gibt Worte, die durch die Jahrhunderte von Mund zu Mund gehen, ohne daß ihr begrifflicher Inhalt je klar und scharf umrissen vor das innere Auge tritt ... Unser ganzes Leben ist von ihnen durchzogen, wir denken mit ihnen und nehmen sie als Einheiten hin, trotz der unbestimmten Mannigfaltigkeit, die in ihnen zittert." (KRACAUER 1971:9).

Einer dieser nicht-faßlichen Begriffe ist für KRACAUER die Freundschaft. Er meint, daß „ihr schillernder Inhalt" (ebd.) niemals restlos in die bewußte Erkenntnis übergeht und erst auf der Matrix eines zusammenhängenden Weltbildes ein umfassenderes Verständnis von Freundschaft vermittelt werden kann. KRACAUER (1971:11), auf der Suche nach dem „Wesen der Freundschaft", konstruiert einen Idealtypus. Er sondert die eigentliche Freundschaft ab „von ähnlichen Verhältnissen, damit sie sich schließlich aus deren Mitte einzigartig hervorhebt." (Ebd.) Freundschaft ist in Abgrenzung zu Kameradschaft, Fachgenossenschaft und Bekanntschaft eine höchst esoterische Sozialkategorie.

Die Kameradschaft (=Zielverbindung) entsteht für KRACAUER überall dort, wo Menschen aufgrund eines von außen her kommenden Zieles oder einer situativen Notwendigkeit gemeinsam handeln bzw. zum handeln gezwungen sind. Kameradschaft entsteht in der Sphäre des Allgemeinmenschlichen und Alltäglichen, d.h. für KRACAUER, daß jeder potentiell in der Lage ist, sich kameradschaftlich zu verhalten. Dies ist nur deshalb möglich, weil KRACAUER die Kameradschaft ganz nach außen in den Bereich der pragmatischen Lebensbewältigung legt unter Ausschaltung von „seelischer Verwandtschaft und besonderer innerer Anziehungskraft." (Ders. 1971:12) Ein Kameradschaftsgefühl, d.h. ein Gefühl der „Gleichheit vor dem Ziel" (ders. 1971:13), (nicht ein Gefühl innerer Zusammengehörigkeit) entsteht dort, wo die gemeinsame Tätigkeit den Sinnen besonders intensiv zugänglich ist: Schule, Wandern, körperliche Arbeit, bei der Überwindung drohender Gefahren etwa durch Soldaten (!). Die Radikalität dieses durch das Ziel definierten Beziehungstypus verdeutlicht noch einmal folgendes Zitat:

„Die Einzelseele wird entpersönlicht, umgeknetet, bis sie im gleichen Rhythmus mit den andern bewegt. In um so größerer Reinheit erblüht das Kameradschaftsgefühl, je fremder und weniger vertraut sich ihrem ganzen Wesen nach die Menschen sind." (Ders. 1971:13f.)

Daß gemeinsames Handeln auch zur emotionalen Bindung führt, wird von KRACAUER zwar als folgerichtige Konsequenz erörtert, die „Einmengung der ganzen Persönlichkeit in die Beziehung" (ders. 1971:15) jedoch als störende Überlastung bei der Erreichung des Zieles gesehen.

Im Gegensatz zur Kameradschaft kann nur der Fachgenosse sein, der sich ein besonderes Fachwissen angeeignet hat, welches ihn von den anderen Mitmenschen abgrenzt. „Berufsgenossen sind immer schon Ausgewählte" meint KRACAUER und konstatiert, daß „in gewissen Arbeiterkreisen" (ders. 1971:15) beide Bezeichnungen Kamerad und Kollege fließend benutzt werden. Er fordert, daß aus der Berufsgemeinschaft, die „einen guten Teil (der) seelischen Kräfte einschluckt" (ders. 1971:16), das Allgemeinmenschliche (=Kameradschaftliche) herauszuhalten sei. Die hohe geistige Vertraulichkeit, die aus der Berufsgemeinschaft entstehen kann, resultiert aus der Auseinandersetzung mit einem bestimmten Fachgebiet, derzufolge sich eine identische Weltsicht ergeben kann. Fachgenossenschaft beruht auf einer ähnlichen seelischen „Wurzel" (ders. 1971:17), d.h. auf einer spezifischen Bereitschaft der Weltaneignung.[9] Fachgenossenschaft ist dominant eine Sachbeziehung. Obwohl persönliche Angelegenheiten und Neigungen in Kameradschaft und Fachgenossenschaft ausdrücklich keinen Platz finden, scheint genau im Zwischenbereich der Sachlichkeit und des aufkeimenden Zusammengehörigkeitsgefühls die Möglichkeit eines Übergangs zur Freundschaft auf. Schwer nachvollziehbar ist deshalb KRACAUERs Postulat, daß die persönliche Welt der Wünsche und Sehnsüchte keinesfalls dem Fachgenossen zugänglich gemacht werden sollte.

Die dritte abgrenzende Kategorie zur Freundschaft ist die Bekanntschaft (=Gegenwartsverbindung). Sie entsteht nicht, wie die beiden anderen Verbindungen außerhalb des Menschen, sondern aus einem inneren Bedürfnis der Seele heraus, welches sich den Zufall eines Zusammentreffens mit anderen zunutze macht.

„Neigungen, Leidenschaften des Tages, Erfahrungen aller Art, Sympathien und Abneigungen erfüllen den Menschen... Das in jedem vorhandene Bedürfnis, sich mitzuteilen, führt nun meist Verbindungen herbei, in denen sich die Menschen ein Stück ihrer Seelenmannigfaltigkeit anvertrauen." (Ders. 1971:20)

Charakteristisch für Bekanntschaft ist, daß sie sich spontan aus einem von innen kommenden Impuls heraus ergeben kann. Sie ist - im Gegensatz zu Kameradschaft und Fachgenossenschaft - von kurzer Dauer und richtet sich auf einen Teil der menschlichen Bedürfnisse, Wünsche und Erfahrungen. Bekanntschaft ist Spontaneität und Gegenwart, lebt von geselliger Nähe, stellt keinen Anspruch an Dauerhaftigkeit und Verantwortung, sie hat etwas Hedonistisches. Für KRACAUER pendelt Bekanntschaft um ihren Entstehungskern, überschreitet ihre intuitive Grenze nicht und hinterläßt deshalb kaum Spuren bei den Beteiligten. Dennoch kann aus Bekanntschaft Freundschaft werden, wenn die Betroffenen in der Lage sind, die oberflächliche Beziehung zu vertiefen.

Während allen Menschen Kameradschaft, Fachgenossenschaft und Bekanntschaft möglich ist, gibt es nach KRACAUER (1971:24) „mehr begehrende Menschen", denen diese Formen des Austausches nicht genügen. Bedauernd weist er darauf hin, daß die Menschen diesen Mangel an ganzheitlichen Beziehungsformen gar nicht mehr bewußt wahrnehmen.

Nur geschlechtliche Liebe und Freundschaft will „ausgiebigere Gemeinschaft" (ders. 1971:24), ermöglicht umfassende Hingabe und eine seelische Verschmelzung, die alle Fernen tilgt (ders. 1971:25). Freundschaft im KRACAUER'schen Sinne orientiert sich an geistiger Liebe, die nicht auf dauernder Anwesenheit beruht wie romantische Liebe. Sie ist eine Verbindung, die die Berührung mit dem Alltag „verschmäht" (ders. 1971:30), von der Durchdringung der Seelen

---

9   „Fachgenossen" mit denen KRACAUER bekannt war, sind etwa G. SIMMEL, E. BLOCH, TH. W. ADORNO

(als Ausdruck des ganzen Menschen) lebt und eine eigene Sphäre im Geistigen hat. Diese Vorstellung entspricht der Freundschaftsidee PLATONS.

Freundschaft basiert auf der „Umfassung des ganzen Wesens" (ebd.), welches nur derjenige besitzt, der Handeln, Denken und Fühlen bewußt reflektierend in seine Persönlichkeit integriert. So läßt der zerrissene, nicht ganzheitliche Mensch eine innere Einheit vermissen, ist von den Umständen manipuliert, ist einmal „hart und grausam, das andere Mal wiederum weich und überfließend" (ders. 1971:31) und trifft wahllose, nicht durchgefühlte Urteile. Diesem Menschentypus ist, so KRACAUER, allenfalls Bekanntschaft möglich, während dem innerlich einheitlichen Menschen, der die „Fähigkeit und das Bedürfnis des Beisichselbstverweilens" (ebd.) besitzt, die Aufnahme von Freundschaft gelingt. Ich-Bewußtsein als Voraussetzung für Freundschaft heißt innere Ordnung von Gefühlen, Gedanken und Taten, die sich auf den Umgang mit der äußeren Welt überträgt.

> „Nur (solche Menschen) können wahrhafte Freunde sein. Ideale Freundschaft ist, wie wir vorerst sagen wollen, das Sich-Finden zweier Menschen, ihrem ganzen im Ich-Bewußtsein zusammengefaßten Wesen nach." (Ders. 1971:38)

Es ergeben sich drei Bedingungen, die eine exklusive Freundschaft ermöglichen:
- Vorhandensein eines Persönlichkeitsbewußtseins
- Liebe und Zuneigung als „Wurzelgefühl" (ders. 1971:42)
- Ähnlichkeit in wesentlichen Vorstellungen und Empfindungen über die Welt.

In seinen „Gedanken über Freundschaft" (1921) betont er das Gespräch und das Schweigen als Hauptreiz und Medium des freundschaftlichen Austausches. In der Zwiesprache, dem Dialog vollzieht sich ein Prozeß des Kennenlernens. Im Durchgang durch verbale Auseinandersetzungen werden neue Einsichten, neue Wirklichkeiten geschaffen. KRACAUER spricht von „Akten geistiger Zeugung" (ders. 1971:90), was durchaus mit MEADS Prozeß der antizipierenden Hereinnahme von I und Me erläutert werden kann. Persönlichkeit und Wirklichkeit generieren sich neu: der Dialog wird in den Monolog hinein fortgesetzt, den der einzelne in sich weiterführt. Das gemeinsame Handeln im Alltag hat bei KRACAUER einen geringen Stellenwert, obwohl gerade dort die „Akte geistiger Zeugung" sich manifestieren oder ad absurdum geführt werden.

Der Prozeß der Freundschaft besteht vor allem in der Pflege der ähnlichen Gesinnungen, deren gegenseitiger Ergänzung und Vervollkommnung. Im Freund kann man sich ganzheitlich widerfinden und mit ihm sich selbstverwirklichen. Zwei Funktionen, die nach KRACAUER allgemeinen menschlichen Grundbedürfnissen entsprechen. Durch das Beheimatetsein im anderen ergeben sich weitere Wirkungen: Freundschaft trägt zur Bestätigung und Sicherung der Person bei, sie wirkt sozial-integrierend, verdoppelt das seelische Empfinden durch Einfühlung und versittlicht, weil neben dem eigenen Gewissen eine weitere moralische Instanz des Freundes wirksam wird. Diese Idee thematisiert auch ARISTOTELES.

Der Verlauf der Freundschaft kann durch innere (z.B. Charaktereigenschaften) und/oder durch äußere (z.B. ungleiche soziale Verhältnisse) Einflüsse gestört werden. Hochmut, Intoleranz, Neid oder räumliche Trennung irritieren Freundschaftsbande. Die Frage nach dem Umgang mit darauf basierenden Konflikten kann sich für KRACAUER nicht wirklich stellen, da ideale Freundschaft letztlich jenseits der alltäglichen Lebenswelt existiert.

KRACAUER weiß jedoch, daß sein Idealtypus einer vollkommenen Freundschaft sich an der Wirklichkeit bricht. Was im Leben sehr viel häufiger anzutreffen ist, wird von ihm als „mittlere Freundschaft" (ders. 1971:6ff.) bezeichnet, die sich auf einzelne Facetten des Menschen beschränkt. Sie beinhaltet emotionale Zuneigung, ein Mindestmaß an Wesensgleichheit, ähnliche Neigungen, ist aber nicht ganzheitlich „das übrige Ich wird an die Peripherie abgeschoben" (ders. 1971:69). Die mittlere Freundschaft, welche mit verschiedenen Menschen möglich ist, gleicht in diesem Kontext eher einer andauernden Bekanntschaft. Sie ist keine Vorstufe zur idealen Freundschaft.

Während der empirische Prototypus der idealen Freundschaft „zwei in voller Jugendblüte stehende, an keinem Punkt ihrer Seele erstarrte Menschen" (ders. 1971:65) sind, zählen für KRACAUER zu den vorfindbaren mittleren Freundschaften die Männerfreundschaft, die Beziehung zwischen Mann und Jüngling oder zwischen Mann und (älterer) Frau sowie Frauenfreundschaften. Sie dienen unterschiedlichsten Funktionen der Erholung, Erbauung, Loslösung vom Alltag, menschlicher Wärme, Motivation (vgl. ders. 1971:74ff.).

Diesen Alltagsfreundschaften ist gemeinsam, daß sie neben und mit anderen Bindungen (Beruf, Familie) bestehen. Erst in der Abhandlung dieses mittleren Freundschaftstypus relativiert KRACAUER seine idealistische Haltung zugunsten soziologischer Zusammenhänge. So prognostiziert er - wie vor ihm schon SIMMEL - mit dem vermehrten Zugang der Frauen zu Beruf und Studium, eine Zunahme der platonischen Freundschaften zwischen den Geschlechtern (vgl. ders. 1971:78).

Festzuhalten bleibt, daß KRACAUER Freundschaft als eine Transzendentalkategorie entwirft. Seine Betrachtungen sind phänomenologisch, idealtypisch

„...das Wesen der Freundschaft... ist die auf vereinter Entwicklung der typischen Möglichkeiten beruhende Gesinnungs- und Idealgemeinschaft *freier*, *unabhängiger* Menschen." (Ders. 1971:54)

Echte Freundschaft grenzt sich als Idealtypus von anderen menschlichen Beziehungen ab: Sie ist ein eigenständiges, enges und auf Dauer angelegtes exklusives Zweier-Verhältnis, welches seinen Platz im geistig-seelischen Bereich hat. Freundschaft entsteht weder durch von außen herkommende Notwendigkeiten wie die Kameradschaft, noch allein durch die an der Sache orientierte Gemeinsamkeit zweier Berufskollegen und genausowenig in der flüchtigen Sphäre der Bekanntschaft. Zwar sieht KRACAUER in diesen Beziehungsformen Übergangsmöglichkeiten zur Freundschaft, doch diese nimmt er nicht ernst. Für ihn ist die Entstehung der echten Freundschaft ein seltener „Glücksfall" der Begegnung von Menschen „mit durchweg ähnlich gerichteten typischen Anlagen" (ders.

1971:71). Sie setzt zwei autonome, reflektierende Persönlichkeiten voraus, die sich in Liebe, über ihre ähnliche personale Hinwendung zur Welt begegnen. Die KRACAUER'sche Freundschaftsidee trägt elitäre Züge, sie ist letztlich dem gesellschaftlich relativ freigestellten, intellektuellen Mann reserviert. Das Medium der Freundschaft ist demnach das Gespräch, nicht die praktische Auseinandersetzung im Alltag.

> „Im Alltag... erscheint der Freund oft nur als einer unter vielen... man sieht ihn notwendig von außen an und tritt ihm auch innerlich verschlossen entgegen." (Ders. 1971:63)

Implizit bietet die echte Freundschaft eine Rückzugsmöglichkeit in den Bereich des Seelischen. Nach KRACAUER sichert sie Identität, integriert in die soziale Gemeinschaft, wirkt versittlichend und trägt zur Vervollkommnung bei.

Wir glauben, daß KRACAUERs Konzept eine theoretische Übergangsposition einnimmt, weil dieser sich einerseits der antiken Denkweise (PLATONS) verpflichtet fühlt, andererseits aber durchscheint, daß Freundschaft sich nur handelnd im Leben bewähren kann. Dies drückt sich in der Konstruktion einer „mittleren Freundschaft" aus, die in gradueller Abstufung die Voraussetzungen und Funktionen der idealen Freundschaft erfüllt, aber eher praktisch orientiert ist und nicht die völlige Hingabe erfordert.

KRACAUERs Ansatz zeigt das Dilemma des relativ engen Idealtypus, der von der Alltagsgebundenheit abstrahiert. Es ist demnach auch nicht verwunderlich, daß er SIMMELs Gedanken über die Freundschaft nicht aufgreift sondern diesem vorwirft, die Welt nicht genügend von „der erhabenen metaphysischen Idee" her verstanden zu haben (ders. 1920:307).

Wirft man einen Blick auf die historische Situation, in der der Jude KRACAUER lebte, so scheint es, daß die Beschäftigung mit der Freundschaft als geistigem Phänomen, zur Zeit des ersten Weltkrieges (1914-18) eine Möglichkeit bot, sich persönliche Freiräume außerhalb einer leidvollen Realität zu schaffen. Freundschaft, verlagert ins Innere der Seele, kann zum Fluchtort oder Ersatz für eine Gesellschaft werden, deren Zwänge und Mißstände KRACAUER nur indirekt zum Thema macht:

> „Von der unbefriedigenden Zerrissenheit weg, in die unsere ökonomischen und sozialen Verhältnisse mit ihren zahllosen Widersprüchen und ungelösten Konflikten den Einzelnen versetzen, streben sie (die Menschen) nach einer einheitlichen Gestaltung ihres Daseins." (Ders. 1971:55)

3.1.3. Der strukturelle Ansatz von LAZARSFELD/MERTON

Das wissenschaftliche Aufgreifen des Phänomens Freundschaft steht meist im unmittelbaren Zusammenhang zu sich abzeichnenden oder aktuellen Konflikten aus problematisch gewordenen Beziehungen in Gesellschaften. In diese Motivrichtung weist auch die theoretisch und empirisch orientierte Gemeinschaftsarbeit LAZARSFELD/MERTONS „Friendship as Social Process" (1954).

Ziel ihrer eigenwilligen zweigeteilten Abhandlung ist es, Freundschaft als einen interpersonalen Beziehungsprozeß zu erfassen, der in seiner Dynamik und Form durch persönliche Einstellungen geprägt ist. Letztere stehen in enger Verbindung mit den gesellschaftlich relevanten Werten derjenigen Gesellschaftsbereiche, in die Freundschaften eingebettet sind.

Als empirische Grundlage ihres Konzepts dient eine frühere Studie, die MERTON/WEST/JAHODA in Craftown/New Jersey (ca. 700 Familien) und in Hilltown/Pennsilvania (ca. 800 Familien - 50% davon farbige) durchgeführt hatten. Unter anderem wurde das Netzwerk intimer sozialer Beziehungen dieser Familien erfaßt. Die Frage nach drei engen Freunden ergab eine Untersuchungseinheit von zweitausend Personen, die etwa zur Hälfte in den genannten Orten wohnte und als Informanden dienen konnten.

Diese Daten ermöglichten eine Erfassung von Auswahlmustern für gute Freunde bezüglich Einstellungsähnlichkeit oder sozialem Status. Der hier interessierende Teilbefund der Studie ergab für jede der Gemeinschaften andere Ähnlichkeitsrelationen innerhalb bestehender Freundschaften. So zeigte sich im sehr kohäsiven Craftown, wenn Statusähnlichkeit zwischen Freunden auftrat, eine Ähnlichkeit nach persönlich erworbenem Status. Während in Hilltown, welches vergleichsweise keinen ausgeprägten Zusammenhalt aufwies, Freundschaftswahlen eher über den zugeschriebenen Status (Alter, Herkunft) stattgefunden hatten.

Die Autoren entnehmen daraus zurecht, daß jeder Typus einer lokalen sozialen Struktur seinen eigenen funktional adäquaten Komplex an Ähnlichkeiten bzw. Verschiedenheiten begünstigt und notwendig macht. (Vgl. LAZARSFELD/MERTON 1964:63f.)

An diesem Befund knüpfen LAZARSFELD/MERTON an. Da in Hilltown etwa zur Hälfte schwarze und weiße Familien leben, muß angenommen werden, daß in dieser Gemeinde Einstellungen und Wertungen zur ethnischen Herkunft einen dynamischen Entwicklungsfaktor für Beziehungswirklichkeiten und Freundschaftsmuster darstellen. Freundschaften in Hilltown dürften also in irgendeiner Weise mitbedingt sein von darin transportierten ethnischen Einstellungen, weil davon Auswirkungen auf die Bewältigung des Zusammenlebens erwartbar sind. Dies gilt insbesondere für die weiße Bevölkerung (vgl. dies. 1964:27f., Anm.14)

MERTONS (1964:28) Ausgangsfrage lautet: Wie beeinflußt Werteähnlichkeit bzw. Werteverschiedenheit (in diesem Falle der ausgewählte Aspekt „racial attitude') die Entstehung persönlicher Freundschaften, und wie wirkt sich die entsprechende Einstellung innerhalb der etablierten Beziehung aus? Spielt es eine Rolle, in welcher Phase der Freundschaft gleiche bzw. unterschiedliche Werte entdeckt werden?[10]

---

10 Für Craftown war es im übrigen die politische Übereinstimmung, die häufig zur Freundschaft geführt hatte (vgl. dies. 1964:25).

LAZARSFELD/MERTON sind sich durchaus der Simplifizierung auf ein Werte-muster bewußt. Sie verweisen immer wieder auf die Komplexität, die etwa die Einführung mehrerer korrespondierender Werte-Sets zur Folge hätte.[11] Tatsächlich lassen sich aber in Hilltown grob drei Einstellungstypen zu diesem Wertebereich und deren entsprechende praktische Umsetzung in Beziehungen identifizieren.

- Der liberale Typus ist der Meinung, daß Weiße und Schwarze zusammenleben sollten und praktiziert dies auch.
- Der intolerante Typus glaubt, daß verschiedene Rassen auch getrennt leben sollten und handelt in seinem persönlichen Umfeld danach.
- Der ambivalente Typus ist unentschieden: Er hält zwar nichts von einem gemeinsamen Zusammenleben, würde aber nicht aktiv auf einer Trennung insistieren wie etwa der Intolerante. Er unterhält Beziehungen zu allen Einstellungstypen.

Es scheint sich zu bestätigen, daß Menschen in hohem Maße dann ähnliche Freunde auswählen, wenn es um bestimmte und lebensorganisatorisch wichtige Momente geht. Im Extremfall besitzt man nur Freunde, die in dieser Hinsicht dieselbe Meinung teilen. (Vgl. dies. 1964:26)

Anders als die vorwiegend statischen Attraktionstheorien, nimmt MERTON nun an, daß die Art der gegenseitig wahrgenommenen Wertevereinbarkeit die jeweilige Freundschaft dynamisiert. Beziehungen bilden sich in der Zeit. Werteähnlichkeit bzw. Verschiedenheit zeigen innerhalb der konkreten Entwicklungsstadien einer Freundschaft unterschiedliche Auswirkungen auf deren Fortgang.

MERTONs theoretisches Erklärungsmodell sieht folgende paradigmatischen Entwicklungsverläufe beim Zusammentreffen von Menschen mit verschiedenen Einstellungen zu ethnischer Herkunft (vgl. ders. 1964:29ff.):

Werden im Frühstadium des Kontakts ähnliche Werte in Worten oder durch Verhalten zum Ausdruck gebracht, so wirkt dies beziehungsmotivierend, weil gemeinsame kognitive Übereinstimmung begleitet ist von positiven Gefühlen der Zuneigung. Das ist der Fall, wenn sich Liberale begegnen. Eine Meinung frei aussprechen zu dürfen und darin bestätigt zu werden, wirkt intrinsisch und extrinsisch belohnend und kann zukünftige Kontakte fördern. Aber auch die spätere Entdeckung von gemeinsamen Werten hat einen belohnenden Effekt und dient der weiteren Verfestigung der Freundschaft. Der Einfluß von HOMANS wird an dieser Stelle deutlich.

Anders verläuft eine Beziehung, wenn unmittelbar beim ersten Zusammentreffen gegenläufige Einstellungen zutage treten - zum Beispiel zwischen liberalen und intoleranten Personen. Spielt es für den sozialen Lebensraum eine wichtige Rolle, in dieser Hinsicht unter Gleichen zu sein, wird die fragile Beziehung hochwahrscheinlich nach dem ersten Kontakt abgebrochen. Begegnungen dieser Art haben strafenden Charakter, solidarische Gefühle und Wärme können kaum

---

11 LAZARSFELD/MERTON (1964) Anm.15:S.28, Anm.25:S.41, Anm.29:S.45

entstehen. Die Betroffenen zeigen eine Tendenz zur Vermeidung solcher Beziehungen.

Sehr viel häufiger kommt es vor, daß Menschen anfänglich eine Maske aus Höflichkeit und Prestigeangst tragen und Meinungsverschiedenheiten nur vage signalisieren. Die andauernde einseitige Zurückhaltung der eigenen Meinung kann jedoch auf Dauer zu Gefühlen von Frustration und schließlich Kontaktvermeidung durch das enttäuschte Gegenüber führen.

Ist eine Beziehung über einen gewissen Zeitraum etabliert, d.h. haben die Partner schon die Erfahrung gegenseitiger Belohnungen gemacht, so ist es durchaus möglich, daß die Freundschaft später aufkommende gravierende Einstellungsunterschiede tolerieren kann, die zu einem früheren Zeitpunkt eine Bedrohung dargestellt hätten. Man kennt den anderen, weiß ihn gesamtheitlich einzuschätzen. Werte-Heterogenität wird auf der Basis der gemeinsamen Erfahrungen und Gefühle kompensiert.

Werteähnlichkeit ist nur in ihrem Spannungsverhältnis zur Verschiedenheit erfaßbar. Im allgemeinen werden Beziehungen über permanente korrektive Prozesse (vgl. GOFFMAN 1974) aufrechterhalten. Es wird versucht, Werte zu modifizieren, zu revidieren, sie anzugleichen. Dabei kann es zu Konvergenzprozessen kommen, d.h. die gemeinsame Schaffung neuer Wertigkeiten wird eingeleitet. Andere Strategien, um bei Werteungleichheit einen Bruch zu verhindern, sind kompromißhaftes Tolerieren der Unterschiede, Vermeidung des Konfliktthemas oder auch Überzeugungsbemühungen.

In jedem Falle wird das Aufeinandertreffen liberaler, intoleranter oder ambivalenter Haltungen - je nach Entwicklungsstadium einer Freundschaft - eine völlig unterschiedliche Beziehungsdynamik in der Zeit entfachen.

Obwohl diese idealtypischen Prozesse nur einen ausschnitthaften Eindruck von der Komplexität des Zusammenwirkens von Einstellungen in Freundschaften vermitteln, so scheint doch klar, daß Freundschaften auch Austragungsorte kultureller Werte einer Gesellschaft sind.

MERTONs Ausführungen kommen zu dem Schluß einer beziehungsfördernden Funktion von Werteähnlichkeit. Im Rahmen der Hilltown-Studie, lag eine starke Tendenz zur Wertegleichheit (zumindest Kompatibilität) innerhalb enger und intakter Beziehungen vor. Freundschaften zwischen Andersdenkenden waren stark unterrepräsentiert (vgl. dies. 1964:31). Wahrnehmung gegenläufiger Werte scheint tendenziell die Entstehung von Freundschaften zu erschweren und etablierte Bindungen zu belasten. Wertekomplexe sind jedoch vielfältig verwobene Relationsbezüge, sie sind nicht statisch sondern wandeln sich permanent.

LAZARSFELD geht deshalb einen Schritt weiter. Er macht den Vorschlag, die offensichtliche Wertedynamik im kommunikativen Austausch zusätzlich auf einem längerfristigen Zeithorizont zu erfassen. Er schlägt vor, die genannten Ergebnisse methodisch so aufzubereiten, daß die dynamischen Faktoren Werteähnlichkeit bzw. Werteverschiedenheit unter Einführung einer zusätzlichen Zeitvariable in ihrem Wandel prozessual erfaßt werden könnten. Durch Übertragung der Befunde MERTONs in ein formales Schema und durch Erfassung der Beziehungsveränderungen über zwei Zeitintervalle (6 Monate), könnten die Bewegungen der jeweiligen Kontakte mitverfolgt werden. So ist etwa eine Sequenz von der anfänglichen Werteverschiedenheit (+-) zum Zeitpunkt 1 umgeschlagen in eine Angleichung (++) zum Zeitpunkt 2, die möglicherweise zum Zeitpunkt 3 wieder Divergenzen (-+) aufweist. Die Suche nach den sozialpsychologischen und soziologischen Faktoren könnte Aufschluß geben über die Gründe und den Stellenwert der Werteähnlichkeit in Freundschaften.

Werden nun, wie LAZARSFELD plädiert, weitere Variablen eingeführt, die nicht dichotome sondern mindestens trichotome Ausprägung hätten, könnte sich ein repräsentatives Spektrum an interdependenten Verlaufs-Sequenzen für die jeweilige Beziehung zeigen. Es sind allerdings Grenzen bei der Einführung von Variablen gesetzt.

Abschließend läßt sich festhalten: LAZARSFELD/MERTON entwerfen ein empirisch abgestütztes Prozeßmodell der Wertedynamik von Freundschaft. Diesem liegt die generelle These zugrunde, daß Beziehungen auf der Grundlage wichtiger Werte der jeweiligen Gesellschaft eingerichtet werden. So zeigte sich für das Gelingen von Freundschaften der Einwohner Hilltowns (zu 50% weiße und schwarze Familien), daß der Aspekt „racial attitude" ein zentrales Beziehungsmotiv darstellt, was auf dem Horizont einer anderen Bevölkerungsstruktur nicht mit dieser Intensität der Fall gewesen wäre (etwa in Craftown).

LAZARSFELD/MERTON beschränken sich bewußt auf die Betrachtung dieses einen Wertemusters, auf dessen Grundlage weitere Forschungen vorstellbar sind. Der Ansatz verweist auf verschiedenste interdependente Einflußfaktoren:
- Freundschaft ist theoretisch und empirisch zu verorten
- Freundschaft ist gebunden an personale Einstellungen und deren handelnde Umsetzung im jeweiligen Beziehungsstadium
- Freundschaft ist abhängig von situativen Erfordernissen
- Freundschaft entwickelt sich im Verbund mit dem soziokulturellen Umfeld und den gesellschaftlichen Gegebenheiten.

Was das Konzept der Freundschaft als solches angeht, verzichten LAZARSFELD/MERTON auf jegliche definitorische Klärung, was unter Freundschaft verstanden werden soll. Implizit läßt sich ablesen, daß gemeinsame Werte (Homophilie) und persönliche Zuneigung (vgl. dies. 1964:32, Anm. 17), die Bildung und Erhaltung von Freundschaft als Wertegemeinschaft fördern. Umgekehrt ist mit aller Vorsicht zu sagen, daß Werteheterogenität die Aufrechterhaltung enger Beziehungen erschweren kann. Ganz bestimmte Wertebündel sind Ursache und Effekt der Beziehung. Auf der Matrix der verwendeten Studie scheint die Entdeckung oder Vermutung von Wertegleichheit bezüglich wichtiger Lebensaspekte ein Ursprungs- und Fortsetzungsmotiv für Freundschaften darzustellen. Es ist nicht gleichgültig, in welcher Beziehungsphase ähnliche bzw. unterschiedliche Werthaltungen zum Vorschein kommen. Ein wichtiges Merkmal für Freundschaften scheint deshalb die permanente Auseinandersetzung mit nach

Art und Grad konfligierenden Einstellungen. Diese innere Wertedynamik von Freundschaften (Mikroebene) korrespondiert mit gesellschaftlichen Werten und Ereignissen (Makroebene) - etwa politischen oder rechtlichen Neuerungen in Bezug auf Schwarze. Eine präzise inhaltliche Analyse dieser sich bedingenden Ebenen könnte die kontextspezifischen Qualitäten und Funktionen von Freundschaft als soziologischer Kategorie genauer herausstellen. Innerhalb der hier referierten Abhandlung kommt der Freundschaft mindestens die eine Funktion zu Gleichgesinnte zu stützen, um sich in einer heterogenen Welt zu etablieren.

3.1.4. Der symbolisch-interaktionistische Ansatz von SUTTLES

In der Tradition des Symbolischen Interaktionismus stehend, beschäftigt sich der amerikanische Soziologe SUTTLES (1970) mit Freundschaft als einer „sozialen Institution".

Freundschaft weist keineswegs eine insulare Existenz auf. Sie ist eine besondere, eigenständige Form des Umgangs mit sozialen Normen und Regeln. Insofern steht sie unmittelbar in Wechselbeziehung zu ihrem gesellschaftlichen Umfeld. Die personalen und sozialen Funktionen dieser Beziehungsform sind nach SUTTLES (1970:95) von so weitreichender Bedeutung, daß keine Gesellschaft auf die Einrichtung dieser „sozialen Insitution" verzichten könnte.

Auch er geht davon aus, daß Menschen in modernen, differenzierten Gesellschaften mehr und mehr aus fundamentalen traditionalen Bindungen entlassen werden und auf verschiedenste soziale Kontakte angewiesen sind. Ein Bedarf an flexiblen Einbindungsmöglichkeiten zeichnet sich ab. Freundschaft könnte dort eine „bridging function" (ders. 1970:95) erfüllen, wo fundamentale Bindungen fehlen oder wo einengende Regeln persönliches Näherkommen erschweren.

> „Friendship... fills in, where the more mechanical and exclusionary institutions fail to define interpersonal affiliation." (Ders. 1970:96).

Freundschaft als soziale Institution ermöglicht es dem Individuum, das enge Korsett institutionaler Regeln zu modifizieren, um zum Beispiel neue Beziehungen zu konstruieren. Sie liefert damit einen Beitrag zur Neugestaltung gesellschaftlichen Zusammenhalts.

> „In all societies, however, friendship seems to serve the same end by allowing people to go beyond institutionally required affiliations." (Ebd.)

Freundschaft oszilliert im Spannungsfeld öffentlicher Vorgaben und privater Ausgestaltung. Sie impliziert drei elementare Merkmale, welche sie von anderen Beziehungen abgrenzt:
- Freundschaft ist eine generelle Beziehung, die im Prinzip überall entstehen kann (zwischen scheinbar unvereinbaren Personen, Gruppen, Institutionen, Populationen).

- Freundschaft ist eine freiwillig eingegangene und an der Person als solcher orientierte Beziehung.
- Die Ausgestaltung der Freundschaft ist eine Angelegenheit privater Verhandlungen. Freundschaft hat keinen öffentlich sanktionierten Status.

SUTTLES Interesse richtet sich im folgenden auf die verbindende Funktion der Freundschaft,

> „which in principle can reach across every barrier of social organization. ... Friendship is an especially important interstitial institution that can link individuals, who are unrelated by prescriptive institutions. More than this, friendship is also a way of ‚going around' social conventions" (ders. 1970:132).

Ihr Entstehen hängt von der institutionellen Ausgangsbasis der Situation ab. Die Frage ist, (a) in welcher Weise müssen kulturelle und situationale Elemente verbunden sein, so daß Menschen eine Aufforderung zum Eingehen von Freundschaft entdecken können und (b) wie erschweren institutionelle Normen Freundschaften, bevor es dann (c) zu einer spezifischen, privaten Freundschaftskultur mit besonderem Inhalt und eigener Ordnung kommt?

Trotz der individuellen Variationen von Freundschaft wird man einem Außenstehenden durch Rückgriff auf kulturell gültige Standards sagen können, was unter Freundschaft im jeweiligen Gesellschaftskontext zu verstehen ist. Schwieriger wird es, wenn erklärt werden soll, woran sich die Intention zur Freundschaft erkennen läßt. Freundschaft läßt sich nach SUTTLES (1970:98ff.) an ihrer Person-Bezogenheit festmachen. Sie beinhaltet:

- daß der andere als Person an sich wichtig ist und nicht unter irgendeinem äußerlichen und/oder partiellen Nutzenaspekt gesehen wird;
- daß der andere sich mit seinem „real self", als authentische Person einbringt;
- daß der Austausch bedürfnisorientiert und langfristig reziprok gestaltet ist;
- daß der andere als einzigartiges, nicht ersetzbares Individuum erlebt wird.

(a) Zentrales Moment in den Überlegungen SUTTLES zur Entstehung von Freundschaft ist also die Frage nach der Präsentation des „personalen Selbst" (GOFFMAN) als einem konstituierenden Faktor. Menschen, die sich in Freundschaften engagieren, müssen Grund zu der Annahme haben, daß der andere sich authentisch verhält. Wie erkennen Menschen in verschiedensten Begegnungskonfigurationen, daß der andere trotz Orientierung an Normen sein „wahres Selbst" zeigt?[12] Dieses Aufleuchten des „real self" ist für SUTTLES der Ermöglichungsgrund von Freundschaft überhaupt. In Anlehnung an GOFFMAN kommt er zu der These, daß Menschen im spezifischen Umgang mit Verhaltensvorschriften, besonders in der Art der Abweichung davon, Signale ihres Inneren geben.

---

12 Zum Problem des Begriffes „wahres Selbst" vgl. Kap. 4.4.3.

„The very basic assumption friends must make about another is that each is going beyond a mere presentation of self in compliance with ‚social dictates'. Inevitably, this makes friendship a somewhat deviant relationship because the surest test of personal disclosure is a violation of the rules of public propriety." (Ders. 1970:116)

Das heißt, in der situativen Vernetzung kultureller Vorgaben mit individuellen Handlungsnuancen, scheint so etwas wie ein persönliches Selbst auf. Symbolisiert wird das Selbst etwa in Mimik, Gestik, Sprachstil, Kleidung oder Umfeld.

Es kann also durch Abweichung vom normativen Rahmen (im Sinne eines Eigenentwurfes) zu einer für das Gegenüber erkennbaren Demonstration der Persönlichkeit kommen. Das Heraustreten aus der typischen Rolle oder das Ablegen einer Fassade verweist auf den anderen als authentische Person. Die Grundlage für Freundschaft ist gegeben.

Obwohl Menschen sich permanent über den Umgang mit Normen selbstdarstellen, bietet jeder soziale Kontext unterschiedliche Chancen zur Demonstration des wahren Selbst - zum Beispiel:
- durch individuelle Ausgestaltung oder Verletzung öffentlicher Regeln
- durch kollektives Erlassen von Normzwängen (z.B. Parties, Veranstaltungen, aber auch für bestimmte Personengruppen)
- durch erzwungene Freigabe persönlicher Momente in Situationen mit hoher Vermischung von Öffentlichkeit und Privatheit (z.B. Gefängnisse, psychiatrische Anstalten). (Vgl. ders. 1970:101ff.)

Diese nach abnehmendem Freiwilligkeitsgrad gestuften Möglichkeiten zur Selbstdarstellung symbolisieren mit der Individualität Norm-Distanz, eine gewisse Risikobereitschaft und ein Aktionspotential hinsichtlich abweichender Werte.

„The logic of friendship is a simple transformation of the rules of public propriety into their opposite ... Friends can entertain subversive or utopian political ideologies that would be laughed at in public circumstances." (Ders. 1970:116)

Menschen werden im Laufe des Lebens in immer mehr Normenkomplexe eingebunden, deren persönliche Auslegung mit hohen Kosten verbunden sein kann. Mit zunehmendem Alter wird der Spielraum enger, Selbstdarstellung riskanter, meint SUTTLES, wenngleich die Chancenhäufigkeit zur Selbstdarstellung zunimmt. Ein Individuum hat vermehrt seinem Alter, seiner sozialen Klasse, Familie, Religion, dem Berufsethos Rechnung zu tragen. Sein Selbst spiegelt sich in vielfältigsten Facetten, ist der ständigen Gefahr ausgesetzt, mißverstanden und falsch interpretiert zu werden.

Öffentliche Regeln fungieren als Matrix und Prüfstein zur Darstellung des Selbst und zur Ausweitung von Freundschaft. Letztere entsteht im Bereich zwischen Normkonformität und Normdistanz in der Situation. Macht etwa jemand die kommunistische Partei in Gegenwart eines ihrer Anhänger lächerlich, so kann diese Selbstenthüllung auch als „early warning-system" (ders. 1970:118) für das Vermeiden genau dieser Beziehung fungieren. Wird die signalisierte Selbstdarstellung vom Gegenüber nicht negativ sanktioniert sondern kann dieser sich mit deren Implikationen identifizieren, ist die Wahrscheinlichkeit einer beginnenden Beziehung zumindest vorstellbar. SUTTLES spricht von einem Gefühl der Verschwörung, das durch die eigenständige Modifikation und Transformation von Regeln entstehen kann.

> „Like partners in crime, individuals find themselves bound together in a private morality where the chief guidelines are their own expressed sentiments." (Ders. 1970:119)

Selbst-Offenbarung hat, wird sie vom Gegenüber richtig verstanden und geteilt, belohnende Wirkung, weil die persönliche Wirklichkeit abgesichert und bestätigt wird.

(b) Individuen spielen aber nie nur Rollen, sondern stellen sich immer auch selbst dar, ohne daß es zu Freundschaften kommt. In jeder Gesellschaft gibt es strukturelle bzw. institutional verankerte Normen und damit Barrieren, die es Menschen erschweren, direkt auf das symbolisierte Selbst einzugehen.

> „Across status barriers, invitations to friendship arouse suspicious because they may denote either a conflict of interests or ulterior motives." (Ders. 1970:120)

Das bedeutet, daß eine Verbindung zwischen Menschen mit unterschiedlicher Herkunft und ungleichem Status aus soziologischer Sicht von vornherein ‚verdächtig' erscheint. Von äußerer Asymmetrie wird auf eine innere Unvereinbarkeit geschlossen. Statusdifferenzen sind nach SUTTLES eine Barriere für Freundschaft, da eine Angleichung der Individuen mit hohem Engagement und Unsicherheit verbunden sein wird. KURTH (1970:144) sieht auch die soziale Schutzfunktion

> „... norms seem to be oriented to preventing relationships that exploit persons or violate other social values."

Exemplarisch erläutert SUTTLES anhand zweier Berufskategorien, welch unterschiedlichen Bewertungen das Heraufkommen des „real self" im Rahmen bestimmter Normkontexte ausgesetzt ist.

Ärzte, Psychiater, Rechtsanwälte, Priester gehören zu jenen Einrichtungen, die private (Selbst-)Aussagen ihrer Klienten zu schützen haben. Das hierarchische Verhältnis ist begleitet von einer Informations-Asymmetrie, ungleichen Rechten, einer Fachsprache und der Tatsache, daß mit Bezahlung des Honorars der Austausch vollzogen ist. Das soziale Arrangement belohnt die Preisgabe persönlicher

Inhalte und untersagt gleichzeitig z.B. dem Psychiater von dem erhaltenen Wissen Gebrauch zu machen. Der strukturelle Schutz ist zweifach: Das Selbst des Klienten ist vor Dennunziation geschützt, während der Arzt strukturell davon entlastet ist, sich in genau derselben Weise intim einbringen zu müssen.

Andererseits gehören Polizei, öffentliche Ordnungshüter, Gefängniswärter zu jenen Institutionen, deren Aufgabe sich auf die Entdeckung und Sanktionierung von Normabweichungen im öffentlichen Raum richtet. Von persönlichem Verhalten (der Preisgabe des wahren Selbst) wird primär auf eine zerstörerische innere Haltung geschlossen.

Freundschaften zwischen Über- und Untergeordneten, so leitet SUTTLES ab, haben hohes Anfangsrisiko und bedrohen vor allem den Status beider Parteien. Weder ein Psychiater noch ein Polizist wird seinem Berufsethos gerecht werden, wenn er alle seine Klienten zu Freunden machte. Dennoch bieten Normen und Werte einen konstruktiven Bezugsmaßstab zur Ausweitung des Kontaktes. Wir meinen, sie sind Barriere und Chance zugleich.

(c) Es zeigt sich, daß Freundschaft über den kulturellen Rahmen hinaus, durch aktive Beteiligung der Betroffenen initiiert und konstruiert werden muß. Aus und mit dem öffentlichen Kulturhorizont entwickelt sich eine private Sphäre. Sie ist ein von den Betroffenen in der Zeit zu entwerfendes, eigenständiges Beziehungskonzept, das SUTTLES allerdings nur in Form von Forschungsdefiziten umreißt.

Zusammenfassend bleibt festzuhalten, daß Freundschaft eine universelle soziale Institution ist, die im Prinzip über alle normativen Hindernisse hinweg Verbindungen schaffen kann.

SUTTLES entwickelt eine ‚Abweichungsthese': Im individuellen Umgang mit Normen werden Anteile des wahren Selbst symbolisiert. Normen fungieren zu Beginn und im Verlauf von Freundschaft als Bewertungsmaß und Koordinate für die Einschätzung der eingebrachten Persönlichkeitsanteile und damit der Ausbaufähigkeit einer Beziehung. SUTTLES liefert keinen Beitrag dazu, in welchen konkreten Situationen Freundschaften geschlossen werden oder welche Ereignisse diese begünstigen. Auch das Problem der gegenseitigen Wahrnehmung, Interpretation und Bedeutungsverleihung von Selbstentwürfen und Normverhalten spielt nur eine untergeordnete Rolle. Eine etablierte Freundschaft beinhaltet nach SUTTLES (1970:134f.) weitgehend jene Gefühle und Neigungen der Menschen, durch welche sie sich von den öffentlichen Konventionen absetzen. Sie bietet einen privaten Schutzraum für Persönliches. Freunde bestätigen sich in ihrer aufscheinenden Besonderheit, ihrem wahren Selbst.

Für das Individuum ist Freundschaft eine Möglichkeit, ‚ungestraft' tieferliegende Bedürfnisse, Neigungen und Leiden an der Gesellschaft zu zeigen und mit Gleichgesinnten auszuleben. Von der Gesellschaft her gesehen ist sie ‚Ventil', d.h. institutionalisierter Raum für Abweichungen, private Moral sowie Chance zur Modifikation und Ausweitung festgeschriebener Beziehungsformen.

„It provides alternative ways for doing things when the formal structure of society is clearly inadequate." (Ders. 1970:135)

3.1.5. Die funktionalistisch-systemtheoretische Sichtweise von EISENSTADT

Der Artikel „Friendship and the Structure of Trust and Solidarity in Society" von EISENSTADT geht zurück auf das Kolloquium „The Comparative Sociology of Friendship" an der Memorial Universität in Neufundland (1969) (vgl. LEYTON 1974:VII).

Jede Gesellschaft, so EISENSTADT, bringt eine Vielfalt von Freundschaftsmustern hervor, die weder zufällig noch unabsichtlich entstehen. Sie entwickeln sich in funktionaler Verflechtung zum gesellschaftlichen Hintergrund.

„In almost any society we can find patterns of friendship and closely related behaviour such as ritual kinship, god-parenthood, and the like. Further... different patterns of such behaviour tend to develop in different sectors of society, and that probably no society is characterized by only one such pattern." (EISENSTADT 1974:138)

EISENSTADTs Interesse richtet sich auf die übergreifenden Charakteristika von Freundschaft in Relation zur Verwandtschaft und in Absetzung zu anderen Beziehungen.

Jeder Freundschaft, vermutet EISENSTADT, liegt eine Kombination von symbolischen und institutionalen Aspekten zugrunde, die über eine psychologische Erklärung und über die sozio-kulturelle Reichweite der vorfindbaren Freundschaften hinausgeht. In seinen Überlegungen dienen die PARSONS'schen „pattern variables" als Klassifizierungshilfe. (Vgl. ders. 1974:139)

Freundschaft grenzt sich zunächst generell von anderen Beziehungen durch ihre Freiwilligkeit sowie ihr ambivalentes Ähnlichkeits-Verhältnis zur Verwandtschaft ab.

Das Postulat der Freiwilligkeit stellt sich jedoch widersprüchlich dar, denn Freundschaft bleibt immer sozio-kulturell kontrolliert, z.B. durch Einflüsse der sozialen Klasse (vgl. LEYTON 1974:100) oder politische und ökonomische Situationen (WALLMANN 1974:115). Dennoch ist sie originärer Zugang zur Welt. Aber auch Verwandte agieren gewissermaßen auf einer „als-ob-Freiwilligkeit" (EISENSTADT 1974:139). Das ambivalente Verhältnis zwischen Freundschaft und Verwandtschaft zeigt sich außerdem hinsichtlich der Ähnlichkeit ihrer Aufgaben, obwohl beide symbolisch und organisatorisch unterscheidbar bleiben.

Freundschaft, so EISENSTADT, zeichnet sich durch eine typische Kombination an Merkmalen aus, durch die sie zum eigenständigen Funktionsraum für Vertrauen und Solidarität avanciert:

Beiden, der Freundschaft und der Verwandtschaft, liegt die (zugeschriebene) Ideologie zugrunde, daß die Betroffenen sich vorbehaltlos annehmen und im Vertrauen auf gutes Einvernehmen ihre Pflichten und Rechte ohne vertragliche

Fixierung verfolgen. Freundschaft wie Verwandtschaft richten sich auf die ganze Person und deren besondere Qualitäten. Aber: weder Freundschaft noch Verwandtschaft sind notwendig nicht-instrumentell. Weder auf der personalen Ebene noch in einem weiteren gesellschaftlichen Zusammenhang beruhen diese Beziehungen auf Zweckfreiheit. Diese scheinbare Vorbehaltslosigkeit ist nach EISENSTADT in Familie wie Freundschaft durch die besondere Kombination von Instrumentalität mit Solidarität und Expressivität symbolisiert.

In Verbindung mit dem Merkmal der Freiwilligkeit ergibt sich für die Idee einer vorbehaltslosen Akzeptanz des Individuums ein qualitativer Unterschied zwischen Freundschaft und Verwandtschaft. Während Verwandtschaftsbeziehungen durch Zuschreibungen zustandekommen, familiale Rollenverpflichtungen implizieren und eine statusmäßige Eingliederung in die Gesellschaft zur Folge haben, trifft dies für Freundschaft nicht zu (vgl. EISENSTADT 1974:139).

In jeder Gesellschaft existieren kulturelle Vorstellungen über Zugangsvoraussetzungen zu spezifischen Interaktionssphären. Die Gesamtheit der Merkmalszuschreibungen zu Beziehungstypen oder Kollektiven manifestiert sich in einem kulturellen Regelsystem, das z.B. die Durchlässigkeit und Inhaltlichkeit der sozialen Gebilde einer Gesellschft vorselektiert. Das externe und interne Geschehen von Beziehungen ist gesellschaftlich vorgezeichnet und damit kontrolliert.

Menschen wissen im allgemeinen, welche Voraussetzungen bestimmte Beziehungen erfordern (z.B. Alter, Geschlecht, Bildung), welche symbolischen und konkreten Regeln, Ethik- und Rechtsideen innerhalb dieser Beziehungen herrschen. Auch für Freundschaft existieren gesellschaftlich fixierte Zugangsvorstellungen. Freundschaft, so scheint es, steht prinzipiell vorbehaltlos jedem Individuum offen. Sie symbolisiert eine Basis für Solidarität und Vertrauen.

Freundschaft weist nun drei weitere spezifische, interdependente Merkmale auf, durch die sie sich als eigenständige Beziehungsform von verwandtschaftlichen Verhältnissen und anderen Typen zugeschriebener Kollektive *absetzt*:
- durch ihre moralische Qualität
- durch ihre tiefe Bedeutung und potentielle Zerbrechlichkeit
- durch ihre ambivalente Orientierung an den gesellschaftlichen Werten.

Was die besondere moralische Qualität der Freundschaft anbetrifft, so sieht EISENSTADT diese im engen Zusammenhang mit dem Aspekt der Freiwilligkeit: Die Realisierung moralischer Werte, steht noch vor (aber nicht ohne Bezug zu) den instrumentellen Erfordernissen der Freundschaft. EISENSTADT läßt sich so auslegen, daß die in die Freundschaft eingebrachte moralische Qualität aus der freiwilligen persönlichen Haltung resultiert und relativ unabhängig ist von bestehenden Rollenverpflichtungen.

Freunde haben zwar auch konkrete Pflichten zu erfüllen, die Beziehung definiert sich jedoch nicht über bestehende Verpflichtungen. Die moralische Dimension ist unverzichtbar, denn alle Aufgaben und Obligationen sind nur auf dem Hintergrund übergreifender menschlicher Werte „general human or spiritual qualities" (EISENSTADT 1974:141) einklagbar und somit freiwillige Ich-Leistung.

Weil Freundschaft auf das freie persönliche Engagement des Individuums zurückzuführen ist und sich im Prinzip von Macht- und Interessenverfolgung absetzt,
erscheinen uns ihre Implikationen glaubwürdiger und „echter" als z.B. zwischen
Familienmitgliedern (EISENSTADT 1974:140).
Freundschaft basiert auf einer grundlegenden Solidarität.

> „Ideally, friendship embodies the purely personal values; not just
> ‚psychological' attributes or ‚primary' relations, but the combination of these
> with spiritual and moral qualities which can be embodied fully only in indivi-
> duals in their personal capacity as moral beeings." (EISENSTADT 1974:141).

Ein weiteres Merkmal von Freundschaft ist deshalb „a peculiar combination of
‚deep meaning' and potential brittleness" (ders. 1974:42). Einerseits sind sich
Freunde in besonderer Weise einzigartig, zum andern bewegen sich die Selek-
tionsprinzipien auf einer ausgesprochen universalistischen Ebene und können sich
im Prinzip auf jeden Menschen richten. EISENSTADT vermutet, daß dies in der
besonderen Mischung von partikularistischen und universalistischen Prinzipien
begründet ist, die Freundschaft auszeichnet.

Fragilität entsteht außerdem im Zusammentreffen instrumenteller Verpflichtungen mit hohen moralischen Anforderungen. Reale Freundschaft kann sich
Macht- und Interessenkonflikten nicht entziehen. Freundschaft ist von starker
emotionaler Bedeutsamkeit und hochfragil. Den Konflikt zwischen idealem
Anspruch und instrumentellen Erfordernissen antizipierend, zeigen fast alle
Gesellschaften Tendenzen zur Minimierung, Verleugnung oder Absonderung der
realen Verpflichtungen von den ‚tieferen' symbolischen Werten (vgl. EISENSTADT
1974:142, vgl. KRACAUER). Dieser Umstand der schwierigen Vereinbarkeit von
Ideal und Wirklichkeit, trägt zur potentiellen Zerbrechlichkeit dieser Beziehung
bei.

Moralischer Wert, Bedeutsamkeit und permanente Gefährdung der Freundschaft gehen einher mit einer weiteren Dimension, nämlich der widersprüchlichen
Beziehung der Freundschaft zur gesellschaftlichen Ordnung und deren Institutionen. Freundschaft scheint in gewissem Grad gegen die voll institutionalisierten
Beziehungen mit ihren zweckgebundenen Verpflichtungen zu stehen.

Im Gegensatz etwa zu Sektengemeinschaften oder politischen Gruppierungen
ist sie nicht auf die Modifizierung der bestehenden oder die Herbeiführung einer
neuen sozialen Ordnung gerichtet. Von ihrer Idee her lehnt sie sich an die, der
jeweiligen Gesellschaft zugrundeliegenden Werte an und stellt gleichzeitig ein
moral-motiviertes Gegenkonzept vor. In diesem Sinne transzendiert Freundschaft
die einer Kultur zugrundeliegenden Werte und Widersprüche (z.B. Freundschaft
zwischen Deutschen und Juden zur Zeit der gesellschaftlich verordneten Juden-
verfolgung).

Im Anschluß an die ausgewiesenen Kriterien, läßt sich die spezifische Funktionalität von Freundschaft in der Gesellschaft benennen. Für EISENSTADT weist
alles darauf hin, daß Freundschaften Orte sind, wo Sphären des Vertrauens und

der Sicherheit konstruiert werden. Dieses Vertrauen setzt sich in seiner Freiwilligkeit und Vorbehaltslosigkeit vom familialen Vertrauen qualitativ ab.

Die gesellschaftlichen Bedingungen, unter denen Freundschaften sich bevorzugt entwickeln, scheinen nach EISENSTADT genau dort gegeben, wo zwischen und innerhalb von Beziehungen Solidarität und Instrumentalität nicht mehr im ausgewogenen Verhältnis zueinander stehen. Ein Überhang an Instrumentalität stellt Vertrauen im öffentlichen und privaten Raum infrage. Dieser Umstand ist dann gegeben, wenn die Prinzipien der institutionalen Ordnung denen von informalen Gruppen und Personen entgegenstehen (Wertekonflikt). Zum anderen dann, wenn zwischen den kulturellen Zielen und den Mitteln zu deren Durchsetzung, eine qualitative Kluft gesehen wird (Ziel-Mittel-Konflikt, etwa: Frieden durch Aufrüstung).

„It is the likelihood of failure of trust in these areas that may generate the tendency to institutionalize friendship relations and cognate forms of behavior." (EISENSTADT 1974:144)

Zu denken ist an Bürokratisierung und Instrumentalisierung von Politik und Arbeit oder auch daran, daß Familie als Vertrauensressource entfällt (vgl. DuBois 1974:103), keine Verwandtschaft existiert (vgl. LEYTON 1974:99) oder andere Solidargemeinschaften ausgeblendet sind.

Zusammenfassend bleibt: EISENSTADT trennt ritualisierte Freundschaft und invididualisierte Freundschaft nicht explizit, was auf seinen Anspruch zurückzuführen ist, übergreifende Basiskriterien herauszuarbeiten, um dadurch auch den Zustand des weiteren gesellschaftlichen Umfeldes abschätzen zu können. Freundschaft bedeutet für EISENSTADT die Bereitstellung einer Sphäre des Vertrauens, der Solidarität.

Der soziale Ursprung von Freundschaften steht vermutlich im Zusammenhang mit relativ undefinierten Situationen und Bereichen, wie sie brüchig gewordene Vertrauens- und Solidaritätsstrukturen in der modernen Gesellschaft darstellen.

Freundschaft bedeutet freiwilliges Engagement in einer durch Vorbehaltslosigkeit gekennzeichneten Interaktionssphäre. Die Freundschaft (nicht die Verwandtschaft oder andere Institutionen) orientiert sich an geltenden moralischen und menschlichen Grundwerten noch vor den alltagsweltlichen Pflichten, die mitverwoben sind. Sie hat demnach ausdrücklich spirituelle Qualitäten, die sich an der freien, autonomen Moral der Person (relativ rollenunabhängig) entfalten. Anders als in vorwiegend zweckbestimmten Beziehungen ergibt sich eine tiefe emotionale Betroffenheit. Freundschaft ist doppelt gefährdet: Zum einen durch den permanenten moralischen Anspruch, der im Kontrast zu den lebenspraktischen Erfordernissen stehen kann. Andererseits beruht sie auf keiner konkreten gesellschaftlichen Verankerung und ist auf nie gesichertes, freiwilliges Handeln angewiesen.

Zentrale Funktion der Freundschaft bei EISENSTADT ist die Ermöglichung und Bereitstellung einer Sphäre des Vertrauens, der Solidarität und Sicherheit. Dort wo Freundschaften sich etabliert haben, symbolisieren sie die Werte und Mängel der Gesellschaft. Meist kommt es an Stellen, wo private und öffentliche Werte sich widersprechen, Vertrauen und Solidarität infrage gestellt sind, zu vermehrter Freundschaftsbildung. Aus diesem Grunde fordert EISENSTADT verstärkt nach denjenigen Gesellschaftsbereichen zu suchen, wo gemeinsame Lebenskonzepte in eklatanter Weise abnehmen.

3.1.6. Zusammenfassung: Ursprung, Merkmale, Funktionalität

Trotz der sofort ins Blickfeld geratenden relativen Eigenständigkeit, oder negativ ausgedrückt, Isoliertheit der jeweiligen soziologischen Ansätze zur Freundschaft, zeigen sich doch implizit gemeinsame Kernpunkte zum Untersuchungsgegenstand. Unter Miteinbezug der Ausarbeitungen des historischen Kapitels lassen sich sechs interdependente Thesen formulieren:

1) Freundschaft als eine bestimmte, unwandelbare Beziehungsform gibt es nicht. Vielmehr wächst und ändert sich ihre Gestalt sowie ihr Inhalt in enger Wechselwirkung mit den jeweiligen soziokulturellen Gegebenheiten und Erfordernissen der historisch gewordenen Gesellschaft. Freundschaft ist auch eine soziologische Kategorie.

2) Freundschaft wird, in Absetzung vom Konzept des Gesellschaftshandelns (WEBER) bzw. der Gesellschaft (TÖNNIES), der Kategorie des Gemeinschaftshandelns[13] zugeordnet.
   Während Gesellschaftshandeln sich vorwiegend an rationalen Zwecken und Teilaspekten (Rollen) des Menschen orientiert, richtet sich die Idee der Freundschaft als gemeinschaftliches soziales Handeln auf die ganze Person. Gefühle und Solidarität spielen eine unverzichtbare Rolle.
   Freundschaft kann als wichtiger - bisher vernachlässigter - nicht-familialer Primärbereich der Gesellschaft gelten, der auf einem Kontinuum zwischen Gemeinschafts- und Gesellschaftshandeln dem Pol der Gemeinschaft zustrebt. Sie ist eine eigenständige Beziehung und keine Residualkategorie.

3) Freundschaft als primäre soziale Kategorie läßt sich weder raum-zeitlich institutionell verorten (wie z.B. Ehe, Verwandtschafts-, Arbeitsbeziehungen), noch ist ihr Handlungsinhalt präformiert. Freundschaft läßt sich nicht überstülpen, sie ist eine auf freiwilligem Engagement der Individuen basierende Beziehung. Freundschaft kann, metaphorisch ausgedrückt, im Prinzip überall ‚aufflammen‘, wo Menschen sich begegnen. Obwohl soziologische und psy-

---

13 Andere mögliche dichotome Klassifizierungen wären: Freundschaft als mechanische Solidarität vs organische Solidarität (DURKHEIM) - Freundschaft als partikularistische, affektive, am andern orientierte Einzelleistung mit diffusen Zielen vs universalistische, affektiv neutrale, am eigenen Nutzen orientierte Zuschreibungen mit spezifischer Zielrichtung (PARSONS).
Es muß darauf hingewiesen werden, daß diese Klassifizierungen nur der Analyse dienlich sind. Freundschaft als soziale Realität ist immer auch eine komplexe Mischform (vgl. PAINE 1974b:118).

chologische Barrieren existieren, kann sie letztlich weder erzwungen noch verboten werden. Freundschaft ist eine Art „*institutionalized non-institution"* (PAINE 1974b:128).

4) Keines der soziologischen Konzepte beschäftigt sich explizit mit den möglichen Determinanten des *Ursprungs* von Freundschaft. Implizit lassen sich dennoch Fragmente zur Beantwortung dieser Frage erkennen. Die Ursprungsmotive reichen vom glücklichen Zufall (KRACAUER) über das Erkennen gemeinsamer Bedürfnisse und Werte (HELVÉTIUS, TÖNNIES, LAZARSFELD/MERTON), bis hin zum bewußten und freiwilligen Aufeinandergerichtetsein im Handeln (WEBER, TENBRUCK), der Preisgabe des „wahren" Selbst (SUTTLES) und einer generellen moralischen Humanität (EISENSTADT). Der Ursprung bzw. die soziale Verursachung von Freundschaft ist unseres Erachtens zu begreifen als gemeinsames und aktives Aufeinanderzugehen im Rahmen des soziokulturellen Feldes. Mit anderen Worten: Der tiefere Ursprung der Freundschaft kann in der „primordialen Geste" (MERLEAU-PONTY 1966), d.h. in einer originären Neigung des Individuums hin zur Welt und damit zum Mitmenschen gesehen werden. Diese soziale Ausrichtung ist nicht nur geistiger Akt sondern mitbegründet über konkrete Körperlichkeit.

5) Aus den dargestellten soziologischen Konzepten lassen sich vier interdependente *Merkmalsdimensionen* ableiten. Die jeweilige Freundschafts-Ausprägung stellt Variationen dieser, auf einem Kontinuum zu denkenden, Aspekte dar.

- Soziokulturelle Dimension: Zwischen Normgebundenheit und individueller Originalität
  (Die Wechselwirkung von Freundschaft mit in einer Gesellschaft geltenden Werten und Normen betonen: HELVÉTIUS, SIMMEL, V. WIESE, LAZARSFELD/MERTON, TENBRUCK, SUTTLES, EISENSTADT.)
- Personale Dimension: Zwischen Hereinnahme der ganzen Person und selbstbestimmtem Rückzug
  (Ganze, authentische, autonome Person: V. WIESE, KRACAUER, TENBRUCK, EISENSTADT; „wahres" Selbst: SUTTLES; freiwilliger und originärer Zugang zum andern: TÖNNIES, V. WIESE, TENBRUCK, SUTTLES, EISENSTADT; aktive, persönliche Ausgestaltung: SUTTLES)
- Instrumentelle Dimension: Zwischen pragmatischer Lebensbewältigung und geistigem Austausch
  (Praktisches Miteinander, Lebensbewältigung: LAZARSFELD/MERTON; Reziprozität des Austausches: TENBRUCK; intellektuelles Gespräch: KRACAUER)
- Expressive Dimension: Zwischen Gefühlen der Zuneigung und Abneigung
  (Emotionalität: WEBER, EISENSTADT; Sympathie, Solidarität, Vertrauen: WEBER, LAZARSFELD/MERTON, EISENSTADT; Wertetransport, Moral, Spiritualität: KRACAUER, TENBRUCK, EISENSTADT)

6) Aus den referierten Konzepten läßt sich implizit als zentrale makrosoziologische *Funktion* der Freundschaft deren Kompensationspotential herauslesen. Anders formuliert: Das Spannungsverhältnis in welchem Gesellschaft und Freundschaft zueinander stehen, wird unseres Erachtens von allen Autoren gleich gesehen. Implizit wird eine Kompensationstheorie entworfen.

3.1.6.1. Exkurs: Zur Kompensationsfunktion der Freundschaft in der Gesellschaft

Als übergreifende soziologische Funktion kristallisiert sich unseres Erachtens ein Kompensationspotential der Freundschaft heraus. Die doppelte Bedeutung dieser Funktion und deren Problematik soll im folgenden erläutert werden.

Die Vernetzungs- und Integrationsfunktion von Freundschaft, welche durch die Geschichte hindurch und in der soziologischen Betrachtungsweise explizit und implizit zum Thema wird, speist sich aus der Tatsache, daß Freundschaft als nicht-familiale Privatbeziehung, der eher instrumentellen und auf den Menschen als Rollenspieler gerichteten öffentlichen Sphäre, ein autonomes Beziehungskonzept ‚gegenüberstellt‘.

Das Wirksamwerden dieser sozialen Kategorie hängt aus soziologischer Perspektive mit dem Grad der normativen Einbindung des Individuums in die jeweilige Gesellschaft zusammen. Genauer, mit den Institutionen und Sinnsystemen, die den Individuen als gesicherte Integrationsformen zur Verfügung stehen. Im Rahmen gesamtgesellschaftlicher Freisetzungsprozesse, wie sie die heutige individualisierte Gesellschaft aufweist (vgl. 1.), variieren Freisetzungsvarianten nach Alter, Geschlecht, sozialer Lage und Position, innerhalb von Lebensphasen und an Übergängen. Eine andere Art der persönlich-situativen Freistellung von Normzwängen bietet die Fähigkeit zur Rollendistanz. Je freier Menschen von strukturellen Zwängen sind, desto eher ergibt sich die Chance und ein Druck zu neuen, selbstinitiierten Ver-Bindungen. Dies vermutlich an solchen Stellen, wo die Gefahr einer subjektiv empfundenen, sozialen Isolation und persönlichen Fragmentierung droht (vgl. McCALL 1970:79ff.), wo unter einem Überhang an Anonymität und Formalismen gelitten wird, wo durch Normen und Rollen Barrieren existieren oder zu wenig Nähe herrscht und Unsicherheit zunimmt. Freundschaft bietet dem einzelnen eine autonome Einflußmöglichkeit, Strukturen punktuell oder in größerem Maße im eigenen Sinne zu modifizieren. Sie zielt auf konstruktives Verbinden von Gleichem und Neuem ab. Über Freundschaftsbildung können Individuen sich autonom solidarisieren, in das gesellschaftliche Raum-Zeit-Gefüge einschalten und integrieren. Durch Freundschaft können Spiel-Räume, die trotz Normierungen in der Gesellschaft bleiben, interpretiert und kommunikativ genutzt werden. Dabei findet eine Vernetzung von nicht klar definierten Bereichen und Sinnsystemen statt. Freundschaft wirkt kompensierend, entwickelt eine „bridging function" (SUTTLES). Sie trägt zum Zusammenhalt und Fortgang von Gesellschaft bei.

Freundschaft ist von ihrem Anspruch her nicht ‚revolutionär', d.h. man schließt nicht Freundschaften, um sich aktiv gegen gesellschaftliche Zustände zu wenden. Dennoch steht das Konzept der Freundschaft als freiwillige, am Individuum orientierte Beziehung in gewissem Grade quer zur Ordnung der Institutionen. Freundschaften symbolisieren durch die Art des kommunikativen Umgangs miteinander und durch ihren Inhalt Werte *und* Mängel einer Gesellschaft. (Vgl. EISENSTADT) Hier liegt ihr aufdeckendes Potential.[14] Wo diese Symbolik bewußt wird, kann es zu Akten der Veränderung des privaten und öffentlichen Lebens kommen. Es ist daher nicht verwunderlich, daß in der Freundschaftsbildung immer wieder eine Gefahr für das gesellschaftliche Leben gesehen wurde (vgl. MIELENBRINK 1967:68ff.). In ihr liegt der Keim zur Solidarisierung im großen Rahmen.

Wenn wir der Freundschaft die zentrale Funktion der Kompensation zwischen Individuum und Gesellschaft zuschreiben, dann im doppelten Sinne: Auf der Handlungsebene wirkt sie vernetzend, integrierend, stabilisierend und ausgleichend. Gleichzeitig transzendiert sie auf der Symbolebene existierende Werte und Unzulänglichkeiten der Gesellschaft. Freundschaft kann sozialkritisch aufdeckend wirken. Sie ist deshalb Chance für Wandel und Innovation. Im Freundschaftsvollzug werden neue, gesellschaftlich nicht vorgegebene Beziehungskonstellationen mit eigenem Themen- und Wertespektrum möglich, welche auf andere soziale Bereiche rückwirken.

Die Annahme einer Kompensationsthese transportiert aber mindestens folgende Probleme: Die Kompensationsthese suggeriert eine negative Unterlegung der öffentlichen Rollen bei gleichzeitiger Höherbewertung der Privatheit, hier des Freundschaftsbereiches. Wir wollen dies folgendermaßen verstanden wissen: Freundschaft ist ein Pendant zur Öffentlichkeit, ohne jedoch auf diese verzichten zu können, und ohne diese infrage stellen zu wollen. Keinem der sozialen Modi kann der Vorzug gegeben werden, nur in der gegenseitigen Spannung entfalten Öffentlichkeit und Privatheit ihr Potential (vgl. GEIGER 1963:35ff., BÜHL 1982:280ff., SENNETT 1983). Um sich entwickeln zu können, sind Menschen darauf angewiesen, an allen gesellschaftlichen Bereichen zu partizipieren und in Balance zwischen öffentlichen und privaten Bezügen zu leben.

So ist die Kompensationsfunktion auch umgekehrt vorstellbar. Am Phänomen Arbeitslosigkeit läßt sich demonstrieren, daß einseitiges Verworfensein, z.B. auf den familialen Privatbereich, zu schweren Identitätskrisen führen kann (vgl. JAHODA 1983).

Ein weiterer möglicher Kritikpunkt ergibt sich aus der Reduzierung auf *einen* Funktionskomplex, denn die Funktionsbeziehungen zwischen Freundschaft und

---

14 Wenn z.B. arbeitende Frauen mit Kindern auf ihren Freundeskreis angewiesen sind, der Babysitting etc. übernimmt, dann verweist das auch darauf, daß Frauenarbeit nicht konsequent genug ernst genommen wird, indem auf gesellschaftlicher Ebene durch entsprechende Einrichtungen Unterstützung erfolgt. Freunde füllen diese ‚Leerstelle', tragen zur individuellen Einbindung in öffentliche Prozesse bei und damit zum Fortgang von Gesellschaft.

Gesellschaft sind vielfach und ändern sich. Auf der Basis der vorangestellten soziologischen Konzepte leiten wir übergreifend eine Kompensationsthese ab, obwohl sich andere Funktionszusammenhänge denken lassen. Beth HESS (1972) zum Beispiel erkennt vier empirisch gestützte Bezüge zwischen Freundschaft und anderen Rollen, die altersspezifisch hervortreten können. 1) Fusion: Freundschaften aufgrund gleicher Rollen, z.B. Elternschaft, gleiche Arbeit. 2) Substitution: Freundschaft als funktionales Äquivalent zu nicht vorhandenen anderen Rollen, z.B. fehlende Verwandtschaft oder Ehepartner. 3) Komplementarität: Freundschaft als Ausgleich zu bestimmten Normen z.B. Leistungsorientierung und Instrumentalität. 4) Wettbewerb: Die Freundschaftsrolle kann im Widerstreit zu institutionellen Rollenerwartungen stehen. Die Prioritätenfrage entsteht. Wir glauben, daß es sich bei jedem der Funktionstypen auch um kompensatorische Vorgänge handelt.

Für die Zukunft sind weitere Forschungen nötig, die den Stellenwert von Freundschaft in der Gesellschaft spezifizieren. Es gilt, die besonderen Lebenszusammenhänge zu erfassen, um die funktionalen Bewegungen der Freundschaft innerhalb sozialer Kontexte transparent zu machen. Erst dann ist Freundschaft in ihrer Multifunktionalität genauer bestimmbar.

3.2. Sozialpsychologische Perspektiven zur Freundschaft

Obwohl das Phänomen Freundschaft auch ein typisch sozialpsychologischer Gegenstand ist, wurde in der Vergangenheit kaum explizit darauf Bezug genommen.

Unter der Kategorie „interpersonelle Anziehung" (Attraktion) verbirgt sich lange Zeit das, was unspezifiziert auch auf Freundschaft zutrifft. Der allgemeine Forschungsschwerpunkt wird auf die Anfangsphase von Beziehungen gelegt, während deren prozessualer Verlauf häufig vernachlässigt bleibt. Besonderes Interesse erfährt bis heute die Erhellung von romantischen und/oder ehelichen Gemeinschaften (vgl. JÄCKEL 1980, KÜRN 1984); platonische bzw. gleichgeschlechtliche Verbindungen wie Freundschaften führen ein wissenschaftliches Schattendasein.

Die Entscheidung, ein bestimmtes Gebiet für forschungswürdig zu erkennen, hängt neben persönlichen Vorlieben eines Forschers immer auch von zeithistorischen Gesellschaftsproblemen ab. BRAMEL (1975:253ff.) verweist zurecht darauf, daß der zum großen Teil aus den Vereinigten Staaten stammende Forschungszweig zur Attraktion, mit die Besonderheit der amerikanischen Gesellschaft symbolisiert. Die amerikanische Bevölkerung lebt unter Fremden. Das heißt, sie stammt zu einem hohen Prozentsatz von Einwanderern ab, ist eine Konfiguration unterschiedlicher Nationalitäten und Kulturmuster und bekannt durch ihre ausgeprägte Mobilität. Fragilität von Alltagsbeziehungen und das Bedürfnis nach echter Zuneigung zeichnen sich dort, aus der Sicht des Europäers, eklatant ab. DALE CARNEGIEs Buch „How to win friends and influence people" hatte jahrelang Hochkonjunktur. Nicht von ungefähr wird es gegenwärtig im deutschen Buchhandel wieder präsentiert.

Politisches und wirtschaftliches Interesse an Feindseligkeiten und Vorurteilen, Zuneigung und Annäherung als Faktoren des sozialen Zusammenlebens schlagen sich in Untersuchungen zu interpersonellen Beziehungen nieder. K. LEWIN, F. HEIDER, TH. ADORNO, E. FRENKEL-BRUNSWIK und B. BETTELHEIM waren in den 30er Jahren, zur Zeit der Judenemigration, einflußreiche Initiatoren.

K. LEWIN (1948) („Resolving Social Conflicts") stellte Überlegungen an über die qualitativen Spielarten von Beziehungen (deren Handlungsbreite und Intimitätstiefe) in Relation zur Persönlichkeit und Nationalität. Seine These lautet, daß eine Beziehungsaufnahme bei Amerikanern sehr schnell erfolgt, dann auf einem relativ oberflächlichen Niveau sich einpendelt und auch leicht wieder aufgelöst wird. Deutsche hingegen benötigen mehr Zeit für Beziehungen, die dann vergleichsweise intimer werden. Aus richtungweisenden Arbeiten von THIBAUT und KELLEY (1959) geht hervor, daß Begegnungen zunächst über den Austausch von kulturellen Normen und sozial akzeptierten Verhaltensweisen eingeleitet werden. Erst im Laufe der Zeit entsteht ein differenziertes kognitives Modell vom anderen als einem erwünschten Beziehungspartner. HOMANS (1961) leistete grundlegende Beiträge zum Problem interpersonaler Belohnungen und Kosten als Basis von Beziehungen. NEWCOMBs (1961) klassische Longitudinalstudie „The Aquaintance-Process" bezieht sich auf die Entwicklung von Primärbeziehungen und Aspekte subjektiver Wahrnehmung sowie deren Wandel.

Erst Mitte der 70er Jahre bahnten sich vermehrt wissenschaftliche Aktivitäten an, die sich nicht nur der Anfangsphase sondern auch dem Gesamtverlauf von Primärbeziehungen sowie speziellen Problembereichen zuwenden.

Jetzt ist es eher der Terminus „intimate communication" (vgl. PHILLIPS/METZGER 1976), „close relationships" (vgl. LEVINGER/RAUSH 1977, KELLEY u.a. 1983) oder „personal relationships" (vgl. MCCALL 1970, DUCK/PERLMAN 1986,1986a, GILMOUR/DUCK 1986) unter dem das Phänomen Freundschaft, neben Bekanntschaft und Romanze, subsumiert ist. Die Ansätze zur interpersonalen Attraktion und zum sozialen Austausch, welche eine eher fragmentarische Perspektive verfolgen, werden zugunsten einer dynamischen und prozessualen Sichtweise von Beziehungen modifiziert und verfeinert (vgl. CLARK/MILLS 1979, HATFIELD/TRAUPMAN 1981). Dyadische Beziehungen werden zunehmend als Teil eines größeren Systems begriffen (vgl. HINDE 1981:4f.). In Absetzung von der experimentellen Forschung zeigen sich auch erste Bemühungen, Beziehungen in ihrer realen Lebenssituation, aus dem Blickwinkel der Betroffenen, zu erfassen (vgl. GOTTMAN 1983, CORSARO 1985, GOTTMAN/PARKER 1986).[15] In neuerer Zeit erfährt Freundschaft im Rahmen der sozialen Netzwerkforschung Aufmerksamkeit (vgl. FISCHER 1982b, SCHENK 1984, KEUPP/RÖHRLE 1987).

---

15   Eine gute Übersicht über den Forschungsverlauf findet sich bei DUCK/PERLMAN (1986a).

Trotz verschiedenster Abgrenzungsbemühungen (vgl. KURTH 1970, FISCHER 1982a, ARGYLE/HENDERSON 1984) ist jedoch bis heute nicht klar, was die Freundschaft typischerweise von anderen engen persönlichen Beziehungen (wie Liebes- und Ehebeziehungen, Verwandtschaft, Arbeitsbeziehungen) unterscheidet. Der Freundschaftsbegriff wird daher fast durchgängig im Vertrauen auf alltagsweltliches Verständnis verwendet. Noch immer sind es eher die Literaten, weniger die Psychologen und Soziologen, die das Bild enger Beziehungen bestimmen, meint DAVIS (1985:28). Nach WINSTEAD/DERLEGA (1986:2) ist bislang durch die sozialpsychologische Forschung lediglich eine grobe qualitative Abgrenzung der Freundschaft von der Liebesbeziehung erfolgt. Freundschaft wird prinzipiell durch Altersähnlichkeit, Nicht-Verwandtschaft und platonisches Beisammensein gekennzeichnet. In Anlehnung an die Studien von DAVIS (1985) ist Freundschaft eher durch ein „care-cluster" (Akzeptanz, Vertrauen, Spontaneität, Stabilität), Liebesbeziehungen eher durch ein „passion cluster" (persönliche und sexuelle Anziehung, Exklusivität) charakterisierbar.

Im folgenden (3.2.1) wird eine kurze Übersicht über die einflußreichsten Attraktionstheorien gegeben. Zur Kontroverse um die Komplexität der interpersonalen Anziehung werden im Kapitel 3.2.2 verschiedenste empirische Forschungsergebnisse zusammengefaßt. Freundschaft bedeutet immer Entwicklung in der Zeit (3.2.3); sie basiert auf internen Relevanzregeln (3.2.4). Freundschaft bedarf kommunikativer Fähigkeiten (3.2.5), und sie ist immer auch eine Frage des Selbstkonzeptes (3.2.6). Kapitel 3.2.7 enthält zusammenfassende Thesen zum Ursprung, den Merkmalen und Funktionen von Freundschaft aus sozialpsychologischer Sicht.

3.2.1. Theorien interpersonaler Attraktion

Der Einfluß der Attraktionstheorien reicht bis in die 50er Jahre zurück. Die Diskussion darüber, welche Menschen sich nach einer ersten Begegnung anziehend finden bzw. ablehnen, bewegt sich bis heute auf einem Kontinuum zwischen Ähnlichkeits- und Komplementaritätsthese, oder etwas folkloristischer ausgedrückt, zwischen der Annahme ‚Gleich und Gleich gesellt sich gern' und ‚Gegensätze ziehen sich an'. ALTMAN/TAYLOR (1973:8ff.) fragen übrigens berechtigt, ob damit nicht verschiedene Ebenen einer Beziehung oder Verhaltenslinien in bestimmten Phasen erfaßt werden könnten.

Attraktionstheorien lassen sich nach den Schwerpunkten ihrer Erklärungsansätze zur Anziehung klassifizieren: Belohnungstheorien, Austauschtheorien, Kognitive Konsistenztheorien, Komplementaritätstheorien (vgl. PERLMAN/FEHR 1986:9ff.).

Belohnungstheorien basieren auf der Prämisse, daß Menschen mit jenen Beziehungen eingehen, von denen sie sich belohnt fühlen und/oder von denen sie sich die Chance einer Belohnung versprechen. Die Prinzipien dieser Theorien gehen zurück auf die Idee der klassischen Konditionierung. LOTT/LOTT (1974) etwa legen zugrunde, daß Menschen, je öfter sie in Anwesenheit einer bestimmten Person belohnt werden, zu dieser Person Zuneigung entwickeln. Desweiteren glauben die Autoren, daß man sich zu Personen, die einen unmittelbar belohnen, mehr hingezogen fühlt als zu solchen, die mit Zuwendung zögern. Außerdem gilt, daß besonders hoch bewertete Belohnungen mit höherer Zuneigung beantwortet werden. Interpersonale Anziehung ist schließlich Resultat des Abschätzens der erwartbaren und erhaltenen positiven und negativen Impulse aus der Beziehung.

Belohnungstheorien haben gravierende Erklärungsdefizite, weil sie sich am Gleichgewichtsparadigma orientieren. Schwer nachvollziehbar wird dann, warum Menschen Beziehungen aufrecht erhalten, die (von außen gesehen) einen permanent strafenden Charakter haben. Und weshalb werden Freundschaften aufgelöst trotz oder gerade wegen permanenter Belohnung? Wenn Beziehungen nur auf Belohnungssystemen beruhten, müßten ausgehaltene Konflikte als pathologisch abqualifiziert werden. Beziehungen etablieren sich gerade im permanenten Umgang mit Ungleichgewichts- *und* Gleichgewichtszuständen. Es läßt sich im übrigen nachweisen, daß Fremde, bei anfänglich eher skeptischer Einstellung zueinander, im Laufe der Zeit eine dauerhaftere Zuneigung gewinnen als Fremde, die von vornherein ausgesprochen offen sind (vgl. PERLMAN/FEHR 1986:33). Neben der Unklarheit darüber, was als Belohnung gelten soll, worauf sich Bewertungsmaßstäbe stützen, ist weder das Interaktionsgeschehen, noch die Existenz einer dritten Partei z.B. als soziale Bewertungsmatrix thematisiert.

Während Belohnungstheorien primär an dem durch andere möglichen Vorteil interessiert sind, gehen die *Austauschtheorien* und die *Theorien ausgleichender Gerechtigkeit* (z.B. HOMANS 1961, BERSCHEID/WALSTER 1978, HATFIELD/TRAUPMAN 1981) einen Schritt weiter. Es interessiert der Tatbestand, was interaktiv investiert wird und inwieweit bewertende Vergleiche zwischen und in aktuellen Freundschaften ablaufen.

Eine klassische Austauschtheorie ist die Interdependenz-Theorie von KELLEY und THIBAUT (1978). Kernpunkt ist, daß jede Beziehung im Durchgang durch Interaktionsprozesse dynamische Konsequenzen (Vorteile und Kosten) zeigt. Im Vordergrund steht die Idee, daß die Aufrechterhaltung von Beziehungen mit davon abhängt, ob Belohnungen und Kosten befriedigend ausgeglichen sind und wie der Belohnungs-Vergleich zu anderen möglichen Kontakten ausfällt. Inwieweit eine bestehende Beziehung die Interessen und Bedürfnisse der Individuen abdeckt, entscheidet die Summe individueller Erfahrungen und die Aussicht auf mögliche Freundschaftsalternativen. Je nach Lebenssituation verbleiben Individuen auch dann in etablierten Beziehungen, wenn diese nicht voll befriedigend sind, weil etwa wenig andere Kontakte zur Verfügung stehen. KELLEY spricht dann von Abhängigkeit als dem Faktor der Wahrscheinlichkeit des Verbleibens in einer Beziehung. RUSBULT (1980) weist außerdem darauf hin, daß allein die Tatsache ausgeprägter Investitionen (z.B. Zeit, emotionale Energie, praktisches Engagement) in eine Beziehung die Bindung zueinander beeinflussen kann. Auflösung bedeutet auch Verlust investierter Ressourcen.

Eine andere Variante der Austauschtheorien, die Equity-Theorie (Theorie der ausgleichenden Gerechtigkeit) von HATFIELD thematisiert interne Vergleichsprozesse von Beziehungen. HATFIELD/TRAUPMAN (1981) sind der Meinung, daß Beziehungen, in denen geglaubt wird, daß ein Partner „mehr" erhalte, nicht stabil sind. Es geht ihnen um den Vergleich der erlebten gegenseitigen fairen bzw. ungerechten Belohnungen. HATFIELD weist in diesem Zusammenhang auf gesellschaftliche Regeln als Orientierungsregulative für gerechte Belohnung hin. Überprüft wurde seine These an gemischtgeschlechtlichen Paaren (!). Beziehungen, die gerecht erlebt werden, sind auf Dauer stabiler; es besteht höhere sexuelle Stimulanz, die Betroffenen sind zufriedener und weniger an Vergeltung interessiert. Daß Menschen zufriedener sind, wenn sie gerecht belohnt werden, als wenn sie sich über- oder zu wenig belohnt fühlen, stellten auch AUSTIN/WALSTER (1974) fest.

Die Übertragbarkeit der Ergebnisse aus Ehepaar- Studien auf Freundschaften muß sicher infrage gestellt werden. Fraglich scheint außerdem, ob sich gerechter Austausch in engen Beziehungen messen läßt wie ein Tauschakt auf dem Markt. Da diese Konzepte ein höchst rationales, dem andern mißtrauendes Vergleichskalkül bei der Entscheidung für oder gegen eine Beziehung unterstellen, geben sie auch keine befriedigende Antwort darauf, wie mit Konflikten und Ungerechtigkeiten oder auch emotionaler Zuneigung umgegangen wird. Wie können Großzügigkeit und zeitweiser Altruismus erklärt werden, welche gerade bei Freundschaften konstituierend wirken? Margaret CLARK (1981) hat in verschiedenen Studien festgestellt, daß Beobachter gerade dann die Existenz einer Freundschaft unterstellen, wenn das gegenseitige Handeln der beobachteten Personen gerechte Tauschprinzipien vermissen ließ. Das Ergebnis deckt sich mit dem Befund von MILLS/CLARK (1982). Wenn in einer Gemeinschaft das Insistieren auf Gerechtigkeit zunimmt, verringert sich die Zuneigung. Frauen scheinen im übrigen eher nach der Gleichheitsnorm zu handeln, während Männer die Gerechtigkeitsnorm bevorzugen (vgl. KAHN u.a. 1980). Gerechtigkeit relativiert sich außerdem je nach den normativen Erfordernissen des Beziehungstypus. Der Soziologe O'CONNELL (1984) kritisiert die pauschale Überstrapazierung des gerechten Austauschs. Für Freundschaft gilt, daß gerade nicht tauschgerecht ‚bezahlt' werden muß, daß etwaige Hilfe auf einer ungewissen Balance in der Zeit erfolgen kann, und daß Bedürfnisse vor proportionalen Belohnungsanteilen rangieren. Gerade der nichtbalancierte Austausch und die unbezahlte Hilfe vertiefen Bindungen, stärken Solidarität und Wohlbefinden.

Im Gegensatz zu Belohnungs- und Austauschtheorien richtet sich die zentrale Annahme *Kognitiver Konsistenztheorien* darauf, daß Menschen ein Bedürfnis zeigen, innerpsychische und interaktive Einstellungs- und Verhaltensweisen sinnvoll zu organisieren und auszubalancieren. Es kommt zu Reduzierungsbemühungen, wenn Dissonanzen herrschen. Dabei wird angenommen, daß kognitiv, affektiv und verhaltensmäßig balancierte Beziehungen stabiler als nicht-balancierte Beziehungen sind. (Vgl. PERLMAN/FEHR 1986:16ff.)

NEWCOMB (1961), neben HEIDER ein klassischer Vertreter dieser theoretischen Richtung, geht davon aus, daß die Einstellungen einer Person zu anderen Menschen und Objekten ein einzigartiges Wechselverhältnis darstellen. Menschen sind durch „Orientierungen" mit ihrer Umwelt verknüpft. Diese Orientierungen können emotional (kathektisch) und kognitiv (strukturierend) sein. Das Orientierungssystem besteht aus der Verbindung von mindestens zwei Personen und einem Objekt. Orientierungen gegenüber Personen sind „Attraktionen", gegenüber Objekten „Einstellungen". Antizipierend werden die beidseitigen Orientierungen wahrgenommen und in die Selbstwahrnehmung integriert. Die Art der Ko-Orientierungen wird entschlüsselt über kommunikative Handlungen. Anders als etwa bei HEIDER sind Beziehungssysteme weder ausbalanciert noch asymmetrisch sondern nicht-balanciert. NEWCOMB diskutiert den Grad der Imbalance, die Wichtigkeit von Kommunikation sowie unterschiedliche Formen der Reduzierung von Imbalance.

In seiner 1961 erfolgten klassischen Studie zu Bekanntschaftsprozessen konnte NEWCOMB feststellen, daß im Laufe der Zeit (16 Wochen) die Gründe, auf denen Attraktionen beruhten, sich änderten. Anfängliche Zuneigung zwischen Fremden aufgrund biographischer Ähnlichkeiten geht allmählich über in eine Bindung, die auf ähnlichen Einstellungen und Werten, also zentraleren Persönlichkeitsmerkmalen beruht. Die Belohnungs-Kosten-Dynamik drehte sich in der Einleitungsphase eher um konkrete Äußerlichkeiten, während es im Laufe der weiteren Bekanntschaft vermehrt zu einem intimeren persönlichen Austausch kam. Zu bemerken ist außerdem, daß anfängliche Symmetrie in Beziehungen oft auf unkorrekter Wahrnehmung basierte. Erst allmählich werden intrapsychische Vorstellungen und Realität in klarere Übereinstimmung gebracht (vgl. PERLMAN/FEHR 1986:19).

Obwohl es sicher nicht von der Hand zu weisen ist, daß Menschen innerhalb der eigenen Person, der Beziehung und Situation um Ausgleichsmomente bemüht sind, kann doch nicht abgeleitet werden, daß Beziehungen vorwiegend nach Balance streben. Daß konsistent bezeichnete Verbindungen stabiler sind als konfliktgeladene, muß bezweifelt werden, da Menschen auch Stimuli wie Inkonsistenzen und Spannungen aufsuchen, um etwa zu neuen Lösungen motiviert zu werden. Es gibt unterschiedliche Bedürfnisse und Sensitivitäten bezüglich Symmetrie und Imbalance.

In den 50er Jahren hat die *Theorie der Bedürfniskomplementarität* (Need-Complementary-Theory) von WINCH (1955) und WINCH/KTSANES (1954) besonders auf dem Sektor der ehesoziologischen Untersuchungen Forschungsaktivitäten angekurbelt. Die Theorie umfaßt zwei Grundgedanken: Personen, bei denen ein Bedürfnis stark ausgeprägt ist, fühlen sich zu jenen hingezogen, bei denen dieses Bedürfnis nur schwach ausgeprägt ist (=Bedürfniskomplementarität) (z.B. sehr Geiziger vs kaum Geiziger). Oder Personen, bei denen ein Bedürfnis stark ausgeprägt ist, fühlen sich zu jenen hingezogen, bei denen das gegenteilige Bedürfnis stark ausgeprägt ist (= Bedürfnisbefriedigung) (z.B. Geiziger vs Großzügiger).

WINCH, der seine Theorie an 25 jungverheirateten Ehepaaren vorläufig bestätigen konnte, löste eine Reihe Nachfolguntersuchungen aus. Die Studien von REILLEY u.a. (1960) und DAY (1960) fragen explizit danach, inwieweit WINCHs Thesen auch auf „same-sex friendships" anwendbar sein könnten. Beide Studien können die Komplementaritätsthese für Freundschaften nicht bestätigen. DAY (1960:439) drückt dies folgendermaßen aus:

> „Thus in this study there appears to be no general, systematic pattern of either complementariness or homogamy of personality needs as related to selection of either courtship partners or same-sex friends."

REILLEY u.a. (1960:295) differenzieren ihr negatives Ergebnis in vier Punkten: 1) Eine konsistente komplementäre Verbindung in Bezug auf selbstwahrgenommene Bedürfnisse konnte nicht festgestellt werden, genausowenig eine gegenseitige Bedürfnisbefriedigung zwischen den Freunden. 2) Freunde tendieren generell nicht dazu, sich eher konsistent komplementär oder konsistent ähnlich zu erleben. 3) Ein Beweis für Ähnlichkeit der Bedürfnisse kann aus den obigen Punkten nicht abgeleitet werden. 4) Freunde tendieren mäßig zur Werteähnlichkeit.

Festzuhalten bleibt, daß Attraktionstheorien versuchen, Licht in die Anfänge von Beziehungen zu bringen, vielleicht auf Regeln und Gesetzmäßigkeiten zu stoßen, um deren Dynamik zugänglich zu machen und um Prognosen stellen zu können. Allen skizzierten Attraktionstheorien liegt, die ihrem Grundtenor nach plausible Vorstellung zugrunde, daß Begegnungen nur dann weitergeführt werden, wenn sie im ganzen gesehen für die Beteiligten belohnend sind. Die Wahrscheinlichkeit, daß Menschen sich überhaupt attraktiv finden, hängt mit davon ab, inwieweit sie sich ähnlich sind bzw. miteinander harmonieren. Dabei wird größtenteils vom Prozeß des Bewertens, Aushandelns und gegenseitigen Angleichens abstrahiert. Problematisch ist außerdem, daß versucht wird, mit einer Generalthese ein ganzes Spektrum von Beziehungen (Ehe- und Liebespaare, Freunde, Wohngemeinschaften, Arbeitspartner) zu erfassen, ohne deren Unterschiede zu berücksichtigen.

3.2.2. Chancen und Barrieren zur Freundschaft - empirische Befunde

Das ungelöste Problem der Multidimensionalität von Attraktionsprozessen wird deutlich im Fundus empirischer Vorgehensweisen. Einige sozialpsychologische und soziologische Forschungsarbeiten haben sich explizit mit den soziodemographischen sowie personalen Grundlagen gleichgeschlechtlicher Freundschaft auseinandergesetzt. Ausgangstenor ist die Idee, daß Freundschaften dann leichter entstehen, wenn Menschen sich - im weitesten Sinne - nahe sind. Diese Nähe muß zunächst an objektiven Gegebenheiten des anderen, den man noch kaum kennt, abgelesen werden, um dann persönliche Bereiche miteinzubeziehen.

Die methodisch leichter zu bewältigenden empirischen Arbeiten zur soziodemographischen Ähnlichkeit zwischen Freunden sind denn auch am besten bestätigt. Der Soziologe VERBRUGGE (1977)[16] fand, daß Erwachsenenfreundschaften ohne Ausnahme hoch homogen sind bezüglich der Merkmale Nationalität, Geschlecht, Alter, Berufs- und Sozialstatus. Sie waren sich auch ähnlich in der politischen und religiösen Einstellung. Dies galt für Frauen wie Männer. Auch bei KANDEL (1978:308) ergab sich in der Untersuchung von erwachsenen Oberschülern, daß deren Freunde gleiche Nationalität, Geschlecht, Alter und ähnliche Schulstufe aufwiesen (s.a. HOLLINGSHEAD 1961) und bezüglich religiöser Einstellung und sozioökonomischem Hintergrund der Eltern Homogenität zeigten. Das schulische Setting wird allerdings immer schon ein Spektrum an ähnlichen Merkmalen vorselektieren. NEWCOMB (1961) stellte allgemein starke biographische Parallelen fest, wobei das Alter fast durchweg ein signifikanter Freundschaftsfaktor zu sein scheint (vgl. HESS 1972, BROWN 1981).

Altersähnlichkeit, so kann die Soziologin Beth HESS (1972) zeigen, hat verschiedene Implikationen für Freundschaft. Die Altersgleichheit ist für die Betroffenen wichtig, weil diese ein Symbol für ein gemeinsames Lebensstadium, Rollendefinitionen, Zwänge und biographische Erfahrungen darstellt. Ähnliche Sozialisationserfahrungen, kulturelle und historische Einbindungen in Form bestimmter Ereignisse, geltender Werte und Normen werden antizipiert („Erlebnisschichtung" bei MANNHEIM). Die Wahl altersähnlicher Freunde ist nach HESS dann wahrscheinlich, wenn andere Rollen noch oder wieder wenig ausgeprägt sind (Jugend, Alter). Im mittleren Alter, wo Menschen ein breites Spektrum an Rollen einnehmen, werden Freundschaften eher über gemeinsame Lebensinteressen und -erfordernisse gebildet und weisen deshalb ein eher breit gefächertes Altersspektrum auf.

Altersähnlichkeit, so HESS (1972:374), beruht nicht allein auf der freien Wahl des Individuums, sondern ergibt sich auch aus einem impliziten Normzwang zu einer gewissen Altersähnlichkeit. Es erscheint beispielsweise suspekt, wenn Jugendliche keine gleichaltrigen Freunde haben sondern sehr viel jüngere oder ältere bevorzugen. Freundschaft als altersnormierte Beziehung signalisiert unter anderem eine angemessene ‚normale' Entwicklung des Kindes und Jugendlichen und ist somit auch ein sozialisatorisches Kontrollinstrument, durch welches Solidarität unter den Kohorten und gesellschaftliche Altershomogenität gewährleistet sind. HESS stellte außerdem fest, daß Altersähnlichkeit eher zur Freundschaft führt als räumliche Nähe. Sich leicht erreichen können vermindert (nur) die Kosten, während gleiches Alter einen inhaltlich belohnenden Effekt hat. In altershomogenen Hausgemeinschaften (Altenheimen) wurden im übrigen mehr Freundschaften registriert als in altersheterogenen Heimen.

Daß räumliche Nähe, d.h. gemeinsames Benutzen von Szenen, Freundschaft begünstigt, ist den Untersuchungen von FESTINGER/SCHACHTER/BACK (1950) an verheirateten Studenten und denen des Soziologen KREUTZ (1964) mit Jugend-

---

16 Die Untersuchung wurde in zwei Städten durchgeführt: Detroit (1966) - 1.013 weiße Männer zwischen 21-64 Jahren und in Altneustadt (1971) (Name ist ein Pseudonym) - 820 erwachsene Frauen und Männer. Die Personen wurden nach den drei engsten, nicht verwandten Freunden befragt.

lichen in Wien zu entnehmen. Die Aussage von KREMPEL (1988 - unveröffent-licht) auf dem Soziologentag in Zürich, daß die besten Schulfreunde auch am nächsten wohnen, würde KREUTZ noch immer recht geben. Auch für alte Men-schen gilt räumliche Nähe als ein Kriterium der Freundschaftswahl (vgl. LAWTON/SIMON 1968:110). In neuerer Zeit wird besonders bei Kinderfreundschaften die Wichtigkeit des gemeinsamen Raumes (Hof, Straße) betont (vgl. RUBIN 1981, FATKE/VALTIN 1988). 70% der Befragten einer Mann-heimer Netzwerkstudie besuchen ihre Nachbarn häufiger, wenn die Wohnquar-tiere baulich vernetzt sind (vgl. HOFMEYER-ZLOTNIK 1989:785). Wer nicht erwerbstätig ist, schließt Freundschaften am ehesten durch Verwandte und Nach-barn (vgl. FISCHER 1982b:91).

Freundschaften aufgrund gemeinsamer Tätigkeiten stellen die territorialen Faktoren noch in den Schatten, meint KON (1979:91). Daß der Arbeitsplatz oder das Studium noch immer der Ort ist, wo die meisten Freundschaften geschlossen werden, findet sich bei GEIGER (1963:74,80), DREITZEL (1970:30), HESS (1972:364), HUBER/REHLING (1989:145).

Die Gemeinsamkeit äußerer Bedingungen ist aber eng verknüpft mit interak-tionalen und personalen Gegebenheiten. Verschiedene Forschungssträge haben versucht, Attraktion (die zur Freundschaft geführt hatte) im Zusammenhang mit unterschiedlichsten personalen Dimensionen im Nachhinein zu beleuchten.

STOTLAND/COTTRELL (1960) konnten in einem Laborexperiment (!) mit 90 Studenten (32 Frauen, 58 Männer) zeigen, daß der Grad der Wahrnehmung von Ähnlichkeit mit der Interaktionshäufigkeit der Akteure im positiven Zusammen-hang steht, was nicht ausschließt, daß auch das Gegenteil eintreten kann.

IZARD (1960a) sieht interpersonale Anziehung mit als Funktion ähnlicher Persönlichkeitsprofile bei Freunden. Im Gegensatz zu zufällig zusammengebrach-ten gleichgeschlechtlichen Paaren, wiesen sich die 30 untersuchten Freund-schaftspaare (Studenten) in ihrer gemessenen Persönlichkeit als signifikant iden-tisch aus. Besonders die Charakteristika Selbstdarstellung, Achtung vor dem anderen und Beständigkeit korrelierten höher als die anderen Faktoren.[17] Eine Folgeuntersuchung von IZARD (1960b) ergab, daß diese Profile schon vor dem Zusammentreffen mit dem späteren Freund bestanden haben, also nicht erst durch die Beziehung enstanden sind. SNYDER/SMITH (1986) konnten diesen Befund erhärten. Sie stellen fest, daß Freunde ein ähnliches Selbstkonzept aufweisen (s.a. 3.2.6). Interessant wäre dennoch, Änderungen in der Zeit aufzuspüren.

Bei BLANKENSHIP u.a. (1984:430) werden die beiden obigen Thesen inte-griert. Sie gehen mit ihrer Langzeitstudie (336 Studenten: 122 Frauen, 214 Män-ner) über die Similarity-Liking-These hinaus, hin zu einer Similarity -Liking-Similarity-Sequenz. Die Autoren bestätigen, daß eine vorausgehende personale Ähnlichkeit ein wichtiger Faktor für das Eingehen einer Beziehung ist. Ver-

---

17 Der Test erfolgte mittels des „Edwards-Personal-Preference-Schedule-Tests (PPS)". 15 Bedürfnis-Variablen, die in eine subjektive Rangordnung gebracht werden, sollen Rückschluß auf das Persönlichkeits-Profil ermöglichen.

mehrte Interaktion führt dann zu erweiterter Ähnlichkeit.[18] Es muß aber darauf hingewiesen werden, daß Wandel der Ähnlichkeit nicht nur auf die enge Beziehung rückführbar ist, sondern z.B. durch altersbedingte Entwicklungsfaktoren mitbedingt ist (vgl. LaGaipa 1979)[19].

Einen anderen Schwerpunkt legte KANDEL (1978). Er ermittelte in einer umfangreichen Fragebogen-Studie (1.879 Oberschüler: 1.106 Frauen, 773 Männer), daß Freundschaftsdyaden (egal ob weiblich oder männlich) die höchste Übereinstimmung in soziodemographischen Merkmalen haben, danach weisen sie eine hohe Ähnlichkeit bezüglich der Einnahme illegaler Drogen auf. Der niedrigste Gleichheitsfaktor wurde im psychologischen Bereich gefunden (Normenlosigkeit, Einsamkeit). KANDEL geht es um die Anziehungs- und Bindungswirkung von tatsächlich gezeigtem Verhalten (hier: Drogenkonsum) für die Auswahl von Freunden noch vor einer verbal geäußerten Einstellungsähnlichkeit (vgl. ders. 1978:310).

Die Tatsache, daß das Ausüben sozialnegativer Handlungen die Betroffenen zusammenbindet, wird im weitesten Sinne auch bei SMITH (1960) erkannt. Menschen die scheitern, zeigen eine höhere Bereitschaft sich mit ebenfalls Gescheiterten zu identifizieren. GIRTLER (1984:220) hat bei seinen Vagabunden-Untersuchungen selbst miterlebt, wie schwierig es ist, als ‚Normaler‘ Freunde unter den ‚Abweichlern‘ zu finden, da zunächst keine sichtbaren Gemeinsamkeiten gegeben zu sein schienen.

Problematisch an der Vielzahl isolierter empirischer Befunde ist, daß kein theoretischer Rahmen besteht, durch welchen diese abgestützt oder systematisch integriert werden könnten. So bleibt der relative Stellenwert und die Bedeutung der Ergebnisse meist unklar. Ohne Konzept verschärfen sich auch die methodischen Vorbehalte besonders bezüglich der Experimente, wo Versuchspersonen sich mit fiktiven Persönlichkeitsmerkmalen und/oder konstruierten Freundschaften auseinanderzusetzen haben (vgl. WRIGHT 1969:295, HAYS 1984:76, PERLMAN/FEHR 1986:9). KANDEL (1978:307) bezeichnet deshalb den Erkenntnisstand der Forschungsbemühungen folgendermaßen:

„Despite the extensiveness of prior research, it is unclear to what extent, along what dimensions, and under what conditions similarity is important for various types of real-life dyadic relationships.“

Auch die differenziertere Handhabung des Phänomens der Attraktion im Zusammenhang mit ausgewählten Merkmalskomplexen zeigt, daß es keine universell gültigen Kriterien gibt, nach denen prognostiziert werden kann, ob Menschen harmonieren werden. Um festzustellen, warum viele Beziehungen trotz Ähnlichkeit nicht weitergeführt werden, sind erneute Forschungen nötig. Abgesehen

---

18 gemessen mit der sog. „Omnibus-Personality Inventory-Skala (OPI)“ bezüglich Furcht, Intellekt, Dominanz, Soziabilität

19 Die Vpn sind zwischen 18-22 Jahre alt, d.h. sie sind vermutlich in einer generellen Umbruchphase.

davon ist es schwierig, die englischen und amerikanischen Befunde auf den deutschen Kulturbereich zu übertragen.

Festzuhalten bleibt, daß über alle Lebensalter eine Tendenz dazu besteht, Freunde gleichen Geschlechts mit ähnlichem Alter, Berufs- und Sozialstatus zu wählen, die in etwa gleiche Werte und Interessen teilen und gut erreichbar sind. Es scheint so, daß Freunde in übergreifenden Persönlichkeitsmerkmalen (Selbstkonzept) und Verhaltensweisen homogen sind. (Vgl. DICKENS/PERLMAN 1981:92, GANS 1970) Diese Ähnlichkeiten erleichtern den interaktiven Austausch und das Verstehen, weil sie gemeinsame Erfahrungen, ähnliche biographische Muster, Geschmack und Lebensstil sowie identische kulturelle Einbindungen signalisieren können und Bestätigung versprechen.

Es wäre jedoch irreführend, zu glauben, Ähnlichkeitsmuster garantierten Sympathie und Zuneigung, die automatisch zur Freundschaft führten (vgl. DUCK 1977c:10). Dies wird nur dann der Fall sein, wenn die Begegnung für beide Personen bedeutsam ist. Erst durch die gegenseitige Bewertung und Interpretation der wahrgenommenen Inhalte sowie deren interaktive Absicherung, ergibt sich ein Maßstab für gemeinsame Realität. Ähnlichkeit relativiert sich an dem, was als nicht-ähnlich erlebt wird. Möglicherweise ist das subjektiv als angenehm empfundene Spannungsverhältnis zwischen Identität und Komplementarität, zwischen Befriedigung und Versagung bindungsstiftend (vgl. STIERLIN 1971). Beziehungen und Freundschaften kommen zustande, weil Menschen sich im anderen wiederfinden, sich aufgehoben wissen und sich gleichzeitig unterscheiden. Während die Verstehende Soziologie diese beiden Momente theoretisch zu integrieren versucht, bleibt die herkömmliche Attraktionsforschung doch weitgehend der Entweder-Oder-These verhaftet. Wir meinen, daß interpersonale Anziehung neben Kognitionen auch über das spontane, ganzheitliche Erfühlen des Gegenüber, sozusagen über eine „Logik des Herzens" (KAHLE 1981), zustandekommt. Jeder Freundschaftskontext entfaltet dann eigene Ähnlichkeits-Dimensionen als ein von Phantasien und Wünschen, Realitäten und Neuschöpfungen durchzogener Prozeß.

3.2.3. Freundschaft als Entwicklungsprozeß

Alle bislang erwähnten Theorien beschäftigen sich vorwiegend mit dem Entstehungsprozeß von Beziehungen. Enge und längerfristige Verbindungen wie Freundschaften zeichnen sich aber durch ein in der Zeit entwickeltes Muster an Gegenseitigkeiten aus. Die analytisch zu unterstellenden Phasen einer Beziehung verweisen aufeinander. Prozesse des Bindens und Lösens, der Umdeutung und Neuorientierung aber auch der Ignoranz tragen die Freundschaft.

Ansatzweise finden sich, speziell auf dem Sektor der Ehepaarforschung, Versuche zu Entwicklungsmodellen (vgl. KERCKHOFF/DAVIS 1962, MURSTEIN 1971,1977).

Zu generellen Entwicklungsverläufen von engen Beziehungen ist vor allem auf zwei Modelle zu verweisen. Einmal auf das immer wieder modifizierte Stufenmodell von LEVINGER/SNOEK (1972) sowie auf die „Social Penetration Theory"von ALTMAN/TAYLOR (1973). Auch hier gilt der Vorbehalt, daß Freundschaft nicht als eigenständiges Beziehungsmuster Aufmerksamkeit erfährt, sondern unproblematisiert dem Rahmen der Analyse heterosexueller Verbindungen subsumiert wird. Dennoch tragen diese Ansätze dazu bei, den Blick für Unterschiede zwischen Beziehungstypen zu schärfen.

ALTMAN/TAYLOR (1973:136ff.) entwerfen eine vier Stufen umfassende Theorie des schrittweisen Zugangs zu immer tieferen Schichten der Person: Orientierung, Exploration des affektiven Austausches, affektiver Austausch, stabiler Austausch. Das Wachsen einer Beziehung vollzieht sich über die Bewertung des interpersonalen Austausches. Soziale Penetration bedeutet zunehmende interaktionale Verflechtung auf der Handlungsebene und in deren Gefolge auf der Ebene des Selbst. Dieser Prozeß umfaßt verbale, nonverbale und sozioökologische Verhaltensweisen, die immer von affektiven Komponenten begleitet sind (vgl. dies. 1973:5f.). Freundschaft entwickelt sich durch gegenseitiges Einbringen innerer Facetten des Selbst (Tiefendimension) im Verbund mit geteilten Interessen und Handlungsbereichen (Breitendimension). Die Auflösung der Beziehung geschieht durch den gegenläufigen Prozeß einer allmählichen Rücknahme des Engagements, das heißt durch „Depenetration" (vgl. dies. 1973:171ff.), was jedoch problematisch erscheint, da man aufgrund des gewonnenen Wissens übereinander sich nicht mehr wie zu einem Fremden verhalten kann (vgl. BAXTER 1986:264).

LEVINGER (1983), dessen Entwurf wir hier darstellen, geht in seinem Entwicklungsmodell über kurzfristige Interaktionssequenzen hinaus, um Beziehungsverläufe (Beginn, Aufbau, Auflösung) in ihrem Zeitzusammenhang zu skizzieren. Besondere Aufmerksamkeit erfahren Übergangsprozesse, d.h. Ereignisse, Verhaltensweisen, Impulse, Gefühle, die die Beziehung unmerklich weiterbringen, intensivieren oder erodieren. LEVINGER ist bemüht, die verursachenden Geschehnisse aus der Sicht der Betroffenen zu rekonstruieren. Sein Modell beansprucht, im Prinzip auf jede Beziehung anwendbar zu sein. LEVINGERs Interaktionsmodell versteht sich als Schnittpunkt verschiedenster sozialer Dimensionen und ist von soziologischer Relevanz. In seinem Aufsatz „Re-Viewing the Close Relationship" (1977:137) betont er die „multifaceted natur of close relationships" und meint damit die Verflechtung der physischen, psychischen, sozialen und gesellschaftlichen Ebene in Beziehungen. LEVINGER plädiert für eine in der Sozialpsychologie oft vernachlässigte interdisziplinäre Sichtweise d.h. dafür, Komplexität über mehrere Ebenen und Veränderungen von Beziehungen im Auge zu behalten.

Sein A-B-C-D-E-Modell eines Freundschaftsprozesses muß verstanden werden als Funktion interdependenter Systeme, die sich in der Zeit entfalten (vgl. LEVINGER 1977:138).

Gedacht ist an das Zusammenspiel
- der individuellen Partner (Psychologie)
- der besonderen Paareinheit (Sozialpsychologie)
- der sozialen Gruppe (Mikrosoziologie)
- des weiteren gesellschaftlichen Umfeldes (Makrosoziologie, Anthropologie, Geschichte).

LEVINGERs Stufenmodell verfolgt den Weg einer Beziehung vom sogenannten Nullkontakt über die einseitige Wahrnehmung der anderen Person, den oberflächlichen Kontakt in der Bekanntschaft, bis hin zum kontinuierlichen gegenseitigen Austausch sowie einer möglichen Auflösung. Als Prototyp wird das Modell jedoch selten ganzheitlich durchlaufen und jede Beziehung steigt mit anderen persönlichen und sozialen Voraussetzungen und Aspirationen ein: Freunde, Liebes- oder Ehepaare, Verwandte, Geschäftspartner, Nachbarn. Viele Menschen kommen nicht über eine Bekanntschaft hinaus, überspringen Phasen oder brechen ihre Verbindung plötzlich ab. Im übrigen besteht eine generelle Uneinigkeit über erwartbare Abfolgen bestimmter Stufen, die zum einen nicht notwendig, andererseits nicht in vorhersehbarer Folge und Zeitdauer konstatierbar sind.

A = „Awareness" - das bewußte Wahrnehmen des Gegenüber
B = „Buildup" - Weiterverfolgung des Kontaktes und Beziehungsaufbau
C = „Continuation" - Verfestigung der Beziehung
D = „Deterioration" - Irritation und Auflösung der Beziehung
E = „Ending" - Beendigung und Trennung

Bislang existieren keine phasenübergreifenden wissenschaftlichen Arbeiten. Vielmehr teilen sich die verschiedenen Diszipline die unterschiedlichen Schwerpunkte. Phase A kann als Domäne der Sozialpsychologie gelten, während etwa die Familiensoziologie sich eher für Phase B, C und E zuständig sieht. Phase D fällt eher in den Aufgabenbereich der Psychotherapie. Eine solch fragmentierte Herangehensweise an den Gegenstand signalisiert den Bedarf an integrativen Vorgehensweisen. Sie wirft auch ein Licht auf die Bewertung der Phaseninhalte - so z.B. wird Phase D eher im Kontext von Beziehungsstörungen erfaßt, denn als Fähigkeit, sich aus einer nicht mehr haltbaren Verbindung herauszunehmen.

In der Wahrnehmungsphase (A) kann noch nicht von ‚Beziehung' gesprochen werden. Die Qualität der ersten Impressionen vom anderen hängt neben dem persönlichen Zumutesein auch ab von der Geschlossenheit oder Offenheit der Situation, die wie in einem Drama (GOFFMAN) bestimmte soziokulturelle Regeln in Gang setzt. Je nach dem, ob man sich an einer öffentlichen Busstation oder bei einer privaten Party wahr-nimmt, werden unterschiedliche Einstiegsrituale möglich (vgl. SUTTLES 1970, MCCALL 1974:220). Ein Komplex persönlicher Motive und soziokultureller Rahmenbedingungen sind Motor dazu, mit dem Gegenüber das Experiment einer Beziehung zu wagen.

LEVINGER stellt nun zwei Arten des Übergangs zwischen Phase A und B heraus. Die graduelle (kontinuierliche) Zunahme von Interaktionshäufigkeit, Ausweitung der Themenkomplexe, Belohnungen und Kosten sowie Intensivierung von Intimität. Zum andern kann ein plötzlicher Schub, etwa ein dramatisches Ereignis, wie es eine gemeinsam bestandene Situation oder der Tod eines Angehörigen darstellen könnte, die Beziehung weiterbringen.

Die zweite Phase (B) ist in ähnlicher Weise charakterisiert. Intensivierung und Beziehungsaufbau findet statt über die graduelle, oft unbemerkte Transformation in eine ernsthaftere Verbindung. Gelegentlich tragen „turning points", d.h. besonders signifikante Ereignisse oder auch Konflikte dazu bei, wichtige Entdeckungen über sich und den anderen zu machen. Die Entwicklung verläuft in dialektischen Prozessen des Fortschreitens, Stagnierens aber auch des Rückfalls. ALTMAN/TAYLOR (1973) konstatieren Zeiten der verstärkten persönlichen Offenheit, die mit der Tendenz, sich zu verschließen, abwechseln. Stabile und labile Phasen werden durchlaufen, tragen zur Orientierung bei. Freundschaften entwickeln sich zirkulär und nicht linear, wie dies die Filtertheorien der Partnerwahl (vgl. KERCKHOFF/DAVIS 1962) annehmen. Zirkularität bedeutet, Verbindungen sind determiniert durch Interdependenzen verschiedenster Ebenen. Sie sind nicht nur Ergebnis von Privatbewertungen und Entscheidungen. Zirkularität heißt, die Beziehung perspektivisch auszuloten, Widersprüche zuzulassen, das Vor- und Zurück, die Hoffnungen und Antizipationen zu integrieren. Konkret z.B. kann es vorkommen, daß die Kenntnis der Krankheit eines früheren Freundes eine erneute Annäherung initiiert. Scheinbar Unwiderrufliches wird revidiert.

In welcher Weise läßt sich das Fortschreiten einer Freundschaft konkret verorten? Leider ist zunehmende Bindung fast durchgängig nur an gemischtgeschlechtlichen Paaren überprüft worden: Sexueller Kontakt, gemeinsame Wohnung, Verlobung, Heirat dokumentieren eine positive Verlaufsanalyse der Beziehung. Für Freundschaften sind solche konkreten sozialen Stationen nicht auszumachen. Es gibt nicht diese eindeutigen institutionalisierten ‚Beweise' wie bei romantischen Paaren.

Die Übergänge von der etablierten Verbindung (Phase B) hin zu einer kontinuierlichen Beziehung (C), sieht LEVINGER (1983:333) vorwiegend durch die Existenz einer dauerhaften interaktionalen Konsolidierung und Bindung gewährleistet.

Das empirische Defizit vor allem für gleichgeschlechtliche Freunde schlägt sich darin nieder, daß LEVINGER wieder nur auf Paarbeispiele zurückgreift: Phase C bedeutet, die Beziehung publik machen, Integration in die Familie, Heirat, Statuswechsel.

Freundschaften hingegen sträuben sich dem konkreten Zugriff, sind weniger sichtbar in ihren Auswirkungen und im öffentlichen Bewußtsein. Allenfalls wird ein Freund in die Familie aufgenommen und anderen Freunden vorgestellt. In dieser Phase gewinnen Gefühle mehr und mehr an Raum (vgl. KELLEY 1983:265ff.). Spezifische emotionale Bindung und Verantwortlichkeit prägen die Dyade.

Prozesse der Verfestigung schließen partielle Auflösungstendenzen nicht aus. Dennoch ist für Phase C bezeichnend, daß man glaubt, sich gut zu kennen. Werte- und Handlungskonvergenzen ergeben sich. Gewisse Vorhersagewahrscheinlichkeit und gegenseitige Sicherheit erleichtern fließendes Handeln. Kognitiv-emotionale Spannungen reduzieren sich (vgl. LEVINGER 1983:336).

Jede Beziehung hat ihre eigene zeitliche Dynamik und Verweildauer in der jeweiligen Phase. Neben Wachstum und Stagnation können sich früher oder später Verfallserscheinungen (Phase D) einstellen. Auflösung von Freundschaft ist begründet im Heraufkommen und Bewußtwerden von Unzufriedenheit, die sich in einem Komplex negativ empfundener Handlungen manifestieren kann. Abnehmende Frequentierung, kürzere Interaktionssequenzen, negative Gefühlserlebnisse, eingeschränkte Offenheit, Reduzierung der gemeinsamen Pläne können im Verbund zur allmählichen Auflösung beitragen.

Die von LEVINGER (1983:336) erbrachten empirischen Nachweise kommen alle aus der Ehepaarforschung und sind höchstens vom Prinzip her übertragbar auf Freundschaften. Letztere basieren auf anderen ökologischen Bedingen und Zeitstrukturen, geringeren externen Zwängen und anders gelagerten persönlichen Entscheidungsfreiräumen.

Beziehungen sind jedoch auch regenerationsfähig (vgl. 3.2.5) und Konflikte können eine Chance sein. Phase D führt erst dann endgültig zum Zerfall (E), wenn die Beteiligten nicht willens oder nicht fähig sind, diesen Verlauf mittels konstruktiven Kommunikationsbemühungen zu ändern. Auflösungsprozesse können kontinuierlich die Beziehung begleiten oder einem bestimmten Ereignis zugeordnet werden. Realistisch ist, daß sie als immanenter und latenter Bestandteil einer jeden Beziehung zu betrachten sind. Während Ehepaare jedoch mithilfe von Attribuierungen ihrer unmittelbaren Umwelt und mithilfe gesellschaftlich normierter Restaurationsbemühungen eine ‚leere' Beziehung nach äußeren Kriterien aufrechterhalten können, ist dies bei einer Freundschaft schwer möglich.

Auch die Implikationen der End-Phase wie LEVINGER (1983:355) sie anhand einer vollzogenen Scheidung schildert, weisen einige wichtige Unterschiede zur Beendigung von Freundschaft auf. Wenn Freunde sich trennen hat das keinerlei gesellschaftlich registrierte Konsequenzen. Im allgemeinen sind weder eine Statusveränderung, noch Wohnungsverlust oder materielle Einbußen hinzunehmen. Die Folgen sind unsichtbarer: emotionale Trennung, Einbußen der Selbst-Identität, Verluste des Zugangs zu sozialen Räumen, ein anderes Zeitmanagement, neues Beziehungsarrangement, indirekter Statusverlust. Das gesellschaftliche Interesse an zerbrochen Freundschaften ist gering, Statistiken werden nicht geführt. Aber gerade darin liegt die Chance der Selbstverantwortlichkeit und kreativen Ausgestaltung dieser Beziehungsform.

Festzuhalten ist, daß Freundschaft sich durch Entwicklungsprozesse in der Zeit etabliert, deren Dynamik über mehrere Ebenen kontrolliert ist.

3.2.4. Interne Relevanzregeln von Freundschaft

Freundschaft im soziologischen Verständnis ist eine private Beziehung, die weder institutionell lokalisierbar noch inhaltlich vorgegeben ist, wie dies für Ehe, Verwandtschaft oder Arbeitsbeziehungen zutrifft. Sie ist an einen laufenden Prozeß geknüpft und kann als Ko-Konstruktion der Betroffenen begriffen werden. Im Vordergrund steht die Qualität des sozialen Miteinander aus der Innenperspektive der Personen.

Freundschaft, wie jede Beziehung, existiert über Interaktionssequenzen, die jedoch nicht rein zufällig und unstrukturiert verlaufen. Obwohl sie ein privater und höchst subjektiver Kosmos zu sein scheint, ist Freundschaft regelhaft. Für diesen Beziehungstyp gilt, daß es sich dabei nicht um formale sondern um informale Regeln handelt, die nicht schriftlich fixiert sind und über die im allgemeinen nicht diskutiert wird (vgl. GINSBURG 1988:24, ARGYLE/HENDERSON 1984:213). Oft sind diese Regeln nicht einmal bewußt, sondern werden im gemeinsamen Konsens als Hintergrundwissen stillschweigend eingehalten.

Die Herausarbeitung informaler Regeln und ständig wiederkehrender Aktionssequenzen, mittels denen Menschen ihre Beziehungen konstruieren, kann Aufschluß geben über den Typus der Beziehung. Es ist also anzunehmen, daß Freundschaft an ihrer inneren Regel- und Wertestruktur erkennbar wird (vgl. GINSBURG 1988:23). Regeln im hier gemeinten Sinne haben Konsequenzen für die Qualität der Beziehung und deren Attribuierung als Freundschaft. Werden sie vernachlässigt oder fallen sie weg, erschüttert dies die Beziehung. Regeln erfüllen demnach verschiedene auch latente (MERTON) Funktionen. ARGYLE/HENDERSON (1984:212) nehmen an, daß Freundschaftsregeln zur Koordination des Verhaltens beitragen und im weitesten Sinne Konflikten vorbeugen. ALLAN (1979:14) betont, daß diese Regeln nicht dazu dienen, die Interessen der Betreffenden zu sichern, sondern die Beziehung zu strukturieren und Interaktion zu ermöglichen.

Auf einer anderen Ebene dienen Regeln dazu Privatheit zu schützen sowie den Ausdruck und Austausch von Gefühlen zu ermöglichen. Gleichzeitig wird die Verantwortlichkeit und Autonomie der Individuen gesichert.

Die Frage ist nun, welche konkreten und übergreifenden Regeln der Freundschaft zugrundeliegen. Es ist das Verdienst der Sozialpsychologen ARGYLE und HENDERSON (1984), mittels einer Serie von vier (unveröffentlichten) Studien einige für Freundschaft typische Regeln empirisch erfaßt zu haben.

Die Autoren gehen davon aus, daß es sich bei Regeln um geteilte Überzeugungen (shared beliefs) darüber handelt, welche Verhaltensweisen zwischen guten, gleichgeschlechtlichen Freunden angebracht sind oder nicht. ARGYLE/HENDERSON konstruierten eine Liste potentieller Regeln, die dann wie Hypothesen mittels Befragung von Erwachsenen (18-60 Jahre) in vier Kulturen (England 60 Vpn, Italien 76 Vpn, Japan 100 Vpn, Hongkong 94 Vpn) überprüft wurden.

Insgesamt kristallisierten sich 26 Regeln[20] heraus, die in Freundschaftsbeziehungen eine Rolle spielen. Nach ARGYLE/HENDERSON lassen sich vier Kategorien bilden:

A) Intimitäts-Regeln
1) Persönliche Offenheit
2) Diskussionen über Politik und Religion
3) Diskussionen über Sexualität und Tod
4) Ausdrücken von Ärger
5) Ausdrücken von Angst
6) Erbitten von materieller Hilfe
7) Erbitten eines persönlichen Rats
8) Austausch von Neuigkeiten
9) Vertrauen und Verläßlichkeit

B) Austausch-Regeln
1) Geburtstagsgeschenke und -karten
2) Rückzahlung/Ausgleich von „Schulden" bzw. Zuwendungen
3) Emotionale Unterstützung
4) Kümmern, wenn der andere krank ist
5) Freiwillige Hilfe, wenn es notwendig ist
6) Spaß und Freude beim Zusammensein

C) Interne Koordinationsregeln
1) Spaßmachen und Necken
2) Zeit nehmen für Gespräche
3) Privatheit respektieren
4) Nicht nörgeln und bohren

D) Externe Koordinationsregeln
1) Nicht öffentlich kritisieren
2) Unterstützung des andern bei dessen Abwesenheit
3) Keine Vertraulichkeiten verbreiten
4) Freunde des anderen tolerieren
5) Nicht eifersüchtig sein

Die Art der Handhabung dieser Regeln bzw. deren Verletzung haben einen Einfluß bzw. sind Indikator bezüglich des Freundschaftstypus (aktuelle oder irritierte Freundschaft), der Beziehungsqualität einer aktuellen Freundschaft (eng oder weniger intim) und der Auflösung der Beziehung. Des weiteren lassen sich Aussagen

---

20 Die Regeln „Augenkontakt" und „Aufmerksamkeit" wurden ignoriert, weil keine adäquate Klassifizierung möglich war. Insofern verbleiben 24 klassifizierte Regeln (ARGYLE/HENDERSON 1984:231)

bezüglich der Regelgewichtung bei Frauen bzw. Männern machen und (wenngleich vage) Hinweise über altersspezifische Momente von Freundschaft herauslesen. Die erfaßten soziokulturellen Unterschiede verweisen auf die soziale Bedingtheit der Freundschaft. Folgende Zusammenhänge ergaben sich:

- Eine gute, aktuelle Freundschaft unterscheidet sich von einer irritierten tatsächlich signifikant bezüglich des nachlässigeren Umgangs mit allen Intimitätsregeln (A) und allen Austauschregeln (B). Außerdem bezüglich dreier interner Regeln (C): in irritierten Freundschaften nimmt man sich weniger Zeit füreinander, macht nicht so viel Spaß und nörgelt mehr. Auch wird der andere bei Abwesenheit nicht definitiv in Schutz genommen und die Freunde des anderen werden weniger toleriert (D).

- Regeln zeigen außerdem die Qualität einer aktuellen Freundschaft an, allerdings nur mäßig signifikant. Ob eine Freundschaft eine enge bzw. weniger intime Beziehung ist, kann festellt werden anhand des Umgangs mit bestimmten Intimitätsregeln (A): persönliche Offenheit, Sprechen über Ärger, Tod, Sexualität, Austausch von Neuigkeiten, Vertrauen und Verläßlichkeit sowie mit einigen Austauschregeln (B): emotionale Unterstützung, sich um den andern kümmern, wenn dieser krank ist, freiwillige Hilfe und Spaß am Beieinandersein. Nur eine D-Regel gab einen Hinweis auf die Qualität. Enge Freunde stehen für den andern in dessen Abwesenheit definitiv ein.

- Regel-Verletzungen, die bei der Auflösung einer Freundschaft ins Gewicht fallen, speisen sich im Rahmen der Studien aus nur einer Intimitätsregel (A): Zurückhaltung von Neuigkeiten. Andererseits wird mit den folgenden Bereichen nachlässiger umgegangen: Austauschregeln (B), d.h. Ausgleich von Zuwendung, emotionale Unterstützung, freiwillige Hilfe nehmen ab und damit auch der Spaß am Zusammensein. Interne Regeln (C) wie weniger Zeit zum Reden, häufigeres Nörgeln und Mißachtung der Privatsphäre tragen zur Beendigung einer Freundschaft genauso bei wie die Verletzung sämtlicher externer Koordinationsregeln (D). Untereinander herrschte wenig Konsens über die Auflösungsfaktoren.

- Die Geschlechtsunterschiede aus den Studien ergaben, daß Frauen mehr Nachdruck auf persönliche Offenheit und emotionale Unterstützung legen als Männer (vgl. auch WINSTEAD 1986). Der Abbruch einer Freundschaft wird bei diesen Frauen folgerichtig auch eher auf mangelnde Unterstützung zurückgeführt als bei Männern. Männer sehen für einen Abbruch eher verantwortlich ein Zuviel an Necken und Witzemachen. Das hieße, den anderen nicht ernst nehmen.

- Entgegen den Erwartungen gibt es keine auf dem Alter basierenden, signifikanten Unterschiede im freundschaftlichen Regelgefüge. Die Annahme, daß Jüngere (18-25 J.) mehr Zeit für Freundschaften aufwenden und größeren Wert auf gegenseitige Hilfe legen, konnte nicht bestätigt werden. Es zeigte sich lediglich, daß bei jüngeren Leuten ein Abbruch eher über nicht respektierte Privatheit und zu häufige Inanspruchnahme des anderen drohte. Bei älteren Leuten (30-60 J.) war es eher der Tatbestand „öffentlich kritisiert zu werden", der zur Auflösung der Freundschaft führte.

- Was die soziokulturellen Unterschiede anbetrifft, so zeigte sich, daß in allen vier Kulturkreisen ein Set informaler Regeln auszumachen ist. Von den ursprünglich 43 Regeln, die insgesamt in allen Kulturen auffindbar waren, wurden nur vier Regeln in allen Ländern hoch bestätigt (ARGYLE u.a. 1984:221):

1) Respektierung der Privatheit
2) Vertrauen und Verläßlichkeit in den andern
3) Freiwillige Hilfe in Zeiten wo es nötig ist
4) Keine Eifersucht und Kritik an dritten Beziehungen

Eine durch ARGYLE (1986) gemachte Folgeuntersuchung (vgl. GINSBURG 1988:27) zeigte, daß die englischen Teilnehmer mehr Regeln als die anderen Nationalitäten angaben, nachdrücklicher den Ausgleich von Schulden bzw. Zuwendungen forderten, sowie großen Wert auf das Einstehen für einen Freund in dessen Abwesenheit legten. Spaß und Necken sind erwünscht.

Die italienischen Teilnehmer zeigten weniger Ächtung in Bezug auf Freundschaft und Sexualität.

Japanische Befragte betonten ganz besonders die Vermeidung öffentlicher Kritik am andern. Regeln bezüglich der Respektierung von Privatheit und der Unterstützung des anderen in dessen Abwesenheit wurden nur schwach bestätigt (vgl. ARGYLE/HENDERSON 1984:232).

Umgekehrt legten die Befragten aus Hongkong großen Wert auf die Einhaltung der Privatsphäre.

Unklar bleiben die Gründe für diese Befunde. Die Ergebnisse könnten im Lichte der anderen sozialen Netzwerke und deren Funktionen interpretiert werden. Japan z.B. kennt die starke Einbindung in Arbeitskollegenschaft und Familie, während Hongkong durch räumliche Enge gekennzeichnet ist, was dazu führen mag, daß wenigstens unter Freunden die private Sphäre geschützt ist.

Aus einer übergreifenden Bewertung der Ergebnisse formulieren ARGYLE/HENDERSON (1984:233ff.) folgende Freundschaftsregeln

A) Intimitätsregeln
Vertrauen und Verläßlichkeit

B) Austauschregeln
Austausch von Neuigkeiten und Erfolgen
Emotionale Unterstützung
Freiwillige Hilfe, wenn nötig
Bemühung um Spaß und Freude beim Zusammensein
Ausgleich von Schulden und Zuwendungen *

C) Interne Koordinationsregeln
Nicht nörgeln *
Privatheit respektieren **

D) Externe Koordinationsregeln
Unterstützung des andern bei dessen Abwesenheit
Toleranz gegenüber anderen Freunden *
Keine öffentliche Kritik am Freund **
Verläßlich bzw. Verschwiegen sein **
Keine Eifersucht bzw. Kritik an anderen Beziehungen **

Die Autoren stellen dabei fest, daß einige dieser Regeln (=**) generelle Grundvoraussetzungen einer jeden Beziehung darstellen. Durch sie läßt sich noch keine qualitative Unterscheidung treffen. Eine dauernde Verletzung könnte jeder Beziehung schaden.

ARGYLE/HENDERSON (1984:234f.) spekulieren nun, daß eine Bekanntschaft sich qualitativ in Richtung auf einen „ordinary level of friendship" entwickelt, wenn bestimmte Freundschaftsregeln (= *) hinzukommen. Sofern dieses Regelgefüge ernst genommen wird, ist die Chance gegeben, daß eine sogenannte „high quality friendship" (1984:234) entsteht und zwar in Verbindung damit, daß sechs weitere ganz spezifische Freundschaftsregeln (ohne *) relevant werden. Die Nichteinhaltung dieser Regeln hätte nicht notwendig die Auflösung der Beziehung zur Folge sondern eher die Umstrukturierung von der engen zur Durchschnitts-Freundschaft.

Zunächst ist festzuhalten, daß es sich bei den bestätigten Regeln insgesamt um prosoziale Werte und Verhaltensweisen handelt, die sich an der Respektierung und Förderung der ganzen Person orientieren. Wesentlich ist, daß genau dieses Regelgeflecht ein Vehikel für Freundschaft und nicht für eine andere Beziehung darstellt.

Entscheidend ist, wie Menschen interaktiv im jeweiligen sozialen Kontext mit diesen Regeln umgehen. Welches innere Regelmanagement und Bedeutungsmuster hat Gültigkeit, wird (unbewußt) ausgehandelt? Durch die gemeinsame Auswahl und Bewertung handlungsleitender Regeln ergibt sich ein innerer Code, der die besondere Ausprägung, Bindung und Funktionalität der jeweiligen Freundschaft repräsentiert. Interessant wäre ein Aufschluß darüber, welche Dimensionierung und welchen Stellenwert die verschiedenen Regeln einnehmen. Was bedeutet „persönliche Offenheit"?. In welcher Relation steht diese Regel zur „Respektierung der Privatheit" und zu allen anderen Regeln? Welchen Einfluß haben dritte Sozialbeziehungen auf die Wertigkeiten der Freundschaftsregeln?

Inwieweit sind zentrale Relevanzregeln gesellschaftlich determiniert? Könnte „emotionale Unterstützung" als wichtige Regel innerhalb von Frauenfreundschaften mit der Stellung der Frau in der Gesellschaft in Zusammenhang gebracht werden, die gerade diese Regel notwendig macht? Inwieweit steht die strikte

Respektierung der Privatsphäre innerhalb von Freundschaften in Hongkong im Zusammenhang zur prekären räumlichen Enge dieses Kulturkreises?

Wenn klar ist, daß Freundschaft sich über regelhafte Interaktionsketten entwickeln, die mit einem weiteren soziokulturellen Kontext verwoben sind, dann heißt das auch, daß Relevanzen ständig im Wandel sind. Der Grundtenor, das positive soziale Zugewendetsein bleibt und zeigt sich in Variationen von Freundschaftsformen.

Informale Regeln verleihen der Freundschaft eine latente Struktur. Menschen benötigen aber soziale Fertigkeiten, um dem anderen z.b. „persönliche Offenheit" zu signalisieren. Freundschaft macht also gewisse soziale Handlungskompetenzen erforderlich und vermittelt diese. Daß Menschen oft nicht so recht wissen, wie ‚man Freunde macht‘, greifen MIELL/DUCK auf, deren Position im folgenden dargestellt werden soll.

3.2.5. Freundschaft als Kommunikationsprozeß

Mit besonderem Nachdruck bemüht sich der Kommunikationspsychologe Steven W. DUCK als Autor und Herausgeber verschiedenster Veröffentlichungen seit den siebziger Jahren immer wieder darum, Freundschaftsprozesse theoretisch und empirisch zu erhellen. Ihm kommt außerdem das Verdienst zu, ein sozialtherapeutisches Interesse an der Existenz bzw. Abwesenheit von Freunden im Leben des Menschen zu haben, welches sich in Überlegungen zur praktischen Kommunikations-Hilfe für Einsame niederschlägt (vgl. DUCK 1983).

DUCK beschäftigte sich systematisch mit Freundschaft als einer Form der selbstgestalteten persönlichen Beziehung. So geht es ihm zunächst um Ähnlichkeit und Attraktion in der Freundschaft (1977b), um Entwicklungsprozesse (1973), um Auflösung (1982) und Wiederherstellung (1984) von Freundschaften sowie um das Problem des Zusammenbruchs von Beziehungen als Bedrohung von Identität (DUCK/LEA 1983).

DUCK geht davon aus, daß persönliche Realität durch soziale Beziehungen garantiert ist. Die Auswahl besonderer Partner kann als Suche nach einer bestimmten Art und Weise der Bestätigung und des Konsens über Realität gesehen werden. Im Prinzip stellt jede Begegnung eine potentielle Basis für Freundschaft dar. Für DUCK (1977a:382ff.) erhöht sich dann die Chance gegenseitiger Anziehung, wenn Menschen sich in ihren personalen Konstrukten über ihre Welt ähneln. Das von KELLEY übernommene Konzept der „Personal Construct Theory" (PCT)[21] bedeutet, daß Individuen kognitive Hypothesen und Interpretationen von

---

21   PCT basiert auf 4 Prinzipien (vgl. DUCK 1977a:383f.):
   a) Antizipation = es bestehen individuelle Vorstellungen über die Zukunft
   b) Individuelles Bezugssystem (Phänomenalismus) = die individuelle Sicht und der individuelle Glaube über Realität ist wichtiger als die ‚objektive‘ Realität
   c) Konstruktive Alternativen = die Gewißheit, daß es mehrere anwendbare Weltsichten gibt, d.h. die Bezugssysteme sind nicht total verschieden

Welt entwerfen, die jedoch in ihrer Vagheit der sozialen Bestätigung bedürfen. Die Darstellung und Erfassung von personalen Konstrukten geschieht ganzheitlich, symbolhaft mittels Kommunikation. Personale Konstrukte sind erfaßbar als Systeme von Einstellungs-Dimensionen. Das bedeutet, nicht eine punktuelle Einstellung zu einer Sache ist interessant, sondern *wie* das Kontinuum einer Einstellungs-Dimension (etwa persönliche Offenheit) im Verbund mit anderen Lebensentwürfen ausgelotet wird.

Anzunehmen ist, daß je mehr Konstrukte - oder „Rahmeninterpretationen" (GEHRING 1971) - man mit anderen teilt, und je höher das Ausmaß der gegenseitigen Beteiligung (Interpenetration) an den Realitätsentwürfen ist, desto leichter kann kommuniziert werden. Entsprechend bedeutungsvoller wird eine bestimmte Person bzw. Beziehung als Maßstab im Lebenszusammenhang. Partner tragen zur gegenseitigen Elaborierung ihrer Konstrukte bei. Ähnlich der Transaktionsanalyse (vgl. BERNE 1967), wo die Chance eines beiderseitigen Verständnisses höher ist, wenn sich die psychischen Zustände entsprechen (z.B. Erwachsenen-Ich steht Erwachsenen-Ich gegenüber), gilt auch hier, daß qualitativ ähnliche personale Konstrukte den Fortgang von Beziehungen begünstigen.

Freunde sind nicht nur bestätigend an unseren aktuellen Lebensentwürfen beteiligt, sondern stellen ein Mittel dar, um diese zu kritisieren, zu modifizieren und um neue Perspektiven zu entwerfen (vgl. DUCK 1977a:389). Auch hier scheinen Aspekte der innovativen Funktion von Freundschaft durch.

Diese ganzheitlichere Sicht von interpersonaler Anziehung in der Freundschaft als miteinander zu vereinbarende Lebensentwürfe im Rahmen sozialer Kontextualität, erinnert an MEADs Idee der antizipierenden Hereinnahme des signifikanten anderen (Me) in die Person (I).

Für DUCK ‚passiert' Freundschaft nicht, sondern sie ist ein kommunikativer Prozeß (vgl. ders. 1983:9). Es ist das jeweilige aktive Verhalten, die soziale Fähigkeit sich adäquat zu präsentieren und einzubringen, welches aus der Bekanntschaft im Laufe der Zeit eine Freundschaft erwachsen läßt. DUCK steht damit der Attraktionsforschung kritisch gegenüber, weil diese den Beginn von Freundschaft mehr oder minder in der Gegegebenheit ähnlicher persönlicher Qualitäten vermutet.

Nach DUCK (1983:30) sollten Menschen bei der Beziehungsaufnahme auf mindestens vier kommunikative Fertigkeiten zurückgreifen können:
- Erkennen, beurteilen und herstellen adäquater Möglichkeiten für Freundschaft, d.h. Einschätzung der eigenen Person und des anderen in Relation zur Situation.
- Verfügung über eine Reihe von Strategien und (verbalen/non-verbalen) Kommunikationstechniken zur Initiierung einer Beziehung sowie die Fähigkeit zur Signalisierung des zu erwartenden Potentials an Befriedigungen.

---

d) Wahl = individuelle Verantwortung, sich für Alternativen und deren Modifikation entscheiden zu können

- Wissen und Gespür dafür, eine Beziehung zur rechten Zeit auszuweiten und zu intensivieren.
- Verfügung über eine Reihe von sozialen Fertigkeiten zur Aufrechterhaltung und Konfliktlösung der Beziehung.

In der Familie, beim Spiel und in der Schule erhält das Individuum eine grundlegende Vorstellung vom Wert der eigenen Person in Relation zu den anderen (vgl. FOOT et.al. 1980, ASHER/GOTTMAN 1981). Es werden soziale Kompetenz, Selbstvertrauen, Offenheit und eine Vorstellung von Reziprozität vermittelt. Da Freundschaft im hohen Maße der Eigeninitiative der Person entspringt, ist die Akzeptanz des Selbst sowie soziale Handlungskompentenz unerläßlich.

In einer Untersuchung (20 Frauen, 17 Männer - Studenten) haben MIELL/DUCK (1986) mittels Tiefeninterviews nach Kommunikations-Strategien gesucht, die allgemein und sozusagen regelmäßig bei der Entwicklung von Freundschaften dienlich sind.

Die Autoren gehen davon aus, daß Menschen bei Begegnungen sich nicht planlos verhalten, sondern neben konkretem Wissen eine (vage) Vorstellung haben, wie Situationen und Menschen einzuschätzen, zu definieren und zu bewältigen sind. Handeln wird gewissermaßen strategisch an dieser Situationsdefinition sowie an persönlichen Zielen ausgerichtet. Verhalten ist also relational zur eigenen Person, zum Gegenüber und zum situativen Kontext angelegt. MIELL/DUCK unterstellen, daß Menschen, die sich näher kennenlernen wollen, zunächst offensichtlich den Zweck verfolgen, Informationen übereinander zu sammeln.

Die Studie brachte vier dominierende Verhaltenskomplexe („scripts") zutage, die je nach Beziehungsstadium und persönlichen Motiven im Vordergrund der kommunikativen Akte stehen (vgl. dies. 1986:134):

New Partner „Script"		
Ask questions	Be reserved/polite	Don't ask questions
Be responsive, reciprocate disclosures	General level of discussion	Don't be forth-coming/responsive
Observe partner's reactions	Limited range of discussion topics	Dont observe partner's reactions
	Meet infrequently	
	Restricting „Script"	

Close Friend „Script"		
Give help and support	Wide range of discussion topics	Plan meetings
Rely on mutual trust/shared knowledge	Intimate level of discussion	Check new information against existing kowledge
Unrestrained, easy inter-actions	Meet frequently	
	Intensifying „Script"	

(Vgl. MIELL/DUCK 1986:134)

Interessant ist, daß die „scripts" der verschiedenen Phasen sich überlappen und die Bedeutungen dieser Verhaltensüberlappungen sich nur aus der Relation zum Kontext erschließen lassen.

Die funktionale Auswertung der verwendeten Verhaltensstrategien etwa beim „script" für eine neue Bekanntschaft, läßt die Vermutung zu, daß der Einsatz abgestimmter Fragen und reziproker Zugänglichkeit den Zweck hat, über generelle Themen, unter Vermeidung allzu großer Offenheit, sich ein grobes Bild vom anderen zu machen, um Unsicherheit zu reduzieren.

Kenntnis der sozialen Implikationen des situativen Kontexts für den Einsatz adäquater Verhaltensweisen, ist unerläßlich. Behandelt man beispielsweise eine seit vielen Jahren bekannte Person (immer noch) zurückhaltend, so bedeutet dies offensichtlich, daß kein weiterer Kontakt erwünscht ist. Während dasselbe Verhaltensmuster gegenüber einem neuen Partner Offenheit für weiteres Kennenlernen implizieren mag.

Diese grobe Darstellung verdeutlicht, daß jede Beziehungssituation - neben ihrer Originalität - allgemein verbindlichen und verstehbaren Regeln unterworfen ist, die nicht ignoriert werden können.

Was die Intensivierung einer Bekanntschaft hin zur Freundschaft anbetrifft, so erfordert dies die Ausweitung und Modifizierung des Anfangsskripts bzw. der je aktuellen Phase in der Zeit. Es werden zum Beispiel Höflichkeitsfloskeln abgebaut, häufigere und längere Treffen geplant, persönliche Themen, Hoffnungen, Ängste und Gefühle eingebracht, einseitige Offenheit und Hilfe wird möglich. Das Verbleiben auf einem Kommunikationsniveau trägt dazu bei, der Beziehung ihren Stempel aufzuprägen. Nicht jede Begegnung wird ausgeweitet. Als Kriterien, nach denen Menschen sich dazu motiviert fühlen eine Bekanntschaft zu intensivieren, ergaben sich bei MIELL/DUCK (1986:136): das Ausmaß der gefühlten Ähnlichkeit, die Stärke des Vertrauens sowie die Leichtigkeit der Kommunikation und des Gesprächs, außerdem die problemlose Verfügbarkeit des anderen. Als ein wichtiges strategisches Steuerungsmittel zeigte sich bei DUCK/MIELL (1986:139) die Verwendung persönlicher Offenheit. Im Prinzip wird Distanz-Nähe gestaltet. Das anfängliche Bild (Konstrukt) über den anderen konkretisiert sich in der Hereinnahme in die eigene Person im Sinne eines signifikanten anderen (MEAD).

Problematisch an dem vorgestellten Konzept ist die fast provozierende Unterstellung einer bewußten, kognitiven Kontrolle des Verhaltens beim Aufbau von Beziehungen. DUCK/MIELL sind sich dessen bewußt und weisen darauf hin, daß Menschen in der Realität nicht nur strategisch sondern in der Mehrzahl der Fälle spontan agieren. Beziehungsmanagement ist unter anderem sozialen Zwängen ausgesetzt, welche Begegnungen ermöglichen, behindern und deformieren. Dennoch: Freundschaft ‚kommt nicht über einen‘, wird nicht von außen aufgezwungen sondern ist im hohen Maße an den selbstverantwortlichen Einsatz kommunikativer Fähigkeiten und Strategien gebunden. Neben rationalen Handlungserwägungen wird Freundschaftsbildung aber auch über Gefühle gesteuert, so zum Beispiel über non-verbale Gesten, die COLLINS für emotional codiert hält (vgl. GERHARDS 1988:63, BERSCHEID 1983).

Freundschaft ist für DUCK eine Art der engen, persönlichen Beziehung, die der Mensch im Verbund mit anderen Sozialbezügen braucht, um in seinem Selbst, seinen Konstrukten über Welt unterstützt und bestätigt zu werden.

Freunde zu haben ist kein Zufall, sondern hängt mit vom adäquaten Einsatz kommunikativer Kompetenzen ab. Freundschaften sind ein subjektiv gewollter, permanenter Kommunikationsprozeß, in dem Informationen und Gefühle ausgelotet, präsentiert, integriert und erlernt werden (MIELL/DUCK).

Der Wunsch nach sozialer Anerkennung und Erwiderung bewegt Menschen dazu, in beziehungsstiftender Absicht aufeinandereinzugehen. Über die Kenntnis und „strategische“ (MIELL/DUCK) Benutzung eines allgemeingültigen Verhaltensrepertoires kann das Individuum seine spezielle Situation, seine Werte-Wirklichkeit, seine Wünsche und Absichten kundtun. Von besonderer Relevanz scheint dies für neue Beziehungen zu sein, die noch keinen relativierenden Wissenshorizont aufgebaut haben, in dessen Schutz ungeplante Interaktionen stattfinden können. Individuen sind in der Lage, Art, Intensität und Aktionsweite ihrer Freundschaften mitzubestimmen. Freundschaftsprozesse versorgen demnach das menschliche Bedürfnis nach breitem, fließendem kommunikativen Austausch und kognitiv-emotionaler Handlungsreflexion. Andererseits vermitteln sie diese Fähigkeiten. Freunde zu gewinnen, bedeutet über Vergleichsmöglichkeiten und den Nachweis der eigenen sozialen Kompetenz zu verfügen.

Ein Konzept, das zugrundelegt, daß Freundschaft von Beginn an interaktiv konstruiert wird, kann dort auch therapeutische Vorschläge ableiten. Dies ist nicht möglich, wo Freundschaft als Resultat feststehender Ähnlichkeiten gesehen wird.

3.2.6. Selbstkonzept und Freundschaft

Es besteht kaum Zweifel darüber, daß Menschen eine unterschiedlich geartete Bereitschaft zum Eingehen sozialer Beziehungen mitbringen.

„It is as normal to enjoy a close, small, intense set of friendships as it is to prefer to have lots of friends. It is even perfectly normal, but not very common, for someone to desire no friends at all." (DUCK 1983:40).

DUCK sieht zwei personale Motive, die das Verlangen nach Freundschaften beeinflussen können: Der Selbstwert einer Person und ihre Einstellung zu anderen Menschen. Positives Selbstwerterleben, so STIMMER (1987:13), ist mit Gefühlen „der Sicherheit, des Wohlbehagens und Vertrauens zu sich und zur Welt" verbunden. Negatives Selbstwerterleben dagegen impliziert Minderwertigkeit und Mißtrauen. Selbstwahrnehmung und Fremdwahrnehmung entstehen innerhalb sozialer Beziehungen, und sie beeinflussen die Herangehensweise an Freundschaften sowie deren Ausgestaltung.

Menschen, die anderen eine feindselige Haltung entgegenbringen, benötigen meist sehr viel Zeit, um eine enge Zweiergemeinschaft zu schaffen (vgl. SULLIVAN 1980:286). Häufig ist diese Haltung gekoppelt mit einer negativen Einstellung zu sich selbst. In einer Studie von BARNETT/ZUCKER (1980) über Zusammenhänge zwischen dem Fremdkonzept[22] und der Qualität interpersonaler Beziehungen ergab sich, daß diejenigen, die ein positives Fremdkonzept hatten, eher Interaktionen in kleinen Gruppen, Kooperation und Freundlichkeiten bevorzugten. Fremdkonzept und Selbstkonzept verweisen aufeinander.

Konsistent dazu, fanden O'CONNOR/BROWN (1984), daß Menschen, die in mehrere enge und unterstützende Beziehungen eingebunden sind, ein höheres Selbstwertgefühl aufweisen als jene, denen enge Freunde fehlen. Im übrigen signalisiert die Fähigkeit zur Herstellung und Erhaltung von guten Beziehungen einen positiven Selbstwert, was aber keine quantitativen Schlüsse zuläßt.

---

22 Nach BARNETT/ZUCKER handelt es sich beim „Fremdkonzept" um generelle Einstellungen und Erwartungen einer Person gegenüber einer anderen auf einem Kontinuum von „warm und freundlich gesinnt" bis hin zu „ablehnend und feindlich".

Das Selbstkonzept beeinflußt also die soziale Welt, die das Individuum sich schafft und umgekehrt, wirkt diese Welt bestätigend und/oder begrenzend auf das Selbst ein. SNYDER/CAMPBELL (1982) und SNYDER/SMITH (1986) untersuchten, welche Konsequenzen diese (eine) Variable für die Gestaltung von Freundschaft hat. Mit der Einstellung zu sich selbst zeigt sich die besondere Orientierung hin zur sozialen Welt.

SNYDER/CAMPBELL (1982:186) gehen zunächst davon aus, daß das Selbstkonzept sich idealtypisch in zwei Kategorien einteilen läßt:
- ein eher pragmatisches Selbstkonzept
- ein eher prinzipiengeleitetes Selbstkonzept.

In Verbindung mit dem sozialpsychologischen Konstrukt der Selbstkontrolle (self-monitoring) ergibt sich für das pragmatische Selbst, daß es auf jene Menschen zutrifft, die sich sensitiv und reaktiv auf alle möglichen sozialen Situationen und Personen einstellen und an diesen orientiert, sich jeweils angemessen verhalten. Diese Menschen haben eine ausgeprägte Selbst- und Fremd-Wahrnehmung, passen sich gut an, knüpfen leicht Kontakte und zeigen die vielfältigsten Facetten ihres Selbst. Sie können andere leicht täuschen. SNYDER/SMITH (1986) bezeichnen diese eher außengeleiteten Personen mit dem Begriff des „high self-monitoring", d.h. hohe von außen kommende Selbst-Kontrolle bestimmt die Verhaltensweisen. Diese Menschen orientieren sich eher an partialen, praktischen Erfordernissen in der Situation.

Ein eher prinzipiengeleitetes Selbst trifft auf jene Menschen zu, die ihr Verhalten mehr an ihren persönlichen Einstellungen und Dispositionen ausrichten als an dem, was die Situation verlangt. SNYDER/SMITH (1986) sprechen dann von „low self-monitoring", weil diese Personen nur minimal außengeleitet sind und sich eher ganzheitlich an ihren eigenen persönlichen Prinzipien und Überzeugungen orientieren.

In einem personenzentrierten Forschungsansatz konnten die Autoren nachweisen, daß diese unterschiedlichen Persönlichkeitskategorien sich auch in verschieden gearteten Freundschaftsideen und Verhaltensweisen niederschlagen. Anhand von Aufsätzen[23] über eine real existierende Freundschaft wurden einige interessante Tendenzen erfaßt.

Was das zugrundeliegende Freundschaftskonzept bei eher außenorientierten Personen anbetrifft, so basierten die aktuellen Freundschaften häufiger auf einzelnen Aktivitäten, dienten der Unterhaltung und waren zeitlich limitiert. Eine dauerhafte, über die Aktivität hinausführende Beziehung wurde nicht angestrebt, und die übernommene Verantwortung für den anderen war - im gegebenen Rahmen - relativ niedrig. Es liegt eine eher instrumentelle Vorstellung von Freundschaft zugrunde.

Andererseits zeigten die eher innenorientierten Personen, daß ihre praktizierten Freundschaften sich über gemeinsame Werte, gegenseitigen Respekt und Gefühle erhalten, wobei Spaß und Freude an der Person wichtig sind. Diese

---

23 Die Anzahl der Aufsatzschreiber wurde nicht genannt.

Freundschaften werden als dauerhaft und langfristig erlebt. Die Betroffenen sehen sich als konfliktfähig, empfinden eine gewisse Sicherheit und fühlen sich im hohen Maße für den anderen verantwortlich. Eine eher affektiv-emotionale Vorstellung von Freundschaft liegt zugrunde.

Diese unterschiedlichen Freundschaftskonzepte schlagen sich auch in der tatsächlichen und typischen Auswahl des Freundes für bestimmte Tätigkeiten nieder.

So tendieren außengeleitete Personen dazu, ihre Zeit jeweils mit jenen Freunden zu verbringen, die sich für eine bestimmte Aktivität besonders gut eignen. Freunde werden nach ihrer Qualifikation für bestimmte Unternehmungen ausgewählt. Während innengeleitete Personen ihre Freunde eher nach einer generellen (Werte-)Ähnlichkeit und ganzheitlicher Sympathie aussuchen.

Diese Verhaltensweisen haben nicht nur situative Effekte, sondern schlagen sich schließlich kummulativ nieder in der besonderen Gestaltung bzw. Strukturierung der jeweiligen sozialen Welt.

Außengeleiteten Personen, die eher flexibel und adaptiv sind, modellieren ihre Freundschaftsnetze auf der Basis unterschiedlichster Interessen. Ihre sozialen Welten sind differenziert, heterogen und segmentiert. SNYDER/CAMPBELL (1982:201) vermuten in Anlehnung an GOFFMAN, daß diese Freunde keinen Kontakt untereinander haben.

Innengeleitete Personen dagegen konzentrieren sich stärker auf nur einen oder wenige Freunde. Dies führt zu einer tendenziell homogenen sozialen Welt mit genereller (Werte-)Ähnlichkeit. Hier ist zu vermuten, daß die Freunde sich untereinander kennen.

Die Frage ist nun, wer sind diese Freunde, die die unterschiedlichen sozialen Welten bevölkern? SNYDER/SMITH stellten zweierlei fest. Es bestätigte sich bei den außen- sowie innengeleiteten Personen die Ähnlichkeitsthese insoweit, als die jeweils engsten Freunde auch ein ähnliches Selbstkonzept hatten, d.h. jemand der extrovertiert und flexibel ist, dessen nahe Freunde sollten dies auch sein. Andererseits zeigte sich, daß je oberflächlicher eine Beziehung erlebt wurde, desto unähnlicher (komplementärer) waren die erfaßten Selbstkonzepte (vgl. auch VERBRÜGGE 1977:590). Möglicherweise kann mit abnehmender Nähe das Auswahlverfahren ‚großzügiger' gehandhabt werden, Distanz wird gewissermaßen vorselektiert.

Über die empirische Auswertung der Aufsätze zu bestehenden Freundschaften konnten zwei idealtypische Bilder von der jeweiligen Freundschaftswelt gewonnen werden, was SNYDER/SMITH dazu veranlaßte, einige Konsequenzen zur Einleitung, Aufrechterhaltung und Auflösung beim außen- bzw. innenorientierten Persönlichkeitstyp zu entwerfen.

Sie nehmen an, daß die Phase der Beziehungsaufnahme unterschiedlich gehandhabt wird. Das offene, extrovertierte Individuum wird überall dort, wo ihm interessante Aktivitäten geboten werden, Kontakt aufnehmen. Seine Bereitschaft Freunde zu finden ist praktisch nie abgeschlossen. Anders wird das introvertierte

Individuum, welches viel Zeit und Gefühl in eine Person investiert, Freunde wahrscheinlich mehr über die Einschätzung deren Persönlichkeit auswählen.

Der Verlauf und die Pflege der Freundschaft wird beim außenorientierten Individuum stark mit der Ausübung von Tätigkeiten zusammenhängen, in deren Rahmen sich auch die Sympathien bewegen. Damit werden diese Freundschaften eher vorhersehbar in ihrem zeitlichen Rhythmus und Ausmaß. Eine Ausweitung der Freundschaft auf andere Gebiete hängt mit den (funktionalen) Fähigkeiten des anderen zusammen. Die Freundschaft des prinzipiengeleiteten Menschen wird primär über persönliche Sympathie laufen, was aber dazu führen kann, daß gemeinsam Aktivitätsbereiche ausgeweitet werden können und damit auch die emotionale Basis verfestigt werden kann.

Was die Auflösung der Freundschaft und deren Konsequenzen angeht, so ist anzunehmen, daß für das außenorientierte Individuum mit der Abnahme einer bestimmten gemeinsamen Tätigkeit sich auch die Beziehung auflöst. Dieser Typus findet konkrete Gründe für die Auflösung der Beziehung. Die Konsequenzen sind für ihn allerdings leichter zu kompensieren. Seine Lebenswelt ändert sich nur partial und sein Augenmerk richtet sich, gemäß seinen Interessen, auf einen ‚Ersatz'.

Beim innenorientierten Menschen kann eine Beziehungsauflösung stark mit der Abnahme von Sympathie und Zuneigung zusammenhängen. Er findet eher abstrakte, philosophische Gründe für ein Auseinandergehen. Für ihn hat die Auflösung insbesondere emotionale Konsequenzen, weil er sich ganzheitlich eingelassen hat und damit ein wesentlicher Faktor der Identifikation und Orientierung entfällt. Seine soziale Welt wird dadurch stark verändert. Diese negative Erfahrung kann dazu beitragen, das Eingehen einer neuen Beziehung zu erschweren.

Interessanterweise kommt jetzt ein Paradox zum Vorschein: Obwohl die außenorientierten Personen sozial offen und anpassungsfähig sind, zeigen sie letztlich wenig echte Empathie und verantwortliches Engagement. Sie sind nur scheinbar sozial, vermeiden konsequente Bindungen und benutzen Kontakte eher funktional zur Befriedigung verschiedenster eigener Interessen. Paradoxerweise sind sie also egogeleitet. Diese Negativinterpretation ist nur teilweise berechtigt, da wir glauben, daß auch kürzerfristige Beziehungen ganzheitliches Engagement zulassen.

Bei den innenorientierten Personen verhält es sich zwar so, daß sie sich bei vielen Begegnungen abgrenzen, wenn aber einmal Kontakt geknüpft wurde, wird viel Zeit, Gefühl und Verantwortung in diese Beziehung investiert. Ursprünglich scheinbar ego-bezogen, sind diese Menschen letztlich am anderen orientiert, also sozial-empathisch. Sie zeichnen sich durch ganzheitliches Engagement und damit auch höhere Risikobereitschaft aus.

Eine Zusammenfassung tangiert die schon in der Antike diskutierten Überlegungen. EPIKUR meint, daß man Weisheit nur durch möglichst viele Freunde erreicht, während die Stoiker glauben, der Weise habe selbstgenügsam und ohne Freunde zu leben. Die ‚Wahrheit' liegt in der Mitte.

SNYDER/SMITH thematisieren das Problem der Persönlichkeitsunterschiede von Freundschaften anhand der Dimension eines prinzipiengeleiteten Selbst bis hin zum pragmatischen außenorientierten Selbst. Es gelingt ihnen eine klare idealtypische Unterscheidung der Auswirkungen des Selbst auf die Gestaltung der Freundschaftswelt. Eine weiterführende Diskussion müßte allerdings berücksichtigen, daß Menschen in bestimmten Situationen und unter zu erfassenden Vorbedingungen sich sowohl prinzipiengeleitet als auch aktivitätsorientiert verhalten können. Das Selbstwerterleben sowie das Bedürfnis nach sozialer Bestätigung durch wenige oder viele andere ist außerdem nicht statisch. SCHAIE/PARHAM (1974) verweisen in einer Longitudinalstudie (1965-1970) darauf, daß z.B. soziale Verantwortung in allen untersuchten Altersgruppen (20-67 Jahre) durch soziokulturelle Einflüsse (Generationenzugehörigkeit, historische Ereignisse) einen Wandel erfahren hat. Frauen zeigten im allgemeinen höhere Verantwortlichkeit als Männer, während in der Untersuchung von SNYDER/SMITH keine geschlechtsspezifischen Effekte gefunden wurden.

Sieht man die Befunde zum pragmatischen, vielseitig orientierten Freundschaftstyp in Relation zur modernen Gesellschaft (vgl. 1.), so könnten die Ergebnisse die vermutliche Tendenz zu fluktuierenden Vielfach-Bindungen - also zu differenzierten Freundschaften (SIMMEL) - stützen. Im Anschluß daran sind auch neueste Überlegungen zu einer Patchwork-Identität zu verstehen, die sich von einer auf Konsistenz abzielenden, innengeleiteten Identität absetzen (vgl. KRAUS/STRAUS 1990).

3.2.7. Zusammenfassung: Ursprung, Merkmale, Funktionen

Freundschaft als soziologische Kategorie steht in einem vielfältigen Bestimmungsverhältnis zu ihrem sozialen Umfeld und zur weiteren Gesellschaft. Der ‚eigentliche‘ Ort ihres Entstehens ist die konkrete Interaktionssphäre einer Dyade. Im unmittelbaren Austausch werden die sozialen Fäden in der handelnden Sinngebung zur Freundschaft verknüpft.

Mikrosoziologie (vgl. SUTTLES) und Sozialpsychologie ermöglichen wichtige Einsichten in die interaktionale Ebene von Freundschaft.

Freundschaft ist ein Interaktionsphänomen, welches auf gegenseitiger Anziehung und Sympathie beruht (3.2.1, 3.2.2). Die gestiftete und fortgeführte Beziehung unterliegt, wie jede andere Sozialform, einem inneren Entwicklungsprozeß, der Kontinuität und Diskontinuität integriert. Jede Freundschaft hat ihre eigene Zeitdynamik (3.2.3). Entscheidend für den Prozeß ist das interne Regelarrangement, welches die Beteiligten relativ autonom und reziprok gestalten (3.2.4). Dieses setzt auch voraus, daß Freunde über kommunikative Kompetenz zur praktischen und symbolischen Darstellung, der im Freundschaftskontext relevanten Werte und Normen, verfügen (3.2.5). Daß jede Freundschaft ein eigenes und originelles Universum ist, hängt auch mit der Ausprägung der Persönlichkeit, dem Selbst-Verständnis von Menschen zusammen (3.2.6).

Implizit ergeben sich für die sozialpsychologische Sichtweise folgende, untereinander verbundene Thesen:

1) Freundschaft ist ein explizit interaktionales Phänomen, welches von seiner Anlage her dyadisch strukturiert ist, anders als etwa die Zugehörigkeit zu einer Gruppe.

2) Der sozialpsychologische *Ursprung* von Freundschaft kann in der gegenseitigen Anziehung gesehen werden. Aus der Kontroverse der Attraktionstheorien heraus (3.2.1, 3.2.2) glauben wir, daß Freundschaft sich im Spannungsfeld zwischen Ähnlichkeit und Verschiedenartigkeit ansiedelt. Zuwendung schließlich entsteht nur, wenn diese Gemeinsamkeiten für die Betroffenen bedeutsam sind. Neben Kognitionen gelten Wünsche und Gefühle als wertende „Gestaltungskategorien" (vgl. SIMMEL 1957). Im Unterschied zu anderen Zweiergruppen handelt es sich bei der Freundschaft um eine, aus dem Zentrum der Person kommende, freiwillige Zuwendung von Mensch zu Mensch.

3) In Absetzung zu Ehe- oder Arbeitsgemeinschaften lassen sich spezielle, interdependente *Merkmale* ausmachen:
   - Da Freundschaft kaum institutionalisierten Handlungsvorgaben Rechnung tragen muß, sind Freunde gezwungen, auf der Basis einer face-to-face-Interaktion im Laufe der Zeit ihr eigenes Werte-Regel-Muster zu entwerfen. Über kommunikative Akte entsteht ein spezifischer interner Code oder mit PAINE (1974b:122) „rules of relevancy". Dieser Code ist in den seltensten Fällen bewußt verbalisiert. Seine Beschaffenheit führt entlang einer Zeitdimension zur gemeinsamen Definition der Beziehung als ‚Freundschaft'. Diese wird also von innen heraus bewertet und definiert. Die Binnenstruktur der Freundschaft korrespondiert aber mit der Qualität anderer Primär- und Sekundärbeziehungen in die Menschen eingebunden sind.
   Die theoretischen und empirischen Befunde zeigen jedoch, daß die Werte, die es innerhalb von Freundschaft zu realisieren gilt, nicht nur einem rein privaten Anliegen der Betroffenen entspringen. In Erweiterung unserer soziologischen Thesen kann jetzt gesagt werden, daß für Freundschaft zwar keine konkreten Handlungsvorgaben existieren, wohl aber ein universell verbreitetes kulturelles Wissen darüber, was idealerweise unter Freundschaft bzw. der Rolle des Freundes verstanden werden soll (vgl. ALLAN 1979:16). Freundschaftshandeln orientiert sich - meist intuitiv - an einem unausgesprochenen, vagen Konzept gegenseitiger Mitmenschlichkeit und Prosozialität mit moralischen Implikationen. Relevanzregeln stellen dann freie Variationen dieses weitgefaßten Kulturkonzeptes dar.
   - Freundschaft als autonome Zweierbeziehung ist „hochpersonalisiert" (TENBRUCK). Sie beruht auf dem ganzheitlichen Engagement der Individuen, die für jegliches Tun und Unterlassen direkt angesprochen und dafür verantwortlich sind. Die Herausnahme einer Person zerstört die

Beziehung, ohne daß dies rituell abgesichert oder sozial sanktioniert ist (wie z.B. bei Ehen). Diesen Aspekt der völligen Eigenverantwortlichkeit meint auch SIMMEL (1908:36), wenn er über Zweiergemeinschaften sagt „Kleine und zentripedal organisierte Gruppen pflegen die in ihnen vorhandenen Kräfte auch voll aufzurufen und zu gebrauchen." Es ist nicht möglich, sich auf eine irgenwie geartete „Überpersönlichkeit" (SIMMEL) zu berufen - wie das in Ehe, Verwandtschaft oder Arbeitsbeziehungen der Fall sein kann.

- Freundschaft ist demnach eine aktive Beziehungsform (McCall 1970a:8). Sie beruht nicht auf Formalismen und Zuschreibungen sondern ist auf permanente kommunikative Akte angewiesen, durch die sie besteht. Freundschaft lebt vom selbstgestalteten reziproken Austausch. Ein konstituierendes Moment ist daher die Fähigkeit zu adäquater Kommunikation und sozialer Handlungskompetenz, welche auf die unmittelbare Körperbezogenheit der Freundschaft verweist.

- Freundschaftshandeln ermöglicht gegenseitiges Wissen. Intimität, Bindung und Wir-Gefühl entstehen. In der Freundschaft realisiert sich das, was SIMMEL (1908:61) über die Zweiergruppe bemerkt. Sie ist „die Basis der Intimität". Intimität entsteht für ihn dann, wenn die Binnenstruktur der Beziehung für die Betroffenen das Wesen der Verbindung ausmacht, noch vor einer Rechtfertigung nach außen. Intimität ist gebunden daran, was ganz spezifisch und freiwillig mit einer bestimmten Person geteilt wird, dazu gehört unabdingbar die „gefühlsmäßige Struktur" (ders. 1908:61).

4) Freundschaften erfüllen unterschiedliche interpersonale *Funktionen*, die im Laufe der Zeit ihren Schwerpunkt ändern können. Über alle Lebensalter und Freundschaftsphasen scheinen jedoch grundlegende, unverzichtbare Aspekte mitzuschwingen (vgl. GINSBERG u.a. 1986:46). Prinzipiell sind die aus den sozialpsychologischen Konzepten hervorgehenden Funktionen mit SOLANO (1986:233) in drei Kategorien zu fassen:

   a) emotionale Unterstützung:
      gegenseitiges Geben und Erhalten von Zuneigung über Intimität, persönliche Offenheit, Verständnis, Akzeptanz, Selbstachtung, Vertrauen und Zugehörigkeit;

   b) kognitive Unterstützung:
      gegenseitige Stimulation, Information, sozialer Vergleich im aktiven Engagement, Beitrag zur Bildung eines kognitiven Rahmens zur Interpretation und Kontruktion von Realität;

   c) materielle Unterstützung:
      konkrete gegenseitige Hilfe, Beistand, Schutz und Begleitung.

Übergreifend meinen wir, daß Freundschaft eine ‚Chance' ist. Auf der personalen Ebene trägt sie zur Reflexion, Integration und Weiterentwicklung des Selbst bei (vgl. FATKE/VALTIN 1988). Auf der interpersonalen Ebene wirkt Freundschaft verbindend, weil sie im Prinzip Gleiches und Verschiedenes - gegen Normvorgaben - neu auszuhandeln und zu integrieren vermag. Sie hat deshalb auch im interpersonalen Bereich innovativen Charakter, weil jede Freundschaft ihr eigenes Universum an Ideen, Erfahrungen und Handlungen selbst schaffen kann und muß.

3.3. Andere theoretische Konzepte zur Freundschaft

Die bisherigen Ansätze, die zunächst den weiteren gesellschaftlichen und sozialen Bezugsrahmen abstecken, verweisen in ihrem Kern immer auch auf Freundschaft als individuell-persönliches Phänomen des inneren Erlebens und Verhaltens, der besonderen Bedürfnisse, Motive, Interessen und Fähigkeiten.

Freundschaft als etwas zutiefst Subjektives, Privates drängt sich schon dann auf, wenn von gegenseitiger Anziehung, Selbst, Körperlichkeit, sozialen Fertigkeiten, persönlicher Offenheit, Emotionalität und Freiwilligkeit gesprochen wird. Welche bewußten und unbewußten Wünsche und Vorlieben spielen bei der Bereitschaft zur Freundschaft oder den Vorbehalten und Ängsten gegen sie eine Rolle?

Die Frage nach den persönlichen Voraussetzungen wurde in historischen Variationen immer wieder gestellt. BOVENSCHEN (1986) spricht von einem „Katalog höchst altmodischer Tugenden", der sich von der Antike herkommend, über die Zeiten mindestens latent gehalten hat:

> „Loyalität, Großmut, Wahrhaftigkeit, Treue, Ehrbarkeit, Toleranz... Diskretion, Respekt, Distanz, Unabhängigkeit, Takt, Geschmack". (Vgl.dazu auch RASCH 1936:63ff.)

Besonders während Pietismus und Aufklärung wird Freundschaft in enger Verknüpfung zu bestimmten Eigenschaften und Fähigkeiten gesehen, die Menschen für die ‚echte' Freundschaft prädestinieren. TENBRUCK nimmt zurecht an, daß die Implikationen der heutigen Freundschaft noch immer durch den Einfluß des Freundschaftskultes (1750-1850) mitgeprägt sind. Eine Spaltung der Menschen in jene mit einer „Begabung" (THAER 1917:59) zur Freundschaft und diejenigen, denen diese fehlt, findet sich beispielsweise bei KRACAUER.

Daß auch in der Gegenwart ein außerordentlich hoher Anspruch an die Person des Freundes gestellt wird, dokumentiert eine großangelegte Umfrage bei 40.000 Psychologie-Heute-Lesern (vgl. PARLEE 1979:49). Auf die Frage „How important to you is each of these qualities in a friend?" ergeben sich folgende Werte: Ein Freund sollte vertrauensvoll (89%), loyal (88%), warm und emotional (82%), unterstützend (76%), aufrichtig (75%), humorvoll (74%) sein. Er sollte sich Zeit für den anderen nehmen (62%), unabhängig (61%), ein guter Unterhalter (59%), intelligent (57%) sein und soziales Bewußtsein (49%) haben. Ein Freund sollte allgemeine Freizeitinteressen teilen (48%), gleiche kulturelle Interesen haben (30%), ähnlichen Bildungshintergrund (17%) und ähnliches Alter (10%) aufweisen.

Im Rahmen dieser Überfrachtung der Freundschaft mit überzogenen Ansprüchen an einen hypothetischen Freund, kann es relativ leicht zur Enttäuschung über die vorgefundene Realität kommen.

Mit dieser Personifizierung von Freundschaft wird außerdem die Sicht auf systematische Wechselwirkungen mit dem sozio-kulturellen Hintergrund versperrt.

Dennoch spielt es gerade in der Freundschaft eine Rolle, was der Mensch ,mitbringt'. Es gibt keine befriedigende Zweiheit, bevor man nicht selbst eine Einheit ist (vgl. ERIKSON 1977:115). Ein unverzichtbares Konstituens von Freundschaft ist die Sympathie als Fähigkeit zur emotionalen Verbundenheit, die SCHELER (1974, Org. 1912) im „Miteinanderfühlen", „Mitgefühl", „Gefühlsansteckung", „Einsfühlung" umschreibt. Es geht um die komplexe Fähigkeit zur Identifikation, ohne zu verschmelzen (MEAD). Diese aber wird innerhalb eines zeithistorisch gültigen „Persönlichkeitsmarktes" (FROMM 1976b:16f.) erlernt und angesichts der sozialen Gegebenheiten immer wieder neu geschaffen.

Alle Eigenschaftskomplexe haben nur als relationale Bezugsgrößen einen Aussagewert. Die Frage nach den biosozialen, entwicklungs- und tiefenpsychologischen Werdegängen der Bindungsbereitschaft oder Angst vor Nähe muß ebenso gestellt werden, wie die nach den Bestimmungsfaktoren innerhalb eines aktuellen sozialen Kontextes.

Die folgenden Beiträge sollen Überlegungen zur ontogenetischen Persönlichkeitsentwicklung (3.3.1) ebenso thematisieren, wie die spekulativen und wahrscheinlich viel zu wenig ernsthaft untersuchten Thesen zum phylogenetischen bzw. biosozialen Hintergrund der Sozialität (3.3.2). Ein Blick auf chronische Beziehungsstörungen dokumentiert, daß Freundschaft eine komplexe Leistung im ,Dickicht' der Realität ist (3.3.3).

3.3.1. Entwicklungspsychologische und psychoanalytische Aspekte von Freundschaft

Auch in der psychologischen Literatur finden sich nur spärliche Überlegungen zum Thema Erwachsenenfreundschaft. Eine Ausnahme machen der Psychoanalytiker RANGELL (1963) und die Psychologen BUHRMESTER/FURMAN (1986). Beide Aufsätze konzentrieren sich auf die ontogenetische Entwicklung der Persönlichkeit und der Beziehungsbereitschaft.

Im Rückgriff auf die Phasentheorie FREUDs und die, um eine soziale Dimension erweiterte Sichtweise ERIKSONs, meint RANGELL, daß Freundschaft eine bestimmte Art der Objektbeziehung ist. FREUD behauptet von der Freundschaft, sie sei eine Folge des Sexualverlangens, d.h. ursprünglich vollsinnliche Liebe wird als zielgehemmte Sexualität in Freundschaft transformiert. Diese wird dann zu einer Sublimationsform (vgl. FREUD 1960:341, RANGELL 1963:5, FROMM 1976b:121). RANGELL glaubt allerdings, daß neben heterosexuellen Bestrebungen auch ein Verlangen nach gleichgeschlechtlichem Austausch, zum Beispiel innerhalb von Freundschaft, gegeben ist. FROMM (1976b:121) kritisiert, daß FREUD zwischen irrationaler Liebe und Liebe als Ausdruck der reifen Persönlichkeit nicht differenziert.

Die Wurzeln der Freundschaftsfähigkeit sind zweifellos auch in der ontogenetischen Entwicklung begründet.

Bereits in der frühen oralen Phase (bis ca. 1,5 Jahre) tritt das Kind langsam aus der Mutter-Kind-Symbiose und einem eher narzißtischen Beisichverweilen heraus. Momente einer Ich-Entwicklung sind erkennbar.

In den Zuwendungszeiten (Essengeben, Trockenlegen) wird im Kind grundlegendes Vertrauen und ein freudvolles Gefühl in die eigene Person und die Umwelt aufgebaut. Der Kontakt mit der Mutter repräsentiert eine Welt außerhalb der des Kindes. Im Wechsel von Nähe und Distanz kommt es „zur Abgrenzung des eigenen Körper-Ichs vom Nicht-Ich" (SCHMALOHR 1975:162). Eine internalisierte Erinnerungsspur macht es möglich, daß sich dieses positive Gefühl auch dann hält, wenn das Kind allein ist (umgekehrt gilt dies auf für Ängste). Diese Objektfreundlichkeit wird in der psychoanalytischen Literatur oft zugunsten der narzißtischen Züge des Kindes vernachlässigt (vgl. FROMM 1976a:47), obwohl sie für das Phänomen der Freundschaft Bedeutung erlangt.

Von Geburt an ist das Kind aktiv an der Gestaltung der Beziehung zur Umwelt mitbeteiligt. Es bringt eine Reihe von Voraussetzungen mit, die es mehr und mehr kombiniert einsetzt, so z.B. die Fähigkeit zum visuellen und stimmlichen Kontakt oder eine weite Palette von mimischen Ausdrucksformen und Körperbewegungen (vgl. PAWLBY 1981). Schon kurz nach der Geburt (2-12 Stunden) erscheint das erste noch unspezifische Lächeln auf ein inneres Zumutesein, welches in der Folgezeit zu einem intensiven Antwortlachen wird (SROUFE/WUNSCH 1972, NICKL 1974, SPITZ 1980). Lachen ist *ein* Mittel der Kontaktaufnahme, welches die beginnende Ich-Entwicklung signalisiert. Über die Erinnerung an gemachte Erfahrungen kann es jetzt auch zu Vorformen von Antizipation kommen. Die periodisch anwesende Mutter fungiert außerdem als „sozialer Zeitgeber" (HELLBRÜGGE in SCHMALOHR 1975:162) für Kontakte.

Für Freundschaft bleibt festzuhalten, daß die ersten positiven/negativen Erfahrungen des Kindes mit der Außenwelt die Basis für spätere Objektbeziehungen abgeben. Je nach der bedürfnisbefriedigenden Qualität der Mutter-Kind-Beziehung werden die sozialen Bestrebungen des Kindes ermutigt oder verwehrt. Anfänge eines Ich-Bewußtseins sowie Möglichkeiten der Einflußnahme und Vertrauen in wiederkehrende Kontakte werden gelegt. Diese ersten Gefühle für ein anderes (Befriedigung versprechendes) Objekt sind zu diesem Zeitpunkt jedoch mobil, vorübergehend und inkonstant. Noch ist die Mutter leicht ersetzbar (vgl. RANGELL 1963:15).

Eine Art ‚früher Freund'[24] kann nun eine Schmusedecke, eine Puppe, später auch ein Tier werden. Die Puppe, welche nach RANGELL eine universelle Rolle zu spielen scheint, trägt zur Lösung interner psychischer Spannungen und konfliktärer Zustände bei. Sie ist eine Möglichkeit des Kindes, sich über Stadien der Hilflosigkeit eigenständig hinwegzuretten. Vielleicht finden hier erstmals Gefühlsprojektionen auf ein anderes Objekt statt. Die Puppe hat eine wichtige Funktion bei der Organisation der Psyche.

In der darauffolgenden vorödipalen Phase (ca. 1,5-3 Jahre) setzt sich das frühe Spiel über unbeseelte Objekte (Puppe, Spielzeug) mit anderen Kindern (z.B. Geschwistern) fort. Eine Phase des Ausprobierens beginnt. Überich-Strukturen bilden sich.

In Verbindung mit der Ich-Entwicklung gewinnen Peer-Besetzungen an Einfluß neben Eltern-Beziehungen. Bisher eher mobile Beziehungen werden konstanter und können sich auf *einen* Freund richten. Diese Objektbesetzungen tragen zur Konsolidierung der psychischen Entwicklung bei. Dennoch herrscht auch in dieser Phase das interne, selbst-orientierte Interesse vor.

Die theoretischen Ausführungen RANGELLs stehen im Einklang mit den Beobachtungen des Psychologen RUBIN (1981:20ff.). Dieser konnte bei seinem acht Monate alten Sohn und dessen ersten ‚Babyfreunden' feststellen, wie anfängliches Interesse am Spielzeug des anderen und am räumlichen Experimentieren bestand, aber auch am Freund als Objekt. Die Kinder schubsten, zogen und erkundeten sich gegenseitig. Gelegentlich entstand Parallelspiel, jedoch mit Rückzug auf die Eltern. Ab ca. 15 Monaten begannen die Kinder, sich ins Gesicht zu schauen, berührten sich vorsichtiger, boten Spielzeug an, lächelten und vokalisierten. Spielzeug fungierte einerseits als Kontaktmedium, andererseits zog zu viel Spielzeug das Interesse vom andern ab. In dieser Zeit kommt es zu Vorformen des sozialen Austausches, Interesse an Interaktion entsteht.

Bis jetzt suchte das Kind die Befriedigung seiner Bedürfnisse nach Zuwendung schwerpunktmäßig bei den Eltern. Mit Eintritt und im Verlauf der ödipalen Phase (ca. 3-6 Jahre) wird die Orientierung hin zu den Eltern schwächer; das Kind beginnt, sich auch anderen Personen zuzuwenden. ERIKSON (1977:87ff.) verweist auf drei Entwicklungsschübe, die es dem Kind ermöglichen, neue Bereiche und neue Personen zu erschließen: Es lernt, sich freier zu bewegen und damit sein Verhalten zu ver-räumlichen. Mit der Beherrschung von Sprache erweitert sich seine Vorstellungswelt.

In dieser Zeit zeigen sich konkrete Autonomiebestrebungen. Das Kind wendet sich von den Eltern ab und anderen Kindern zu. Erfahrungen von Gleichwertigkeit und Eigenverantwortlichkeit können gemacht werden.

Soziokulturell und von den möglichen Folgen her interessant ist, daß in amerikanischen Familien zu einer „zweiten, realistischeren Identifikation" (ERIKSON 1977:97) mit den Eltern ermutigt wird. Durch Forcierung gemeinsamer Tätigkei-

---

24 Im psychoanalytischen Verständnis wird von ‚Freundschaft' dann gesprochen, wenn eine Objektbesetzung vorliegt. Diese Begriffsverwendung hebt sich von der unsrigen ab.

ten, etwa zwischen Vater und Sohn, kann sich punktuell ein „Erlebnis gleichen Wertes wenn auch verschiedenen Alters" etablieren. Der Wert eines bewußt herbeigeführten kameradschaftlichen Verhältnisses zwischen Eltern und Kindern wird unseres Erachtens in Theorie und Realität weit unterschätzt und vernachlässigt. So hat RANGELL in Anlehnung an FREUD sicher recht, daß spätere Freundschaften immer auch auf der Grundlage der familialen Konstellation gelernt und ausgeübt werden.

Die folgende Latenzzeit (ca. 6-12 Jahre) ist unter dem Aspekt der zunehmenden Beziehungsbereitschaft und --fähigkeit dadurch charakterisiert, daß Anzahl, Tiefe und Qualität der Freundschaften zunehmen. Diese Aktivitäten haben in psychoanalytischer Sicht sublimatorischen Charakter. Die ursprünglichen libidinösen Bestrebungen, die sich auf die Mutter bzw. die Eltern und Geschwister gerichtet haben, finden ihren Niederschlag und ihre Befriedigung in der Auswahl von Freunden. Es ergibt sich so etwas wie handelnde Reziprozität. Die psychische Organisation wird jetzt mit einer weiteren, außerfamilialen Ebene konfrontiert.

ERIKSON (1977:106) betont, daß in diesem Stadium die tätige Auseinandersetzung mit sozialen Beziehungen einen hohen Stellenwert erhält. Das Individuum entwikkelt ein Gefühl dafür, daß von ‚außen' über seine Chancen bei anderen Menschen mitentschieden wird. Aussehen, Hautfarbe, Geschlecht, Elternhaus fungieren als Bewertungshintergrund neben den eigenen Vorstellungen und Bedürfnissen. Die naive Annahme der Gleichheit des Menschen wird infrage gestellt. Identitätsprobleme können entstehen. Lustprinzip und Realitätsprinzip müssen integriert werden.

In der darauffolgenden Adoleszenz bzw. Pubertät beginnen Freunde einen zentralen Stellenwert im Leben des Jugendlichen einzunehmen. In dieser Phase der psychischen und „physischen Revolution" (ERIKSON), in welcher der Jugendliche zwischen Identitätsaufbau und Identitätsdiffusion eine Vorstellung von sich in der Welt zu erhalten versucht, sind Freunde und Cliquen eine wichtige Stütze. Auf der Basis der, in den vergangenen Phasen aufgebauten Ich-Werte, muß das Individuum seinen Trieben und Bestrebungen eine Richtung geben. Wo Zweifel an der eigenen Person, der geschlechtlichen Identität oder Unsicherheit in Lebensentscheidungen herrschen, wirken Freunde als hilfreiche Orientierungs- und Wertegeber. Sie mildern die Erfahrung eines auseinanderstrebenden Selbst-Gefühls, ermutigen zu neuen Erkundungen.

Als dynamische Funktionen von Freundschaft treten für RANGELL (1963:19) hervor, daß in der Auseinandersetzung mit Gleichaltrigen eine Entladung von libidinösen und aggressiven Impulsen im Dienste der Regulierung der Persönlichkeit erfolgen kann. Freunde teilen und bearbeiten externe Stimuli, bewältigen Konflikte. Diese Kapazität zur freundschaftlichen Solidarisierung könnte aus der früheren Verbindung mit Geschwistern resultieren.

Gerade in der Adoleszenz sind Freunde wie ein „riesiger Projektionsschirm" (RANGELL), der als Maßstab und Prüfstein des Selbst-Konzeptes, aber auch des Körperimages dient. Freunde haben bedeutet, auf ein kontinuierliches Forum bei der Entwicklung und Strukturierung von Überich und Identität zurückgreifen zu können. Sie stellen eine relativ frei verfügbare, reziproke Quelle notwendiger narzißtischer Bestätigung dar. Erst über die Projektion des diffusen Ego auf eine andere Person, kann das Innere reflektiert und geklärt werden (vgl. COOLEYs „Spiegelselbst"). Entscheidend ist, daß diese sozialen Reflektoren nicht die Eltern sind, sondern gleichrangige Peers.

Schließlich wird die Erwachsenenfreundschaft getragen von den innerpsychischen Qualitäten und interpersonalen Erfahrungen der vorgängigen Phasen. Die reife Freundschaft ist autonom gewählt, überdauert räumliche Distanzen und stellt sich dem Konflikt. Sie besteht aufgrund reziproker Bindung, Emotionalität und Verantwortlichkeit für sich und den andern. Freundschaften stimulieren die Psyche und beugen einer Regression vor.

RANGELL (1963:22) betont, daß Freundschaft nicht allein innerpsychisch erklärbar ist, sondern im interaktiven Wechselspiel der besonderen Personen, des Geschlechts, Milieus und der Kultur besteht. Nur auf diesem Horizont ist der psychoanalytische Ansatz fruchtbar. Erwachsenenfreundschaft stellt aber auch eine besondere Sublimation der pregenitalen Libido-Energie dar.

„Friendship next to work (or even including it), may constitute man's greatest area of sublimation." (ders. 1963:40)

Dieser Zusammenhang ist bislang kaum erforscht worden. Freundschaft wirkt als Organisator der Psyche sowie des sozialen Umfeldes.

Festzuhalten bleibt, daß Menschen entwicklungspsychologisch früh eine Beziehungsbereitschaft ausbilden. Beginnend mit der Mutter-Kind-Interaktion, über das manipulative Spiel mit unbeseelten Objekten, schließlich in der Ausweitung des Beziehungsgefüges auf nicht-familiale Personen, erfährt das Individuum etwas über sich und seine Relation zur Welt.

Im Heraustreten aus der Mutter-Kind-Symbiose gewinnt es allmählich eine eigene, von anderen zu unterscheidende Identität. Es lernt, daß zwischen seinen Wünschen und den aus der Umwelt kommenden Befriedigungen eine Kluft besteht, welche durch verschiedenste Beziehungen kompensiert werden kann. Freundschaft bietet, psychoanalytisch gesehen, eine Möglichkeit, Erfahrungen und offene Wünsche aus der Kindheit zu verarbeiten. Der Psychoanalytiker WILLI (1990) hat diese Formen „unbewußter Spiele" anhand von Ehebeziehungen und Freundschaftsdyaden genau analysiert. Nach SULLIVAN (1980) sind Freundschaften Korrektive für negative Erfahrungen aus der Kindheit (z.B. Wertlosigkeit, Einsamkeit). Sie sind nicht nur Neuinszenierungen unerfüllter Triebwünsche sondern auch ein eigenes Terrain mit therapeutischer Qualität.

Innerhalb nicht-familialer Freundschaften werden gleichzeitig konkrete Handlungskompetenzen vermittelt und Defizite in diesem Bereich abgebaut. Fähigkeit zur Selbstbehauptung und sozialer Ausrichtung wird trainiert. Im Unterschied zu Cliquen, deren Basis Kooperation, Kompromiß und Wettbewerb ist, stellen dyadische Freundschaften höhere Ansprüche an Empathie, Perspektivenübernahme und Altruismus. Dies ist insoweit empirisch bestätigt, als bei Kindern, die Freunde haben, solche Verhaltensweisen ausgeprägter sind als bei Kindern ohne Freunde (vgl. BUHRMESTER/FURMAN 1986:55ff., SANTS 1986:160). Freundschaft hat sozialisierende Wirkung.

Was die entwicklungspsychologische Perspektive anbetrifft, so findet sich in der soziologischen Literatur eine Entsprechung. LINDESMITH/STRAUSS (1983:107ff.) stellen, unter Berufung auf COOLEY, die langsame Herausdifferenzierung des Selbst bzw. Nicht-Selbst beim Kleinkind dar. Über die Entdeckung dessen, was zum eigenen Körper gehört und was nicht (ca. 6.-8. Monat), die Sprachentwicklung („Ich" - „Du'), entsteht nach COOLEY eine Art „Spiegelselbst". Das Kind entwickelt eine Vorstellung darüber, wie andere es sehen und beurteilen. Es empfindet so etwas wie Stolz oder Scham über sich. Wir meinen, daß hier über die rückgespiegelte soziale Bewertung des Kindes grundlegendes Vertrauen oder Mißtrauen in sich und die Welt induziert wird.

Nach MEAD (vgl. LINDESMITH/STRAUSS 1983:112) lernt das Kind, sich mit den Augen der anderen wahrzunehmen, erlangt im Rollenspiel Bewußtsein über die eigenen Reaktionen und deren Folgen, beginnt zu antizipieren. Diese Fähigkeiten sind aber auch das Werkzeug für Freundschaft. Daß es von ungeheurer Wichtigkeit ist, Kindern Zugang zu Gleichaltrigen zu ermöglichen und damit schon früh symmetrische Sozialisationsinstanzen zu schaffen, geht auch aus den, im letzten Jahrzehnt angestiegenen, Forschungsarbeiten zur Kinderfreundschaft hervor (vgl. FOOT u.a. 1980, RUBIN 1981, ASHER/GOTTMAN 1981, YOUNISS 1982, GOTTMAN 1983, CORSARO 1985, GOTTMAN/PARKER 1986, ZINK 1987, FATKE/VALTIN 1988, HOPPE-GRAFF/KELLER 1989).

3.3.2. Biosoziologische Implikationen von Freundschaft

Den vorangegangenen entwicklungspsychologischen Überlegungen zur sozialen Kapazität des Menschen liegt immer schon die Annahme einer biologischen Verwurzelung zugrunde (vgl. NASH 1988:122). Dieser Aspekt begleitet die Geschichte und klingt auch bei TÖNNIES an, wenn er meint, daß Freundschaft der Natur des Menschen entspringt und ganz allgemein bei MEAD (1975:273), der jegliches Verhalten für biologisch bzw. physiologisch fundiert annimmt.

Gerade für den Fall der Freundschaft läuft man Gefahr, einer Philosophie der eher geistigen Begegnung aufzusitzen, obwohl insbesondere die Freundschaft auf der Grundlage von Leiblichkeit zu sehen ist. Freundschaftliche Sozialität ist bereits in der Evolution angelegt. Sie hat auch Elemente des Brutpflegeverhaltens (vgl. EIBL-EIBESFELDT 1980:146) sowie einer elementaren Kooperation (z.B. Teilen, zusammen Machen). Es kann angenommen werden, daß auch sie eine grundlegende biologische Überlebensstrategie und Form des sozialen Wohlbefindens darstellt.

BÜHL (1982:42ff.) unterscheidet in Anlehnung an SIMON/ZEGURA drei Stufen der Evolution von Sozialität, die mit Freundschaft in Verbindung gebracht werden können:
- Die Stufe der „Instinkt-Reflex-Mechanismen", wo zusammenlebende, gleichartige Organismen zur Wahrung und zum Schutz des Lebens gemeinsam und kurzfristig auf Umweltreize reagieren. Diese unpersönliche, körperliche Koexistenz, welche durch „die primordiale Gewißheit einer gemeinsamen Sinneswelt und eines gemeinsamen Tätigkeitsfeldes" (ders. 1982:43) repräsentiert ist, kann als biologische Basis menschlichen Sozialverhaltens gelten, auf welcher die Weiterentwicklung stattfindet. Nach den bisherigen Ausführungen über Freundschaft nehmen wir an, daß eine dauerhafte und enge Zweierfreundschaft durchaus von diesem biologischen Fundament her motiviert sein könnte, um in dieser Welt gemeinsam zu ‚überleben'.
- Die zweite Stufe der „hormonalen Mechanismen" geht über eine allgemeine Kooperationsbereitschaft hinaus und bezieht sich jetzt mit gewisser Dauer auf die eigene Brut und ein spezifisches Territorium. Es geht zunächst um das Überleben der eigenen Art, welches durch Akte eines genetisch bedingten (einseitigen) Altruismus gewährleistet werden kann.
Auf dieser Basis und unter günstigen Bedingungen, d.h. wenn auch für andere Gruppen ausreichend Überlebensraum existiert, kann sich ein reziproker Altruismus herausbilden. Auch Nicht-Verwandten wird gegenseitige Hilfeleistung, Futtergaben, Informationen zuteil. Im Keim steckt hier die Chance zur Über- bzw. Untertreibung in Form ausufernder Wohltaten oder Egoismen. Reziproker Altruismus ist nur konstruktiv, wenn keine Gruppe dadurch gefährdet ist.
Hier ist auch der Bereich von Partnerschaft und Freundschaft angesiedelt. Aufbauend auf der leiblichen Koexistenz, entsteht über soziales Wohlwollen bzw. reziproken Altruismus Intimität und Vertrauen zu Nicht-Verwandten. Subjektives Erleben kann thematisiert werden. Über Dialog und Austausch von Gesten und Worten stellt sich eine perspektivische Weltvielfalt ein. Antizipation und Perspektivenübernahme ermöglichen gegenseitiges Verstehen.
- Die dritte Stufe des „generalisierten Altruismus" setzt voraus, daß die ausschließliche Familien- und Verwandtschaftsbindung, also der unmittelbar dialogische Vollzug erweitert wird durch andere Interaktionsnetze. Durch die Einrichtung einer Öffentlichkeit, die allgemeine Werte und Symbole kennt, kann ein generalisierter Austausch stattfinden, bei dem die Beteiligten nicht mehr auf unmittelbare Belohnung angewiesen sind, sondern vielleicht erst durch einen Dritten oder in ungewisser Zukunft oder auch im ‚Jenseits' entschädigt werden. Jeder ist in der Lage, dem anderen als Individuum zu begegnen und nicht nur als Vertreter einer Art.
Diese abstrakte Situation wird unseres Erachtens besonders im Vollzug der Freundschaft wirksam, wo Menschen von einer unmittelbaren, praktischen und meßbar gerechten Belohnung absehen und ihre Ansprüche auch symbo-

lisch transformieren können z.B. als ideelle Werte. Doch handelt es sich dabei um den Idealfall. Sowie ernsthafte Konflikte auftreten, kann das ‚Programm' der ersten oder zweiten Stufe aktiviert werden. Selbstsucht, eigener Vorteil und marktmäßiges Aufrechnen kommen zum Zug. Diese höchste Stufe kultureller Leistung geht über den Dialog hinaus. Diskurs und Selbstreflexion werden möglich. Damit einher geht die Gewißheit der Relativität von Existenz. Im Heraustreten aus organischen Bindungen wird die Erfahrung der grundsätzlichen Differenz und Einsamkeit, aber auch die einer neuen selbstgewählten Geselligkeit (FOUCAULT 1984:31ff.) gemacht. Biosoziologische Überlegungen sind bislang kaum auf das Gebiet der Freundschaft angewendet worden. Dennoch finden sich zwei Ansätze. Der Aufsatz „Friendship Among the Primates" von REYNOLDS (1974) weist nach, daß bereits Primaten wie Schimpansen und Paviane ausgeprägte Muster interindividueller Bindungen entwickeln. Zum andern befaßt TIGER (1974) sich mit der geschlechtsspezifischen Freundschaftstypik des sogenannten „male-bonding".

Als Kriterium für Freundschaften[25] unter Primaten - die als vorgängige Entwicklungslinie der Menschen gedacht sind - gelten folgende, beobachtete Verhaltensweisen (REYNOLDS 1974:41):
- körperliche Nähe und Berührungen
- gemeinsames Miteinanderumhergehen
- Koordination des Fressens, Trinkens und anderer Aktivitäten
- Teilen von knappen Resourcen
- entspannte Haltung und Gestik
- gut abgestimmter Kommunikationsstil
- lang dauernder Augenkontakt
- Abwesenheit von Aggression und Vermeidungsverhalten
- Spiele und eigene Sprachrituale.

Jede Tiergesellschaft zeichnet sich durch ein Netzwerk geselliger Verhaltenssysteme aus. Neben verwandtschaftlichen Beziehungen, vor allem zwischen der Mutter und den Nachkommen sowie den Geschwistern untereinander, finden sich Gruppen erwachsener Männchen und heterosexuelle Beziehungen. Es gibt aber auch eine vierte Beziehungsform, nämlich die individuell getönte Freundschaft zwischen nicht-verwandten Tieren.

Diese nicht-sexuell motivierten Bindungen konnten zwischen erwachsenen Tieren, zwischen Jungtieren gleichen und unterschiedlichen Geschlechts sowie zwischen erwachsenen und jungen Affen registriert werden. REYNOLDS Daten basieren zum Teil auf Beobachtungen an gefangenen Schimpansen.

Die vielfältigen Freundschaftsbeziehungen der Schimpansen zeigen ausgesprochen ‚persönliche' Prägungen. Beobachtet wurde zum Beispiel eine besonders intensive Verbindung zwischen zwei jugendlichen Weibchen. Sie waren außer einigen kurzen Perioden immer beieinander, hielten Körperkontakt, pflegten sich,

---

25 Die Verwendung des Begriffs ‚Freundschaft' bei Tiersozietäten ist problematisch; es kann sich nur um eine schematische Vergleichbarkeit handeln.

saßen und schliefen zusammen. KÖHLER berichtet von Schimpansen, die sich jede Nacht im Arm hielten und deren Zuneigung ein Leben lang dauerte. Im allgemeinen wurde auch kein drittes Tier in die Dyade mitaufgenommen (vgl. REYNOLDS 1974:37).

Daß diese engen und sehr emotional getönten Beziehungen auch auf Mutter-Substitut-Effekten aufbauen, zeigt die Tatsache, daß gelegentlich eine Jugendlichen-Verbindung zugunsten einer auftauchenden ,Mutter' beendet wird.

Freundschaften zwischen weiblichen erwachsenen Tieren zeichnen sich durch „grooming"-Aktivitäten und Nähe sowie durch gegenseitige Verteidigung bei Angriffen aus.

Männliche Erwachsene - bei wilden Schimpansen zu beobachten - demonstrieren ihre Beziehung durch Begrüssungszeremonien mit Darstellungstänzen und Vokalisierungen. Sie klammern sich aneinander und klatschen sich auf den Rücken. (Es fällt schwer, dabei nicht an sich begrüßende Männer zu denken.)

Der Tenor gemischtgeschlechtlicher Freundschaften (nicht sexuell motiviert) besteht in rituellen Futtergaben vom Verzicht auf Futter bis zum Aussuchen besonderer Früchte und zum Vorkauen. Futter-Teilen kann als gemeinsamkeitsstiftende Aktion bewertet werden, da nicht Hunger im Vordergrund steht.

Auch der Typus der „Adoptivfreundschaft" zwischen Erwachsenen und Jungtieren hat seinen Verhaltensschwerpunkt. Weibchen schützen und wärmen das fremde Jungtier an ihrem Bauch, spielen mit ihm und holen es zurück, falls es wegläuft. Die Intensität der Beziehung nimmt mit wachsender Selbständigkeit des jungen Affen ab. Auch männliche erwachsene Tiere haben spezifische Beziehungen zu Jungen. Ihre Sorge bezieht sich auf die aktuelle Situation. Wilde Schimpansen spielen mit fremden Jungen, die kontinuierliche Verantwortung liegt jedoch bei den Weibchen. Dennoch kommt es vor, daß auch Schimpansen-Männchen ein fremdes Junges ,wie eine Mutter' am Bauch wärmen, füttern, Besitzansprüche anmelden und eifersüchtig sind.

Bei all diesen Primaten-Freundschaften fällt ihre (je alterstypische) Nähe zu familialen Verhaltensweisen und Bedürfnissen auf. REYNOLDS (1974:40) nimmt an, daß wilde Primaten ihre dyadischen Beziehungen nach dem Vorbild der Verwandtschafts-Organisation entwickeln. Wo diese Verwandtschaftsbeziehungen fehlen, zum Beispiel in Gefangenschaft, können verstärkt Freundschaften entstehen, die einerseits familiales Verhalten und Intimität substituieren, andererseits auf ähnlichem Alter, gleichem Geschlecht und/oder persönlichen Vorlieben der Tiere basieren. Der kompensierende Effekt der Freundschaft in Notlagen oder Gefangenschaft ist auch auf Primatenebene offensichtlich.

Ethologische und biosoziologische Überlegungen können vorerst nur spekulativ bleiben. So auch die provokativen Beiträge von TIGER (1969, 1974) zur Freundschaft unter Männern. Menschliches Sein ist biologisch prädisponiert. Männerfreundschaft - von TIGER nicht weiter definiert - kann als Ausdruck einer tieferen, biologischen Verhaltensstruktur erklärt werden

„human male friendship represents the expression of a core pattern of the human biogramm, if not a primate biogram as well... serving a number of ends essential for the maintenance and survival of human communities." (TIGER 1974:44)

Diese Annahme basiert auf der Beobachtung, daß Männerfreundschaften sich fundamental von Frauenfreundschaften unterscheiden und zwar in Form und Inhalt. Solche Differenzen sind nicht allein kulturell bedingt, son-dern der Verdacht liegt nahe, daß sie auch biologisch begründet sind.

Relikte einer spezifischen Gruppenbindungs-Neigung der Männer, noch vor der Bereitschaft zu individuellen Zweierbeziehungen (eher bei Frauen), finden sich überall dort, wo Gruppen von Geschäftsmännern, Sportscliquen, Stammtischrunden, politische Vereine und Geheimbünde etabliert sind. Nach TIGER sind diese auf die Urhorde zurückzuführen - wie sie sich auch bei Pavianen findet - welche ursprünglich im Kollektiv für den Schutz und die Verteidigung der Art eintrat. Das fragwürdige Beispiel der überwiegend von Männern besetzten, politischen Szene hält TIGER (1974:44f.) für einen besonders schlagkräftigen Beweis seiner These, daß hierarchische Männerbünde voraussagbarer Bestandteil des männlichen Lebens und der Gesellschaftsprozesse sind.

„Friendship is as inevitable an expression of the human biogram as the fact that there is always a central hierarchy and that this hierarchy is almost always all male." (ders. 1974:45).

TIGER befindet sich mit seiner Argumentation mitten im Kreuzfeuer feministischer Diskussion. GOULD DAVIS (1987:123) zum Beispiel hat in ihrer „Zivilisationsgeschichte aus weiblicher Sicht" minutiös die in Vergessenheit geratene politische Herrschaft der Frau nachvollzogen. Sie zitiert etwa Montesquieu, der im 18. Jh. davon sprach, daß Frauen zum Regieren besser geeignet seien

„gerade aufgrund ihrer Schwächen sind sie im allgemeinen milde und gemäßigt, Eigenschaften, die zu guter Staatsführung eher befähigen als Strenge und Härte".

Aber nicht nur bei der Ausübung von Aufgaben sondern auch in der Freizeit und ohne ersichtliches Anliegen sieht man Männer in Gruppen zusammenstehen. Dieses „hanging-around", gekoppelt mit Erzählen, Kritisieren, Herumalbern scheint einem Äquivalent des „grooming" bei Primatenweibchen nahezukommen (vgl. MORRIS 1978). Innerhalb der Gruppen gibt es immer noch mehr oder minder unangenehme oder geheime Initiationen zu bestehen (Freimaurer, Rocker, Straßengangs). Persönliche Zuneigung ist in besonderer Weise verschlüsselt. Freundlichkeit und Zärtlichkeit sind fast immer in aggressive Kontexte mit männlicher Symbolik (Management, Sport, Umtrunk etc.) eingebunden. Frauen werden zum Teil explizit ausgeschlossen. MILLER (1988), der in Amerika und Europa der

Männerfreundschaft nachging, stellt fest, daß tiefe Zweier-Freundschaften zwischen erwachsenen Männern ausgesprochen selten sind. Entsprechend berichten LEVINSON u.a. (1978) „In unseren Interviews fiel Freundschaft vor allem dadurch auf, daß sie nicht vorkam." Die Frage bleibt, ob diese Befunde die TIGER'sche These stützen, daß Männer - gemäß ihrer Evolutionsbestimmung - vorwiegend kollektive Freundschaften mit eigener Interaktionsqualität bilden und welcher Nutzen davon ausgeht.

Um zu genaueren Ergebnissen zu gelangen, müßte allerdings eine grundlegende Klärung darüber erfolgen, ob sich Phänomene wie Männerbünde auf der Ebene von individuellen Zweierbeziehungen abhandeln lassen, die es natürlich auch zwischen Männern gibt. Möglicherweise sind informelle und formelle Männerbünde eine andere Variante gesellschafts-stabilisierender Zusammenschlüsse.[26]

Im Rückblick läßt sich festhalten, daß Freundschaftsbildung biologisch disponiert ist. Sicher gibt es so etwas wie eine geschlechtsspezifische Herangehensweise an Welt und damit auch an den Aufbau und die Gestaltung von Beziehungen. Noch ist zu wenig darüber gearbeitet worden. Die Fähigkeit zur dritten Stufe der Sozialität gewährleistet es aber auch, daß über die bio-kulturelle Schaffung von Männer- bzw. Frauen-Freundschaften reflektiert werden kann. Das heißt, wir sind keine ‚Opfer' der Evolution, wie dies möglicherweise aus der TIGER-These abgeleitet werden kann sondern sind in der Lage, mit dem Wissen über unsere biologischen Vorgaben kritisch reflektierend umzugehen. Es kann die Frage gestellt werden, was an unseren kulturellen Bedingungen Männerbünde begünstigt, inwieweit sie erforderlich oder überkommen sind und welche latenten und offensichtlichen Funktion sie heute haben. (Vgl. auch VÖLGER/WELCK 1990)

3.3.3. Ein kognitiver Verhaltensansatz - gestörte Freundschaft

Den anderen ein Freund zu sein und Freunde zu haben, ist eine Leistung. Viele Menschen leiden darunter, mit Beziehungen nicht in befriedigender Weise umgehen zu können; es kommt zu gestörten Freundschaften. Diese verursachen nicht nur Leiden im Individuum sondern haben auch Effekte auf Art und Inhalt des gesamten Netzwerkes einer Person bis hin zur kulturellen Qualität einer Gesellschaft.

Im Gegensatz zu Familien- und Eheproblemen erfahren Freundschaftsstörungen niedrige soziale Aufmerksamkeit. Wenn sie an die Oberfläche treten, dann häufig im Gefolge über Partnerkonflikte oder problematisch gewordene familiäre Konstellationen. (Vgl. WILLI 1990)

Gestörte Freundschaften lassen sich nie nur am ‚Fehlverhalten' von Subjekten festmachen. Eher ist es so, daß das Individuum Kulminationspunkt verschiedenster (personaler, dyadischer, sozialer, gesellschaftlicher, ökologischer) verände-

---

26 Schon Max WEBER sah die Notwendigkeit, die Geschichte des Vereins zu schreiben (vgl. TENBRUCK 1964:444).

rungsbedürftiger Bedingungsfaktoren ist, die insgesamt befriedigende Freundschaften verwehren.

DUCK/GILMOUR (1981, Bd.3) widmen Beziehungsstörungen einen eigenen Band, dessen Beiträge verschiedene Ursachen aufgreifen: TROWER diskutiert personale Probleme sozialer Fertigkeiten, während ORFORD/O'REILLEY die Entstehung individueller Defizite und Ängste im sozialen Kontaktbereich auf dem Nährboden eines bestimmten Familiensystems thematisiert. DRYDEN erfaßt die Beziehungsperspektive depressiver Personen, und HOWELLS stellt Konsequenzen für Beziehungen bei der Anwendung von Gewalt dar. Anzunehmen ist, daß jede Freundschaft, jede Lebensphase und jede historische Zeit ihren eigenen typischen Störungen Vorschub leistet.

Die Betrachtung von Freundschaft durch den Spiegel individueller Irritationen kann noch einmal wesentliche konstituierende Elemente dieser Beziehung und deren Verankerung im familialen System hervorheben.

Aus den klinischen Arbeiten zu Beziehungsstörungen ragt der kognitive Verhaltensansatz des amerikanischen Psychologen YOUNG (1986) heraus. YOUNG erfaßte die in seiner empirischen Praxis hervorgetretenen Freundschaftsstörungen systematisch, um diese gemeinsam mit den Klienten anzugehen.

Als Grundannahme gilt, daß spezifische Denk- und Verhaltensmuster eines Individuums der befriedigenden Entwicklung von Freundschaften entgegenstehen. Diese, in der frühen Kindheit angelegten, relativ überdauernden negativen Schemata (des Denkens, Fühlens, Verhaltens) setzen sich bis ins Erwachsenenalter hinein fort.

Chronische Störungen von Freundschaftsprozessen sind nach YOUNG über die Genese des Selbst im Rekurs auf familiale Entstehungshintergründe erklärbar und therapierbar. Analytisch lassen sich drei Aspekte eines negativen Selbst erfassen:
- Das Selbstkonzept-Schema als die Art und Weise wie das Individuum sich selbst sieht, z.B. als nicht liebenswert.
- Das Schema der Wahrnehmung des anderen (Fremdkonzept) als prinzipielle Vorstellung davon, wie andere Menschen ‚sind‘, z.B. kritisch, manipulativ, desinteressiert.
- Das Beziehungsschema als Vorstellung davon, wie Beziehungen ‚sind‘, z.B. konkurrent, kontrollierend, permanent Aufmerksamkeit erfordernd.

Solche Schemata wirken beim Herangehen an Umwelt als mentales Filter und haben die Tendenz, sich selbst zu erfüllen (vgl. TROWER 1981:106). Negative Schemata führen jedoch nicht automatisch zu Störungen. Normalerweise bilden Menschen im Laufe des Lebens gerade mithilfe von Freunden modifizierte Vorstellungen über sich selbst und die soziale Welt aus.

In der therapeutischen Praxis lassen sich nach YOUNG (1986:252ff.) drei Kategorien von Störungen ausmachen. Sie beziehen sich auf das Problem der Einleitung neuer Beziehungen, auf generelle Schwierigkeiten mit Freunden und auf Vertiefungsprobleme. Eine Reihe von Symptomen zeigen sich.

- Die Initiation neuer Begegnungen ist für viele Menschen mit sozialer Angst besetzt, welche mit negativem Körperempfinden, einem Gefühl allgemeiner Unzulänglichkeit und Bedenken, das Gespräch nicht aufrechterhalten zu können, begleitet ist.

Soziale Ängste zeigen sich in Symptomen wie Herzklopfen, Schwitzen, Erröten, Zittern, Stottern und der Unfähigkeit, sich auf die Konversation zu konzentrieren. Ein wesentlicher Teil der Aufmerksamkeit ist auf die Beherrschung der eigenen Person gerichtet. Gefühle sozialer Unzulänglichkeit sind häufig Resultat früher Erfahrungen in der Familie und mit Peers. Freundschaften sind jedoch nur möglich, wo Angstfreiheit und Entspannung herrschen.

Ein wichtiger und fast immer vernachlässigter Aspekt sozialer Angst ist ein negatives Körperimage. Man ist überzeugt, unattraktiv zu sein. Die Frage nach dem Zustandekommen dieses Schemas stößt auf perfektionistische Familien. Die äußere Erscheinung rangiert als Bedingung des Erfolges in der Wertehierachie weit vor anderen Persönlichkeitsfaktoren. Im Kontext einer bodygestylten Gesellschaftskultur, wie sie heute in vielen Bereichen herrscht, kann diese Problematik sich potenzieren. Aussehen und Körperimage spielen in jeder Freundschaft eine Rolle.

Häufig ist ein Mangel an sozialen Fertigkeiten Hindernis für Freundschaften. Unvermögen zur Empathie, zum Zuhören und zu sozialer Sensitivität münden oft in sozialer Isolation. Wenig wertschätzendes, ambivalentes Feedback der Eltern und Peers kann zur Verkümmerung dieser Fertigkeiten beigetragen haben. Freundschaft ist jedoch ohne einfühlsame Rollenübernahme nicht denkbar.

Weit verbreitet scheint auch die Angst, keine flüssige Konversation in Gang halten zu können. Diese Facette eines negativen Selbstwertes kann aus der permanenten Beschneidung, Ignoranz und Bevormundung verbaler Fähigkeiten durch Eltern, Geschwister, Peers herrühren. Freundschaft ist jedoch auf angstfreien, fließenden Austausch angewiesen.

- Allgemeine Probleme mit Freundschaften resultieren für viele Menschen aus einem Gefühl der Minderwertigkeit, der Entfremdung und des Mißtrauens.

Menschen, die sich im Vergleich zu anderen für minderwertig und nicht liebenswert halten, vermeiden enge Beziehungen. Die Angst, verlassen zu werden, bringt sie dazu, schon im Vorfeld einer möglichen Beziehung Distanz zu halten, während oberflächliche Verbindungen begrüßt werden. Diese besonders resistenten Ängste können ihren Grund in frühen Abweisungserlebnissen des Kindes haben. Freundschaft ist jedoch ohne ein Maß an grundlegendem Selbstwert schwer aufrechtzuerhalten.

Eine andere Form persönlicher Unsicherheit ist das Phänomen der Entfremdung. Man glaubt, anders (besser oder schlechter) zu sein als andere. Es wird als äußerst schwierig erlebt, Gemeinsamkeiten zu entdecken. Solche Menschen stehen unter einem latenten Druck, keinesfalls konform zu sein. YOUNG konnte diese Störung besonders bei Leuten feststellen, die eine protestlerische Adoleszenzphase durchlaufen hatten und durch Eltern sowie Peers ausgeschlossen wurden. Freundschaft zeichnet sich aber gerade dadurch aus, Gemeinsamkeiten mit anderen Menschen zu entdecken.

Ein weiteres Beziehungsproblem stellt Mißtrauen dar. Extreme Vermeidung von Beziehungen oder aber die Bindung an wenige ‚sichere‘, sehr enge Freunde kann die Folge sein. Die eigene Qualität lockerer Freundschaften oder Bekanntschaften wird ignoriert. Mißtrauen ist fast immer Folge physischer und/oder psychischer Mißhandlung. Freundschaft beruht jedoch in hohem Maße auf Vertrauenserweisen.

- Wenn die Vertiefung von bestehenden Bindungen als schwierig erlebt wird, dann hängt dies wiederum mit verschiedensten, in der Realität vermischten, Defiziten zusammen.

Die Angst vor persönlicher Offenheit ist häufigste Ursache für das Stagnieren von Freundschaften. Aus Angst vor Verletzung oder Ablehnung wird vermieden, private Gefühle, Gedanken und Probleme zu teilen. Beziehungen verbleiben auf einem oberflächlichen Niveau des sozialen Austausches.

Andererseits zwingt die Furcht vor Verlust der Privatheit und der Selbst-Bestimmung Menschen dazu, schon im Vorfeld der Gemeinsamkeiten einen Schutzwall aufzubauen. YOUNG konnte feststellen, daß solche Verhaltensweisen sich auf der Grundlage überkritischer Eltern und innerfamilialer Verstrickungen der Person etablierten. Freundschaften erfordern aber immer einen Grad reziproker Offenheit und Einblick in Privates.

Vielen Menschen fehlt das Gespür für das richtige Tempo der Intensivierung von Freundschaft. Wer nicht allein sein kann, sehr schnell zu viel Nähe verlangt und unrealistische Forderungen an Zuwendung stellt, wird wahrscheinlich die Erfahrung machen müssen, abgelehnt zu werden. YOUNG stellte fest, daß dieses Beziehungsschema mit rigiden Eltern-Kind-Beziehungen und einem starren ideologischen Werteschema einherging. Freundschaft lebt jedoch von der ausgewogenen Eigenständigkeit, Reziprozität und Toleranz der Partner, die dann infrage gestellt wird. Umgekehrt gilt, wenn Menschen sich permanent zurückziehen und keine Ansprüche stellen, weil sie fürchten, daraufhin abgelehnt zu werden, läuft die Beziehung ‚leer‘.

Ähnliches gilt für das Einbringen von Gefühlen in die Freundschaft. Wer sich unpersönlich gibt und seine Handlungen permanent rationalisiert, wird sich schwer tun, Freunde zu halten. Emotionale Vernachlässigung durch die Eltern und ungenügende Kompensationsmöglichkeiten durch Peers können die Matrix für das Verdrängen von Gefühlen bilden. Freundschaft ist jedoch ohne Ausdruck eines Spektrums an Gefühlen kaum denkbar.

Festzuhalten bleibt, daß jedes Problemfeld auf zentrale Charakteristika von Freundschaft verweist. Freundschaftsfähigkeit scheint außerdem Gradmesser psycho-physischer Gesundheit zu sein. Prinzipiell ist danach zu fragen, wie sinnvoll es ist, Freundschaftsstörungen institutionell, also therapeutisch zu erfassen.

Für ein Angebot zur Freundschaftstherapie spricht, daß Freundschaften ausgehandelt und konstruiert werden und das kommunikative Werkzeug dazu gelernt werden kann. Dies wirkte dem Fatalismus entgegen, Freunde zu haben sei Glückssache. Wissen verhilft zur genaueren Selbst- und Fremdwahrnehmung. Hilfe zur Selbsthilfe ist vorstellbar. Therapieangebote signalisieren außerdem die gesellschaftliche Wertschätzung von freundschaftlichen Beziehungen.

Dagegen spricht, daß damit auch Anteile einer originären Eigenverantwortlichkeit verlorengehen. Das persönliche Potential zur Zwischenmenschlichkeit wird durch das Erlernen von mehr oder minder genormten Kommunikationsstrategien sicher eingeengt. Eine Stigmatisierung des Individuums verstellt den Blick für notwendige Veränderungen im weiteren gesellschaftlichen Raum.

3.3.4. Zusammenfassung: Ursprung, Merkmale, Funktionen

Angesichts ihrer komplexen sozialen Verwobenheit, kann sich die Frage nach Freundschaft als einer ausschließlichen Privatsache des Subjekts gar nicht mehr in althergebrachter Weise stellen. Vielmehr ist es so, daß „the manifold ways that the social influences the individual" (KOHN 1989:29) gerade für dieses vielfältige Phänomen gilt.

Die Persönlichkeit[27] als besonderer Konstrukteur von Freundschaft ist nur verstehbar auf dem Horizont ihres biosozialen und ontogenetischen Werdegangs, ihrer psycho-physischen, sozialen und gesellschaftlichen Umklammerung, deren Ausdruck und Träger sie ist.

Es lassen sich deshalb folgende, die soziologischen und sozialpsychologischen Implikationen erweiternden, Thesen formulieren:
1) Freundschaft ist auch eine psychologische Kategorie. Ihre ‚Natur' hängt mit der Personalität der Beteiligten ab. Umgekehrt wird die Qualität der Freundschaft sich auf das Verhalten und die Gefühle der Person auswirken.
   In der Erwachsenenfreundschaft kommen höchst persönliche Bedürfnisse, Erwartungen, Einstellungen, Werthaltungen, Verhaltensstile und Kompetenzen zum tragen. Diese persönlichen Charakteristika sind nicht immer schon gegeben, sondern haben in der ontogenetischen Entwicklung ihre soziale Ausformung und Ausrichtung erfahren. Innerhalb eines spezifischen Sozialisations- und Bedeutungszusammenhanges wird das es-hafte Dasein, das originäre Hin zur Welt in der sozialen Reibung befriedigt und frustriert. Diese Bedürfnisse und Fähigkeiten werden durch das Individuum in die Freundschaft eingebracht und geben dieser ihre individuelle Tönung. Dabei spielen nicht nur bewußte Motive sondern auch unbewußte Wünsche und intrapsychische Zustände eine Rolle.
2) Jedem Handeln und jeder Freundschaft liegt etwas Individuelles aber auch etwas Kollektives zugrunde. Wenn ERIKSON (1977:17) betont, daß die

---

27 Im übrigen „gibt es weder eine eindeutige Übereinkunft, was Persönlichkeit ist, noch was die richtigen Meßmethoden sind." (DUCK 1977:141)

„individuelle Weise, Erfahrungen zu verarbeiten auch eine erfolgreiche Variante der Gruppenidentität ist", dann kann das im biosozialen Sinne erweitert werden: Freundschaft als universelles soziales Phänomen scheint auch Ausdruck einer tieferen, biologischen Verhaltensstruktur zu sein, die im Menschen und dessen Leiblichkeit verankert ist (vgl. TIGER 1974:44, MEAD 1975:397). Freundschaft muß - wenngleich wissenschaftlich noch wenig fundiert - immer auch im Lichte ihrer biosozialen Vergangenheit mitgedacht werden.

Auf dem evolutionsgeschichtlichen Hintergrund kann sie als Ausdruck gelten für ursprünglich elementares, kollektives Zusammenstehen in einer gemeinsamen ökologischen Nische, um Weiterexistieren zu können. Dieses Muster hat bis heute vielfältige kulturelle Differenzierungen und Stilisierungen erfahren, ohne seine Grundzüge zu verlieren.

3) Zum *Ursprung* von Freundschaft ist deshalb zu sagen, daß dieser mitkonstituiert ist von komplexen Verflechtungen phylogenetischer wie ontogenetischer Anstöße. Freundschaft als Form des In-Beziehung-Tretens zu einem anderen Individuum, leitet sich aus der persönlichen Motivation zur Auseinandersetzung mit der sozialen und ökologischen Welt ab.

4) Aus biosozialer und psychologischer Perspektive zeigt sich - wie wir meinen - als übergreifender *Merkmalskomplex* von Freundschaft die Fähigkeit, sich trotz körperlicher Eigenständigkeit und Originalität, als mit anderen verbunden zu erleben und sich in der Welt, als einem gemeinsamen Territorium aktiv zu arrangieren. Oder wie ERIKSON (1977:18) das ausdrückt: Im Gewahrwerden der unmittelbaren

„eigenen Gleichheit und Kontinuität in der Zeit, und der damit verbundenen Wahrnehmung, daß auch andere diese Gleichheit und Kontinuität erkennen."

Es finden sich eine Reihe theoretischer und empirischer Vorstellungen darüber, welche spezifischen Eigenschaften idealerweise Freundschaftshandeln ermöglichen und erleichtern. Die eher sozialpsychologischen und mikrosoziologischen Werte bewegen sich im Spannungsfeld zwischen Selbstliebe und Fremdliebe. Es geht um Autonomie und Bindung, Selbstbezug und Mitgefühl, emotionales Engagement und Distanz, Beständigkeit und Flexibilität, Verständnis und Konfliktfähigkeit, Helfen und Hilfe annehmen.

Konkrete psychologische Parameter der Freundschaft variieren je nach Entwicklungsstand, lebenspraktischen Erfordernissen und Beziehungsstadium (vgl. auch DUCK 1977:141). In den letzten Jahren wurde dieser Bereich vermehrt Gegenstand empirischer Forschungen (vgl. FATKE/VALTIN 1988, HOPPE-GRAFF/KELLER 1989).

FATKE/VALTIN haben 80 Kinder (5-12 Jahre), 22 Jugendliche (16-18 Jahre) und 32 Erwachsene unter anderem zu den gewünschten Persönlichkeits-

132

merkmalen von Freunden befragt. In zeitgemäßer Verschlüsselung signalisieren die Ergebnisse traditionelle Werte:

Kinder, ca. 5 bis 6 Jahre: Der Freund muß nett sein, gut spielen können und in der Nähe wohnen. Ca. 8 Jahre: Der andere soll das tun, was ich möchte, d.h. meinen Zielen dienlich sein und muß verträglich sein. Ca. 12 Jahre: Der andere soll vertrauenswürdig und solidarisch sein, in Notlagen unterstützen. Jugendliche: Wechselseitiger Austausch von Gedanken muß möglich sein. Ehrlichkeit, Zuverlässigkeit, Vertrauenswürdigkeit, Sensibilität, Solidarität und Kommunikationsfähigkeit sind erwünscht.

Erwachsene: Der Freund sollte autonom und „echt" sein, gegenseitige Reflexion, Verstehen und Feedback sind wichtig, genauso wie sensible Distanz.

5) Die psychologischen *Funktionen* der Freundschaft müssen mindestens in Abhängigkeit einer vertikalen (entwicklungspsychologischen) und einer horizontalen (lebenspraktischen) Achse gesehen werden. Nur so können die verschiedenen, sich wandelnden Funktionen erfaßt und in ihrem psychologischen und sozialen Zusammenhang verstanden werden.

Auf einer innerpsychischen Ebene dient Freundschaft der Integration, Differenzierung und Organisation der Psyche. Die frühkindliche Beziehung zu einem äußeren Objekt und später die Erwachsenenfreundschaft, kann der Lösung interner Spannungen und Konflikte durch Entladung libidinöser und aggressiver Impulse dienen. Freundschaft ist auch Sublimationsform unbewußter Wünsche (vgl. FREUD 1960, RANGELL 1963, SULLIVAN 1980).

Entlang der Entwicklung vom Kind zum Erwachsenen kommen verschiedene Funktionskomplexe zum Tragen (vgl. BROWN 1981, RUBIN 1981, GINSBERG u.a. 1986, ZINK 1987, FATKE/VALTIN 1988), die sämtliche in der Erwachsenenfreundschaft integriert sind:

- Der pragmatisch-utilitaristische Aspekt, der beim Kleinkind vorherrscht und sich im Erwachsenenalter als Hilfe in materiellen und seelischen Notlagen wiederfindet.
- Der soziale Aspekt, der etwa um das 8. Lebensjahr hervortritt und bei Erwachsenen als Schutz gegen Alleinsein, Austausch intimer Inhalte, Vertrauen und Solidarität wiederkehrt.
- Der personale Aspekt beinhaltet die Tatsache der Identitätsfindung, Identitätssicherung aber auch der Psychohygiene durch Authentizität (vgl. WRIGHT 1984).
- Der emotionale Aspekt als vielschichtiger gefühlsmäßiger Austausch spielt in jedem Alter eine Rolle, tritt jedoch in der Jugend- und Erwachsenenfreundschaft stärker in den Vordergrund, wo Freundschaft ein Übungsfeld zum Ausloten emotionaler Kapazitäten und eine Ressource von Freude sein kann.

3.4. Freundschaft und ihre Bestimmungsfaktoren - ein Modell

Das Vorkommen von Freundschaft scheint nur dem naiven Betrachter beliebig. Die soziologische Perspektive hingegen eröffnet den Blick für deren soziale Bestimmtheit.

Bisher haben wir versucht, Freundschaft unter verschiedenen Perspektiven zu beleuchten und zu präzisieren. Unser Anliegen war es, über einen historischen Abriß sowie eine Zusammenstellung unterschiedlicher, interdependenter theoretischer Konzepte und empirischer Befunde ein möglichst umfassendes Bild dieses schillernden Phänomens zu entwerfen. Freundschaft kann nicht länger romantizistischen Wunschvorstellungen verhaftet bleiben, sie zeichnet sich durch dynamische Komplexität bzw. Multidimensionalität aus.

Freundschaft ist ein mehrschichtiges Phänomen, initiiert und kontrolliert von einer Reihe sich bedingender Variablenkomplexe, welche umgekehrt wieder durch Freundschaftshandeln beeinflußt werden. Freundschaft muß immer als das vorläufige Ergebnis verschiedenster lang- und kurzfristiger Prozesse angesehen werden. Sie ist im Schnittpunkt biosozialer, personaler, interpersonaler, kultureller und gesellschaftlicher Determinanten zu finden, die situativ in einer vorfindbaren ökologischen Umgebung wirksam werden. Wie intensiv Freundschaft durch die jeweiligen Bestimmungsfaktoren geprägt wird, welche Einflußgewichtung herrscht, müßte im konkreten Einzelfall oder auch zeithistorisch genauer untersucht werden. Gerade bei Freundschaft aber hat sich gezeigt, daß diese häufig als alleiniges Resultat persönlicher Gestaltungsfähigkeit gedacht wird und dabei unter anderem ihre vielfältige Funktionalität verblaßt.

Unser Beitrag richtet sich deshalb gewissermaßen auch auf die Entzauberung der Freundschaft als ‚die Suprabeziehung' und damit auf deren Thematisierung als vielfach eingebundene und auf verschiedensten Ebenen rückwirkende soziale Kategorie.

Als mögliche *Ursprungszusammenhänge* für Freundschaft müßten - das hat der theoretische Aufriß ergeben - einerseits soziobiologische wie psychobiologische Aspekte in Betracht gezogen werden, die im Verbund mit persönlichen Bedürfnissen und Motiven zu Interesse an der sozialen Kontaktnahme führen. Das Begegnungsmuster wird auf der nächsten Ebene kontrolliert von der interpersonellen Anziehungskonstellation in der je aktuellen Situation, die wiederum durch den historisch gewordenen gesellschaftlichen Hintergrund modifiziert ist. Freundschaft als primordiale Geste ist keinesfalls die Fügung eines glücklichen Schicksals.

Je nach Betrachtungsstandpunkt (-ebene) kommen auch die unterschiedlichen *Merkmale* der Freundschaft ins Blickfeld. So eröffnet die eher psychologische Herangehensweise Einsicht in die Persönlichkeitsmerkmale, die in einer solchen Beziehung aufgerufen sind und zum Tragen kommen. Mikrosoziologische und sozialpsychologische Analyse andererseits wären in der Lage, die dyadische Struktur der Freundschaft, die kommunikativ hergestellte Synchronisation zweier

Persönlichkeitssysteme, ihr inneres Werte-Regel-Geflecht und ihre Intimitätsqualität zu erfassen. Dies in Relation zum Stellenwert der Freundschaft innerhalb des sozialen Netzwerks von Individuen. Eine makrosoziologische Sicht, die von der jeweiligen Dyade abstrahiert, wäre in der Lage, etwa die für eine Gesellschaft zeittypischen, strukturellen und inhaltlichen Eigenheiten herauszuarbeiten, welche sich in einem epochal hervortretenden Freundschaftstypus manifestieren. Wir vertreten hier, die sich abzeichnende, jedoch kaum empirisch gesicherte These vom Heraufkommen der differenzierten Freundschaft (SIMMEL) in der modernen Gesellschaft.

Aus der Zusammenschau theoretischer Versatzstücke und je fachspezifischer Interessen an Freundschaft, ist letztlich auch deren Multifunktionalität erschließbar.

Jede Freundschaft erfüllt im Rahmen ihres sozialen Feldes eine Reihe von *Funktionen,* die nicht immer positiv sein müssen und die ständig in Bewegung sind, das heißt, sich von Art und Intention in der Zeit wandeln können. Es ist anzunehmen, daß jede Freundschaft ihr eigenes Spektrum an Funktionen entwickelt, welches eine spezielle Reichweite und Bedeutung für die Individuen und die Dyade innerhalb eines lebenspraktischen Raumes abdeckt. Analytisch gesehen hat Freundschaft mehrere interdependente Effekte.

Auf der personalen Ebene kann sie zur Integration und Differenzierung der Psyche sowie zur Fundierung und Stimulierung des Selbst beitragen, was nicht heißt, daß es auch zu depersonalisierenden Auswirkungen kommen kann. Struktur und Austausch freundschaftlicher Interaktion führen über emotionale, kognitive und materielle Unterstützung zu Vertrauen und Intimität. Neben einer Stabilisierung gegebener Werte und Interessen kann es auch zur Bildung neuer Erfahrungen und Werte sowie neuer Beziehungskonstellationen und Kontextverknüpfungen kommen. Insoweit wirkt Freundschaft auch innovativ. Die funktionalen Qualitäten von Freundschaft auf der personalen und dyadischen Ebene führen dann zu deren makrosoziologischer Kompensationsfunktion. Als nicht-familiale Primärbeziehung, die Personen und Kontexte synchronisiert, hat sie auf gesamtgesellschaftlicher Ebene verbindende und ausgleichende Wirkungen, insbesondere im Zusammenhang mit Freistellungsprozessen (vgl. 1., 3.1.6.1). Hier kann es neben dem Erhalt von Werten und Bezügen auch zu deren Kritik und zu Neuschöpfungen kommen. Freundschaft ist immer auch Chance zur Innovation. Andererseits darf nicht vergessen werden, daß Freundschaft auch Diskriminierung sowie Ausschließung von Außenstehenden bedeuten kann.

Was soll nun Freundschaft für uns heißen? Die ,echte', auf ein ideales Endziel hingedachte Freundschaft gibt es nicht. Vielmehr ist diese eine relationale Intimbeziehung zwischen und für bestimmte Personen, in einem spezifischen Lebensumfeld, innerhalb einer historischen Gesellschaftsepoche. Freundschaft in unserem Kontext ist aufzufassen als Variation eines dynamischen, multidimensionalen Beziehungsprozesses in der Zeit. Unser nachfolgendes Modell der ,Bestimmungsfaktoren von Freundschaft' gilt als schematischer Nachweis ihrer sozial verorteten Vielfalt. Wissenschaftliches Herangehen an Freundschaft hat dies miteinzubeziehen.

Im Rahmen dieser Arbeit beschränken wir uns im folgenden darauf, einen möglichen idealen Fall von ‚Freundschaft als nicht-familiale Privatbeziehung‘ genauer zu bestimmen. Es geht uns dabei um die Ausdifferenzierung der interaktionalen Besonderheiten der Freundschafts-Konstruktion, ihren symbolischen Qualitäten und identitätsrelevanten Auswirkungen - in Absetzung zu familialen Beziehungen.

Freundschaft und ihre Bestimmungsfaktoren - ein Modell

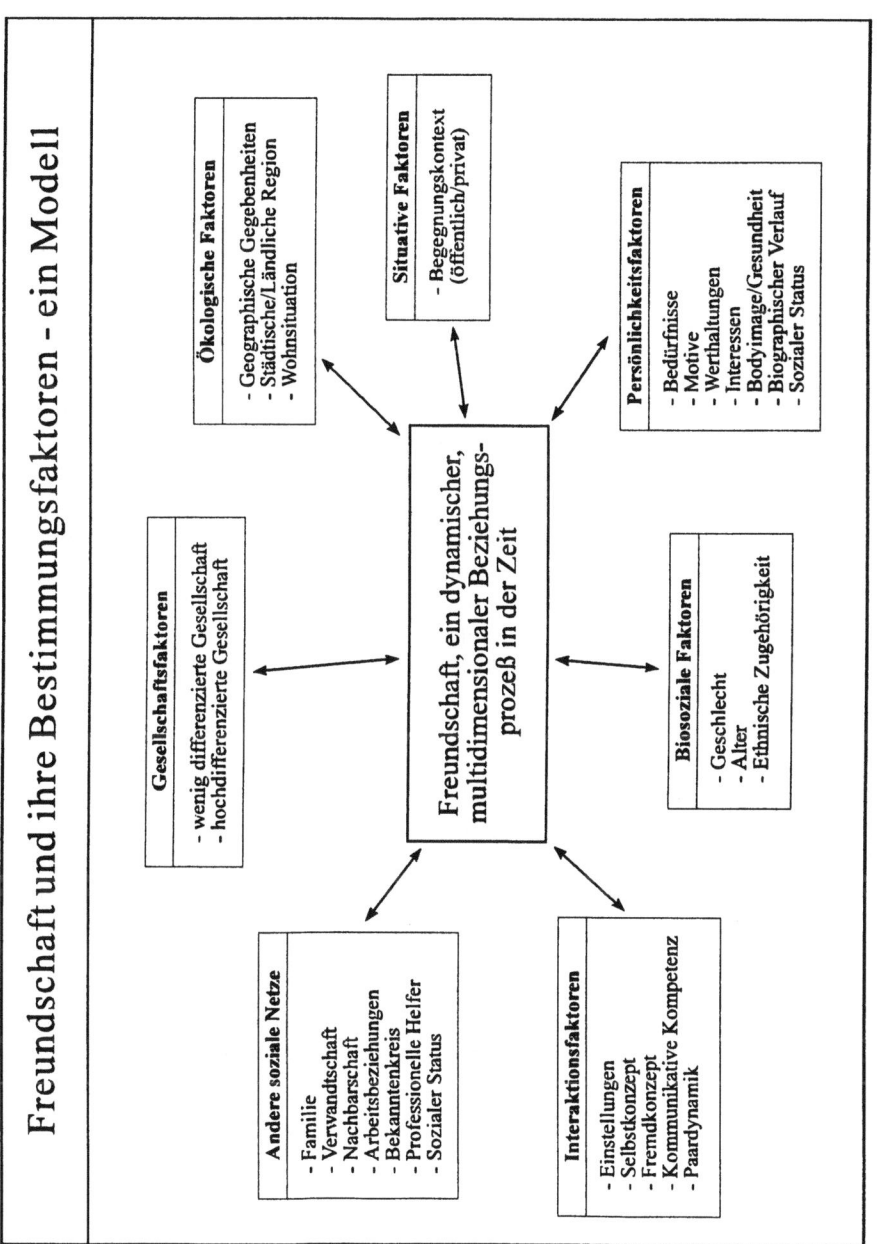

Ökologische Faktoren

- Geographische Gegebenheiten
- Städtische/Ländliche Region
- Wohnsituation

Situative Faktoren

- Begegnungskontext (öffentlich/privat)

Persönlichkeitsfaktoren

- Bedürfnisse
- Motive
- Werthaltungen
- Interessen
- Bodyimage/Gesundheit
- Biographischer Verlauf
- Sozialer Status

Gesellschaftsfaktoren

- wenig differenzierte Gesellschaft
- hochdifferenzierte Gesellschaft

Freundschaft, ein dynamischer, multidimensionaler Beziehungsprozeß in der Zeit

Biosoziale Faktoren

- Geschlecht
- Alter
- Ethnische Zugehörigkeit

Andere soziale Netze

- Familie
- Verwandtschaft
- Nachbarschaft
- Arbeitsbeziehungen
- Bekanntenkreis
- Professionelle Helfer
- Sozialer Status

Interaktionsfaktoren

- Einstellungen
- Selbstkonzept
- Fremdkonzept
- Kommunikative Kompetenz
- Paardynamik

4. Zu einem Konzept der Freundschaft als nicht-familiale Privatbeziehung

Freundschaft stellt einen eigenständigen Beziehungskosmos dar, der im intermediären Bereich zwischen privater und öffentlicher Sphäre angesiedelt ist. Ihr interner Konstruktionsprozeß läßt sich aber als Privatangelegenheit der Beteiligten auffassen, welche sich der unmittelbaren Einsichtnahme, Zelebrierung und Sanktion durch die Öffentlichkeit entzieht, wohl aber in deren Rahmen ermöglicht und ausagiert wird. Gleichzeitig unterscheidet Freundschaft sich hinsichtlich einiger Strukturmerkmale wesentlich von familialer Privatheit.

Der Versuch, Freundschaft als nicht-familiale Privatbeziehung transparent zu machen, findet seine Begründung außerdem darin, einen differenzierenden Akzent zu setzen, denn Primärgruppen-Forschung ist stark ‚familienlastig‘.

Der Vorteil des Privatheitskonzepts ist, daß es eine übergreifende Kategorie darstellt, welche die Gesamtheit der primären Gebilde faßt, die mit Innenperspektive, persönlichen, geheimen, vertraulichen, partikularen Vorgängen assoziiert werden. Gleichzeitig verweist es immer auch auf seinen makrosoziologischen Gegenpart, das Öffentliche, welches das Allgemeine, Amtliche, Einsehbare, normativ und universell Gültige signalisiert. Beide Sphären sind Pole einer Dimension, sie bedingen sich gegenseitig.

In der sozialwissenschaftlichen Literatur existieren unterschiedliche Herangehensweisen an dieses Phänomen. Eine Reihe von Definitionsversuchen resultiert aus der Thematisierung verschiedenster Aspekte: Der Soziologe SHILS (1966), der Psychologe JOURARD (1966) und der Politologe WESTIN (1970) sehen Privatheit als Informationskontrolle innerhalb des sozialen Austausches, während der Sozialpsychologe SCHWARTZ (1968) sie definiert als Fähigkeit zum physischen Rückzug von anderen und der Psychologe ALTMAN (1975, 1976, 1979) darin die selektive Zugangskontrolle zum Selbst bzw. dessen Gruppe sieht. Für die Umweltpsychologen PROSHANSKY u.a. (1970a:178) ist sie ein soziales Phänomen der Wahlfreiheit über Kommunikation im Raum. In der Rechtsliteratur wird Privatheit als Freiheit der Durchsetzung eigener Wünsche und Interessen definiert (vgl. FOODY/FINIGHAN 1981:1f.).

Je nach Anspruch focussieren die Konzepte eher ein Modell der Isolierung des Individuums oder aber des gegenseitigen Herstellens einer privaten Sphäre.

Für uns ist Privatheit als Interaktionsereignis relevant, exemplarisch durchgespielt an der Konstruktion von Freundschaft. Diese läßt sich in Anlehnung an SIMMEL und im Anschluß an die Konzepte von SHILS, WESTIN, PROSHANSKY u.a. begreifen als nicht aufgezwungene Privatbeziehung, die über das Zulassen und Ausloten von Nähe *und* Distanz möglich wird.

Da wir die Ansicht vertreten, daß freundschaftliche Interaktion - das Wie der Abstimmung - sich in wesentlichen Konstruktionsmerkmalen von familialen Dyaden abhebt, soll Freundschaft im folgenden Kapitel (4.1) strukturell von Familienbeziehungen abgegrenzt werden, nicht ohne zuvor empirisch die Bedeutsamkeit *beider* Sphären zu umreißen. Auf diesem Hintergrund ist es möglich, den eigenständigen Wert, das besondere Privatheits-Profil der Freundschaft klarzulegen, wo unter den Bedingungen von Freiwilligkeit, autonomer Kontrolle und symmetrischer Reziprozität Intimität entsteht, die ein „erkennbares Medium des Austausches" (PHILLIPS/METZGER 1976:179) hat (4.2). Im Handlungsvollzug werden spezifische symbolische Qualitäten vermittelt (4.3) und Freundschaft erweist sich als wichtiges konstituierendes Moment von Identität (4.4).

4.1. Freundschaft: Ihre Bedeutung und Konstruktionsbesonderheiten in Relation zur Familie

4.1.1. Zur Bedeutsamkeit von Familienbeziehungen und Freundschaften - empirische Befunde

In der Zusammenschau der soziologischen Beiträge zur Freundschaft haben wir diese auch als einen bislang vernachlässigten, nicht-familialen Primärbereich thematisiert, durch den das Individuum auf der interpersonalen Ebene emotionale, kognitive und materielle Unterstützung erfährt. Gleichzeitig wird es im Freundschaftshandeln in Gesellschaft integriert und trägt zu deren Zusammenhalt bei.

Schaut man auf die familiale Primärwelt, so zeigt sich aber, daß diese ähnliche Bedürfnisse, Werte und Funktionen realisiert wie Freundschaft „Kinship and friendship often provide the same interpersonal needs for individuals." (BELL 1981a:10). So ist es nicht verwunderlich, daß, wenn man das, was Freundschaft bietet, in Kontrast zur Familienwelt setzt, die beiden Bereiche als konkurrent erlebt werden könnten:

„It has often been the case that friendship has been seen as subversive to kinship and, by its very existence, threatening the sanctity of kinship." (ders. 1981a:11)

Tatsache ist, daß die Ausprägung und Qualität beider Bereiche nur als relationales Wechselverhältnis verstanden werden kann, welches in einem weiteren lebenspraktischen und gesellschaftlichen Werterahmen eingewoben ist.

Daß *beide* Sphären einen wichtigen sinngebenden Moment im Leben der Menschen darstellen, geht aus einer 1977 von KLINGER gemachten Studie hervor. Auf die Frage „Was gibt deinem Leben Sinn?", nannte der größte Teil der Befragten den Ehepartner, eigene Kinder, Eltern, Geschwister. Fast alle Befragten nannten auch Freunde. Religiöser Glaube wurde von weniger als der Hälfte der Leute genannt (zit. nach BERSCHEID/PEPLAU 1983:1). Eine 1986 erfolgte Umfrage bei 2.000 Bürgern ab 14 Jahren durch das B.A.T. Freizeit-Forschungsinstitut in Hamburg ergab zu der Frage „Was ist dir im Leben wichtig?", daß 90 % ihre Beziehung zur Familie und 88 % ihre Freunde für wichtig erachten (vgl. OPASCHOWSKI 1986). Dabei gilt, daß Verwandtschaft und Freundschaft sich nicht gegenseitig ausschließen, sondern als je eigene Quelle von Sinn aufeinander verweisen. Der ‚typische' Freund kommt nicht aus dem familialen Bezugsfeld: „But the basic result is that a friend, to a great extent, means not a relative." (FISCHER 1982a:295).

Die Bedeutung von Familie und Freundschaft im Lebenslauf ist einem ständigen Wandel unterworfen. DICKENS/PERLMAN (1981) fassen die wichtigsten amerikanischen Forschungsergebnisse zusammen, welche bei gebotener Vorsicht Tendenzen vermitteln: Beim Vorschulkind werden um das zweite Lebensjahr neben Familie die Spielkameraden, später in der Schule Peers wichtig. In der Pubertät, mit Ablösung von der Familie übernehmen Cliquen bzw. soziale Netzwerke wichtige Funktionen der Übergangshilfe, Orientierung und Selbstfindung. Trotz inkonsistenter Forschungsergebnisse, läßt sich für die späte Adoleszenz und das frühe Erwachsenenalter ein Höhepunkt für Freundschaften ausmachen. Ab dem 25. Lebensjahr werden vermehrt auch altersheterogene Beziehungen gepflegt. Singles haben die häufigsten Freundschaftskontakte, danach kinderlose Paare, die wenigsten Kontakte haben Eltern. Mit Heirat und Elternschaft setzt eine Tendenz zur Reduktion praktizierter sozialer Kontakte ein, die nicht notwendig auch Verwandtschaft miteinschließt. Es ist so, daß die Freundschaftsbindungen als solche aufrechterhalten bleiben, allerdings manchmal ‚einschlafen'. Verwandtschaft spielt bei Verheirateten eine größere Rolle als bei Singles und wird prinzipiell mit dem Alter (ab 45-65 Jahre) wieder relevant. Allgemein besteht Einigkeit darüber, daß mit zunehmendem Alter Freundschaftskontakte sich minimieren und Familienbande stärker in Anspruch genommen werden. Die Befunde von JOHNSON (1983) und ARGYLE (1986:32f.) besagen, daß Freunde im Alter und bei Krankheit weniger konkrete soziale Unterstützung bieten als Verwandte, andererseits bleibt die emotionale Funktion von Freundschaft, nämlich persönliche und moralische Unterstützung sowie als Quelle der Freude, nach wie vor relevant (vgl. CHOWN 1981, KERSTEN/KERSTEN 1988:534).

Obwohl keine Regeln aufstellbar sind, besteht in den Studien von FISCHER (1982b), JOHNSON (1983) und HÖLLINGER (1988) aber Einigkeit darüber, daß spezielle Bereiche sozialer Unterstützung auf bestimmte Netzwerksektoren verteilt sind: Kernfamilie und Verwandtschaft wird bei Krisen und Krankheit in Anspruch genommen, während gute Zeiten mit Freunden verbracht werden (sogenannte ‚Fairweather-Friends'). Dies umso ausgeprägter, je älter und hinfälliger man wird (vgl. CHOWN 1981, JOHNSON 1983).

In Abhängigkeit vom Vorhandensein, Verfügbarkeit und Qualität einer Familie findet sich in HÖLLINGERs Kulturvergleich über die Verteilung sozialer Unterstützung in Erwachsenenfreundschaften der BRD als Gesamtergebnis: Für Hilfe im Haus, bei Krankheit, Depression und schwierigen Entscheidungen wird an erster Stelle auf den Ehepartner bzw. -partnerin, dann auf Eltern und Kinder und drittens auf Freunde zurückgegriffen.

Kummuliert für alle 7 Länder[28] gilt jedoch: Für instrumentelle Hilfe (im Haus, bei Krankheit) wird erst der Ehepartner und zweitens Freunde angegangen, drittens Sohn und Tochter. Für emotionale Hilfe (bei Depressionen, schwierigen Entscheidungen) kommen nach dem Ehepartner wiederum die Freunde, dann die Mutter und seltenst der Vater.

FISCHER (1982b:132) zeigt ähnliche Befunde und stellt fest, daß man sich in Geldnöten besonders an ältere, männliche Verwandte richtet. Bei FISCHER (1982b:88) tritt auch der Aspekt des Brachliegens verwandtschaftlicher Beziehungen auf, die jederzeit aktiviert werden können, wohingegen Freundschaften viel stärker auf Begleiten, Interagieren und Konstruieren angelegt sind, was auch aus Kapitel 4.2.4 hervorgeht.

Scheinbar, so suggerieren die Befunde, hat die Familie ‚das Rennen' gemacht; Freundschaft steht an zweiter Stelle. Doch dies ist eine unzulässige Pauschalisierung. Die Quantitäts- und Bedeutungsverhältnisse von Freundschaft können nur in Relation zu anderen bestehenden Sozialbezügen erfaßt werden kann. Lebenswelt-Analysen bzw. Netzwerkstudien sind notwendig. Dies besonders in Anbetracht gesellschaftlicher Individualisierungstendenzen, die auch eine Ent-Institutionalisierung von Familie und damit möglicherweise einen Aufschwung von Freundschaften vorbereiten.

Freundschaften sind unverzichtbar und durch Familienbindungen nicht ersetzbar. Im folgenden geht es uns darum, die Eigenständigkeit und Besonderheit der Freundschaft in Relation zur Familie zusammenzustellen. Wir nehmen an, daß diese mit der spezifischen Struktur zusammenhängt, in der freundschaftliche Interaktion sich vom familialen Interaktionsmodus absetzt. Obwohl Freundschaft häufig von anderen Beziehungen abgegrenzt wird, gibt es - mit Ausnahme von ALLAN (1979) und teilweise RUBIN (1985:15ff.) - keine Forschungsarbeit, die sich explizit mit der strukturellen Verschiedenheit zwischen Familie und Freundschaft beschäftigt, welche offensichtlich unterschiedliche Muster der Sozialität hervorbringen.

Es kann jedoch um keine familiensoziologisch präzise Aufarbeitung gehen sondern darum, einen strukturellen Hintergrund für unser Freundschaftskonzept zu erstellen.

4.1.2. Strukturelle Unterschiede: Familie versus Freundschaft

Strukturmerkmale der Familienwelt
Einer der Basisunterschiede zwischen Familie und Freundschaft liegt in der Tatsache, daß Familienbande in unserer westlichen Kultur auf den Kriterien von „Blut und Heirat" aufbauen (ALLAN 1979:31). Blut (Natur) ist eine physikalische

---

28 BRD, Österreich, Ungarn, Italien, Großbritannien, USA, Australien

Substanz, die als objektiver Faktor einer natürlichen Beziehung gesehen wird, der nicht auflösbar ist. Auch symbolisch gilt: Eltern-Kind-Beziehungen zum Beispiel sind nicht auflösbar, auch wenn kein inhaltlicher Austausch besteht. (Vgl. KERSTEN/KERSTEN 1988:533ff.) Heirat (Kultur) kann als soziales Arrangement, als kulturelle Konstruktion gelten, in der Menschen einen Teil ihrer Beziehungen ordnen. Im Gegensatz zur Blutsverwandtschaft beruhen die Implikationen von Heirat auf Vereinbarungen, die auflösbar sind. ALLAN (1979:32) verweist zurecht darauf, daß die Bedeutung, die der natürlichen Basis von Verwandtschaft zukommt (z.B. die Postulierung von Unauflösbarkeit) durch die jeweilige kulturelle Interpretation entstanden ist. „Nonetheless it demonstrates that kinship is a social interpretation of a natural phenomena". L. RUBIN (1985:15ff.) geht noch einen Schritt weiter:

> „For many of us, kinship seems to fall more into the category of the sacred and friendship is in the area of the secular."

Für unsere Zwecke bleibt, daß Familienbeziehungen zu identifizieren sind über Blut und Heiratsverflechtungen. ALLAN (1979:34) nennt dies ein *„kategoriales Label"*, weil es sich um *externe* Bestimmungkriterien handelt, die noch nichts über die tatsächliche Qualität der Beziehung aussagen. Mit PARSONS ausgedrückt, beruhen diese Primärbeziehungen auf Zuschreibungen und nicht auf Leistung (vgl. SOLANO 1986:236, ALLAN 1979:40, EISENSTADT 1974).

Was Form und Inhalt der Handlungen innerhalb familialer Beziehungen anbetrifft, so sind diese je nach Kulturbereich vorgegeben und *institutionalisiert*. Das heißt, in der Familienwelt existieren komplementäre Rollen („opposed roles" - PAINE 1974:119) mit vorgegebenen Verhaltensmustern, die erwartbaren Handlungen eine bestimmte Richtung geben. Die komplementären Familienrollen beziehen sich nur auf den *Personenkreis* der Verwandten. Im Vordergrund der Beziehung steht dabei die Auseinandersetzung mit dem anderen als Träger einer bestimmten Rolle etwa als Frau für den Partner, als Mutter für die Tochter, als Schwester für den Bruder... und nicht prinzipiell die Ausrichtung von Individuum zu Individuum. BELL (1981a:15) zitiert eine 38jährige Frau aus seiner Studie, die den Tatbestand zusammenfaßt: „Often a husband or a parent won't let you be yourself." Die Begriffe „Mutter", „Vater", „Ehefrau", „Bruder", „Schwester", „Onkel", „Kusine"... designieren relativ eindeutig den Platz und die Anforderungen im verwandtschaftlichen Handlungsverbund betont L.RUBIN.[29] Natürlich schließt das nicht aus, daß man sich eben auch an den andern als Individuum wendet.

---

29 Dabei muß ins Bewußtsein rücken, daß in der heutigen Gesellschaft die angenommene Einheitlichkeit und Eindeutigkeit der Verwandtschaftsbegriffe deren wachsende Unterschiedlichkeit verschweigt. Es gibt z.B. geschiedene Väter, Väter von Einzelkindern, alleinerziehende Väter, uneheliche Väter, ausländische Väter, Stiefväter, arbeitslose Väter... (vgl. RERRICH 1989:96).

Allmähliche Freundschaft zwischen Familienmitgliedern würde eine Transformationsleistung[30] von einer komplementären Rollenebene in eine symmetrische, auf die ganze Person gerichtete Zuwendung bedeuten. Problematisch bleibt dann immer noch die Verfügung über zwei Rollenmodelle. Eine Mutter zum Beispiel kann sich im Konfliktfalle wieder auf ihre Mutterrolle berufen oder unbewußt danach agieren (vgl. YOUNISS/SMOLLAR 1985:145), gerade weil sie unauflösbar ist.

Während Blutsverwandtschaft unauflösbar ist, kann eine Ehe gelöst werden. Dieser Scheidungs-Prozeß ist institutionalisiert und hat lebenslange, *statusmäßige Konsequenzen* für den Betroffenen (vgl. 3.2.3). Die Auflösung von Verwandtschaftsbanden wird gesellschaftlich registriert, geregelt und sanktioniert. Für die Person und die Gesellschaft bedeuten hohe Ehescheidungsziffern ein Stigma, welches den Wert der Familie rehabilitiert.

Ein zentrales Merkmal der Interaktionsstruktur ergibt sich aus der Komplementarität der Rollen. Es ist die eher *komplementäre Reziprozität* aus der heraus gehandelt wird (vgl. YOUNISS 1982:79). Dieser wichtige Aspekt ist von YOUNISS besonders an der Eltern-Kind-Beziehung herausgearbeitet worden. Obwohl jede Interaktion auch symmetrische Elemente beinhaltet, meinen wir, daß Familienbeziehungen aber auch andere soziale Kategorien wie Schul- und Arbeitsverbindungen auf einem grundlegend komplementären und damit autoritätsanfälligen Austauschmodus beruhen, der z.B. darin zum Ausdruck kommt, daß von vorneherein ungleiche Einfluß- und Durchführungsmöglichkeiten von Interaktionen bestehen. Komplementarität bleibt auch dann noch bestehen, wenn mit einem einfühlsamen Stil kommuniziert wird, der Verständnis für den anderen signalisiert.

Der klassische Kontext oder *Ort* an dem Familienbeziehungen stattfinden, ist das ‚private Heim‘ im weitesten Sinne. Familiale Begleitung hat ihre Grenzen. An der Nahtstelle zum öffentlichen Bereich nimmt der aktive Zugriff und Einfluß der Familie ab. „The family as a system has boundaries that define and separate it from the outside world." (KERSTEN/KERSTEN 1988:9).

Auf die räumliche Lokalisierung von Familie angewendet, hat diese systemtheoretische Aussage ihre Berechtigung. Die ungeschriebene Regel ist, daß man im öffentlichen Leben im allgemeinen nicht von den Familienmitgliedern begleitet wird. Die Vorbereitung darauf beginnt schon im Kindergarten wo Kinder ‚abgegeben‘ werden und unter neuen räumlichen Bedingungen einen Teil ihrer Zeit mit anderen Kindern und Erwachsenen verbringen ohne Rückgriff auf die Eltern. Für Familienbeziehungen und Freundschaftsbeziehungen bestehen unterschiedliche Wirkungsbereiche stellt NAEGELE in einer Diskussion mit Hochschulstudenten fest (vgl. ALLAN 1979:41) und SIMMEL (1908:467) schreibt, insofern jemand „Familienmitglied ist, gehört er in den personal und räumlich festgelegten Kreis seiner Verwandten."

---

30 Dies gilt auch für andere Situationen aus denen heraus Freundschaften beginnen, z.B. zwischen Arbeitskollegen, jedoch mit unterschiedlichen Transformationsanforderungen (vgl. DUCK 1983:39).

Eng mit der Lokalisierung der Familie hängt deren vorgezeichneter *zeitlicher* Zuständigkeitsradius zusammen. Es gibt normative Vorstellungen dafür, wann ‚es Zeit ist' bzw. wann ‚es zu spät ist', eine Ehe zu schließen, Kinder zu bekommen und diese wieder loszulassen. Aus der Familie wächst man heraus, ohne die Beziehung zu lösen. Eine Entkoppelung der Zeitsynchronisation findet statt. Trotz wachsender (raum-zeitlicher) Unabhängigkeit der Kinder, kommt es doch im allgemeinen nicht so weit, daß Eltern automatisch zu Freunden werden. YOUNISS/SMOLLAR (1985:141) finden

> „The claim that parents have given up their traditional role to become their sons' and daughters' friends, seems highly exaggerated."

Wir glauben, daß dies - trotz kulturspezifischem Wandel - von der Tendenz her auch auf die Beziehung zwischen Erwachsenen und ihren Eltern übertragbar ist. Es kann zu einem eher ritualistischen denn freiwilligen Interagieren als Familienmitglied kommen. Die in der westlichen Kultur existierenden, intervallmäßigen Anwesenheitsverpflichtungen bei Geburtstagen, Heirat, Tod (vgl. KERSTEN/KERSTEN 1988:534) machen es möglich, Familienleben durch Einhalten von Konventionen zu demonstrieren, ohne daß persönliches Engagement zum Tragen kommen muß. Wer sich dauerhaft aus der Familie ausgrenzt, kann als ‚schwarzes Schaf' stigmatisiert werden, die formale Beziehung selbst zerbricht nicht.

Strukturmerkmale der Freundschaft

Während Familienbeziehungen mittels externer Kriterien (Blut, Heirat) zu identifizieren sind, die keine Aussage über die tatsächliche Qualität der Verbindung erlauben, gilt für Freundschaft, daß diese von innen heraus durch die Betroffenen selbst definiert wird, wenn eine persönliche Beziehung mit besonderer Qualität vorliegt (vgl. ALLAN 1979:34). Die aktuelle Beziehung als solche liefert das *interne* Kriterium für den Gebrauch des Begriffes.

Zwar wird durch die Ettikettierung ‚Freund' auch eine Einordnung in die soziale Struktur mitgeliefert, doch primär wird eine inhaltliche Aussage darüber getroffen, was dyadisch ‚geleistet' (achieved) und wie dies bewertet wurde. ALLAN (1979:34) spricht deshalb von Freundschaft als einem eher *„relationalen Label"* im Unterschied zum „kategorialen Label" der Verwandtschaft. Freilich ist der Terminus Freundschaft ambivalent und damit keineswegs präzise definiert, doch daraus entspringt auch seine Vitalität. Das Spektrum an Beziehungen, das dieser Begriff abdeckt, ist so weit, wie es theoretische Konzepte, kulturelle Varianten und persönliche Meinungen gibt (vgl. KERSTEN/KERSTEN 1988:534). Auch der *Personenkreis* auf den Freundschaft sich richten kann, ist nicht ausdrücklich begrenzt, wie etwa bei der Familie. EISENSTADT (1974) verweist in diesem Zusammenhang darauf, daß Freundschaft durch „Vorbehaltslosigkeit" gekennzeichnet ist und unter diesem Aspekt auch universalistisch (PARSONS) ist.

144

Die freie Verfügung über dieses Konzept hat ihre Ursache auch in dem Tatbestand, daß es im Prinzip keine gesellschaftliche Norm gibt, die Menschen dazu zwingt, Freunde zu haben - obwohl es unterschwellig als persönliches Versagen gilt, wenn jemand keine Freunde hat (vgl. KERSTEN/KERSTEN 1988:534). Freundschaft basiert auf der freien Wahl des Individuums (vgl. BELL 1981a:11, ALLAN 1979:40). Genauso wie die Auswahl des Freundes, beruhen Form und Gestaltung der Freundschaft nicht auf normierten und von außen sanktionierbaren Handlungsvorgaben, sondern sind der freien Initiative und Kontrolle der Betroffenen überlassen. Freundschaft als universelle soziale Kategorie ist zwar eine Institution, ihre internen Regeln sind jedoch nicht institutionalisiert wie familiale Handlungen. PAINE (1974b:128) spricht deshalb von einer *„institutionalized non-institution"* (Herv.d.V.).

Anders als bei Familienbeziehungen ist Anfang wie Ende der Freundschaft nicht klar markiert. L. RUBIN (1985:4) vermerkt allerdings die für Deutschland kulturspezifische Zeremonie des Duzens, welche ein Näherkommen der Sozialpartner signalisiert. Für die Aufrechterhaltung und den Verlauf der Beziehung sind die Beteiligten selbst verantwortlich. Die Freundschaft ist als Dyade nach TENBRUCK „hochpersonalisiert". Familienbande sind abgestützt auf institutionalisierte Einstiegs-, Erhaltungs- und Auflösungsrituale. Freundschaften hingegen können nur bestehen, wenn sie ständig mittels gegenseitiger Interaktion ausgehandelt werden. Diese spezielle Art der beidseitigen Handlungsfreiheit *und* des Zwangs zur Handlung birgt die Chance zur Selbst-Verwirklichung und Neuerschließung von Welt. Freundschaft ist also eine Leistung. Eine *Sanktionierung* erfolgt nicht durch gesellschaftliche Reaktionen, sondern durch die Partner selbst. Gesellschaftlich etablierte Bemühungen eine Freundschaft zu ‚retten' sind unüblich, im Gegensatz zu Ehe- und Familientherapien. Die Auflösung von Freundschaft geht einher ohne öffentlich beachtete Konsequenzen wie etwa Statusänderung, Namens- oder Ortswechsel (vgl. 3.2.3). Andererseits ist dort ein latenter Statusverlust denkbar, wo man einen ‚prominenten' Freund verloren hat.

Die permanente „Ko-Konstruktion" der Freundschaft (YOUNISS/SMOLLAR 1985:127) beruht auf einer prinzipiell symmetrischen Basis. Während familiale Beziehungen, aber auch viele andere soziale Begegnungen im formalen Sinne komplementär sind, gilt für Freunde, daß sie denselben Status, die gleiche bzw. symmetrische Rolle innehaben (vgl. PAINE 1974b:120). Symmetrie aber bedeutet grundlegende Gleichwertigkeit und Einflußmöglichkeit. Das heißt nicht, daß nicht auch innerhalb von Freundschaften komplementärer Austausch stattfindet. Doch ist es so, daß er auf Dauer gesehen als symmetrisch erlebt wird, und dieser Aspekt einklagbar ist. Die Rolle des Freundes ist auf den anderen in seiner Ganzheit als Individuum gerichtet, ohne dieses nach funktionalen Gesichtspunkten zu fragmentieren. Wenngleich diese idealistische Aussage durch die Implikationen der vorgängigen Kapitel relativiert wird (vgl. 3.2.1, 3.2.2), bleibt ihr Anspruch erhalten.

Zentrales Merkmal der freundschaftlichen Interaktion ist, wie YOUNISS (1982:79) überzeugend darstellt, die *symmetrische Reziprozität*. Diese beinhaltet, daß die Partner die Chance haben, über tendenziell gleichwertige Handlungsbeiträge die Beziehung mitzugestalten. Es gilt das Prinzip der Gleichheit und Gegenseitigkeit auf lange Sicht (vgl. YOUNISS/SMOLLAR 1985:131).

Familienwelt ist räumlich und lebenszeitlich lokalisierbar. Freundschaften haben keinen definitiven *Ort*, sind nicht kontextfixiert sondern so vielfältig auffindbar wie der potentielle Personenkreis.

> „...friendship and non-friendship are expressed not only through different feelings but through a totally different range of activities and situations." (DUCK 1983:36f.)

Für Freundschaften können öffentliche Szenerien zugänglich gemacht werden bis hin zur Ausweitung in den privaten Wohn- und Körperbereich. Die Nutzung des potentiellen Raumes unterliegt jedoch geschlechts-, alters- und schichtspezifischen Kriterien (vgl. ALLAN 1979, BELL 1981a, 1981b, DICKENS/PERLMAN 1981, DUCK 1983). Gerade weil Freundschaft da stattfindet, wo gemeinsam interagiert wird, ist ihre verbindende Funktion im privaten wie im öffentlichen Raum garantiert. Freundschaft zeichnet sich durch räumliche Flexibilität aus, die bis in die Abgehobenheit des vorgestellten, gemeinsamen geistigen Raumes reicht (vgl. KRACAUER).

Auch was die *zeitliche* Fixierung von Freundschaft anbetrifft gilt, daß sie keiner Beschränkung unterworfen ist. Vom Konzept her ist Freundschaft eine soziale Kategorie, auf die wir in jeder Lebensphase zurückgreifen können und die sich mit anderen Rollen auch zeitmäßig synchronisieren läßt. Es gibt kein ‚zu früh' oder ‚zu spät'. Genauso wie die räumliche Ausgestaltung wird auch das persönliche Zeitmanagement der Freunde den Kriterien des Geschlechts, Alters und ihrer sonstigen sozialen Einbindungen unterliegen.

Zusammenfassend soll die je besondere Kombination der Strukturmerkmale von Familie und Freundschaft festgehalten werden:

Von Familienbeziehung spricht man aufgrund von Zuschreibung (ascription) über Blut und Heirat (externe Kriterien). Die Handlungen sind institutionalisiert, d.h. raum-zeitlich und inhaltlich vorgezeichnet, vorhersehbar, routinisiert, gesellschaftlich sanktionierbar. Sie beziehen sich auf den Personenkreis der Verwandten über komplementäre Rollenverteilung als Familienmitglieder. Entsprechend ist der interaktive Austauschmodus komplementär.

Von Freundschaft sprechen die Betroffenen aufgrund permanenter Beziehungsarbeit (achievement). Sie wird gemeinsam von innen her bewertet und definiert (internes Kriterium). Die Handlungen sind wenig institutionalisiert, deshalb freiwillig, raum-zeitlich und inhaltlich nicht sicher vorhersehbar, neu, intern sanktionierbar. Der Personenkreis ist offen. Der Freund richtet sich an den anderen als ungeteiltes Individuum. Freundschaft besteht aufgrund gleichwertiger Rollen und symmetrischer Reziprozität.

Freundschaft stellt unseres Erachtens eine einzigartige Kombination dieser Aspekte dar. Es darf allerdings nicht vergessen werden, daß beide Modelle in jeder Beziehungsform vorkommen, doch sind die spezifischen Eigenheiten innerhalb des jeweiligen Typus erkennbar handlungsleitend.

4.2. Freundschaft als nicht-familiale Privatbeziehung zu zweit

Im Rahmen der Ausbalancierung freundschaftlicher Privatheit (4.2.1) spielen die im vorigen Kapitel (4.1.2) erarbeiteten Prinzipien eine wichtige Rolle. Sie lassen sich in drei interdependente Konstruktions-Kategorien fassen, hinsichtlich derer familiale Dyaden sich von Freundschaftsdyaden unterscheiden:

a) Kontrolle und Freiwilligkeit - aus der Wahlfreiheit bezüglich der Person des Freundes, der Kommunikationsmittel, der raum-zeitlichen Gestaltung, der internen Bewertung und Sanktionierung der aktuellen Beziehung (4.2.2);

b) Symmetrische Reziprozität - aus der gleichen Rolle von Freunden und der Orientierung an der ganzen Person (4.2.3);

c) Themenbezogenheit - als Unterpunkt von Wahlfreiheit aus der autonom bestimmbaren Inhaltlichkeit der Freundschaft (4.2.4).

4.2.1. Freundschaftliche Intimität: Balance zwischen ,Hin' und ,Weg'

Erste Überlegungen zur Privatheit finden sich bei Georg SIMMEL (1908). Im Kapitel „Das Geheimnis und die geheime Gesellschaft", auf welches wir uns in diesem Abschnitt stützen, thematisiert SIMMEL schon alle wesentlichen Aspekte des Phänomens, wie diese sich in den späteren Forschungen zur Privatheit wiederfinden, z.B. bei WESTIN, SCHWARTZ, ALTMAN (vgl. dazu KRUSE 1980:68ff.). Die von SIMMEL verwendeten Begriffe: Geheimnis, Diskretion, Reserve, Grenze, Intimität sind in einem sehr viel weiteren Bedeutungszusammenhang ausgearbeitet als es der heutige Gebrauch zunächst verspricht. Seine zentrale Kategorie, „das Geheimnis", beinhaltet die dynamische Sphäre des Privaten und bedeutet die dialektische Spannung zwischen dem, was in einer sozialen Beziehung verborgen und dem, was an Information dargeboten wird. Jedes Verhältnis zwischen zwei Menschen oder zwischen Gruppen ist charakterisierbar nach dem darin wirksamen Anteil des Geheimnisses. Das Geheimnis, die Privatheit[31] „bietet sozusagen die Möglichkeit einer zweiten Welt neben der offenbaren" (SIMMEL 1968:272) und beide bedingen sich. SIMMEL geht es dabei nicht um den Inhalt des Geheimnisses sondern um seinen Einsatz als allgemeine soziologische Technik bei der Konstruktion (dem Wie) von Beziehungen.

Privatheit bei SIMMEL basiert unserer Meinung nach auf drei wesentlichen Dimensionen: Dem interaktiven Zusammenspiel des Informationsmanagements,

---

31   Im folgenden verwenden wir den Begriff „privat" synonym zu „geheim"

der Grenzkonstruktion und der daraus entstehenden Bindungs- und Abstoßungsdynamik nach innen wie außen.

Informationsmanagement: Zwischen Wissen und Nichtwissen

SIMMELs Ausgangspunkt ist die These, daß sich soziale Beziehungen zwischen
Menschen oder zwischen Gruppen auf einer miteinander geteilten Wissensbasis
vollziehen. „Alle Beziehungen von Menschen untereinander ruhen selbstverständ-
lich darauf, daß sie etwas voneinander wissen." (SIMMEL 1968:256) Für uns heißt
das, daß Menschen, um eine Beziehung handhaben zu können, gegenseitig
Information (=Wissen) übereinander haben bzw. erwerben müssen. Unterschiedliche Beziehungsarten (bei SIMMEL exemplarisch: Zweckverband, Bekanntschaft,
Freundschaft, Ehe) sind auf eine jeweils andere Art und Intensität des sich
Kennens angewiesen. Kennen, meint KRUSE (1980:69) richtig, setzt
„Wissenlassen und andererseits Aufnehmen, Verstehen, Interpretieren voraus"
und beinhaltet nach SIMMEL auch unbeabsichtigte und/oder bewußte Täuschung.
Information kann und darf, je nach Beziehungstypus, eher symmetrisch oder un-
gleich verteilt sein. Da jeder aber nur Fragmente oder in den Worten SIMMELs
eine „Auswahl" bzw. „Auslese" (1968:259,262) seiner Gesamtpersönlichkeit offe-
riert, sind Beziehungen immer Konstruktionen aus Wissen *und* Nichtwissen.
„Auswahl" der gegebenen und empfangenen Information hängt aber implizit mit
Kontrolle zusammen, wobei anzunehmen ist, daß unterschiedliche Beziehungsformen ein anderes Maß beidseitiger Kontrolle zulassen.

Die reale Wechselwirkung - so SIMMEL (1968:257f.) - gründet sich auf dem
Bild, das Menschen voneinander entwerfen. Jede Beziehung ist Resultat eines
psychologischen und interaktiven Selektions- und Konstruktions-Prozesses, der
verankert ist in den Wünschen und Werten des Individuums, den „tatsächlichen
Verhältnissen" (ders. 1968:258f.), also der Situation, aber auch im Wissen um die
Einbindung in die Gesamtgesellschaft.

Informationen werden durch „Wort und Leben" (SIMMEL 1968:256) geoffen-
bart, was wir so verstanden wissen wollen, daß Kennen einerseits auf Vorwissen
beruht, andererseits durch körperliche Anwesenheit und Worte aber auch durch
tätiges Aneignen der sozialen und physikalischen Objekte in Raum und Zeit ermöglicht wird.

Information wird immer gefiltert und kontrolliert und zwar auch durch Techniken des Verbergens, Verzerrens oder der Lüge.

„Soziologische Strukturen unterscheiden sich auf das charakteristischste
durch das Maß von Lüge, das in ihnen wirksam ist." (SIMMEL 1968:260)

Mit der Einführung der Dialektik von Wissen und Nichtwissen, von Aufklären
und Maskieren liefert Simmel einen Beitrag zur Dynamik der Informationsver-
mittlung als beidseitig kontrolliertem, reziprokem Wahrnehmungs, Interpreta-
tions- und Konstruktionsprozeß. Jede Beziehung stellt in Art und Grad eine
Variation dieses offenen Prozesses dar.

Für Freundschaft und Ehe gilt, daß sie auf dem Kontinuum zwischen Wissen und Nichtwissen, eher beim Wissenspol liegt. Aus der Innenperspektive betrachtetet, ist sie nicht auf Zurückhaltung von Information angelegt wie etwa der Zweckverband, sondern auf offenen, persönlichen, gleichgewichteten Informationsaustausch. Von der Gesellschaft her gesehen zeigt Freundschaft sich, gerade weil sie nicht institutionalisiert ist, höchst privat und sozusagen geheim. (Vgl. SIMMEL 1968:268f.)

Sie zählt zu jenen kleinen Kreisen, von denen SIMMEL (1908: 275) sagt, daß durch die psychische und physische Nähe Zurückhaltung bzw. Geheimhaltung von Informationen erschwert wird und damit die Chance besteht, sehr viel gegenseitiges Wissen auszutauschen. Freundschaft gehört - um es mit LUHMANN (1982:14f.) auszudrücken - zu jenen Beziehungen, in denen auch und gerade die individuellen Angelegenheiten und Eigenschaften des anderen bedeutsam sind. Der Freundschaftscode erlaubt es nicht, Persönliches ganz auszuschließen, was auch aus dem empirischen Befund von ARGYLE/HENDERSON hervorgeht. (Vgl. 3.2.4) Dies gilt zwar auch für Ehe und Familie, doch unter anderen strukturellen Bedingungen und Zwängen. (Vgl. 4.1.2)

Freundschaft ist dann eine „völlig eigenartige Synthese" (SIMMEL 1968:269) des gegenseitig sich respektierenden Wissen-Lassens und Verschließens im permanenten kommunikativen Austausch.

„Es geht... um Informationen über Details aus dem Privatleben der beteiligten Personen, über ihre Motive, Einstellungen, Hoffnungen." (PETERS 1982:253)

Freundschaft ist eine freiwillige Beziehung, die auf Transparenz und Wahrheit der Information angelegt ist. Fraglos ist deshalb die Lüge als soziale Technik dort nicht vorgesehen und eher in der anonymen Öffentlichkeit angesiedelt. Soziale Felder können auch nach dem Anteil der Lüge differenziert werden.

„Je ferner dritte Personen dem Zentrum unserer Persönlichkeit stehen, desto eher können wir uns praktisch, aber auch innerlich mit ihrer Unwahrhaftigkeit abfinden: wenn die paar nächsten Menschen uns belügen, wird das Leben unerträglich." (SIMMEL 1968:260)

Es darf dabei nicht übersehen werden, daß gerade unter den nächsten Freunden die Chance zur Lüge im hohen Maße gegeben ist.

Freilich bedeutet das nicht, daß totale Offenheit herrscht. Art und Intensität des Informationsaustausches in einer Freundschaft variiert je nach Individuum, Dyade und soziokultureller Einbindung. SIMMEL greift den Gesellschaftsaspekt auf: Er sieht einen Zusammenhang zwischen dem individuellen Engagement innerhalb einer Freundschaft und der jeweiligen Gesellschaftsstruktur. Während in der Antike und Romantik das „ungeteilte Ich" (SIMMEL 1968:268) in die eine (Busen-) Freundschaft eingebracht wurde, tendiert der moderne Mensch dazu, viele differenzierte Freundschaften auf den unterschiedlichsten Interessengebieten zu pflegen. Jede dieser Beziehungen hat eine individuelle Note und ein eigenes „Maß des Eindringens oder der Reserve" (ders. 1968:269). Entscheidend aber ist die Bemerkung, daß diese eingeschränkte freundschaftliche Zuwendung trotzdem aus dem Zentrum der ganzen Persönlichkeit kommen kann. Dies stellt die kulturpessimistische These (z.b. TOFFLER 1970) von der zunehmenden Verflachung der Beziehungen mit ansteigender Freundeszahl zumindest infrage und verweist darauf, daß die Bereitschaft zu unterschiedlichsten Freundschaften in der Gegenwart notwendig ist, um sich darin zu arrangieren und damit auch den einzelnen Freund vor Überfrachtung zu schützen.

Grenzkonstruktion: Spannung zwischen Distanz und Nähe
Der interaktive Umgang mit der Hergabe und Zurückhaltung von Information führt schließlich zum Prinzip der Grenzkonstruktion als Spannung zwischen Distanz und Nähe. „Die Grenze ist nicht eine räumliche Tatsache, sondern eine soziologische Tatsache, die sich räumlich formt" (SIMMEL 1908:623) und damit auch symbolisch manifestiert. Die Grenzdynamik steht im direkten Zusammenhang zum Informationsmanagement, beide beeinflussen Form und Qualität einer Beziehung. Jede Verbindung geht in spezieller Weise mit Distanz- und Nähe-Symbolen um und konstruiert sozusagen ihren eigenen personalen Bewegungs-Spiel-Raum in der Zeit. Grenzen sind nicht absolut, sondern individuell, interaktiv und soziokulturell aufgebaut, gewertet und modifizierbar.

Grenzen sind weder statisch noch bis ins Kleinste definiert, es bestehen Leer-Räume. Der inanspruchgenommene oder ausgehandelte personale und territoriale Grenzraum steht auch in Wechselwirkung mit Aussparungen oder Tabus. Ein Tabu ist ein

„Gegenstand oder Gebiet des theoretischen oder gefühlsmäßigen Interesses, das sie (die Individuen) wie auf eine stillschweigende Verabredung hin nicht berühren, sei es weil diese Berührung schmerzlich wäre, sei es, weil sie einen Konflikt davon befürchten." (SIMMEL 1908:705)

So kann es sein, daß beispielsweise ein common sense darüber besteht, bestimmte Themen, Personen, Räume, Objekte etc. unangetastet zu lassen. Sie bleiben Geheimnis.

Gerade im Umgang mit Gebieten die „keinem gehören oder potentiell beiden" (SIMMEL 1908:704), d.h. die nicht vollständig geregelt sind, spielt unseres Erachtens die Moral, das ethische Handeln eine wichtige Rolle.

„Das inhaltliche wie soziologische Wesen ganzer gesellschaftlicher Kreise bestimmt sich danach, inwieweit jener Verzicht auf egoistische Chancen sich zwischen die Einzelnen schiebt, oder ob das allgemeine Verhalten sich nach dem Wahlspruch: was nicht verboten ist, ist erlaubt - richtet." (ders. 1908:706)

150

Auch im Umgang mit der „Grenzwüste" (SIMMEL 1908:706) manifestiert sich die Qualität einer Beziehung, denn auch das, was stillschweigend tabuisiert ist, kontrolliert und konstituiert die Beziehung.

Freundschaft, Ehe und der Zweckverband haben ihre je eigene Grenzdynamik. Die Freundschaft ist ein Nähe-Verhältnis, welches jedoch ohne Distanz nicht auskommt. Es muß quasi das Fremdsein gleichzeitig gelebt werden wie die Intimität. Wissen und Nähe in der Freundschaft kann nicht erzwungen werden, anders als etwa in der Familie, wo Zuwendung und Offenheit durchaus etwa seitens der Eltern erzwungen werden kann. Die Bedeutsamkeit der autonomen Konstruktion und Einhaltung von Grenzen gerade in einer intimen Beziehung erläutert SIMMEL anhand der Ehe, bei der die Gefahr der Verschmelzung und damit der Grenzauflösung besteht. Dadurch verliert eine Beziehung an Motivation und Spannung, der freie Blick auf sich selbst und den anderen wird verwehrt. Die Besonderheit der Freundschaft liegt darin, daß der Eigenständigkeit und Respektierung der Personen eine genauso wichtige Funktion zukommt wie der Identifikation und Solidarität. SIMMEL (1968:269,272) meint - und dies ist wiederum ein aktueller Ansatz - ob man sich nicht qualitativ mehr gehört, wenn man sich quantitativ weniger gehört, d.h. Nähe durch Distanz schafft.

Ideelle, personale und räumliche Grenzen in einer Freundschaft sind originär. In familialen Beziehungen kennt man die verbindlichen ‚Abstände' voneinander, während innerhalb einer Freundschaft Distanzen eigenständig ausgehandelt, modifiziert und aufrechterhalten werden, um schließlich eine eigene Grenznorm herauszukristallisieren. Aber gerade weil diese Grenzkonfigurationen wenig fixiert sind, zeigen sie sich verletzbar, können jederzeit, z.B. durch neue Informationen infrage gestellt werden und müssen deshalb ständig beobachtet, bestätigt und erneuert werden.

Jede Freundschaft hat ihren unbesetzten Raum, der mit in die Beziehungsqualität integriert ist. Freunde verzichten mindestens vom Anspruch her darauf, fordernd in den anderen einzudringen oder egoistisch Lücken auszunutzen. Freundschaft hat nur Bestand, wenn jeder sein Tun wohlwollend am anderen ausrichtet, was auch Wissens- und Machtverzicht bedeutet.

Bindungs- und Abstoßungsdynamik der privaten Beziehung

Die beziehungsstiftende Dynamik des Geheimnisses ergibt sich aus dem interaktiven Spiel zwischen ‚Hin' und ‚Weg' unter Einsatz verschiedenster Techniken wie sie Offenheit, Diskretion, Reserve, Vertrauen aber auch Tabuisierungen und Lügen darstellen können. Aus der Privatheit als einer reziproken Übereinkunft darüber, was wieweit geteilt werden soll und was nicht, ergeben sich innerhalb der Beziehung sowie hinsichtlich des sozialen Umfeldes und der Öffentlichkeit bestimmte Folgen.

Während private Beziehungen nach innen Gleichwertigkeit, Zusammenhalt und Schutz schaffen, produzieren sie in ihrem Verhältnis zur Umwelt Ungleichheit und Ausschließung. Für einen Außenstehenden ist eine private Beziehung im wahrsten Sinne des Wortes ‚Geheimnis voll', denn Insider-Wissen hat immer auch etwas mit Macht zu tun, ganz in dem kindlich diskriminierenden Sinne „Ich weiß doch was, was du nicht weißt." (SIMMEL 1968:274)

In dem Bewußtsein, bestimmte Informationen miteinander zu teilen, entsteht nach SIMMEL (1968:273f.) eine Art „Eigentumsgefühl" und es kommt zur „Nivellierung" der Partner, d.h. zur personalen Angleichung und zum Aufeinanderangewiesensein. Bindungs- und Identifikationsdynamik stehen aber in unmittelbarer Wechselwirkung mit der Möglichkeit zur Abstoßung und Individualisierung. Art und Ausmaß dieses dialektischen Prozesses variiert mit dem Beziehungstypus. Der Bestand privater Beziehungen, insbesondere von Dyaden ist aber an die Prämisse gebunden, daß das geteilte Wissen nicht verraten wird, sondern vor allem untereinander zur Anwendung kommt. (Vgl. SIMMEL 1968:274) Innerhalb der Beziehung kann es gegen den Partner verwendet werden und durch Hinaustragen in die Außenwelt bzw. Hereinlassen anderer, löst sich der besondere Kosmos und damit die Bindung und Gleichwertigkeit auf und wird zum relativ wertlosen Allgemeinplatz.

Für Freundschaft gilt, daß ihre besondere Strukturkombination dem Bedürfnis des Menschen nach Balance zwischen Bindung *und* Abstoßung entgegenkommt. Sie sträubt sich gegen symbiotische Vermassung auf der einen Seite und gegen Isolation andererseits, wie diese häufig in Familiensystemen anzutreffen ist. Freundschaft als freiwillige Zweierbeziehung führt durch das gemeinsam erworbene und geteilte Wissen zu einem prinzipiellen Gefühl der Gleichwertigkeit im Sinne der von uns postulierten gleichen Rolle. Da die normativen Vorgaben gering sind, kann hoher reziproker Einfluß auf das Maß des Zusammenhalts genommen werden, was parallel das Hervortreten des Individuums in seiner Einzigartigkeit notwendig macht. Gerade in der freien Auseinandersetzung mit dem anderen kann der Mensch sich mehr und mehr differenzieren, d.h. sich solidarisieren *und* abgrenzen. Nur in einem geschützten, wohlwollenden Interaktionsklima, wo nicht Zwang und Sanktion im Vordergrund steht, können Menschen angstfrei Bindung und Trennung leben und damit Neues und Ungewohntes erproben. (Vgl. SIMMEL 1968:275ff.) Eine wichtige und empirisch bestätigte Voraussetzung (vgl. 3.2.4) für die Aufrechterhaltung dieser Sphäre ist, daß Verlaß auf Informationsabgrenzung nach außen existiert. Mit SIMMEL (1968:274f.) heißt das, daß Freundschaft nur bestehen kann, solange die Subjekte geneigt und fähig sind, ihr Wissen bei sich zu behalten und nicht zu „verraten". Es geht um Solidarität und Verläßlichkeit.

Aus der Perspektive der Gesellschaft entzieht sich demnach die interne Relevanzstruktur der öffentlichen Einsicht. Den Wechsel von Eigenständigkeit und Gegenseitigkeit zwischen Gesellschaft und Freundschaft thematisiert SIMMEL (1957:241) im Zusammenhang mit der Entwicklung der Großstädte: Gerade die Undurchschaubarkeit und Unpersönlichkeit ruft eine Gegenbewegung in Form von Privatisierung und Individualisierung hervor, zu der unseres Erachtens vermehrte Freundschaftsbildung zählt.

Als Fazit ist für Freundschaft festzuhalten, daß sie eine interaktional konzipierte Privatsphäre darstellt, die dem Pol des gegenseitigen Kennens, d.h. des persönlichen Wissens, der Nähe und Bindung zustrebt. Freundschaften sind Orte der Zugehörigkeit und sind dem Privatheitstypus der „Intimität" von WESTIN (1970:31f.)[32] zuzuordnen, weil ein sich von Dritten abgrenzendes Wir-Gefühl, Zuneigung und entspannte Zusammengehörigkeit entwickelt.

Viel stärker als etwa in der Ehe (in der die Verschmelzungsidee virulent werden darf), beruht freundschaftliche Intimität von ihrem sozialen Kodex her auf dem Zulassen und der permanenten Balancierung von verbalem und nonverbalem Sich-Offenbaren-Können *und* Sich-Zurückziehen-Dürfen. Die gemeinsame Privatwelt beruht auf der Verständigung über und intersubjektiven Synthese von persönlichen Welt- und Lebensauffassungen, Erinnerungen, Normen, Werten, Einstellungen und Gefühlen. Informationgeben und Informationverweigern lösen sich als akzeptierte Kommuniktionsmittel ab. Freunde orientieren sich dabei an allgemeinen Diskretionsnormen, handeln aber auch adäquate neue Normen aus.

Im Rahmen des Informationsmanagements, welches auch vom gemeinsamen Interessengebiet abhängt (vgl. 4.2.4), werden Grenzen konstruiert. Grenzen sind Nähe-Distanz-Relationen und Freundschaft kann als Nähe-Verhältnis bezeichnet werden. In einer funktionierenden Freundschaft darf der andere weder zur Preisgabe seiner ‚Geheimnisse' und damit zu unerwünschter Nähe (Enge) gezwungen werden, noch die Interaktion völlig aufgeben (Sich-Isolieren). Allein möglich ist eine beidseitig bejahte und ständig neu abzustimmende Balance zwischen Verschmelzung und Isolation bzw. Identifikation und Autonomie.

Wissens-Austausch, der in einer akzeptierenden Atmosphäre, unter Ausschließung Dritter geschieht, schafft exklusive Gemeinsamkeit, Gleichheit und damit Bindung aus der geteilten Privatheit. Aus dem Aufeinanderverwiesensein fließt dem einzelnen Stärke zu, die auch zur Abstoßung voneinander und zum Freiheitsbedürfnis führt. Freundschaften sind nur aufrechtzuerhalten im Spannungsfeld zwischen Bindungsfähigkeit und Loslassenkönnen oder zwischen Abhängigkeit und Freiheit.

Obwohl auch familiale Dyaden den Nähe-Verhältnissen zu subsumieren sind, scheint es doch, daß in der Realisierung von Freundschaft dem Balanceprozeß zwischen ‚Hin' *und* ‚Weg' eine sehr viel nachhaltigere, kulturell verankerte Akzentuierung zukommt. Anders als etwa zwischen Eheleuten, besteht zwischen Freunden nicht die „Fiktion der totalen Zugänglichkeit" und „die Erwartung, den anderen gänzlich zu verstehen." (HAHN 1983:217, aber auch SIMMEL) Vielmehr wird der Aufbau und die Qualität der geteilten Privatwelt sich daran orientieren, was freiwillig an letztlich ‚bruchstückhafter' Information in die Beziehung einge-

---

32 WESTIN differenziert vier Typen von Privatheit: Einsamkeit (= isoliert, frei von Beobachtung durch andere), Intimität (= Dyade oder Gruppe in Absetzung von sekundären Partnern und Öffentlichkeit), Anonymität (= aktives Sichbefreien von persönlichem Identifiziertwerden), Reserviertheit (= Distanzierung zum Schutz der Persönlichkeit). WESTIN beschäftigt sich leider nicht mit der inhaltlichen Verflechtung der Typen.

bracht wird und unbewußt einfließt, dazu gehört die Respektierung des Geheimnisses.

Innerhalb der Freundschaft als einer „freischwebenden Verbindung" (SIMMEL 1908:698) entwickeln sich deshalb völlig andere Inhalte und Erlebnisweisen als in öffentlichen, „fest umschriebenen" Verhältnissen (ders. 1968:268). Freundschaft bietet nach SIMMEL (1968:272) die „Möglichkeit einer zweiten Welt", jedoch nicht abgeschnitten, sondern immer in Interdependenz mit dem jeweiligen Lebensfeld bzw. der Öffentlichkeit. Sie erweist sich demnach doppelt privat. Aus der Innenperspektive lebt sie vom geteilten ‚Privat-Wissen', welches sich dem Blick und der Sanktion der Öffentlichkeit entzieht. Sie kann durchaus vor Dritten verleugnet werden. Von außen gesehen hat Freundschaft geheimen, unter Umständen sogar subversiven Charakter.

Die Ausbalancierung des Freundschaftsverhältnisses steht aber in enger Verflechtung mit weiteren Konstruktionsmerkmalen.

4.2.2. Kontrolle und Freiwilligkeit in der Freundschaft

Ein zentrales und unverzichtbares Kriterium der Freundschaft ist die Freiwilligkeit. Dies betonen schon TÖNNIES, v. WIESE, TENBRUCK, SUTTLES und EISENSTADT, ohne jedoch genau zu spezifizieren, was darunter verstanden werden soll.

Nicht immer war Freundschaft eine Sache des freien Willens für jedes Individuum. In der frühen Antike stellte sie eine praktische und zwangsweise Notwendigkeit dar, um in das öffentliche Leben eingebunden zu sein. Erst um ARISTOTELES wird Freundschaft - vorwiegend unter Männern - freie Wahlbeziehung. Sie ist jedoch bis etwa im 16. Jh. ein Privileg geistig Freigestellter. Die heutige Form der Freundschaft als freiwillige Beziehung für jeden, ist mit direktes Resultat der Gesellschaftsprozesse der Aufklärung. (Vgl. 2.)

Das konkrete Maß der Freiwilligkeit erweist sich also nicht nur als persönliche Entscheidungsfähigkeit sondern ist auch gesellschaftlich determiniert. In Theorie und Forschung wird dieser Zusammenhang oft außerachtgelassen, was die Gefahr impliziert, daß Freundschaften schwerpunktmäßig als Funktion rein subjektiver Wahl bzw. Kontrolle gedacht werden, losgelöst vom komplexen Einflußbereich sozialer und ökologischer Felder. Es gilt, daß die persönliche Entscheidungsfreiheit, Freunde auszusuchen und Freundschaften aufrechtzuerhalten, durch vielfache soziale Zwänge eingeschränkt und modifiziert wird. Jede Dimension der Bestimmungsfaktoren von Freundschaft (vgl. 3.4) hat auch unterschiedliche Auswirkungen auf die Kontrolle des Individuums über seine Freundschaften. So betonen etwa LAUFER/WOLFE (1977:38), daß Verhaltensoptionen mit dem Lebensalter entstehen und variieren, andererseits erschwert die komplexe, verpflichtende Rollenstruktur des Erwachsenen freie Entscheidungen (vgl. SUTTLES 1970) und Schichtzugehörigkeit kann maßgeblich Handlungsspielräume beschneiden (vgl. ALLAN 1979:116ff.). Freiwilligkeit und Kontrolle hängen also eng damit zusammen, inwieweit Menschen in ihren sozialen Kreisen verhaftet bzw. freigestellt sind, das heißt auch Rollendistanz haben.

Zunächst soll gezeigt werden, daß Freiwilligkeit von Freundschaftsbildung nicht mit psychologischer Beliebigkeit identisch ist, sondern beispielsweise durch verschieden gelagerte Nachbarschaftsverhältnisse mitkontrolliert wird. Diese stehen quasi in funktionaler, qualitativer und raum-zeitlicher Konkurrenz zu speziellen Zweierbeziehungen und relativieren den Kontroll-Spielraum des Individuums bzw. der Dyade.

Exemplarisch kann der Beitrag von MILARDO (1986:145ff.) herangezogen werden, der den Aspekt der Beeinflussung individueller Freundschaftswahl und -qualität durch das schon vorhandene soziale Netz[33] aufgreift und empirisch belegt. Freundschaft ist auch einem sozialen Diktat ausgesetzt. Der kollektive Einfluß auf das Individuum und dessen Plazierung von Zweierfreundschaften, ist grob durch einige bestätigte Hypothesen zusammenzufassen (SALZINGER zit. nach MILARDO 1986:158ff.):

1) Je stärker das soziale Netz verflochten ist und je enger jemand darin integriert ist, desto weniger werden Beziehungen zu Leuten außerhalb dieses Netzes initiiert. Das heißt, die Integration in dichte Netzwerke begrenzt die Möglichkeiten des an und für sich freien Zugangs zu Außenstehenden und kann individuelle Kontrolle einschränken. Im Kontrast dazu haben Mitglieder von Netzwerken mit geringer Dichte tatsächlich auch häufiger Beziehungen in Bereichen, die nicht mit dem Netzwerk überlappen.

2) Interdepent mit These 1 ist die Hypothese, daß Netzwerke mit zunehmender zeitlicher Dauer eine wachsende Dichte entwickeln und neue Zweierbeziehungen neigen dazu, aus den eigenen Reihen zu entstehen. Schon SULLIVAN (1980) verweist darauf, daß die Wahrscheinlichkeit zur Freundschaft zwischen A und B steigt, wenn beide gemeinsame Freunde haben. Das hieße, potentiell uneingeschränkte Wahlmöglichkeiten werden aufgrund bestehender Angebote möglicherweise nicht voll ausgeschöpft.

3) Zweierfreundschaften innerhalb eines strukturell eng zusammenhängenden Netzwerks sind vergleichsweise dauerhafter und stabiler als jene in locker verknüpften Netzwerken. Hier überträgt sich der Zusammenhalt im Netzwerk auf die Stabilität von Zweierfreundschaften. Dies deshalb, weil dyadische Aktivitäten auch funktional auf dem Netzwerkhintergrund verankert sind. Persönliche bzw. interpersonale Kontrolle über den Bestand einer Beziehung wird also vom sozialen Netz mitgetragen.

4) Die strukturelle Interdependenz eines Netzwerkes wird außerdem den internen Charakter der persönlichen Beziehungen mitgestalten. Stärker als in lockeren Netzwerken werden Zweierfreundschaften in eng verknüpften Netzen intensiver und reichhaltiger an Wissen sein, weil die Freunde mehr Möglichkeiten des Informationsaustausches übereinander wahrnehmen

---

33 Das soziale Netz impliziert Verwandte und Nichtverwandte, wie Freunde, Mitarbeiter, Nachbarn, Schulkameraden, Hobbybeziehungen und andere.

können, wenn man sich untereinander kennt. Über indirekte Kommunikation, d.h. durch Austausch mit einer dritten Partei, kann zusätzliches Wissen aus der Hereinnahme verschiedener Perspektiven über den Freund erworben werden.

Von diesen Befunden kann nun nicht abgeleitet werden, daß Freiwilligkeit in der Freundschaft eine Utopie sei. Vielmehr ist es so, daß Freundschaft eine Privatbeziehung ist, die sich in Absetzung zu Familien- und Arbeitsbeziehungen durch ein hohes Maß an Freiheitsgraden, d.h. persönlichen Kontrollchancen auszeichnet. Es kann sich dabei aber nur um eine interaktional anerkannte und reziprok abgesicherte Kontrolle innerhalb eines soziokulturellen Rahmens handeln, nicht um falsch verstandene Autonomie und Freiheit.

Interaktive Kontrolle als Strukturmerkmal von Freundschaft ist Konsequenz daraus, daß Freundschaften von außen wenig normiert und sanktioniert sind. Damit kann die Verantwortung für das Beziehungsmanagement an die Individuen überantwortet werden. Freundschaftswahl und -aufrechterhaltung sind relativ frei von gesellschaftlichen Vorschriften und Zuschreibungen. (Vgl. auch DuBois 1974:17) Insofern jedoch eine Freundschaft etabliert ist, wird sie von innen heraus definiert bzw. zugeschrieben, oder wie Strauss (1974:13ff.) sagt, sprachlich benannt. In dieser Verknüpfung des Begriffes ‚Freundschaft' mit dem laufenden Beziehungsprozeß findet eine gemeinsame Wertung statt und die besondere, originelle Freundschaft wird mit dem gesellschaftsrelevanten Kulturphänomen verbunden. Dadurch ist ein Handlungshintergrund vorgezeichnet, der reziproke Erwartungen und Verpflichtungen hinsichtlich des Umgangs mit persönlicher Information, Nähe und Bindung mittransportiert und die Aktionen in eine Richtung zwingt. (Vgl. Helle 1977:130ff.) Es trifft zu, was Field (1978:252f.) meint:

> „Etwas benennen zu können, verleiht uns irgendwie Macht über diese Sache, und die Art und Weise, wie wir eine Sache nennen, hat erhebliche Konsequenzen für die Interaktion in der betreffenden Situation; und die Art der Kontrolle beruht darauf, wie man diese Situation füllen möchte... Namen fungieren eben als wichtige Mechanismen sozialer Kontrolle."

Dieser interne und nur gemeinsam durch die Betroffenen zu bewerkstelligende Zuschreibungsprozeß - auch im Sinne von W.I. Thomas - ist jedoch im Gegensatz zu familialen Beziehungen nie abgeschlossen und gesichert. Genau genommen handelt es sich bei Freundschaften immer nur um einen vorläufigen Konsens. Eine Freundschaft muß gepflegt werden, d.h. die Qualität ihres Distanz-Nähe-Verhältnisses ist permanent unter Beweis zu stellen, muß ausgehandelt und konstruiert werden.

In Anlehnung an die Privatheitskonzepte von Shils (1966), Proshansky u.a. (1970), Laufer/Wolfe (1977) und Altman (1979) läßt Kontrolle sich klassifizieren als

- Kontrolle über den Zugang zu einer Person, d.h. Wahlfreiheit in Bezug auf Herausgabe und Zurückhaltung, Annahme und Ablehnung von Informationen

- Kontrolle über den Handlungs- und Erlebnisspielraum im Sinne freier Wahlmöglichkeiten über Handlungsalternativen (vgl. KRUSE 1980:99,124f.) sowie unseres Erachtens
- Kontrolle über die Benennung der Beziehung als Freundschaft.

Kontrolle und Freiwilligkeit in der Freundschaft heißt dann, generell darüber entscheiden zu können, ob und mit wem, in welcher Angelegenheit und Intensität Kontaktaufnahme erwünscht ist, wie lange die Beziehung dauern soll und mit welchen Mitteln sie aufrechterhalten wird. Das impliziert auch Steuerung der Darstellung, Differenzierung und Strukturierung des inneren (geistigen, Identitätsraumes) sowie des äußeren Raumes (Körperrefugium, Verhaltensanordnung in privaten und öffentlichen Territorien) in der Zeit. Sofern es sich bei Freundschaft nur um eine interaktive, am andern sich orientierende Kontrolle handeln kann, bedeutet dies konkret die raum-zeitliche und symbolische Synchronisation von Handlungen, um zu einer intersubjektiv bestätigten, gemeinsamen ‚Freundschaftswelt' zu kommen.

Zur interaktiven Koordination und territorialen Konstruktion von Freundschaft
Die Frage, was denn von den Handelnden konkret kontrolliert wird, ist bei SIMMEL (1968:266) mit dem Verweis auf „geistiges Privateigentum"; „Leib als erster Besitz"; „materieller Besitz"; „Sphäre der unmittelbaren Lebensinhalte" nur angedeutet.

SHILS (1966:282ff.) geht differenzierend davon aus, daß Privatheit ein System menschlicher Interaktionen in einem gemeinsamen räumlichen Kontext ist, wo über „Besitz" verfügt werden kann, der immer auch bedroht ist. Besitz kann man als Ressource haben, erwerben und verlieren. SHILS versteht darunter kognitives und materielles Eigentum im Sinne von Worten, Ideen, Wissen, psychischen Verfassungen, aber auch Körperlichkeit, Handlungen sowie konkrete Objekte und Räume, die einem Individuum oder einer Gruppe zueigen sind, oder welche durch diese generiert bzw. erworben wurden.

Freundschaft, das wurde häufig außerachtgelassen, wird ganz praktisch auf der lebensweltlichen Ebene situiert. Wenn GIDDENS (1988:137) meint

„Ich habe betont, daß soziale Systeme als geregelte soziale Praktiken organisiert sind, die in der Form von in Raum und Zeit sich ausbreitenden Bewegungen reproduziert werden." -

dann gilt das auch für Freundschaft und zwar in anderer Form als für familiale Bindungen. Während Menschen sich im Laufe des Erwachsenwerdens von ihrer Herkunftsfamilie emanzipieren, sich räumlich entkoppeln und verselbständigen (vgl. dazu YOUNISS/SMOLLAR 1985:172ff.), heißt befreundet sein Hinwendung, Begleitung, Aufeinanderabstimmen und Synchronisation von realen und symbolischen Aktionskreisen.

In der gemeinsamen Bewegung durch den Leib - so MERLEAU-PONTY 1966:91ff.) - entfaltet sich das Verhältnis zum andern und in ihr vollzieht sich die

Modulation des Seins-zur-Welt (vgl. BÜHL 1982:228). Für SIMMEL (1908:637,697) manifestieren sich die Beziehungsenergien im räumlichen Ausdruck, sie werden auf den Raum projiziert. Wenn Freunde Seite an Seite einer gemeinsamen Sache zugewandt, ihr Sozialverhältnis auch verräumlichen und verzeitlichen, schaffen sie ihre intersubjektive, einzigartige Freundschaftsperspektive. Dennoch muß gewarnt werden vor einem räumlichen Determinismus, denn Freundschaften sind nicht „raum-fixiert" (SIMMEL 1908:630). Sie gehören zu jenen Verhältnissen mit „größerer Biegsamkeit und Spannweite", die relativ unabhängig von einem äußeren Träger auch in einem geistigen Raum verankert sind (vgl. KRACAUER). Aber gerade in der sinnlichen Erfahrung des solidarischen „zusammen Machens" (GRAUMANN 1975) leitet sich Beziehungssinn ab.

Das durch den Körper initiierte gemeinsame Durchschreiten des sozialen Raumes impliziert auch geteilte Zeit, gemeinsames Altern, Synchronisation von Ereignissequenzen. Freundschaft basiert mit auf der zeitlichen Verflechtung und Organisation von Erinnerungen, gegenwärtigen Verhaltensplänen und Zukunftsvorstellungen. (Vgl. auch HEINEMANN/LUDES 1978:220) Das zeitliche Verweilen in der Freundschaft ist zum einen gesellschaftlich vorgegeben, andererseits muß der ‚Zeit-Raum', die Dauer für jede Freundschaft erarbeitet werden, z.B. mittels ritueller Absicherungen und Markierungen wie sie Treffen und Pläne darstellen (vgl. LYMAN/SCOTT 1970:95). Das Maß der freiwilligen Gleichzeitigkeit, des rhythmischen Aufeinanderabgestimmtseins, der reziprok erwünschten Kopräsenz ist wesentlicher Aspekt der sozialen Konstruktion bzw. Wirklichkeit von Freundschaft.

Nach SIMMEL ist Freundschaft eine „freischwebende" Beziehung, was für uns bedeutet, daß sie ihr Terrain erst ausloten muß und zwar in der gemeinsamen Bewegung in und zwischen verschiedensten Sphären. Stets nehmen Freundschaften Körper-, Heimterritorien und Öffentliche Bereiche in Anspruch, bevölkern und erobern diese, aber schaffen sie auch für ihre Zwecke neu. Unter Heranziehung der Territorialtypologie von LYMAN/SCOTT (1970) skizzieren wir im folgenden den weiten Aktionsraum von Freunden.

Körperterritorien: Freundschaften sind ganz eindeutig den „körperbezogenen Systemen"(RITTNER 1983) zuzurechnen, allerdings in anderer Weise als etwa bei romantischen Paaren. Es ist so, daß je mehr Intimität und Authentizität erarbeitet wird,

„je mehr Schichten abgetragen sind, immer deutlicher auf die körperbetonten, idiosynkratisch verfaßten Eigenschaften der Person, auf das, was diese als ihr Ureigenes, als ihren Kern ansieht",

gestoßen wird (RITTNER 1983:238). Der Zugang zum Körper, die „Interpenetration" (ALTMAN/TAYLOR 1973) der persönlichen Sphären sei es verbal oder nonverbal, ist Privilegierten vorbehalten, denn „personal space" ist belegt mit einem hohen persönlichen Bedeutungs- und Kontrollgrad.

In der Freundschaft, nicht aber in Arbeitsbeziehungen, oft auch nicht in Familien, hat man die Möglichkeit, diesen persönlichen Raum zur Verhandlung zu bringen. Es muß eine (oft unbewußte) Übereinkunft darüber getroffen werden, inwieweit man sich nahe sein darf, d.h. in die unsichtbare Aura des „personal space" eintreten kann, ohne an eine Schamgrenze zu stoßen und damit den inneren Raum des Selbst infragezustellen. In der Freundschaft werden Intimdistanzen und Berührungsnormen ausgelotet (vgl. HALL 1966:110ff., ALTMAN/VINSEL 1977). Nur die Freunde selbst haben darüber zu entscheiden, ob sie auch Körperkontakt wünschen, der durchaus zur Wahrnehmungsverzerrung führen kann, oder lieber in Griffweite und übersichtlichem Blickkontakt zueinander stehen wollen. Normalerweise wird es so sein, daß Fremde am Körperarrangement erkennen können, ob es sich um Freunde handelt, auch deshalb, weil Berührungen eher Flüchtigkeitscharakter haben und nur ganz bestimmte Körperregionen betreffen. (Vgl. LYMAN/SCOTT 1970:98, ALTMAN/TAYLOR 1973, MORRIS 1978:310)

Die Einrichtung, Synchronisation und Kontrolle des freundschaftlichen Körperraumes geschieht mittels Kombinationen verbaler und nichtverbaler Kommunikationsmodi und Strategien. Jegliches Verhalten ist ein potentieller Richtunggeber für Distanz-Nähe-Wünsche (vgl. PATTERSON 1988). Das Zulassen von Nähe hat eine ganz eigene und freiwillig herbeigeführte Erlebnisdimension, die mitgetragen ist von Geräuschen, Gerüchen, Körpertemperaturen. Man kann Muskel-Verspannungen erkennen, traurige Augen, herabgezogene Mundwinkel, Versagen der Stimme, Ausdünstungen (vgl. RITTNER 1983:238). In dieser selbstgewählten Erfahrungsdichte liegt einerseits die Chance eines auf Authentizität beruhenden Informationszuwachses, andererseits aber auch die Gefahr der Preisgabe und Verletzung, weil Masken fallen gelassen werden. Einsicht in die „back region" (GOFFMAN) entsteht.

Freundschaft ist neben Familie und Verwandtschaft einer der wenigen Bereiche, in dem das ganze Repertoire an Kommunikationsmöglichkeiten eingesetzt und abgestimmt werden kann. Obwohl kaum systematische Untersuchungen existieren, gibt es doch Hinweise auf Angleichung und Neuschöpfung von Sprachstilen unter Freunden (vgl. GIRTLER 1984, Kruse 1980:148), um z.B. unerwünschte Dritte durch private Codierungen fernzuhalten. Empirisch abgesichert ist auch der minutiös verschlüsselte Augenkontakt zwischen Freunden, wo schon ein Blick genügt, um Einverständnis zu produzieren oder wo ein ‚Zuzwinkern' über weite Distanz hinweg diese quasi zusammenschmelzen läßt. In Freundschaften erweckt langandauerndes Anblicken keine Scham. Schon SIMMEL (1908:647ff.) erkennt die „einzigartige soziologische Leistung" des Auges, welches eine „vollkommene Gegenseitigkeit" entfacht und damit „Sichverstehn und Zurückweisen... Intimität und... Kühle" evoziert. Mittels ausgesuchter Mimik und gestischer Signale (z.B. ‚Tritt gegen Schienbein') verständigen, bestätigen und synchronisieren Freunde ihre Einstellung in der Situation. (Vgl. HARRISON 1976, DUCK 1983:53ff.)

Kontrolle über Einsatz und Bedeutung der mobilen Körpersphäre in der Freundschaft schlägt sich beispielsweise in deren Dekoration nieder. Ausgewählte

Haartracht und Kleidungsstil[34] oder der Gebrauch von Emblemen und Düften signalisieren neben Verhaltens- und Sprachstilen Zusammengehörigkeit, gemeinsame Gesinnung sowie Grenzen nach außen. (Vgl. ALTMAN 1979:113ff., SOEFFNER 1986) Zwischen Familienangehörigen ist solche Präparierung des Körpers weder üblich noch nötig. Selbst wenn sichtbar symbolisch ausgestaltete Freundschaften typischerweise bei jungen Menschen anzutreffen sind, so belegen doch Longitudinalstudien auch dann „Mikrosynchronie", wenn diese kaum wahrnehmbar ist (vgl. MORRIS 1978:128, DUCK 1983:54, CAPPELLA 1984). Umgekehrt ist der Freundschaftscode so flexibel, daß gerade auch Gegensätzlichkeit gelebt werden kann.

Im „Haltungs-Echo" (MORRIS 1978:126) bezüglich Körperpositionen, Entspanntheitsgrad, Rhythmus und Häufigkeit der Kommunikationsbeiträge werden gleicher sozialer Status und symmetrische Einflußchancen reflektiert. In Freundschaften fühlt man sich insgesamt gesehen wohl, weil im originellen Umgang mit Normen neue Formen persönlicher Kommunikation ausprobiert werden dürfen. Ein untrüglicher biologischer Kontrollimpuls (vgl. ALTMAN 1979:110), eine Gegenanzeige zur Freundschaft wären z.B. permanenter Ekel, Brechreiz, Magenverstimmung im Zusammenhang mit dem andern.

Heimterritorium: Zentraler Aspekt des Freundschaftsprozesses bei ALTMAN/TAYLOR (1973) ist das gegenseitige Sich-Öffnen im idellen Sinne (Selbst) sowie in physisch-räumlicher Hinsicht. Solche „Heimterritorien" wie LYMAN/SCOTT (1970:92f.) sie nennt, stellen private Bereiche dar, in denen man sich regelmäßig aufhält, über die man Kontrolle hat, sich frei und ungezwungen bewegen kann. Heimterritorien sind intime Reservate, die markiert sind und persönliche Identität signalisieren. Primärterritorien wie das Zuhause, jemandes Schlafzimmer oder Bett sind von zentraler Wichtigkeit für den Besitzer (vgl. ALTMAN 1979:115ff.). Sie sind Sphären des Rückzugs und der Erholung von den Augen der Öffentlichkeit. Heimterritorien können nur mittels Erlaubnis und durch Respektbekundungen betreten werden.

Freunde können entscheiden, inwieweit auch diese Sphäre zum gemeinsamen Aktionsraum gehören soll. DUCK (1983:38) sieht in seinen Studien bestätigt, daß enge Freunde sich häufiger an privaten Plätzen treffen als in der Öffentlichkeit. Es gibt kein anderes nicht-familiales Verhältnis, welches den anderen so weit miteinbeziehen kann, daß er über Mauern, Hecken und Zäune hinweg (vgl. SHILS 1966:288) Einblick in und Partizipation an den ansonsten vor Beobachtern geschützten und für die Öffentlichkeit tabuisierten Zonen erhält.

Freundschaften stellen eine Möglichkeit der Informationsgewinnung über private Lebenswelten dar. Gleichzeitig werden Handlungen in Gang gehalten, neue Raumkonstellationen ausprobiert und aktiv kommunikative Kompetenz erworben. Wer keine oder wenig Freunde besitzt, wird nur minimale soziale Verankerungschancen im privaten Bereich seiner Mitmenschen haben.

---

34 Kleidertausch findet häufig zwischen Frauen statt (vgl. RUBIN 1985:184). Der Tausch getragener Kleidungsstücke ist im übrigen wesentliches Ritual zwischen Punks.

Öffentliche Territorien: Öffentlichkeit und formale Systeme sind oft der Ermöglichungsgrund für Freundschaften und sie finden dort auch statt, ohne allerdings darauf angewiesen zu sein (vgl. BATES/BABCHUK 1961:183, DUCK 1983:38). Öffentliche Territorien oder Szenen (IRWIN 1977) sind Areale zu denen jeder Zugang hat und bei Einhaltung gewisser Verhaltensvorschriften darin auch agieren kann: Ein Schwarzfahrer hat nichts in der U-Bahn zu suchen und die Kinderschaukel eines Spielplatzes sollte für Erwachsene tabu sein. Gerade hier können Freunde anknüpfen, denn zu zweit oder mehreren sind öffentliche Normen leichter aus den Angeln zu heben. Um Mitternacht sich auf einem Kinderspielplatz zu vergnügen, läßt ein neues Raum-Zeit-Gefühl aufkommen und schmiedet im gemeinsamen Erlebnis zusammen. Der Sozial- und Handlungsraum jugendlicher Banden oder Punks setzt sich oft aus dem erfolgreichen Umfunktionieren von Wänden (Grafitti), Straßen, Wohngebieten zusammen, die okkupiert und markiert werden (vgl. BECKER u.a. 1983). Tatsächlich ist die Ausweitung des Aktionsraumes durch Freundschaften viel sublimer und nicht besonders dramatisch. Frauen z.B. fühlen sich in unserer Gesellschaft immer noch eher unwohl, wenn sie allein im Café oder Kino sitzen oder in Urlaub gehen. Erst zusammen mit einer Freundin kann der Raum selbstverständlicher beansprucht, markiert und verteidigt werden. (Vgl. HUBER/REHLING 1989:170) Soziale Diskriminierungen scheinen auf und können kompensiert werden. Durch Freundschaften kann persönlicher Handlungsspielraum ins Öffentliche hinein erweitert werden, ausprobieren von Neuem wird möglich.

Freundschaft als Interaktionsterritorium: Interaktionsterritorien sind beweglich, temporär belegt und fragil. Sie bauen sich jeweils dort auf, wo eine soziale Zusammenkunft nach bestimmten Regeln stattfindet. Eine Party ist ein solches mobiles Territorium, bei dem Dyaden oder kleine Gruppen sich zeitweilig zusammenfinden und wieder auseinanderdriften. Die Interagierenden können sich hin- und herbewegen, kurzfristig ihre Beziehung unterbrechen, um diese an anderer Stelle wieder aufzunehmen. Die in eine Diskussion vertieften Gesprächspartner vermitteln eine ‚unsichtbare Grenze' (LYMAN/SCOTT), eine gewisse Exklusivität, die z.B. dann spürbar wird, wenn beim Hinzutreten eines Dritten fast unmerklich das Thema gewechselt wird. Jedes Interaktionsterritorium ist thematisch gebunden oder nach GOFFMAN (1971:84ff.) „zentriert".

Freundschaft kann unseres Erachtens als themengebundenes Interaktionsterritorium im Sinne von LYMAN/SCOTT und GOFFMAN gelten. Freundschaft als „freischwebende" Beziehung manifestiert sich an verschiedensten Plätzen. Sie hat etwas „Nomadenhaftes" (SIMMEL 1908:670ff.). Im Durchgang durch das bewegliche Körperterritorium können Freunde ihre Reservate selbst aussuchen und darüber entscheiden, ob sie z.B. eine eher geistige Beziehung ohne territoriale Verankerung, eine Brieffreundschaft mit relativ wenig Aussicht auf direkten Kontakt möchten, oder - wie dies heute typisch ist - eine Beziehung, die alle Möglichkeiten territorialer Verknüpfungen ausnutzt. Parallel dazu kann individuell mit dem Zeitbudget umgegangen werden (z.B. ‚die Nacht zum Tag' zu machen).

Durch Freundschaft ist es möglich, die von LYMAN/SCOTT hervorgehobene Dynamik zwischen den Territoriums-Typen zu realisieren: Freunde können ein öffentliches Terrain zu einem Heimterritorium transformieren. Eine Tatsache, die durch Forschungen zum Jugendmilieu bestätigt ist (vgl. BECKER u.a. 1983). Prekär ist, wenn keine alternativen Territorien zur Verfügung stehen und öffentliche Plätze als dauerhafter Heim-Ersatz fungieren. (Vgl. LYMAN/SCOTT 1967:106) Derselbe Effekt ergibt sich aus der rituellen Anwesenheit in einer Stammkneipe oder sogar an überfüllten Plätzen wo man sich zusammen ‚heimisch' fühlt und im Rekurs auf Körperpositionen ‚sein' Gebiet abschottet.

Neben dem zeitweisen Hineintragen und Aufbauen eines Interaktionsfeldes im öffentlichen Bereich, können Freunde sich gegenseitig in ihre Wohnung einladen und zurückziehen. Eltern hingegen haben die Privatheit ihrer erwachsenen Kinder zu respektieren (vgl. SCHWARTZ 1968:748). Durch verschiedene Techniken wie Schlüsselübergabe, Erlaubnis zum Eintreten ohne Anzuklopfen oder im Mitbenutzen von Gebrauchsgegenständen wird die Wohnung des Freundes für beide Heimterritorium. Im übertragenen Sinne gilt dies auch für die Person des Freundes. Man ist vertraut mit seiner Mimik, seinen Verhaltenseigenheiten und dem, was er sagt. Freundschaften sind „islands of privacy" (SCHWARTZ 1968:750).

Andererseits darf jedes räumliche Zusammensein nicht überstrapaziert werden. Es wird sich eine spezielle Zeitnorm herauskristallisieren. Nach einer Phase der „Verräumlichung" und Nähe wird es wieder zur „Enträumlichung" und Distanz kommen. Gerade im Prinzip der freien Beweglichkeit zwischen Verfestigung und Auflösung, zwischen Identifikation und Autonomie kann sich eine gute Freundschaft, ein jeweils differenziertes Selbst entwickeln. (Vgl. auch BÜHL 1982:277)

Rückschauend stellt das Kriterium „freedom of choice" (PROSHANSKY u.a. 1970:182) *einen* Schlüsselaspekt zum Verständnis von Freundschaft als Privatbeziehung dar. Aus der hier skizzierten, auf räumliche Aspekte reduzierte, interaktive Abstimmung und Konstruktion des Freundschaftsfeldes ergeben sich einige funktionale Konsequenzen:

Wie keine andere soziale Kategorie bietet Freundschaft die Chance, sich im zyklischen Wechsel frei zwischen allen Sozialmodi (Körper-, Heim- und öffentlichen Territorien) zu bewegen. Variationen sozialer Distanzen (intime, personale, soziale, öffentliche - vgl. HALL 1966) werden mittels sinnlich-symbolischer Kommunikationsmechanismen durchlaufen und situativ interpretiert. Freunde können wählen, *was* sie *wie* machen wollen; innerhalb der Familie ist man verpflichtet (vgl. KERSTEN/KERSTEN 1988:533, SHILS 1966:286). Freundschaft als Privatheit zu zweit ist angewiesen auf freiwilligen Kommunikationsfluß auf allen Ebenen. In der Kopräsenz, im Zusammen-Machen werden nicht nur interpersonaler Raum und Zeit verbunden und erweitert, sondern auch Gesellschaftsprozesse aufrechterhalten. „Raumstrukturen haben immer auch vergesellschaftende Funktion." (HASSE 1988:19) Es wird der öffentliche Bereich gelebt, handelnd bewertet, modifiziert und vielleicht einer neuen Bestimmung zugeführt - mindestens aber für die Dauer der Anwesenheit spezifisch besetzt (vgl. STRAUSS 1970).

Freundschaften sind *ein* Beitrag zur handelnden Vernetzung und zeitlichen Benutzung von gesellschaftlichem Raum. Man geht zusammen ins Kino oder Theater, ißt gemeinsam im Restaurant, fährt in Urlaub. Dadurch markiert und codiert man Raum, trifft auf andere Menschen, stellt neue Sozialbezüge sehr viel leichter her als wenn man allein ist. Durch Freundschaften wird man in die verschiedenen Gesellschaftsbereiche eingeführt und integriert (vgl. YOUNISS/SMOLLAR 1985:133f.), ist angeschlossen an den öffentlichen Informationsfluß. Je mehr verschiedene Freundschaften man hat, desto vielfältigere Einbindungschancen sind gegeben und desto bunter gestaltet sich Gesellschaft. Innerhalb geschützter Interaktion fällt es leichter, Normen individuell abzuwandeln und auszuprobieren. Durch Freundschaften könnten „check-out-places" wie JOURARD (1966:310) sie fordert entstehen, wo man einfach ‚sein' statt ‚angesehen sein' kann.

Implizit ist Freundschaft eine Sphäre der Exploration, Synchronisation und Neuorientierung bezüglich Werten und Handlungsalternativen. Ihre besondere Stärke zeigt sich in der balancierenden Flexibilität zwischen Normangepaßtheit (Vorhersehbarkeit) und individueller Abweichung (Innovation), zwischen Konkretheit und intellektueller Vergeistigung, zwischen Engagement und Rückzug. Gleichzeitig liegt darin ihre Fragilität.

4.2.3. Interaktionsstil: Symmetrische Reziprozität

Der Fortbestand von Freundschaft als Dyade ist angewiesen auf ständigen Austausch (Leistung), wenn sie sich nicht der Gefahr der Auflösung aussetzen will. Prinzipiell gilt, was SIMMEL immer wieder betont: Ohne ständige Reziprozität des Gebens und Nehmens kann soziales Gleichgewicht und sozialer Zusammenhalt von Beziehungen nicht gewährleistet werden. Kontrolle und Synchronisation von Handlungen in der Freundschaft heißt, die Handlungsanteile nach einem auszuarbeitenden Modus in eine gewisse Ordnung bringen zu müssen. Reziprozität stellt sich ein und zwar im Sinne eines wechselseitig befriedigenden Strukturmusters des Austausches von Gütern und Dienstleistungen auf lange Sicht. (Vgl. YOUNISS/SMOLLAR 1985:130f., GOULDNER 1984:95)

Jede Form sozialer Beziehungen unterscheidet sich unter anderem in der Art und Dynamik ihrer Interaktionsstrategie. Reziproker Austausch umfaßt sowohl komplementäre als auch symmetrische Erwiderungen und Reaktionen. Familiale Dyaden zum Beispiel sind vorwiegend durch komplementäre Reziprozität charakterisierbar (vgl. 4.1.2). Freundschaft hingegen läßt sich dem Typus der „mutuellen" oder bilateralen Beziehung zuordnen, im Gegensatz zu autoritätsgebundenen, unilateralen Interaktionen (vgl. EDELSTEIN/KELLER 1982:33). In Konsequenz daraus, daß Freunde den gleichen Status haben und auf symmetrischer

Rollenbasis handeln, ergibt sich ein besonderer Interaktionsstil nach dem Prinzip der symmetrischen Reziprozität.

Der Begriff der symmetrischen Reziprozität wie er durch YOUNISS (1982) exemplarisch an Kinderfreundschaften erarbeitet wurde, hat auch Gültigkeit und Relevanz für Freundschaften zwischen Erwachsenen. Ganz besonders deshalb, weil die Welt der Erwachsenen ausgefüllt ist von einer Vielzahl komplementärer, unilateraler Rollenbeziehungen, die oft nur einseitige Einflußnahme bzw. Unterordnung zulassen.

Symmetrische Reziprozität beinhaltet die Chance, tendenziell gleichartige Handlungen in die Beziehung einzubringen und damit zu einer bilateralen Kontrolle des Geschehens beizutragen.

Freundschaftlicher Austausch basiert auf einer gefühlsmäßig solidarischen, kooperativen Handlungsabstimmung. Die Handelnden sind mit annähernd gleichen Einflußchancen ausgestattet und dadurch in der Lage, freie Wechselseitigkeit zu praktizieren. Es steht jedem Partner offen, z.B. bei Überlegungen zur Organisation von Aktivitäten seine Vorstellungen authentisch einzubringen, also auch ‚Nein‘ zu sagen und Unmut zu äußern. Keinesfalls bedeutet dies die egoistische Durchsetzung eigener Wünsche und ebensowenig das symbiotische Aufgehen in einer dyadischen Situation seitens des anderen. Freundschaft ist vielmehr die Kunst, des wechselseitig orientierten Balanceaktes, weil etwas

„beanspruchen heißt, Anerkennung fordern, weil sich anderen öffnen, die Erwartung impliziert, daß andere für mich offen sind, weil sich gegen andere abgrenzen, darauf angewiesen ist, daß andere diese Grenze respektieren, weil einen eigenen Bereich behaupten, dazu zwingt, entweder die Bereiche anderer anzuerkennen oder sich mit deren Bereichsansprüchen auseinanderzusetzen" (KRUSE 1980:201).

Dieses aufmerksame Aneinanderorientiertsein und bewußte Respektieren der Handlungs- und Erlebnisweisen des anderen erfordert Abwesenheit von Dominanz und Macht, d.h. dauerhafte Beeinflussung und Manipulation durch einen Partner ist minimiert (vgl. HUSTON 1983:169f.). Abgesehen vom Inhalt geht es dabei im wesentlichen um die Art und Weise des Umgangs miteinander.

Innerhalb von Freundschaften können deshalb Ausbeutung und Asymmetrien besonders leicht entstehen, gerade weil man sich sehr nahe kommt und gut kennt. Auch ein unbewußt arrangiertes und von beiden Seiten akzeptiertes (latentes) Ungleichgewicht wird nicht auszuklammern sein. Wie in jeder Beziehung werden Handlungen auch durch komplementäre Akte in der Situation durchgeführt, um schließlich auf lange Sicht die Symmetrie-Forderung erfüllt zu sehen.

Beide Formen der Reziprozität sind als Resultat anders gearteter Rollenverhältnisse zu verstehen, die in unterschiedlicher Weise mit Wissensvermittlung verknüpft sind. Innerhalb komplementärer Verhältnisse wird die Konstruktion der Beziehung und des darin aktivierten Wissens in stärkerem Maße durch nur eine Person kontrolliert und gesteuert. Komplementärität in Familien, etwa zwischen

Mutter und erwachsener Tochter[35], ist häufig so gelagert, daß die Mutter signalisiert, daß sie ‚weiß, was für die Tochter gut ist‘. Es wird versucht, die soziale Realität des anderen zu bestimmen, obwohl die Beziehung durchaus zugunsten symmetrischer Anteile hätte transformiert werden können. Komplementärität in ihrer extremen Ausprägung hat immer etwas mit Ignoranz, Belehrung, Mißbilligung bei Abweichung und Lob bei Konformität zu tun.

In der Freundschaft, die einen symmetrischen Austausch ansteuert, wird Wissen und Handeln beidseitig konstruiert. Prinzipiell ist es wichtig, sich einzubringen, ohne daß von vornherein klar ist, wessen Statement handlungsleitend sein soll. Regeln werden gemeinsam entworfen. Einbringen von gegenseitigen Meinungen und Handlungen muß, um nicht im ‚Patt‘ steckenzubleiben, zu einem Prozeß des Verhandelns, Diskutierens, Prüfens und Kompromißfindens führen. Indem jeder den anderen beeinflussen kann, leisten beide einen Beitrag zur Wissens- und damit zur Beziehungskonstruktion. Die Betonung liegt auf dem konsensuellen Zusammen-Machen, in der Ko-Operation. Durch diesen Akt passen Freunde sich aneinander an, ohne die eigene Person aufzugeben oder umgekehrt diese dominant aufzudrängen. (Vgl. YOUNISS 1982:84) Jede Idee des einen ist dann immer auch Ko-Produkt der speziellen, intersubjektiven Konstellation, die diesen Gedanken erst möglich macht. Man ist auf den anderen angewiesen, ohne abhängig zu sein. Es kommt zu Prozessen „kreativer Anpassung" (SULLIVAN 1980:279).

Aus der Forderung des symmetrischen Austausches in einem geschützten Raum, d.h. unter Bedingungen einer gewissen Sanktionsfreiheit von äußeren Instanzen, ergeben sich weitere Konsequenzen. Reziprozität hat nach GOULDNER (1984:107ff.) neben einer Stabilisierungs- auch eine „Auslösefunktion", die unter anderem dahingehend verstanden werden kann, daß der am ganzen Individuum interessierte, empathische Austausch dazu motiviert, ansonsten Verschwiegenes zur Disposition zu stellen oder ermutigt, Neues und Unvorhergesehenes spontan zu erproben. Dazu gehört auch die autonome, situationsadäquate Ausgestaltung der Freundschaftsrolle (rolemaking). Dies führt zurück zu SIMMEL, für den Privatheit der Ort ist, wo neues Wissen und Erlebnisweisen initiiert werden.

Es findet ein „doppelter Prozeß des Wissenserwerbs statt, indem jeder dem anderen Rückmeldung gibt" (YOUNISS 1982:81). In Dyaden herrscht volle personale Verantwortlichkeit und jeder Beteiligte ist gezwungen, seinen eigenen Standpunkt ohne Hilfe von Dritten zu definieren und zu vertreten. Stärken und Schwächen erscheinen unmittelbar. Serien von Rückspiegelungs-, Differenzierungs- und Anpassungsprozessen kommen in Gang. Die Freunde erfahren dabei sehr viel über ihr Personsein und über die Beziehung als solche, weil die Stärke gleichgewichteter Interaktion in der Möglichkeit der Ausweitung des gegenseitigen Verständnisses liegt. Einsicht in die Evolution von Ideen und Handlungsmustern - welche in diesem Ausmaß fast nur auf Freunde beschränkt bleibt -

---

35 Beispiele ähnlicher Art finden sich auch zwischen Eheleuten und kommen allgemein in der therapeutischen Praxis ans Tageslicht (vgl. etwa WILLI 1990).

schafft eine Grundlage für tiefergehendes Verstehen. Aus der direkten Transparenz, warum der andere so oder so handelt, entwickelt sich Respekt und Solidarität, was schließlich eine andere Form von Vertrautheit und Vertrauen erzeugt als die zwischen Familienmitgliedern. (Vgl. dazu YOUNISS 1982:84 in Anlehnung an PIAGET und SULLIVAN) Symmetrische Reziprozität und Offenheit tragen dazu bei, daß Freundschaften aufs Ganze gesehen, dem Paradigma des „open awareness context" von GLASER/STRAUSS (1964)[36] nahekommen. Jeder der Handelnden weiß in der Situation um die Identität des anderen und wie dieser ihn selbst einschätzt. Natürlich wird auch in Freundschaften manches verschleiert und zurückgehalten. Im Gefolge der unmittelbaren, gleichwertigen, zeitlich gemeinsamen Partizipation am Aufbau der Beziehung kann jetzt aus der sedimentierten Entwicklungsgeschichte der Personen bzw. der Verbindung, eine übergreifende kognitive und gefühlsmäßige Einschätzung des Handlungssinns gewonnen werden. Wertestrukturen sind gemeinsame Konstrukte und dadurch ursächlich durchschaubar.

Freunde akzeptieren sich in ihrem Anderssein. Unterschiede werden zugelassen und es wird nicht prinzipiell versucht, Meinungen und Verhaltensweisen des anderen zu ändern (vgl. KERSTEN/KERSTEN 1988:51). In einer empathischen, angstfreien Atmosphäre brauchen Schwächen nicht versteckt und verleugnet zu werden, sondern in der Präsentation des wahren Selbst ist gegenseitige Unterstützung und Hilfe möglich. Defizite sind dann als Beziehungschancen erlebbar, können ausgeglichen werden und einen Beitrag zur persönlichen Weiterentwicklung leisten. Andererseits haben Freundschaften angleichenden Effekt zwischen Menschen mit disparatem sozialen Status.

Von zentraler Wichtigkeit für das Gelingen beidseitig engagierter Ko-Operation ist die Fähigkeit zur Antizipation und Perspektivenübernahme, wie MEAD (1969:129) diese hervorhebt. Ausgleichende und wohlwollende Interaktion ist nur möglich, wo Menschen in der Lage sind, sich symbolisch in die Position des anderen zu versetzen und versuchen, dessen Sichtweise zu reproduzieren, um zu einem gemeinsamen, modifizierten Verständnis der Handlungssituation zu gelangen. Je konsistenter die jeweiligen „Rahmeninterpretationen" (GEHRING 1971) von Welt sind, desto leichter ist dies zu bewerkstelligen. SIMMEL (1968:274) meint, daß „unmittelbares, nicht vom Intellekt getragenes Verstehen" immer einer „qualitativen und wertmäßigen Niveaugleichheit" bedarf. Dabei kann es auch zu Rivalitätserfahrungen kommen.

Umgekehrt fördert symmetrischer Austausch die Fähigkeit zu Empathie und Perspektivenwechsel. In einer, über einen längeren Zeitraum etablierten Freundschaft, ist nicht nur situative Einfühlung nötig sondern es gilt, ganzheitliche raum-zeitliche Zusammenhänge zu erinnern und miteinzubeziehen. Freunde handeln auf der Grundlage ihrer eigenen Interaktionsgeschichte und intendierten

---

36 GLASER/STRAUSS erarbeiten vier strukturale Typen von „awareness contexts" („open", „close", „suspicion", „pretense"), die ineinander übergehen können und mittels Interaktionsstrategien veränderbar sind.

Zukunft. Auch wenn die Aktivitäten und Themen sich innerhalb nur eines Interessenkomplexes abspielen - was als Fragmentierung ausgelegt werden kann - ist Freundschaft dadurch charakterisiert, daß die Personen auf ihrem biographischen Lebenshintergrund gesehen werden, was gleichzeitig eine ganzheitliche Perspektive erforderlich macht. Symmetrischer Austausch bedeutet Reziprozität der Perspektiven bezüglich weitergefaßter Strukturzusammenhänge.

Inhaltlich läßt Reziprozität sich schwer fassen, wie die Arbeit von LAING u.a. (1976) beweist, denn sie hat illusionären Charakter. Wichtig ist, daß die Betroffenen die Beziehung gegenseitig anerkennen und glauben, in einen gleichwertigen Austausch involviert zu sein. Die Dynamik des raum-zeitlichen und inhaltlichen Handlungsanschlußes darf nicht als Mühe empfunden werden. Ein Indiz dafür wäre z.B. die Leichtigkeit des gesprächsweisen Interaktionsflußes (vgl. GOFFMAN 1978). Erst wenn dieser komplexe Austauschmodus verletzt wird, tritt er als bislang latente Regel in Erscheinung (vgl. 3.2.4). Um die Freundschaft nicht zu gefährden, müssen korrektive Schritte eingeleitet werden, was nicht ohne reflexive Identifikationsleistung mit dem anderen und einer moralischen Verantwortung für das eigene Verhalten möglich ist (vgl. GOFFMAN 1974:156ff.). Während verwandtschaftliche Dyaden sich immer auf ihr formales Existieren stützen können, sind Freundschaften ohne beidseitiges, autonomes Engagement undenkbar.

Viele Freunde zu haben, eröffnet somit ein komplexes Übungsfeld an unterschiedlichsten Herangehensweisen an Welt. Durch diesen Facettenreichtum können Offenheit, Empathie, Toleranz und Autonomie herausgebildet werden. Gleichzeitig sind dann Konflikte vorgezeichnet, wenn die Pluralität der Perspektiven nicht mehr befriedigend in die eigene Person bzw. in die jeweilige Freundschaft integriert werden kann (vgl. SHIBUTANI 1962:139).

4.2.4. Zur Themenbezogenheit von Freundschaft

Informationsaustausch und Nähekonstruktion, Kontrolle und symmetrische Reziprozität in der Freundschaft gelten keineswegs unumschränkt, sondern sind begrenzt und variieren beispielsweise nach Kultur, Geschlecht, Lebensphase, sozialer Schicht oder ökologischen Möglichkeiten.

Wenn, wie wir mit SIMMEL annehmen, in der heutigen Zeit eine Tendenz zu differenzierten Freundschaften besteht, die sich über ein bestimmtes Interessenspektrum konstituieren, sind Freundschaften auch wesentlich durch ihr konkretes Thema mitbestimmt. Dies im Gegensatz zu der verbreiteten Annahme, daß Freundschaften weder zielbezogen, noch auf einen konkreten Zweck angelegt sind (vgl. GEHRING 1971:37f.). Wir glauben, daß Art und Breite der Information, Nähe und Distanz, Dauer und raum-zeitliche Präsenz thematisch gebunden, jedoch nicht fixiert sind. Dies gilt in ausgeprägter Weise für Freundschaften zwischen Erwachsenen, weil gerade dort im Rahmen vorhandener Rollen, lebensweltlich sinnvoll ineinandergreifende Beziehungen verschiedenster Art geknüpft werden (vgl. HESS 1972, L.RUBIN 1985, V. D. OHE 1985:77). Im übrigen lassen sich auch auf historischer Ebene ‚makrosoziologische Themen' der Freundschaft ausmachen, wie zum Beispiel das intellektuelle (Männer) Gespräch in der Antike, die Treue in der ritterlichen Freundschaft, Freude und Heiterkeit bei den Humanisten, später die Dominanz der gefühlsüberladenen, leidvollen Freundschaft, welche sich im Briefkult niederschlägt. Die Assoziation von Freundschaft als gemeinsame Beschäftigung tritt erstmals um das 18. Jh. besonders in der Malerei in Erscheinung. (Vgl. KON 1979:59, SALOMON 1979:298)

Aus der Menge möglicher Einschränkungsfaktoren des Freundschafts-Austausches wollen wir den Aspekt der „Themenbezogenheit" im Rückgriff auf das Konzept der Focustheorie von FELD (1981) skizzieren. Dies nicht zuletzt deshalb, weil das Handlungsmoment, die Instrumentalität der Freundschaft, mit welcher deren Expressivität verwoben ist, in der Vergangenheit häufig negativ besetzt oder vernachlässigt wurde, was noch bei KRACAUER stark hervortritt. Trotz einer betont strukturellen Sichtweise von Beziehungen, die zum Beispiel von Handlungsmotiven abstrahiert, eröffnet die Focustheorie für unseren Zweck eine Möglichkeit, Freundschaft als praktische, lebensweltlich eingebundene und thematisch bedingte Beziehungsform nahezubringen, in welcher im konkreten Fall eben nicht ‚alles' möglich ist. Genau dies wird suggeriert, wenn von intimen und „diffusen" Busenfreundschaften die Rede ist (vgl. HAYS 1988:393). Andererseits ist Freundschaft von der soziologischen Ebene her gesehen höchst flexibel und verschließt sich so gut wie keinem Inhalt, wohingegen Familiendyaden ein eher überschaubares Spektrum an Verpflichtungen einzuhalten haben. Es muß ganz allgemein angenommen werden, daß jede Freundschaft sich in ihrem eigenen offensichtlichen sowie latenten (MERTON) Themenrahmen bewegt, aus dem heraus sie initiiert wurde, den sie pflegt, modifiziert, aus dem sie sich herauslöst und den sie permanent konstruiert. Sie schwingt sozusagen auch um einen „dem geistigen Auge vorgestellten Gegenstand" (BÜHL 1982:300).

Es war GOFFMAN (1971:84ff.), der zwischen nicht-zentrierter und zentrierter Interaktion unterscheidet, wobei letztere eine wechselseitige Aktivität meint, durch die die sichtbar Beteiligten sich „um ein und denselben Mittelpunkt kognitiver und visueller Aufmerksamkeit" scharen. Auch LUHMANN (1977) sieht einen Zusammenhang zwischen der Struktur einfacher Systeme[37] und dem darin herrschenden Thema. Für den Soziologen FELD (1981:1016) lassen sich aus den Eigenschaften von Beziehungsfoci Rückschlüsse auf die Stärke von sozialen Beziehungen machen. Foci können sozial, psychologisch, legal oder physikalisch-räumlich bestimmt sein (z.B. durch den Arbeitsplatz, Freizeittreffpunkte, durch Liebe, Familie, Nachbarschaft). Foci sind sozusagen die Substanz einer Bindung um die herum die Individuen ihre Aktivitäten organisieren. Das jeweilige Themenspektrum in einer Beziehung wirkt begrenzend und ermöglichend. Dies, so glauben wir, ist auch bei Freundschaften der Fall, obwohl bewußt bleiben muß, daß nicht alle Bindungen aus Foci heraus bestehen.

---

37 Kein System ist einfach; analytisch gilt hier das Kriterium „Anwesenheit" und „unmittelbare Überschaubarkeit".

Der innere Zusammenhalt, die Stärke einer Freundschaft, ihr Handlungsrahmen läßt sich an der Natur der zugrundeliegenden Thematik erfassen auf die hin interagiert wird. WEGENER (1987:281) faßt die Thesen FELDs zur Identifizierung von Foci in drei interdependente Merkmale zusammen: Focusrestriktivität, Focuspluralität und Focusverträglichkeit. Das bedeutet für Freundschaften, daß diese umso stärker sind (= dauerhaft, expressiv, gegenseitig, häufige Interaktion),

1) je weniger die prinzipiellen Focus-Möglichkeiten begrenzt sind - je eher Interaktionen nur auf die Freunde beschränkt bleiben, welche schwer ersetzbar sind - je mehr an Zeit, emotionalem Engagement und Aufwand für reziproke Leistungen verlangt wird (= hohe Focusrestriktivität)

2) je mehr Foci zugrundeliegen (= hohe Focuspluralität)

3) je besser miteinander vereinbar die bestehenden, jeweiligen Foci der Interaktionspartner sind (= hohe Focuskompatibilitat).

Als Prototypus einer bindungsstarken Beziehung könnte dann die sogenannte Busenfreundschaft gelten, die exklusiv mit einer Person besteht, mit der man durch Dick und Dünn geht und ‚alles‘ zusammen macht, d.h. sehr viele Foci teilt.

In Relation zu der These einer Zunahme differenzierter Freundschaften in der Gegenwart, glauben wir, daß neben exklusiven Zweierbeziehungen das Eingehen verschiedenster Beziehungen eines mittleren Bindungs- und Intensitätsgrades wichtig wird. Diese werden den steigenden Anforderungen zur Partizipation in verschiedenen Gesellschaftsbereichen eher gerecht und lassen es zu, viele Facetten des Selbst zu leben. Parallel neben der heraufkommenden Gefahr einer Fragmentierung des Subjekts, bieten viele themenspezifische Freundschaften eine Vielfalt an Kontakten, vermitteln Einsicht in fremde Sichtweisen und Bereiche. Sie födern Wahrnehmungs-Flexibilität, Einfühlungs- und Antizipationsfähigkeit. Ein Standpunkt, der bei SIMMEL (1908) immer wieder anklingt.

Differenzierte Freundschaften könnten dann analytisch durch eine mittlere Focusrestriktivität, eingeschränkte Focuspluralität und durch eine mittlere bis hohe Focuskompatibilität charakterisierbar sein, welche aber nicht starr vorgegeben sondern modifizierbar und für Neues offen sind.

Mithilfe des Focusansatzes könnten die gemeinsamen Wissensbereiche, interne Relevanzen, das Reziprozitätsspektrum und die Dauer von Freundschaften genauer bestimmt werden, andererseits Bewegungen in und zwischen entsprechenden Räumen sowie Zeitbudgets in Relation zum sonstigen lebensweltlichen Kontext nachvollzogen werden. Dies ohne anklagende Haltung, wenn akzeptiert wird, daß Freundschaften mal länger- oder kurzfristiges Begleiten zum Zwecke bestimmter Aufgabenlösungen bedeuten. Soziologische Kompensations- und Integrationsfunktionen könnten aufscheinen.

Bisher sind Forschungsarbeiten, die sich mit dem konkreten Aktionsfeld von Erwachsenen-Freundschaften beschäftigen, rar.

Die empirischen Befunde zur Freundschaft im Lebenslauf, innerhalb sozialer Schichten, zwischen Frauen oder Männern sind jedoch auch unter dem Gesichtspunkt ihrer thematischen Besonderheiten zu sehen. Sie sind niemals kontextfrei und leisten immer so etwas wie ‚Gesellschaftsarbeit'.

Prinzipiell spielt es schon eine Rolle, über welchen Einstiegsrahmen (eher privat oder öffentlich) eine Beziehung aufgenommen wird. So sind quantitativ und qualitativ andere Foci vorselektiert, wenn man Freundschaften aus einer Arbeitssituation heraus beginnt (vgl. Fine 1986) oder auf einem Selbsterfahrungsseminar. Die Qualität des Begegenungskontextes bildet das Grundgerüst für Ausweitungs- und Transformationsleistungen einer späteren Freundschaft.

Wissensvorgaben, Informations-Erfordernisse, Kontrollchancen, Art und Ausmaß der Reziprozität sind auch eine Funktion der Brennpunkte einer Freundschaft. Sie steuern die Aufmerksamkeits- und Wahrnehmungsrichtung, geben einen Strukturierungsanhalt bezüglich Raumverfügung und Zeitbudget, markieren jene Gebiete und Persönlichkeitssphären, die zu synchronisieren sind. Mit der Art der Foci wird der Zugang zum anderen erleichtert und begrenzt. Foci schließen Personen, soziale Positionen, Plätze, Aktivitäten und Werte ein. Foci variieren; sie wandeln sich mit den Ansprüchen des Individuums und dessen Partizipation an anderen Rollen und Settings, die wiederum als mehr oder minder kompatible Spektren in Freundschaften integriert werden können. Foci können aktiv durch Individuen ausgedacht, erweitert oder aufgesucht werden. (Vgl. FELD 1981:1018)

Auf dem Hintergrund verschiedenster Studien ist zu sehen, daß im Lebenslauf, mit zunehmendem Alter die Zahl der Freunde, die Kontakthäufigkeit und Intimität zwischen Freunden abnimmt (vgl. KERSTEN/KERSTEN 1988:535ff., DICKENS/PERLMAN 1981). Freundschaftsmuster ändern quantitativ und qualitativ ihre Brennpunkte mit der statusgemäßen Einbindung bzw. Freistellung in der Gesellschaft. Kontexte in denen Freundschaften stattfinden, sind eng mit den biographischen Lebensumständen vernetzt: Arbeit, Nachbarschaft, Elternschaft, Hobbies und sozialen Aktivitäten. Nicht alle Foci sind miteinander kompatibel: Die Single-Freundschaften eines Familienvaters sind schwerer mit Familie und Vaterschaft zu vereinbaren als etwa Beziehungen zu anderen Vätern. Mit Heirat und Elternschaft werden räumliche Mobilität und Zeitperspektiven einerseits beschnitten, mit dem Kind aber auch um neue Interessen und soziale Kreise erweitert. Immer wird es anstrengender, diese Foci mit denen kinderloser Single-Freunde zu verbinden, weil letztere einen anderen Zeittakt leben und anderen Interessen zustreben. (Vgl. FELD 1981:1019, BELL 1981a)

Auch an Brüchen und Übergängen im Leben, die fast immer mit einer Neuorientierung, d.h. neuen Foci einhergehen, ist es angezeigt, Freunde zu finden, die Verständnis für die neue Lage haben oder selbst ein ähnliches Schicksal durchgestanden haben. Wenn z.B. der/die alleinerziehende Geschiedene nicht mehr in die Gemeinschaft ‚paßt', die während der Ehe bestand (vgl. WEISS 1979:174), dann läßt das auf eine Unvereinbarkeit der neuen mit den alten Foci schließen. Man braucht nun Freunde, die zuhören, akzeptieren, mit einem ausgehen, auf die Kinder aufpassen, bei der Job- und Partnersuche helfen, symmetrische Reziprozität auf lange Sicht gewähren (vgl. GINSBERG 1986). BELL (1981a:161) verweist darauf, daß nach geglückter Übergangshilfe diese Freundschaften oft auslaufen. Erklärbar wäre dies mit deren relativ engem Focus. Um die Beziehung weiterzugestalten, müßten andere Foci ausgearbeitet werden.

Interessant ist auch die erschwerte Knüpfung von Freundschaften, wenn man sich mit multiplen und zum Teil widersprechenden Welten/Foci zu arrangieren hat. Die Soziologin LEVY (1981) fand in 60 Interviews mit Frauen (zwischen 25-65 Jahren), die nocheinmal eine Weiterbildung an der Universität aufnahmen, heraus, daß es für manche Frauen einfacher war, zwischen den College-Freunden und den im Rahmen der Familie bestehenden Freundschaften getrennt zu agieren. Jedes Setting unterliegt seinem eigenen Rhythmus, Personen- und Aktivitätenkreis und Wertungen. Universitäre Themen, bestimmte Räume und Zeiten waren für College-Freunde reserviert. Den bestehenden Familienfreunden wurde manches Neue vorenthalten, besonders dann, wenn Verständnislosigkeit für den Schritt zur Weiterbildung signalisiert wurde, d.h. wenn keine Foci-Verträglichkeit zu erwarten war.

Foci variieren aber auch mit der sozialen Schicht. Nach ALLAN (1979), BELL (1981a:70), DICKENS/PERLMAN (1981:115ff.) haben Angehörige der Mittelschicht mehr Freunde aus den unterschiedlichsten Lebensbereichen und aus einem weiteren räumlichen Umfeld als Angehörige der Unterschicht. Deren Freunde beschränken sich primär auf Verwandte und Nachbarn. Nicht-verwandte Freunde kommen oft aus dem Kollegenbereich des Mannes und haben kaum Zugang zum Heim. Thematisch richtet sich der Inhalt situativ nach den Vorfällen bei der Arbeit, Persönliches und Familiäres bleibt eher vorenthalten. Allgemein gilt, je höher der Bildungsgrad und je wohlhabender, desto heterogener, weitgefaßter und innovationsbereiter sind Freundschaften (vgl. FISCHER 1982b:91).

Die Thematik von Freundschaft unterscheidet sich auch signifikant hinsichtlich des Geschlechts. Das bestehende Klischee von der eher personzentrierten Frau und dem rollen- bzw. aktivitätsorientierten Mann bestätigt sich auch in den Forschungen zu Frauen- bzw. zu Männerfreundschaften. Männer besitzen wohl ähnliche Fähigkeiten zur Intimität wie Frauen, benutzen diese aber nicht (vgl. WINSTEAD 1986:84f.).

Die in den letzten Jahren expandierten Forschungsarbeiten zur Frauenfreundschaft belegen klar, daß diese sich stark an der ganzen Person im Rahmen der lebensweltlichen Belange orientiert (vgl. EICHENBAUM/ORBACH 1989, HUBER/REHLING 1989, RAYMOND 1987, GOULDNER/SYMONS-STRONG 1987, GRÜNY 1986, L. RUBIN 1985:61, BELL 1981a:60, 1981b, SEIDEN/BART 1975, SMITH-ROSENBERG 1981). Für Frauen sind Gespräche und Reflexionen über Gedanken, Gefühle, Erfahrungen sehr wichtig, genauso aber das zusammen arbeiten, sich begleiten (ins Kino, Restaurant, zur Fortbildung, zu Vorträgen und Projekten). Frauen helfen und motivieren sich gegenseitig, haben lebhaften raumgreifenden und zeitintensiven Kontakt. Es könnte die These gelten, daß streng thematisch begrenzte Freundschaften den Frauen schwerer fallen als den Männern.

„Mit der sozialen Behendigkeit, die für Frauen so typisch ist, dehnen sie ihre gemcinsamcn Intcrcsscngebietc aus." (EICIIENBAUM/ORBACII 1989:25)

Frauen haben viele sich überschneidende Foci und sie konstruieren Kompatibilität. Bei HUBER/REHLING wird deutlich, daß Frauenfreundschaften, gerade zu Zeiten des Umbruchs der Frauenrolle (Freistellung), thematisch an öffentlichen Inhalten wie privaten Ereignissen partizipieren. Sie sind eine Art „Tor zur Welt" (dies. 1989:163). Freundinnen leisten sozusagen Wiedereingliederungshilfe in die Arbeit, betreiben Ehetherapie, sind Stellen wo man abladen und auftanken kann, wenn z.b. Konflikte in Arbeit, Partnerschaft und mit Kindern überhand nehmen. Entlastung der Familie und unsichtbare ‚Gesellschaftsarbeit' wird geleistet. Die Kehrseite ist, daß Freundschaften auch Unruhe in Ehen bringen können, sich also mit deren Foci unvereinbar zeigen.

Für Männer hingegen scheint Freundschaft ‚kein Thema'. Manche reagieren gereizt, wenn man sie nach ihren Freunden fragt und halten eine Diskussion darüber für „kindisches Zeug" (MILLER 1988:9,121). Männerfreundschaften sind nach BELL (1981a:60) „outward oriented" und ranken sich um Arbeit, Sport und Kneipe. Leider sind die wenigen Forschungsarbeiten zur Männerfreundschaft pessimistisch gehalten (vgl. MILLER 1988, LEVINSON u.a. 1978, FASTEAU 1975) und MILLER (1988:165), der fast tausend Interviews in Amerika und Europa machte, spricht sogar von der „Zeit der Frauenfreundschaft". Freundschaften, die aufgrund gemeinsamer Arbeit bestehen, haben aber ihr eigenes thematisches Bezugsfeld, welches sich aus der jeweiligen Arbeitsstruktur und -kultur ergibt (vgl. FINE 1986) und weniger mit Privatem vermischt ist. Es werden andere Inhalte und Werte vermittelt, andere Anforderungen gestellt: Führung, Wettbewerb, Organisation (vgl. WINSTEAD 1986:96). Im gemeinsamen Tun werden nonverbale Qualitäten wie z.B. „Komplizenschaft" als heimliches Verstehen erzeugt, aber selten verbalisiert (vgl. MILLER 1988:146, RUBIN 1985:73ff.).

Der Focus ‚Sport', der rituelle Synchronisation schafft, hat nach RITTNER (1983:234f.) „identitätsverbürgende... authentizitätsschöpfende Potenzen", Eigenschaften können geprüft werden. Sportsfreundschaften, so RITTNER, bestehen in einer Sphäre körperbetont verdichteter sozialer Wirklichkeit. Man rückt sich näher unter der Dusche, in der Halle, auf dem Platz, der Schweiß fließt, man riecht und hört sich unmittelbar. Unseres Erachtens liegt hier ein Fundus für Forschungen zur Männerfreundschaft.

Zusammenfassend meinen wir, daß zukünftige Studien sich auch explizit auf das jeweilige Themenspektrum von Freundschaften richten könnten, welches sinnvoll, funktional und raum-zeitlich mit den lebensweltlichen Erfordernissen synchronisiert *und* entkoppelt wird. Neben personalen und soziologischen Funktionen könnte damit ein Beitrag zur Aufwertung der lebenspraktisch gebundenen Beziehungen mittlerer Reichweite geleistet werden, um Freundschaft vom überzogenen Anspruch auf extreme Dauerhaftigkeit zu entlasten.

4.3. Symbolische Qualitäten der Freundschaft

Der äußere Rahmen einer Beziehung, die ‚objektive' Struktur der freund-schaftlichen Lebenswelt ist Ermöglichungsgrund für die Qualität der inneren Relationen. Das Wie der gegenseitigen Abstimmung bedeutet nicht nur lebenspraktisches Interagieren, sondern symbolisiert spezifische innere Haltungen zueinander. (Vgl. „Sinn" bei MEAD 1975:115ff.) Auf der Basis eines Interaktions-szenarios, das Nähe freiwillig und in symmetrischer Reziprozität über die Partizipation an einem gemeinsamen Themenkomplex ausbalanciert, können sich Emotionalität (4.3.1), Vertrauen (4.3.2), Moral (4.3.3) und Seinsgewißheit (4.3.4) entfalten. Allerdings verhüllt diese Freundschaftssymbolik auch manches. In den Hintergrund tritt die Konfrontation mit Gleichgültigkeit, Verrat, Zerstörung von Sicherheit und die Versuchung, sich egoistisch zu verhalten.

4.3.1. Emotionalität und gefühlshafte Bindung

Freundschaftliche Wirklichkeit wird mittels Emotionen konstruiert und diese entstehen innerhalb von Interaktionen.

Durch die Geschichte hindurch ist Freundschaft ausnahmslos mit positiven Gefühlen der Sympathie, Liebe und Zuneigung, der Treue und Freude aneinander assoziiert. Besonders in der Epoche der „Empfindsamkeit" und Romantik (18./19. Jh.) tritt der Aspekt der Emotionalität in den Vordergrund. Überschäumende Ge-fühle von Innigkeit, aber auch der Trauer und des Weltschmerzes bei einer - sei es nur zeitweiligen - Trennung vom Freund werden thematisiert und finden in Kunst und Literatur ihren Niederschlag.

> „Die Bedeutung des romantischen Freundschafts-Ideals bestand darin, mit unglaublicher Überzeugungskraft die affektiv-expressive Natur der Freund-schaft vor Augen zu führen." (KON 1979:71, vgl. auch 2.7).

Es ist anzunehmen, daß in der Freundschaft (und in der romantischen Liebe) das emotionale ‚Defizit' der Gesellschaft kompensiert und ausgelebt werden konnte, welches im Zuge des naturwissenschaftlichen Erkenntnisfortschrittes mehr und mehr zugunsten der Rationalität in den Hintergrund trat.

> „Die bedingungslose Liebe entspricht einer der tiefsten Sehnsüchte nicht nur des Kindes, sondern jedes menschlichen Wesens." schreibt FROMM (1976b:64).

Freundschaft stellt heute noch ein gedankliches Konstrukt dar, in welchem dieses Bedürfnis zu realisieren versprochen wird. Eine Illusion, die oft zur Überforde-rung von Freundschaft führte, denn sie bringt genauso alle anderen Gefühle hervor.

Struktur und kognitive Aspekte von Freundschaft sind untrennbar verflochten mit „primären" Gefühlen (SIMMEL), denen ein gleichwertiger Konstruktionsanteil zukommt. Gefühle, und darum geht es im folgenden, *entstehen* andererseits im Handeln und Durchleben der Beziehung. Sie sind deshalb nach SIMMEL auch „sekundär" (vgl. GERHARDS 1988:43). Die expressive Dimension bzw. Art und Ausmaß des emotionalen Erlebens und Wertens in der Freundschaft ist Resultat der vorangegangenen Wechselwirkungen. Im Handlungsvollzug symbolisieren die Freunde gefühlshafte Werterelationen, die schließlich der Bestimmung und Sicherung der Gemeinschaft gelten.

Für SIMMEL ist das Entstehen von Emotionen und deren Ausprägung in Relation zur sozialen Distanz sowie zum Grad der Integration in die Gruppe bzw. Freundschaft zu erklären. (Vgl. GERHARDS 1988:45, NEDELMANN 1983). Der sozial-strukturelle Ansatz von KEMPER sieht bestimmte Emotionen verursacht durch die Art der Machtverhältnisse und die Qualität der statusgebenden Zuwendung (ob ausgewogen, zuviel oder zu wenig). Die Überlegungen von SIMMEL[38] und KEMPER lassen sich mit den von uns gemachten Ausführungen zur Struktur von Freundschaft vereinbaren. Diese strebt auf freiwilliger Basis balancierte Macht- und Statusverhältnisse an, wobei sich Nähe und starke Identifikation mit dem andern einstellen. Eine Reihe positiver Emotionen erhalten eine Chance. Nach dem von GERHARDS (1988:130) dargestellten KEMPERschen Schema sind dies Sicherheit, Glück, Freude, Zufriedenheit und Gemochtsein. Die dieser Sichtweise implizite Annahme, daß bestimmte Gefühlskomplexe sich aus Strukturen vorhersehen lassen und sich mit diesen wandeln, hat einerseits bestechenden Wahrheitsgehalt, ist gleichzeitig aber verkürzt. Nicht Macht und Status strukturieren soziale Zusammenhänge sondern erst die, diese Bedingungen wahrnehmenden, bewertenden, interpretierenden und handelnden Individuen.

Ins Blickfeld treten dann kulturelle „Gefühlsregeln" (HOCHSCHILD 1979), die festlegen was (Qualität), wie (Intensität), mit welcher Dauer, in welchen Rollen bzw. Situationen gefühlt und zum Ausdruck gebracht werden soll (vgl. GERHARDS 1988:171ff.). Für Freundschaft kann postuliert werden, daß diese assoziiert ist mit der Erreichung gegenseitig positiver Gefühle und im Gefolge dessen mit psychophysischer Entspannung. Implizit besteht die Aufforderung zum wechselseitigen, angstfreien Anzeigen von Emotionen im Rahmen einer prinzipiell wohlwollenden Bewertungshaltung (vgl. GEHRING 1969:41, PAINE 1974b:119). Freundschaft beruht auf der Erwartung des Austausches ‚echter' Gefühle, was TEDESCHI (1974:205f.) vielfach empirisch bestätigt sieht.

Auf dem Hintergrund kultureller Deutungsanleitungen findet in der Freundschaft ein emotionaler Schöpfungsakt statt. Jede Freundschaft entwirft im Rahmen der gemeinsamen Betätigungen ihre eigene Gefühlskultur. Subjektives Empfinden und antizipierte Empfindungswelt des anderen werden den geltenden

---

38 SIMMELs Thesen der Bedingungsfaktoren für sekundäre Gefühle sind nicht systematisch und eher bruchstückhaft in seinen Werken verstreut (vgl. NEDELMANN 1983:175, GERHARDS 1988:45). Wir beziehen uns hier hauptsächlich auf den Interpretationsversuch von NEDELMANN.

Regeln über Freundschaft angepaßt. Es wird abgesteckt was, wie in welcher Situation gefühlt werden soll und mit welchem Bedeutungshorizont. Ob eine Handlung als Bedrohung, Zulächeln als Zuwendung, ein Kommentar als Schmeichelei oder Statusaufwertung verstanden werden, hängt von der individuell-interaktiven Bedeutungsverleihung im Kontext ab. Emotions-Diskrepanzen, die die Regel sind, können zum Auslöser für Gespräche und Handlungen werden. Gefühlshafte Erregung wird so sinnhaft ins Bewußtsein transformiert, bearbeitet und auf einem neuen emotionalen Niveau integriert. (Vgl. GERHARDS 1988:167ff.) Eine gewisse Regelmäßigkeit, Planbarkeit und Erwartbarkeit von Gefühlen vermittelt Sicherheit und Zusammenhalt. Auf der Basis einer ‚offenen‘ Struktur wird Spontaneität, emotionale Selbstbestimmung und Experimentieren mit neuen Gefühlsdimensionen möglich.

In Familie, Arbeit und Öffentlichkeit kann es andererseits häufig vorkommen, daß man geneigt ist, Gefühle angesichts asymmetrischer Rollen zu maskieren und als unüberwindbar zu erdulden: eine Ehefrau ‚schluckt‘ manches, die erwachsene Tochter ‚beugt‘ sich den Wünschen der Mutter, man ‚erträgt‘ das Arbeitsklima. Emotionale Selbstbestimmtheit ist eingeschränkt. Freundschaft bietet demgegenüber eine gesellschaftlich gesicherte Schutzsphäre, in die jene Gefühle eingebracht werden können, welche in anderen Bereichen aus Angst vor Verletzungen zurückgehalten wurden oder nicht gezeigt werden durften. Sich-Aussprechen und damit Verringern von Leid und Vergrößern der Freude, tragen zum Lesbarmachen der subjektiven Gefühlswelten bei, modifizieren das gemeinsame Gefühlsspektrum, intensivieren Bindungen. Gleichzeitig setzt hier kompensierende ‚Gesellschaftsarbeit‘ ein.

Versuchte man, Freundschaft nach ihrem zentralen „Grundgefühl" zu charakterisieren, so ist sie der „Freude" verpflichtet. Empirisch gestützt wird unsere These durch die Ergebnisse von ARGYLE/HENDERSON (1984) (3.2.4) sowie durch die Befunde zur Bedeutung von Freundschaft (4.1.1): „Spaß und Freude beim Zusammensein" ist eine der sechs unverzichtbaren internen Freundschaftsregeln und damit emotionaler Richtunggeber.

Freude zählt neben Trauer, Furcht und Wut zu den vier Grundgefühlen, wie BÜHL (1987) sie im Rahmen einer biosoziologischen Perspektive der Emotionen skizziert. Sie ist nur denkbar aus dem Zusammenwirken von Emotionen verschiedenster Qualität und Richtung, gebunden an die aktuelle Lebenswelt. (Vgl. auch NEDELMANN 1983:203) Gefühle sind unteilbar, weshalb die postulierte Themenbezogenheit von Freundschaft im Prinzip keine Beschneidung des möglichen Gefühlspotentials darstellt, diesem wohl eine besondere Richtung und Tönung verleiht. Die Sport-Freundschaft oder die Freundschaft zweier junger Mütter vermittelt beispielsweise eine je eigene Facette von Spaß und Freude. Ein Spannungsfeld an Zu- und Abneigungen baut sich auf.

Zuneigung ist zwischen Sympathie und Liebe angesiedelt. Außer daß Liebe für SIMMEL (1957b:17) zu den „großen Gestaltungskategorien" des Daseins gehört, ist sie auch sozial vermittelt und eng mit dem Leben verknüpft. Sie bedarf der institutionellen Absicherung - z.B. in Form von Freundschaft - und der emotionalen Ergänzungen. Freundschaftliche Liebe bedeutet das gemeinsame Durchleben und Synthetisieren einer Reihe emotionaler Befindlichkeiten: Freude und Neugier, latente Scham, Trauer, Angst sowie Aggressionen (vgl. BÜHL 1987:116). Aus dem Zusammenspiel subjektiv-interaktionaler und soziokultureller Bedeutungsverleihung in der Zeit kristallisiert sich liebe-volle Bindung heraus. Zur Komplexität des Phänomens „Liebe" faßt MCADAMS (1988:9f.) verschiedene Forschungsergebnisse in sechs Dimensionen zusammen, welche auch in der Freundschaft relevant sind: „Eros" als eine Form platonischer Spannung, etwa daß man sich gerne berührt und sich ‚riechen' kann „Ludus" als Bedürfnis nach Spaß und Spiel; „Storge" als (ideal-)typischer Aspekt der freundschaftlichen Nähe durch Kooperation, Reziprozität und Loyalität; „Pragma" als rationales Teilen von Ressourcen; „Mania" im Sinne einer besitzergreifenden Liebe und „Agape" als altruistische Hingabe an den andern. In jeder Freundschaft wird ein eigenes Spektrum des Sich-Mögens und Zusammengehörens ausgebildet.

Eine wichtige Rolle spielt das Gefühl der Sympathie, welches nach GEHRING (1969) aus der positiv bewerteten Ich-Leistung, d.h. aus dem über rollenmäßige Erfordernisse hinausgehenden Engagement heraus gebildet wird. Jede Rolle hat andere Ich-Leistungs-Möglichkeiten. Freundschaft, so meinen wir, ist ein Bereich, der vielfältige Chancen zu Ich-Leistungen bietet und ohne diese gar nicht bestehen könnte (vgl. 3.1.4). Reziproke Ich-Leistungen symbolisieren eine positive, auf den anderen gerichtete, innere Haltung und aktive Wertschätzung. Sympathie bedeutet Mit-Freude und Mit-Leiden (BECKER 1931, SCHELER 1974), was in enger Verbindung zum Wissen über den anderen entsteht. Sympathie dient im übrigen der Typisierung von Handlungsorientierungen und stellt, einmal entstanden, einen „Mechanismus der Bewertungsentlastung" dar (vgl. GEHRING 1969). Gerade weil man sich nahe ist, ergibt sich gleichzeitig die permanente Gefahr der Antipathie durch Diskriminierung bzw. Status-Reduzierung (vgl. auch GERHARDS 1988:153).

Im Gefolge von Sympathie und Zuneigung werden andere Emotionen erzeugt, die von der dyadischen Struktur her zusätzliche Impulse erhalten. Für SIMMEL (1968:60) kennen Zweierbeziehungen einen „Ton von Gefährdung und von Unersetzlichkeit", so daß es leicht vorstellbar ist, daß mit zunehmender Erlebnisintensität auch Formen von Sentimentalität, Trauer, Furcht und Wut über das Angewiesensein auf den anderen und ein vielleicht rasches Ende der Beziehung mitschwingen. Damit wird eine Vielzahl von Handlungen initiiert, die auf Emotionen zurückwirken.

So sind etwa Gefühle der Treue und Dankbarkeit nach SIMMEL aus der Zuneigung heraus entstandene „Ergänzungsgefühle" (vgl. SIMMEL 1968:438ff., NEDELMANN 1983:182). Treue gilt als Stabilisator von Beziehungen durch die Zeit. Sie ist auf den Bestand des Verhältnisses gerichtet und wird von SIMMEL (1968:439) als „das Beharrungsvermögen der Seele" bezeichnet, welches Interaktionen auch dann noch möglich macht, wenn die Liebe erloschen ist, denn sie orientiert sich an der Beziehungsgeschichte. Durch Treue wird Interaktion regelmäßig und krisenbeständiger. Sie enthält eine moralische Komponente. Durch Treue können erloschene Emotionen wiederentstehen. Treue vereinigt, überbrückt und versöhnt (vgl. ders. 1968:442).

Wenn Freundschaft ein Nähe-Verhältnis mit starker Identifikation und gewisser Dauer ist, müssen Grenz-Regulatoren, nämlich Gefühle des Takts und der Scham entwickelt werden. Takt wird symbolisiert durch unterlassene Handlungen (z.B. Mithören von Gesprächen, Lesen von Briefen) und durch Verzicht auf innere Indiskretion (z.B. intellektuelle Schlußfolgerungen beim Erröten des anderen) (vgl. SIMMEL 1968:267). Im Zeigen von Takt erfolgt Trennung. SIMMEL sieht jedoch im reziproken Gelingen dieser Grenzziehung eine Chance zur Vertiefung von Beziehungen bzw. Freundschaften, weil damit gegenseitiges Respektieren der persönlichen Sphäre einhergeht. Ein Aspekt, der heute sicher an Bedeutung gewinnt.

Schamgefühl, das zweite Regulativ, resultiert nach BÜHL (1987:113f.) aus Freude und Frucht. Dies steht im Einklang mit der These SIMMELs, daß in der Scham Ich-Bewußtsein und Gefühle der Normverletzung zusammenwirken. Ein Zuviel an Lob oder auch das Erkennen einer sittlichen Verfehlung gehören zu den äußeren Auslösern. Das Ich wird betont und herabgesetzt (vgl. NEDELMANN 1983:193). Wo man sich sehr nahe oder sehr fern ist, scheint Scham relativ unwahrscheinlich. Freunde werden geschützt durch Vertrauen und Fremde stehen im Schutz der Anonymität. Wo dieser Schutz fehlt, wie bei mittlerer Distanz, entsteht Scham am ehesten.

Je stärker man in eine Gruppe bzw. Freundschaft integriert ist und sich damit identifiziert, desto schwächer äußert sich das individuelle Schamgefühl. Gemeinsam ist man eher zu Normverletzungen bereit. Andererseits kann sich das Phänomen abzeichnen, daß der eine sich „für" den anderen schämt (vgl. SCHELER 1933:71). In Freundschaften, wo man sich häufig voreinander oder füreinander schämt, ist das Gefühl des Ärgers (aus Trauer und Wut - BÜHL 1987:114) nicht weit, weil nur die Fähigkeit, den anderen vor Scham zu bewahren, persönliche Sicherheit, geschützte Identität und solidarische Bindung vermittelt. (Vgl. GERHARDS 1988:132)

Die Wahrscheinlichkeit, daß es in engen Beziehungen mit starker Identifikation auch zu „antagonistischen" (SIMMEL) Gefühlen wie Neid, Mißgunst und Eifersucht kommt, ist nie ausgeschlossen. Auch in der Freundschaft ist mit verschiedensten Graden dieser Gefühle zu rechnen.

Der Neid als objekt-orientierte Emotion resultiert aus der Frage, warum der begehrte Wert dem anderen zufällt. Mißgunst, zwischen Neid und Eifersucht gelegen, ist objekt- und personorientiert. Sie kommt aus dem „neidischen Begehren eines Objektes... weil der andere es besitzt." (SIMMEL 1968:211). Möglicherweise entstehen da Neid und Mißgunst, wo starke Nähe und Gleichheit empfunden werden und die reale Unterschiedlichkeit der Freunde nicht wirklich in ihren Folgen anerkannt wird.

Eifersucht andererseits ist personbezogen und entsteht aus der Qualität der vorgängigen Wechselbeziehung. Sie ergibt sich aus der Vorstellung bzw. dem tatsächlichen Auftauchen eines konkurrierenden Dritten. Die Umverteilung bislang gemeinsamer Werte bedeutet Status-Entzug. Je exklusiver Freundschaften sind, desto wahrscheinlicher ist Eifersucht und in deren Gefolge eine Reihe anderer Emotionen wie Zorn, Verachtung, Grausamkeit. Der Eifersüchtige oszilliert zwischen Liebe und Haß (vgl. SIMMEL 1968:212), empfindet aber auch Furcht, Ärger, Depressionen, Selbstmitleid und Angst (vgl. GERHARDS 1988:154). Die beginnende Ungleich-Verteilung der Zuwendung bedroht die Balance der Freundschaft. Symmetrische Reziprozität und Statusausgeglichenheit werden fraglich. Das Insistieren des vernachlässigten Parts auf Zuwendung kappt die Regel der Freiwilligkeit und Autonomie. Es entsteht - wie NEDELMANN (1983:199f.) an SIMMEL eindrucksvoll herausarbeitet - eine alle Bereiche überschattende Interaktions- und schließlich Destruktionsdynamik. Im Falle einer institutionellen Abstützung etwa in der Ehe oder bei der Arbeit, kann diese immer wieder aktiviert werden und Negativformen der Nähe produzieren. Eifersucht ist der Zuneigung eng verbunden. In der Freundschaft wirkt sie zerstörend, wenn sie nicht konstruktiv in die Beziehung integriert wird.

Zusammenfassend gilt, daß die emotionale Komplexität der Freundschaft im Grunde nur systemtheoretisch prozessual erfaßbar ist. Forschungen sind nötig. Wie keine andere Beziehung stellt Freundschaft eine Aufforderung und Herausforderung zur Auseinandersetzung mit umfassender Emotionalität dar. Positive Gefühle verweisen auf die negativen ‚Gegenspieler' oder: man berührt sich „sympathisch und antipathisch" (SIMMEL 1968:15). Freundschaft erweist sich dabei als schützender Beziehungsrahmen in dem es möglich ist, alle Gefühlsdimensionen von der Zuneigung und Solidarität bis hin zu Aversion, Konkurrenz und Momenten der Abneigung zu durchleben und interaktiv zu erproben. Angenehme und unangenehme Dimensionen müssen sozusagen im interaktionalen Diskurs auf Zeit zugunsten von Freude, Zuneigung und Zufriedenheit überwunden werden. In der Freundschaft ist unter Bedingungen der Angstfreiheit zu lernen, daß im Prozeß des reziproken Offenlegens und der gegenseitigen Akzeptanz, auch mit negativen Gefühlen beziehungskonstituierend umgegangen werden kann und muß.

Dies ist umso bedeutsamer, weil Gefühle nicht kaschiert werden sondern Echtheit und Authentizität aufscheinen (vgl. auch BLAU 1974:119). Nach innen ist Freundschaft deshalb emotionales Erfahrungs- und Übungsfeld, welches zu neuen Erlebnisweisen sowie emotionalen Sinnstrukturen führen kann. In Bezug zur Außenwelt bietet sie einen gesellschaftlich institutionalisierten Schutzraum wo Leid, Wut, Irritationen, Enttäuschung und Freude reproduziert, ausgeglichen und kompensiert werden können. Je umfassender Menschen in verschiedene Freundschaften eingebunden sind, desto reicher wird auch ihr emotionales Experimentierfeld sein, mit Möglichkeiten der Rückversicherung, Stabilisierung und Weiterentwicklung emotionaler Befindlichkeit und Identität. Jede Freundschaft bietet eigene emotionale Mischungsverhältnisse und Funktionskreise, deren flexible Inanspruchnahme eine Überstrapazierung der einzelnen Beziehung und das Herausfallen aus der Gesellschaft verhindert.

4.3.2. *Eine Sphäre des Vertrauens*

„Vertrauen" ist der Aspekt, durch den bei Umfragen die Wichtigkeit von Freundschaft am häufigsten zum Ausdruck kommt (vgl. BELL 1981a:16, GINSBERG u.a. 1986:33ff.). In fast jeder historischen Epoche ist mit unterschiedlicher Intensität das Vertrauen an der Freundschaft gelobt worden. Unter den soziologischen Klassikern ist es M. WEBER (1972:14), der darauf hinweist, daß ihr Sinngehalt auf Vertrauensbasis geregelt ist.

Vertrauen in der Antike „war Zeichen und Folge einer Beziehung unter Personen, eines in der Erfahrung aufgebauten Zutrauens, eines offenkundigen und berechenbaren Interesses" (v. HENTIG 1985) und in traditionalistischen Gesellschaften sind Vertrauensbeziehungen religös fundiert (vgl. MATEJKO 1988:43ff.).

Vor dem Hintergrund der heutigen komplexen Gesellschaft wird es immer problematischer, das aus Primärbeziehungen heraus erwachsene Vertrauen auch öffentlichen Personen, Institutionen und abstrakten Verhältnissen gegenüber zu zeigen und aufrechtzuerhalten. Die Kluft zwischen den Interessen des einzelnen bzw. von Bevölkerungsgruppen und derjenigen gesellschaftlicher Institutionen ist im Wachsen begriffen. Für die USA dokumentieren Studien die definitive Abnahme des öffentlichen Vertrauens (vgl. MATEJKO 1988:54ff.) und seit der Wiedervereinigung Deutschlands ist die Enttäuschung der Menschen über nicht eingelöste politische Versprechen täglich in den Medien zu lesen. Dies kann auch positiv gesehen werden: mit zunehmendem Wissen, Fachkompetenz und Realisierung von Gleichberechtigung erhält gesellschaftliches Vertrauen heute einen anderen Unterbau.

Vertrauen in gesellschaftliche Institutionen ist von anderer Art als jenes, im unmittelbaren Erfahrungs- und Partizipationsbereich gewonnene, zwischenmenschliche Vertrauen. Beide Bereiche, das Systemvertrauen und das persönliche Vertrauen, hängen jedoch zusammen (LUHMANN).

Das Interesses am Phänomen Vertrauen ist in der Soziologie gering. Am besten ausgearbeitet wurde es in funktionaler Hinsicht bei LUHMANN (1968); er unterscheidet zwischen Selbstvertrauen, personalem Vertrauen und Systemvertrauen. In neuerer Zeit machte BARBER (1983:9ff.) einen ersten Versuch, den Vertrauensbegriff zu ordnen, indem er drei Dimensionen von Vertrauenserwartung differenziert: die Kontinuität der natürlichen, d.h. physischen und biologischen Ordnung, der technischen Rollen-Kompetenz des anderen und der treuhändischen Verpflichtung des anderen, d.h. der Glaube daran, daß die Interessen des anderen verantwortlich mit einbezogen werden. Zweifellos gibt es keine Handlung, die nicht von Vertrauensmomenten begleitet ist.

Das zwischenmenschliche Vertrauen, welches in der Freundschaft relevant ist, wird unter anderem als Eckstein der Persönlichkeitsentwicklung, Weg zum Umgang mit Unsicherheit, soziales und öffentliches Gut, sowie Grundlage für stabile Beziehungen deklariert (vgl. dazu BARBER 1983:8, PETERMANN 1985:12). Vertrauen zwischen Freunden kann unseres Erachtens am besten mit LINDSKOLD erfaßt werden als

„wohlwollende Intention: Vertrauen gründet sich auf der Erwartung, daß der Partner einem nicht schaden wird, wenn man sich auf ihn verläßt. Diese Erwartung ist umso ausgeprägter, je stärker man dem Partner eine wohlwollende Intention zuschreibt." (zit.n. BIERHOFF u.a. 1983:8)

Man signalisiert damit die Bereitschaft, die eigene Verwundbarkeit angesichts ungewisser Handlungsmöglichkeiten des anderen zu erhöhen. Dies impliziert ein Moment der Ungewißheit, des Risikos, des freiwilligen oder erzwungenen Kontrollverzichtes und der Zukunftsorientierung (vgl. PETERMANN 1985:13). Es ist die Entscheidung, sich bei einem „mittleren Zustand zwischen Wissen und Nichtwissen" (SIMMEL 1968:263) in die Hand des anderen zu begeben.

Vertrauen läßt sich dann mit LUHMANN (1968) abstrakt auffassen als eine Haltung, die zur Reduktion einer komplexen Umwelt beiträgt und unabdingbare Voraussetzungen für Handeln in einer komplexen Welt darstellt. Art und Ausmaß des Vertrauens ist eine unter Freunden auszulotende Beziehungsvariable, welche die Qualität der besonderen Dyade kennzeichnet. Aufbau und Gestaltung von Vertrauen vollzieht sich unserer Meinung nach symbolisch durch kommunikativ vermittelte Handlungsabsichten innerhalb eines bestimmten Handlungsrahmens (vgl. HAAS/DESERAN 1981).

Mit BRÜCKERHOFF (1982:97ff.), die dies in ihrer Arbeit mehrfach bestätigt sieht, glauben wir, daß es kein einheitliches Konstrukt Vertrauen gibt. Vertrauen ist ein Relationsbegriff, der sich auf die konkrete Lebenssituation bezieht. Das in der Freundschaft symbolisierte Vertrauen ist ein qualitativ anderes als jenes aus dem familialen Umfeld.

Familie und Freundschaft sind unbestreitbar jene Sphären, in denen Vertrauen hergestellt wird (EISENSTADT, BARBER 1983). Sie gehören zu den „einfachen Systemen", wo jeder jeden kennt, die andauern und das „Gesetz des Wiedersehens" herrscht (LUHMANN). Man ist voneinander abhängig und sich verpflichtet, Vertrauen ist unabdingbar.

Zwischenmenschliches Vertrauen bezieht sich nach LUHMANN (1968:37ff.) auf die Freiheit des Handelns (s.a. V. HENTIG 1985, MATEJKO 1988:49), d.h. es ist die Art des Umgangs mit dem quasi unendlichen Potential der Handlungsmöglichkeiten des anderen. Vertrauen heißt Kontroll- und Wissensverzicht. Es wird geschenkt und richtet sich auf den anderen als in sich geordnete Persönlichkeit, mit der ich mich trotz ihrer Komplexität verständigen kann, und an die ich Erwartungen stelle, an deren Erfüllung ich glaube.

Dies geschieht in der Freundschaft auf freiwilliger und symmetrischer Entscheidungsbasis, während für familiale Bindungen ein institutionell abgestützter, komplementärer Vertrauensrahmen gilt. Vertrauen in der Familie richtet sich besonders auf die Einlösung instrumentell-moralischer Verpflichtungen bezüglich gegenseitiger Versorgung, wobei der Einfluß des Mannes höher ist als der der Frau, und beide mächtiger sind als die Kinder (vgl. BARBER 1983:28ff.). Dieses grundlegend asymmetrische Vertrauensprinzip kann sich durch das ganze Leben ziehen, wenn es nicht in ein freundschaftliches Verhältnis transformiert wird. GIDDENS (1989:275) und der Soziologe BARBER (1983:26ff.) warnen vor einer Idealisierung familialer Vertrauensbindungen: Children's rights movement, Emanzipationsbewegung der Frauen, voreheliche Verträge, Altersheime sind auch Ausdruck einer Reaktion gegen aufgezwungenes Vertrauen.

In der Freundschaft hingegen entwickelt sich ein vom Subjekt kommendes, autonomes und gegenseitiges Vertrauen. Zwei im Prinzip gleichberechtigte Erwachsene lassen sich aufeinander ein und erarbeiten aktiv die für sie relevanten Vertrauensbereiche. Vertrauen in der Freundschaft braucht auf Dauer nicht vorgetäuscht zu werden. Es wird permanent gemeinsam konstruiert und dadurch immanent kontrolliert.

Voraussetzung für Vertrauen ist dann auch Selbstvertrauen als innere Sicherheit, die befähigt, Enttäuschungen zu ertragen.

Vertrauenswürdig ist, wer dem treu bleibt, was er bewußt oder unbewußt über sich selbst vermittelt. Für LUHMANN werden in der selektiven Selbstdarstellung dem anderen Anhaltspunkte über Vertrauen gegeben. Jede Kommunikation ist ein riskantes Unternehmen und erfordert vom Akteur ein Mindestmaß an Vor-Vertrauen, Selbstsicherheit und Distanz (=Freiheit). Nicht jeder Handlungsaspekt bedarf des Vertrauens, sondern nur jene Akte, die über die Rollenerwartungen hinaus als Ausdruck der Persönlichkeit erbracht werden z.B. Initiative, Abweichung, Kritik. Sie setzen Vertrauensbeziehungen voraus und stärken diese. Normverhalten allein ist keine überzeugende Grundlage für das Entstehen von Liebe und Vertrauen. Dieser Gedanke deckt sich mit den Überlegungen SUTTLES (3.1.4) zur Darstellung des „wahren Selbst" und der Erbringung von „Ich-Leistungen" bei GEHRING.

Selbstvertrauen und dargestellte Vertrauenswürdigkeit in der Freundschaft sind von anderer Art als innerhalb der Familie. In eher komplementären, institutionalisierten Beziehungen besteht die Gefahr, daß der Part mit mächtigeren Rollenkompetenzen das Selbstvertrauen untergraben, Selbstdarstellung manipulieren und Abhängigkeiten schaffen kann. So sieht BARBER (1983:29ff.) familiales Vertrauen u.a. auf einer Übermacht und Immunität der Eltern begründet.

Selbstvertrauen in der Freundschaft ist unabdingbar, weil das permanente Risiko einer Beziehungsauflösung mitschwingt. Die Relation des Selbstvertrauens zweier Freunde ist wichtiger Aspekt beim Aufbau von Vertrauen. BRÜCKERHOFF

(1982:228) stellt in ihrer Studie fest, daß ein zuviel (Arroganz) und zu wenig (Minderwertigkeit) an Selbstvertrauen problematisch ist. Wechselseitiges Vertrauen stärkt Selbstvertrauen. Vertrauenswürdigkeit wird in dieser Studie mit Kompetenz, Fähigkeit zu Denkanstößen, Verschwiegenheit, Verständnis, Offenheit, gegenseitige Risikofreude, Verpflichtung assoziiert (vgl. dies. 1982:230). Inwieweit sich Familienmitglieder untereinander vertrauenswürdig verhalten, müßte genauer untersucht werden. In der Freundschaft ist es wichtig, sich permanent als vertrauenswürdig darzustellen und zwar in dem für die Freundschaft relevanten Rahmen. Dazu gehört auch die Fähigkeit zur Zurücknahme aus Interessengebieten, die nicht geteilt werden (vgl. SIMMEL 1968:263). Vertrauen kann gesteuert werden und wächst mit der Kontinuität der Selbstdarstellung in anderer Weise als in der Familie, wo man z.b. eine gemeinsame Kindheit verbracht hat. In der Freundschaft erhält man die Chance, jene Anteile des Selbst, die durch die familiale ‚Rollenbrille‘ nicht zur Entfaltung kommen konnten, darzustellen. Freunde vertrauen sich unvoreingenommen als Person. Symmetrische Reziprozität, angstfreie, einfühlende Kommunikation, durchschaubare Handlungen begünstigen Offenheit und Tiefe. (Vgl. PETERMANN 1985:118)

Ganz konkret zeigen sich vertrauensaufbauende Ich-Leistungen in wohldosierten Wechselseitigkeiten, einem Vokabular an symbolischen Handlungen, wie sie z.B. das Anbieten von Getränken und Essen, Sympathie- und Liebeszeichen, Partizipation an Festivitäten aber auch spontane Besuche sowie die Verweigerung von symbolischem Austausch darstellen (vgl. HAAS/DESERAN 1981).

Vertrauen etabliert sich erst in der reziproken Bewährung. Hier scheint das „problematische Verhältnis“ des Vertrauens zur Zeit auf (LUHMANN 1968:7ff.). Vertrauen kann nur in der Gegenwart hergestellt und erhalten werden. Aber es bedarf des Rückbezugs auf die Vergangenheit, welche dann (vertrauens-voll) in die Gegenwart verankert wird. Vertrauen ist orientiert an „den Beständen“ (ders. 1968:10), d.h. am Durchgängigen, Dauerhaften sozusagen an dem, was als Substanz von Person und Beziehung gesehen wird. An diesem Fundament messen sich die wechselnden Ereignisse.

Vertrauen ist dann auch ein Angebot in die Zukunft. Es wird so gehandelt als wäre die gegenwärtige Beziehung in die Zukunft hinein projizierbar. Indem man andere Entwicklungsmöglichkeiten ausschließt, wird deren Vielfalt reduziert. Vertrauen - so LUHMANN (1968:13) - eröffnet die Toleranz für eine unbestimmt bleibende Mehrdeutigkeit, die im übrigen mit der Beziehungsdauer korrespondiert. Je längere Dauer antizipiert wird, desto eher kann die Beziehung ein Vertrauensungleichgewicht tragen. Der sofortige Ausgleich von Gaben signalisiert Mißtrauen, weil man sich der Abhängigkeit entzieht.

Freundschaftliches Vertrauen als eine Mischung zwischen „Wissen und Nichtwissen“ ist also auch eine Frage der Einsehbarkeit in die Konstruktion von persönlichem und intersubjektivem Sinn. Viele Dinge sind uns unvertraut, Vertrauen ist immer riskant oder wie SIMMEL (1968:263) sagt, es ist eine „Vorform des Wissens“. Insofern man einer Person begegnet, etwas über sie erfährt, eine gemeinsame Beziehungsgeschichte durchlebt, beginnt man auch Wissen zu sammeln und wird sich vertraut. Die unendlichen Möglichkeiten, die im anderen durchscheinen, verlieren ihre Bedrohung.

Vertrautheit (auch mit den negativen Dingen) ermöglicht relativ sicheres Vorhersehen und Einschätzen von Risiken bzw. Handlungsweisen. Freundschaft ist eine vertraute Welt, die ihre Hintergrundsicherung aus dem persönlichen und gemeinsam erarbeiteten Wissen erhält. In der aktuellen thematischen Auseinandersetzung wird einem der andere in seinen Handlungen und Ansichten vertraut.

Zwischenmenschliches Vertrauen basiert also einerseits auf einem Maß an Wissen, andererseits wird riskanter Verzicht auf genaue Informationen und auf unmittelbare Erfolgskontrolle geleistet. Vertrauen bedeutet dann Verhaltens- und Kontinuitätserwartungen aber „nur solche, auf die hin man sich mit eigenem Handeln (Ich-Leistungen a.d.V.) engagiert hat und bei deren Enttäuschung man das eigene Verhalten bereuen würde." (LUHMANN 1968:22).

Im Vertrauen wird die äußere Unsicherheit und Nichteinsehbarkeit durch innere Erlebnis-Sicherheit substituiert. An die Stelle einer umweltbezogenen rationalen Begründbarkeit wird die Orientierung am anderen auf ein (wohlwollendes) intrapersonales Fundament gestellt (vgl. auch MATEJKO 1988:45). Man ist durch diese Freistellung von äußeren Gegebenheiten in der Lage, sich in Abhängigkeit zu begeben. Dieses intrapersonale Fundament ist ein anderes dort, wo man sich auf das institutionell abgesicherte Funktionieren von familialen Rollen verläßt. Innere Sicherheit in der Freundschaft hingegen kommt aus der freien Wahl, im gegenseitigen begründeten Glauben an einen anderen.

Vertrauen wird gelernt. Entwicklungspsychologisch geschieht dies grundlegend durch Familie. LUHMANN (1968:26) betont jedoch, daß „das Lernen von Vertrauen gelernt werden kann" und zwar durch „alle Arten der persönlichen Annäherung und Vertiefung von Bekanntschaften." Das heißt auch, daß Familie vom Alleinanspruch auf gelungenen Vertrauensaufbau entlastet wäre. Wer vertraut, muß signalisieren, daß er nicht ‚blind' vertraut. Symbolisierte Übergänge zwischen Vertrauen und Kontrolle definieren Art, Richtung und Ausmaß des Vertrauens. Die Bereiche der persönlichen Risikobereitschaft und deren Grenzen müssen markiert werden, denn leichtsinniges, routinemäßiges, unreflektiertes Vertrauen ist wertlos. Kulturspezifische Anhaltspunkte über das Vertrauensmaß sind schon aus der Struktur von Beziehungen ablesbar (z.B. Fremder, Freund, Arbeitskollege, Familienmitglied). Ein Vertrauensbruch wird entsprechend mit verschiedenen Konsequenzen gehandhabt. Vertrauensmaß, Bereiche und Grenzen in der Freundschaft werden je neu ausgelotet und gemeinsam am Thema konstruiert, während familiales Vertrauen sich entlang gesellschaftlicher Vorgaben orientieren kann.

Vertrauen wird gebildet, wo man an der Person des anderen interessiert ist. Weil Vertrauen Nähe durch Offenheit, Annahme und Akzeptanz bedeutet, wird es gerade in belastenden Situationen aktiviert: in Not, Stress, Angst, Verzweiflung, bei persönlicher oder gesellschaftlicher Unsicherheit und Konflikten (vgl. BRÜCKERHOFF 1982:217f.).

Einmal etabliertes Vertrauen engt ein *und* befreit. Weil Vertrauen sich auf das Bestehende, die Kontinuität bezieht, wirkt es verpflichtend. Es verlangt vom einzelnen, daß er sich an die Geschichte seiner Selbstdarstellung gebunden fühlt und damit bewußt auf bestimmte andere Handlungsweisen verzichtet. Erst die Reziprozität des gegenseitigen Vertrauens ermöglicht so etwas wie eine „angepaßte Verhaltens-Kontinuität unter... wechselnden Bedingungen." (LUHMANN 1968:59) In dieser Bindung wächst Vertrauen und Raum für neue Verhaltensweisen wird geschaffen, z.B. Humor, ein eigener Sprachcode, Schweigen, heikle Themen, Flexibilität und Mut zu Initiativen (vgl. LUHMANN 1968:39). Vertrauen ordnet, gibt Orientierung, verpflichtet, erzieht *und* ermutigt auf der Basis einer ‚flexiblen' Stabilität zur Innovation. (Vgl. BARBER 1983:19f.) Dies gilt besonders für Freundschaft, weil ihr prinzipiell alle Handlungsbereiche offenstehen.

Festzuhalten ist, daß durch und in Freundschaft eine andere Art des Vertrauens symbolisiert wird als in Familien. Grob kann man sagen, daß familiales Vertrauen gesellschaftlich induziert ist, damit obligatorisch, institutional gestützt und schwer infrage zu stellen. Es handelt sich um Vertrauen aus einer asymmetrischen Kontingenz, d.h. es ist Resultat einer komplementären dyadischen Interaktion mit weitgehend ungleichen Einflußchancen. Diese Art von Vertrauen ist wichtiger Beitrag zum Erlernen der Fähigkeit des eher passiven „Sich-Verlassen-Dürfens" auf die Glaubwürdigkeit anderer (vgl. ERIKSON 1977:62).

Im Gegensatz dazu ist Vertrauen aufgrund von Freundschaft emanzipatorisches, aktiv gewolltes und freiwillig konstruiertes Sich-Auf-Den-Anderen-Verlassen. Es ist Resultat einer wechselseitigen Kontingenz, wo

„die Reaktionen einer Person sowohl durch die Reaktionen der anderen Person wie auch durch die eigenen motivationalen Pläne bestimmt werden. Das heißt, daß die Reaktionen beider Parteien in einem wichtigen Ausmaß zweckvoll und selbstbestimmt sind, aber jede ist abhängig von der anderen Person." (BIERHOFF u.a. 1983:8)

Solches Vertrauen hat andere Implikationen und Konsequenzen, weil die aktive, autonome Persönlichkeit zum Focus wird. Es bedarf der eigenständigen, emotional-kognitiven Einschätzung der Situation um zu einer begründeten Entscheidung über Vertrauen zu gelangen. Man vertraut und ist Vertrauter. Vertrauen ist ein Schlüsselelement von Freundschaft (vgl. GOULDNER/SYMONS-STRONG 1987:143).

Jede Beziehung wird in Verknüpfung mit der jeweiligen Thematik im Lebenskontext ihr eigenes Vertrauenskonstrukt entwerfen. Vertrauen wird auch empirisch äußerst differenziert erlebt (vgl. BRÜCKERHOFF 1982:134,144,198f.). Es gilt, was LUHMANN (1968:62) schreibt:

„Wer sich dagegen nicht nur gefühlsmäßig durch Vertrauenserweise einfangen und hemmen läßt, sondern die Vertrauensbeziehung, ihre Themen und ihre Grenzen mitplant, wird dabei die Vorzüge einer gemeinsamen Komplexitätsreduktion eher erkennen."

Gegenseitige Selbstbindung gibt Rückhalt und Orientierung zur Erprobung neuer Verhaltensweisen.

Nicht von ungefähr zeigen die Ergebnisse von BIERHOFF/BUCK (1984:37f.,48) daß für Frauen wie Männer der „Freund" durchgängig in allen Altersstufen (16 bis 35 Jahre) hohes Vertrauen genießt, noch *vor* nahen und entfernten Verwandten, Bekannten, Arbeitskollegen und Nachbarn.

Je komplexer eine Sozietät wird, desto eher verliert sie den Charakter direkt erfahrener Vertrautheit. Die Bereitstellung verschiedenster sozialer Nischen zur Konstruktion personalen Vertrauens wird heute dringlicher denn je (vgl. MATEJKO 1988:47 und 3.1.5).

4.3.3. Die moralische Haltung im Freundschaftskontext

Erstaunlicherweise wird der Perspektive von Moral in der Freundschaft fast keine Aufmerksamkeit geschenkt, außer bei BLUM (1980), der einen sozialphilosophischen Ansatz verfolgt und den Entwicklungspsychologen SELMAN (1980), YOUNISS (1984), KELLER (1984, 1986), die in der Freundschaft wichtige Impulse zur Entstehung moralischen Handelns sehen. In Ermangelung spezifischer Arbeiten kann es im folgenden nur darum gehen, Freundschaft als definitiv moralischen Kontext auszuweisen, der auf die Konstruktion und Symbolisierung von Werten wie Gerechtigkeit, Wohlwollen und Solidarität angewiesen ist.

Auch das individuelle moralische Urteil in der Freundschaft ist sozial determiniert. Schon DURKHEIM (vgl. HARTMANN 1983, BERTRAM 1986), stellt einen Zusammenhang zwischen persönlicher Moral und ihrer gesellschaftlichen Entwicklung fest: Idealtypisch läßt sich in eher überschaubaren, traditionalen Gesellschaften eine gut funktionierende soziale Kontrolle, (mechanische Solidarität) feststellen. Demgegenüber findet sich in Industriegesellschaften mit zunehmender Differenzierung abnehmende soziale Kontrolle. Der einzelne kann nur durch eine je individuelle Synthese von Werten und Handlungsentwürfen die Vielfalt der ihn tangierenden Interessen und Anforderungen bewältigen (organische Solidarität).

Diese Aussage impliziert die ‚moderne' Individualisierungsthese (vgl. BECK 1986) von der zunehmenden, auch moralischen Eigenverantwortlichkeit der Menschen heute. Auf diesem gesellschaftlichen Horizont realisieren sich differenzierte Freundschaften auch bezüglich ihrer moralischen Freiräume.

Auf die Frage, wie nun Moral von den Menschen internalisiert wird, findet sich bei DURKHEIM die Forderung nach gezielter Pädagogik. Sein Kritiker PIAGET (1990) jedoch stellt sich gegen diese Annahme von einem passiven, zu formenden Subjekt und setzt dem ein strukturgenetisches Modell der aktiven Selbstentfaltung entgegen. Moralische Sozialisation findet statt im Zusammenwirken individueller kognitiver Entwicklung mit sozialkommunikativer Erfahrung. Nach PIAGET kann sich moralische Autonomie (beim Kinde) besonders unter den Bedingungen des Vertrauens in Autoritäten (bzw. das Gegenüber), eine differenzierte soziale Umwelt und die individuelle Erfahrung von Gleichheit und Reziprozität entwickeln. Diese Voraussetzungen aber sind im hohen Maße innerhalb von Freundschaft angelegt. Freundschaft erfüllt außerdem das Kriterium der geringen Institutionalisiertheit, was dann die Notwendigkeit und Möglichkeit zum eigenverantwortlichen moralischen Handeln in stärkerem Maße als innerhalb vorgegebener Beziehungen eröffnet.

Daß die Einbindung in bestimmte Lebensweltstrukturen systematisch das individuelle moralische Urteil beeinflußt, ist verschiedentlich auch für Erwachsene bestätigt worden (vgl. KRÄMER-BADONI/WAKENHUT 1983 beim Militär, SENGER 1983 bei Soldaten, LEMPERT 1986 bei Facharbeitern).

LEMPERT (1986:228) etwa skizziert ein Bündel von Bedingungen, die autonome moralische Haltungen bei Erwachsenen erleichtern und zwar in allen Lebensbereichen. Er bestätigt damit die Übertragungsfähigkeit der Thesen PIAGETs:
- Konfrontation mit verschiedenartigen Konflikten
- Gelegenheit, Konflikte zu reflektieren, zu diskutieren, auszuprobieren
- Vorhandensein von Verständnis und Unterstützung bei den Mitmenschen
- Übernahme einer den Fähigkeiten entsprechenden Verantwortung für sich selbst und andere
- Eingebundensein in eher egalitär und demokratisch strukturierte Interaktionsfelder
- Variation der genannten Bedingungen von Lebensbereich zu Lebensbereich und innerhalb einzelner Bereiche (Arbeit, Privatsphäre, Öffentlichkeit).

Die Situation der untersuchten Facharbeiter so LEMPERT (1986:248), bietet nur wenig Anreize zur Ausbildung postkonventioneller Urteilsstrukturen. Einbindung in relativ konsistente und kontinuierlich restriktive, asymmetrische Strukturen (in Beruf und Privatsphäre) kann zu überwiegend vorkonventionellen oder konventionellen Urteilsstrukturen führen. Fortgesetzt status- und machtbetonte Interaktionen mit geringer Zuwendung führen oft zur Dominanz der vorkonventionellen Ebene (LEMPERT 1986:229) Moralische Autonomie ist in Anbetracht rigider Rollenvorgaben nicht gefragt.

Autonomes moralisches Handeln korrespondiert mit der Relevanz von Recht und Norm innerhalb eines Interaktionskontextes. Auch SIMMEL (1968:42) verweist auf die Dialektik zwischen von außen kommenden Normen und individueller Moral. Letztere ergänzt und füllt die „Lücken der Lebensnormierung". Freundschaft als wenig institutionalisierte Beziehung, welche die genannten Forderungen zumindest vom Ideal her erfüllt, ist deshalb auf autonomes moralisches Handeln angewiesen und begünstigt dieses. Freundschaft ohne subjektiv durch die Betroffenen empfundene, moralische Haltung zueinander ist kaum denkbar.

Die Fähigkeit zum moralischen Handeln in der Freundschaft, welche die ganze Person ins Zentrum stellt, beruht nach KELLER (1986:195, 1984:143) mit auf der Ausbildung einer „moralischen Orientierung", welche kognitive wie emotionale Aspekte impliziert. Mit der kognitiven Seite verknüpft ist das Wissen um soziokulturelle moralische Regeln, Prinzipien und Konfliktlösungsstrategien, die innerhalb der Interaktion relevant sind, sowie die Fähigkeit zur Imagination. Über letztere ist die Antizipation eigener und fremder Handlungskonsequenzen möglich und damit Perspektivendifferenzierung, Perspektivenübernahme und -koordination.

Die korrespondierende affektiv-motivationale Komponente bezieht sich auf das Maß der emotionalen Bedeutsamkeit antizipierter Konsequenzen. Davon leitet sich ab, inwieweit die Freunde gewillt sind, die Interessen und Anliegen des anderen ‚wie die eigenen' zu behandeln. Positive Gefühle der Sympathie und Verantwortlichkeit - nicht Angst (KOHLBERG) - bilden die motivationale Basis dafür, Verletzungen im beidseitigen Interesse zu kompensieren. (Vgl. BLUM 1980, HOFFMANN 1984)

Moralische Orientierung in der Freundschaft beruht nach KELLER (1984:144f.) aber auch BLUM (1980:12ff.) im Anschluß an den symbolischen Interaktionismus, auf drei interdependenten Prozessen:

1) Der Prozeß der Situationsdefinition in Bezug auf relevante moralischen Regeln und Prinzipien.
Jede Situation ist ambivalent und muß nach ihrer moralischen Bedeutung abgeklärt werden. Für uns gilt: Auf dem Hintergrund der Besonderheit der Beziehung und des gemeinsamen Interessenspektrums wird eine kognitiv-emotionale Beziehungsdefinition erbracht, die sich an der Einbeziehung der ganzen Person orientiert. Der Freund wird als Individuum in seiner Situation erkannt, d.h. von anderen Personen und Beziehungen differenziert, wozu Wissen gehört.

2) Der Prozess der Wahrnehmung von Konsequenzen bei sich selbst, dem anderen und in Bezug auf die Freundschaft, z.B. wenn Verpflichtungen verletzt wurden. Dabei spielen moralische Gefühle der Sympathie, des Mitgefühls und der Verantwortung eine wichtige Rolle. Es bedarf der Fähigkeit zur Objektivierung und Distanzierung von den eigenen Taten, andererseits der Entgegennahme von Entschuldigungen.

3) Die Fähigkeit zum moralischen Diskurs, in welchem konfligierende Ziele, Pflichten, Erwartungen und Interessen unter den Bedingungen der aktuellen Situation abgewägt und ausgehandelt werden, um zu einer beidseitig befriedigenden Lösung zu gelangen. (Vgl. auch KOHLBERG/BOYD/LEVINE 1986:219)

Moralische Orientierung in der Freundschaft heißt dann, daß die Betroffenen in Gedanken, Gefühlen und Verhalten eine der Situation angemessene Sensitivität, Wertschätzung und Verantwortlichkeit gegenüber dem anderen und dessen Wohl entwickeln, ohne dabei die eigenen Interessen zu vernachlässigen. Moralische

Sorge heißt die Einbeziehung der Belange der Person des anderen über die normativen Regeln hinaus. Die „mentale Operation" (KOHLBERG/BOYD/LEVINE 1986:223) der wechselseitigen Perspektivenübernahme und Empathie ermöglicht eine doppelte Sichtweise und dadurch kognitiv-emotionales Verständnis über den Standpunkt des anderen. Sie stellt die Grundlage für eine gerechte Bewertung der Forderungen und Interessen des Gegenüber dar. In der spezifischen Art und Weise des freundschaftlichen Umgangs miteinander werden Gerechtigkeit, Wohlwollen und Solidarität symbolisiert. Diese implizieren Achtung und Respektierung der ganzen Person, Sympathie, Empathie, Fairness und Verantwortlichkeit im Rahmen dessen, was voneinander gewußt wird. (Vgl. auch KOHLBERG/BOYD/LEVINE 1986:208f.) BLUM (1980:69) charakterisiert Freundschaft als spezielle moralische Beziehung

> „of concern, care, sympathy and the willingness to give oneself to the friend which goes far beyond what is characteristic and expected of people generally. The caring within a friendship is built upon a basis of knowledge, trust and intimacy... In genuine friendship one comes to have a close identification with the good of the other person".

Wichtig scheint in diesem Zusammenhang die Tatsache einer über die normativen Ansprüche hinausgehenden gegenseitigen „Ich-Leistung" (GEHRING 1971:40ff.). Während Arbeits- und Familienbeziehungen sich durchaus auf dem schmalen Grad rigiden Rollenverhaltens bewegen können, ist Freundschaft ohne positiv gewertete Ich-Leistung kaum möglich. In der originellen, thematisch manifesten Ich-Leistung bildet sich die ganze Person ab, und sie richtet sich auf den ganzen Menschen im Rahmen des Interaktionsfeldes.

Dazu zählt auch die Fähigkeit zur Ich-Distanz, zur kritischen Reflexion über die eigene Person, was zu Reue, zum Bedauern und zur Wiedergutmachung von Verhalten führt. Gefühle der Scham, das Eingestehen und Besprechen von Fehlern ermöglichen eine Klärung und Fortsetzung der Beziehung. Umgekehrt resultiert aus der idealen wechselseitigen Perspektivenübernahme die Intention, den anderen vor Bloßstellung, Scham und Angst zu schützen, weil damit auch Weiterhandeln verhindert wird, wie GROSS/STONE (1977) am Beispiel der „Verlegenheit" demonstrieren. Positive wie negative Gefühle können gezeigt und diskutabel gemacht werden. Damit wird die Anerkennung und Respektierung der Person in ihrer Ganzheit signalisiert, was zur Vertiefung der Bindung beitragen kann (vgl. BLUM 1980:74) und zu weiteren Ich-Leistungen ermutigen mag.

Konkret schlägt sich die moralische Haltung nieder im „prosozialen Verhalten", welches nach STAUB (1982) Kooperation, Teilen, Hilfe, Konstruktivsein, Bereitschaft zum Altruismus und aufmerksame Rücksichtnahme bedeutet. Allein dies wäre eine verkürzte Sichtweise. Vielmehr geht es eher um die Realisierung einer „prosozialen Intention" (KAMINSKY 1984:402), welche nur über das Zulassen, die Thematisierung auch von ‚negativen' Elementen der Rivalität und Dominanz, der Mißgunst, des Neids, der Aggression und Eifersucht möglich wird. Prosoziale Intention berücksichtigt, daß zum Beispiel Hilfe auch einseitige Abhängigkeiten und Passivität schafft. Vielleicht wird gerade durch Rückzug und Nicht-Helfen ein positiver Beitrag zum Wohlergehen des Freundes und zum Fortbestand einer autonomen Freundschaft geleistet. Prosoziale Intention bedeutet das Bemühen um authentische Auseinandersetzung und ehrliches Interesse an den Belangen des anderen: an seiner Wut, Trauer, Freude, seinen Unzulänglichkeiten und Erfolgen, die auf der Matrix der Freundschaft erkennbar werden. Dieses Interesse schlägt sich nieder im Erspüren, Wahrnehmen, Erfragen und Diskutieren von persönlichen Hintergründen und biographischen Erlebnissen. Aufmerksamkeit für Persönliches und gegenseitiges Sich-Verlassen-Können auf die Bereitschaft zur Hilfe „wo es nötig wird" ist zentrales Ergebnis der Studie von ARGYLE/HENDERSON (vgl. 3.2.4).

Nicht jedem Freund wird die gleiche moralische Haltung entgegengebracht, und jede differenzierte Freundschaft wird ein unterschiedliches Niveau des Commitment und der moralischen Signifikanz zeigen. Moralische Kompetenz - so PIAGET und LEMPERT - bildet sich aus der Erfahrung mit unterschiedlichsten Beziehungsmustern. Anzunehmen ist, daß je mehr Freundschaften jemand hat, desto komplexer gestaltet sich sein moralrelevantes Experimentier- und Handlungsfeld. Es gilt, situationsadäquate moralische Haltungen auszuhandeln.

NUNNER-WINKLER (1988 - Soziologentag) vertritt den Standpunkt einer situativ „ausdifferenzierten" Moral, was sich mit unseren Vorstellungen einer thematisch erfaßbaren Freundschaft verträgt, in welcher dann z.B. auch von einem „bedingten Altruismus" (BLUM 1980:77f.) ausgegangen werden muß. Wir glauben, daß auch moralische Implikationen nur im Rahmen der geteilten Aktivitäten ihren eigenwilligen Ausdruck erhalten (vgl. BLUM 1980:82). Das heißt nicht, daß eine Fragmentierung der Person nach geteilten Gebieten vorgenommen wird, sondern die ganze Person kristallisiert sich in spezifischen Konstellationen und Färbungen, welche zur Bezugs- und Handlungsgrundlage der moralischen Einstellung werden. Dadurch wäre Freundschaft vom unterschwelligen Anspruch einer moralischen ‚Überbeziehung' befreit.

Zusammenfassend kann Freundschaft als Prototypus einer personalen Privatbeziehung gelten, die, im Vergleich zu Autoritätsbeziehungen,

> „eine Situation potentieller Gleichheit darstellt, in der Interessen, Ansprüche, Erwartungen und Verpflichtungen zwischen Gleichen verhandelt werden." (KELLER/EDELSTEIN 1986:321)

Freundschaft wird immer schon in moralischen Attributen definiert über Vertrauen, Gerechtigkeit, Solidarität und gegenseitige Hilfe. Sie bewegt sich damit gedanklich im Rahmen der Stufe sechs der KOHLBERG'schen Moralebenen. Implizit liegt darin auch das Dilemma einer moralischen Idealisierung und Überforderung.

Jede Freundschaftsbeziehung wird ihren eigenen Moralkodex aushandeln, der sich am intrapersonalen Bedeutungssystem der beteiligten Personen, dem interpersonalen Bedeutungssystem der Dyade sowie am soziokulturellen Bedeutungssystem also dem Universum an Möglichkeiten und Zwängen kultureller Wertvorgaben orientiert (vgl. WEINREICH-HASTE 1984:327). Freundschaft ist keine moral-relevante 'Überbeziehung' sondern relativiert sich am gemeinsamen Thema und der Beziehungsdefinition.

Prinzipiell besteht Einigkeit darüber, daß gegenseitiges Wissen und emotionale Zuwendung integraler Bestandteil der Art und Ausprägung von Moral sind (vgl. BLUM 1980:70). Dem moralischen Handeln immanent ist, daß das gemeinsame Interesse zwar den Rahmen bildet, darüber hinaus aber der andere als Identität mit einer eigenen Geschichte begriffen wird, die sich im gemeinsamen Tun manifestiert und problematisiert.

Freundschaftliche Moral heißt permanentes interaktives und situatives Ausloten gegenseitiger Ansprüche zwischen Selbstbezug und Orientierung am andern. Wechselseitige Perspektivenübernahme und Empathie, Objektivierung und reflexive Distanz zur eigenen Person sind Voraussetzung und Effekt moralischer Prozesse. Moral in der Freundschaft kann durchaus 'subversiv' sein und den herrschenden öffentlichen Regeln entgegenstehen.

Wie gesellschaftliche Prozesse auf freundschaftliche Moral rückwirken, so hat umgekehrt letztere Effekte auf die Gesellschaft. Sie kann Vorbild- und Symbolwirkung haben. Öffentlich erkennbare Freundschaft mit einem Asylbewerber etwa kann Reaktionen der Zustimmung, Mißbilligung oder Ablehnung hervorrufen und damit im Kleinen bestehende soziale Werte ans Licht heben.

4.3.4. Zur Unsicherheitsreduktion durch Freundschaft

Das Bedürfnis nach Sicherheit ist für W. I. THOMAS (1965) einer der grundlegenden Wünsche des Menschen. Sicherheit ist aber auch ein soziales Phänomen (vgl. KAUFMANN 1970). Durch Freundschaft, so glauben wir, wird ein Beitrag zur interaktiv gestalteten Reduktion von persönlicher und sozialer Unsicherheit geleistet. Sie ist eine Beziehungsform in der einerseits Seinsgewißheit symbolisiert wird, andererseits wird im Herstellen von Sicherheit Offenheit, d.h. neue Unsicherheit produziert. Im Vertrauen auf eine 'unsichere Gewißheit' findet der einzelne in der Freundschaft Halt und wird instandgesetzt mit der prinzipiellen Ambiguität zu leben.

Der Aspekt der Sicherheit durch Eingebundensein in Freundschaft tritt in der Geschichte immer wieder zutage. Mit augenfälliger Konkretheit, z.B. in der antiken Gastfreundschaft, in esoterischer Form bei der Gottesfreundschaft, die den Menschen im Jenseits verankert. In der Renaissance, etwa bei MONTAIGNE, ist Freundschaft eine persönliche Insel der Sicherheit und im Freundschaftskult der Aufklärung vermittelt sie die Gewißheit, zur Weltgemeinschaft zu gehören.

Was bedeutet 'Sicherheit' und worum kann es sich bei der 'Reduktion von Unsicherheit' handeln? Die Phänomene Sicherheit und Unsicherheit sind bislang nicht konsistent definiert (vgl. CAMERON/MCCORMICK 1954, VESTER 1980:31ff.).

Der Gebrauch dieser Begriffe findet eher „im Sinne vortheoretischer Verständigungsbrücken Verwendung"(KAUFMANN 1970:59), wobei vorausgesetzt wird, daß man eine klare Vorstellung davon hat.

Der Komplex Sicherheit vereinigt unterschiedliche Bedeutungsgehalte und „meint zugleich Gefahrlosigkeit, Verläßlichkeit, Gewißheit und Sorglosigkeit" (KAUFMANN 1970:165). Sicher sein heißt dann für das Individuum geschützt und geborgen sein, ein Gefühl der Beruhigung zu erleben, Bewußtsein von Überzeugung und Entschiedenheit zu haben, Fertigkeiten zu besitzen und ausüben zu können sowie moralisch gefestigt zu sein (vgl. KAUFMANN 1970:158). Anders formuliert bedeutet Sicherheit: soziale Integration, Handlungsfähigkeit, kohärente innere Werte. Demgegenüber impliziert Unsicherheit psychische Überforderung, Angst, Entfremdung, Unbestimmtheit, Realitätsverlust, Außenleitung und ein Gefühl, passiver Zuschauer zu sein (vgl. KAUFMANN 1970:22f.,360).

Sicherheit und Wohlbefinden hängen also zentral damit zusammen, ob Menschen in der Lage sind, handelnd zu partizipieren, auf ihre Welt Einfluß zu nehmen und gemeinsam mit anderen sinnhafte Ziele zu setzen (vgl. KAUFMANN 1970:252ff.). Sicherheit bzw. Unsicherheit korrespondieren und beziehen sich immer auf einen, nur analytisch zu trennenden, inneren und äußeren Zustand.

Unsicherheit kann durch intime wie nicht-intime Beziehungen reduziert werden.[39] Durch Freundschaft wird einerseits innere Sicherheit, d.h. Identität und damit Selbstsicherheit (vgl. 4.4) sowie äußere Sicherheit, nämlich die handelnde Herstellung praktischer Realitäten ermöglicht. In der Interdependenz von Innen und Außen wird schließlich Bedeutung und Sinn vermittelt. In diesem Kapitel ist das Hauptaugenmerk auf die äußere, sozial verankerte Sicherheit gerichtet. Sicherheit herstellen kann aber nicht heißen, einen (langweiligen) Zustand der Geborgenheit zu zementieren sondern allenfalls Reduktion von Unsicherheit.

Unsicherheit wird reduziert durch Austausch von Information und Wissen, bewertende Kommunikation (Bestätigung, Feedback), instrumentelle Hilfe (Arbeit, Zeit, Intervention bei Konflikten und Streß), emotionale Unterstützung (Achtung, Gefühl, Empathie, Vertrauen) (vgl. ALBRECHT/ADELMAN 1984:5f.). Freundschaft gehört zu den intimen, stabilen und relativ dauerhaften Beziehungen, die auf einer balancierten Basis des Gebens und Nehmens einen Beitrag zur gegenseitigen Orientierung und Lebenssicherung leisten (vgl. ALBRECHT/ADELMAN 1984:17f.).

Wesentlich ist, daß in der Freundschaft unter anderen Bedingungen als in der Familie Beziehungsrealität konstruiert und damit bestimmte, ausgewählte Aspekte des Lebens in autonomer Ko-Operation (ab-)gesichert werden. In der Familie, wo man zusammen aufwächst, mit komplementären Rollen bzw. Verpflichtungen konfrontiert ist, die oft keinesfalls freiwillig und häufig durch einseitige Machtverhältnisse definiert sind, wird eine qualitativ anders geartete Form der Unsicherheitsreduktion (etwa Versorgung und Sozialisation) angestrebt. Sie hebt sich vom aktiven, raumgreifenden und symmetrischen Engagement in der

---

39 z. B. durch Systeme sozialpolitischer Art - dazu KAUFMANN (1970)

Freundschaft ab. Schon die Chance der freien Wahlmöglichkeit eines Freundes für ein bestimmtes Interessengebiet, beinhaltet ein Moment der eigenständigen Reduktion eines ungewollten Zustandes.

Freundschaft für sich gesehen ist - gemessen an ihrem geringen Institutionalisiertheitsgrad - eine höchst unsichere Beziehung. Gerade weil sie ihren potentiellen Verfall (vgl. SIMMEL, EISENSTADT) ständig antizipieren muß, ist das Individuum gezwungen, Beziehungsrealität zu sichern. Das heißt, zunächst einen gemeinsamen Wissensvorrat zu erarbeiten (vgl. 4.2.1), aber auch gemeinsame Interpretationsschemata und Werterelationen auszuhandeln, um Mehrdeutigkeit, Mißverständnisse und Enttäuschungen einzugrenzen. Dieser Austausch von persönlichen Inhalten und Einstellungen führt nach BERGER/CALABRESE (1975:104) zu einer empirisch fundierten Abnahme von Ungewißheit. Unsicherheitsreduktion im Sinne BERGER/CALABRESE impliziert die Komponenten der Vorhersage und Erklärung von eigenem und fremdem Verhalten, was nach KAUFMANN (1970:168) Zuversicht in die Zukunft beinhaltet. Allein die Erfahrung einer gelungenen Freundschaft signalisiert Handlungskompetenz und Sicherheit von Zugehörigkeit.

Wenn man als gleichwertige Person in einem geteilten Kontext verstanden und akzeptiert ist, wird Unsicherheit reduziert. Konsequent unserer These von der Themenbezogenheit der Freundschaft ist Unsicherheitsreduktion immer geknüpft an konkrete Aktionskreise und den damit verbundenen persönlichen Anliegen, Werten, Problemen und Fähigkeiten. Unsicherheitsreduktion durch Freundschaft hat immer reale psycho-soziale Gründe, die oft nicht bewußt sind. Jede Freundschaft hat ihr eigenes thematisches Spektrum an sicherheitsgarantierenden Elementen und Bereichen. Sie verweist deshalb auf personale und soziale Unsicherheitsmomente. So decken etwa Frauenfreundschaften andere sicherungsbedürftige Aspekte ab als Männerfreundschaften.

Sicherheit durch Freundschaft tritt oft erst ins Bewußtsein angesichts der Aufforderung zur gemeinsamen Bewältigung von Streß-Situationen, Krisen, Übergängen, psychischer und physischer Krankheit (vgl. ALBRECHT/ADELMAN 1984:3) oder wie KAUFMANN (1970:236) es ausdrückt, wenn „etwas auf dem Spiel steht". Im allgemeinen ist personale und soziale Sicherheit/Unsicherheit unhinterfragtes Resultat des alltäglichen interaktionalen Abstimmens der Freundschaft.

Freundschaft, welche ein offenes Handlungsfeld darstellt, fällt unter die Implikationen einer ‚supportive relationship' im Sinne ALBRECHT/ADELMAN (1984). Sozial unterstützende Beziehungen stehen im direkten Zusammenhang zu einer lebenspraktisch bedeutsamen Unsicherheitsreduktion, weil sie ein subjektives Gefühl von Zugehörigkeit, Akzeptanz, des Geliebt- und Gebrauchtwerdens vermitteln. Man wird geachtet, ist wertvoll und in konkrete gegenseitige Verpflichtungen verwickelt (vgl. dies. 1984:4). Menschen beziehen daraus auch Unterstützung in ihrem Recht auf Anspruch im ‚ungeschützten' öffentlichen Bereich.

In der Freundschaft werden Menschen in der handelnden Aneignung ihrer Welt befähigt, eine Vorstellung vom gegenseitigen Können, den jeweiligen Einflußmöglichkeiten und den für sie relevanten Realitätszusammenhängen zu gewinnen. Wahrnehmung von Bedrohung und Ausgeliefertsein in anderen Bereichen können kompensiert werden (vgl. ALBRECHT/ADELMAN 1984:4f.). Selbst-Sicherheit, Geborgenheit, wissende Solidarität mit andern nehmen zu. In der gemeinsamen Teilnahme findet eine Klärung und Sicherung von sozialen Positionen statt. Zugehörigkeit, Zugangschancen, Handlungskompetenzen und Werterelationen werden abgesteckt. Kenntnis über gesellschaftliche Sozialräume und die Möglichkeiten ihrer Nutzung bzw. Entfremdung wird vermittelt. Gemeinsames Wahrnehmen der Veränderungsmöglichkeiten, Infragestellen, Außerkraftsetzen und Neudefinieren von sozialen Regeln und Normen für eigene Belange, vermittelt Sicherheit und Sinn (vgl. BERGER/CALABRESE 1975:100). Mittels Freundschaften finden Integrationsprozesse in den nahen und weiteren Sozialraum statt und damit Vernetzung mit anderen Rollen und Positionen. Freundschaften können Bedeutungs- und Definitionshilfen für die eigene soziale Einordnung sein und sind Sozialanzeiger für Außenstehende. Unsicherheitsreduktion - so BERGER/CALABRESE - bindet Menschen auf der Beziehungs- und Gesellschaftsebene zusammen und erleichtert weiterführende Interaktion.

Als maßgebliche Grundlage von personaler und sozialer Sicherheit in der Freundschaft erweist sich die Symmetrie der Positionen und des Austausches. Prinzipiell ist anzunehmen, daß Menschen angesichts der Gewißheit, ein wohlwollendes Feedback wert zu sein und geben zu können, sich angenommen und sozial integriert fühlen. Nach KEMPER stellt sich ein Gefühl der Sicherheit besonders dann ein, wenn beide Interaktionspartner ihren Einfluß (Macht) als ausreichend und ausgeglichen erleben (vgl. GERHARDS 1988:130, ALBRECHT/ADELMAN 1984:12). Diese Annahme teilen auch BERGER/CALABRESE (1975:101ff.): Abnehmende Unsicherheit korrespondiert mit symmetrischer Austauschrate und qualitativ gleicher Information. Aufscheinende Ähnlichkeiten und Sympathien können Sicherheit verstärken. Innere und äußere Sicherheit wird dann ablesbar an zunehmender Spontaneität, im Offenlegen und Diskutierbarmachen auch von negativen Persönlichkeitsaspekten.

Sicherheit wird kommunikativ hergestellt aber auch wieder destruiert. Insoweit Freundschaftsprozesse an das freiwillige, autonome, sich rhythmisch wiederholende Errichten, Synchronisieren und Aufheben von Interaktionsterritorien gebunden sind (vgl. 4.2.2), muß in der Freundschaft situationale Realität als sicherer Maßstab für den Bestand der Beziehung akzeptiert werden. Freundschaft kann als Übungsfeld gelten, in welchem die ‚Sicherheit der Unsicherheit‘, Verlaß in (wahrscheinlich) wiederkehrende, ständig neu zu gestaltende Rituale gelernt werden kann.

Durch die Schaffung freundschaftlicher Interaktionsterritorien findet eine Art „räumlicher Sozialisation" (KRUSE/GRAUMANN 1978:183) statt, welche das unmittelbare Handlungsfeld, die aktuelle Reichweite und das Unerreichbare absteckt. Aneignung von Raum bedeutet nach KRUSE/GRAUMANN (1978:184f.) mehr: Erwerb, Modifikation und Sicherung von sensumotorischen Fertigkeiten, Überzeugungen, Einstellungen sowie orientierende Handlungsentwürfe gegenüber den damit verbundenen Sozial- und Ding-Verhältnissen. Im Durchgang durch den Raum mittels Körpersignalen, Gesten und Worten wird Kommunikations- und Verhaltenssicherheit geprobt. In der Präsentation der Person kann Sicherheit im Umgang mit dem eigenen Körper gewonnen werden. Durch Freundschaft wird man in seiner Körperlichkeit auf je eigene Weise bestätigt, rückversichert, wahrgenommen.

Wesentliche Anhaltspunkte der Unsicherheitreduktion aber leiten sich auch von der Ebene des emotionalen, vertrauensvollen und moralischen Zusammengehörens ab. Wer in seiner Ganzheit und in der Ambivalenz seiner Empfindungen ernst genommen wird, diese ausleben darf, wird sich geborgen und sicher fühlen und entsprechend handeln. Dies im Rückbezug auf Freunde auch dann, wenn man im öffentlichen Bereich mißverstanden und vielleicht absichtlich beleidigt wird. Im Bewußtsein seiner Freunde kann man sich auch in einem „Teilstatus" ‚ganz' und damit sicher erleben (KAUFMANN 1970:230).

LAING u.a. (1976:37ff.) identifizieren das Phänomen Vertrauen innerhalb von dyadischen „Spiralen reziproker Perspektiven" als eine Möglichkeit, die letztlich nicht total durchschaubar zu machende Komplexität zwischen Menschen trotz alledem abzusichern. Vertrauensträger zu sein und zu vertrauen birgt Sicherheit und entlastet von ständiger Nachprüfung. Vertrauen bedeutet auch, sich dieser Prüfung und Beweislast auszusetzen. Es stärkt und schwächt zugleich: gibt Selbstsicherheit, Handlungsstabilität, erzeugt Gemeinsamkeit, andererseits ist man abhängig und kann mißbraucht werden.

Auch die Tatsache, sich moralisch mit einem anderen verbunden zu wissen, gibt persönliche Selbst-Sicherheit, ordnet Handlungsrichtungen und soziale Relationen. Man weiß wann, in welchem Maße man sich für die Belange des anderen einzusetzen hat und ist gewiß, daß einen im Falle der eigenen Hilfsbedürftigkeit der Freund auffängt. Das Ertragen von Ungewißheit der Ereignisse wird erleichtert und freies Handeln in Als-Ob-Sicherheit ermöglicht.

Zusammenfassend gilt, wo Interaktionen rhythmisch und im Gleichklang synchronisiert werden, erfolgt ein Gefühl der Ordnung, Sicherheit und Sinn (vgl. CHAPPLE 1980:750). Umgekehrt wird dann, wo Interaktionen aneinander vorbeilaufen, weniger werden oder ausbleiben, Wirklichkeit reduziert.

Sicherheit zeigt sich nach VESTER (1980:38) unter anderem in der Regularität von Verhalten, in Institutionalisierung neuer Verhaltensnormen und im Eingrenzen von Mehrdeutigkeiten. Die Forderung einer ‚totalen' Sicherheit (z.B. Einsehbarkeit, Vorhersehbarkeit, Erklärbarkeit) führt die Beziehung genauso zum Scheitern wie eine übergroße Unsicherheit. Freundschaft bedeutet Umgang bzw. Zulassen von Sicherheit *und* Unsicherheit, wobei Unsicherheit auch als Vorbedingung von Kreativität fungiert (vgl. SMITHSON 1980:166). Durch ständiges Verwiesensein auf unmittelbares aneinander orientiertes Handeln reduziert

Freundschaft Unsicherheit auf verschiedensten Ebenen: im Individuum, innerhalb der Beziehung und im Umgang mit Gesellschaftsbereichen.

In der Freundschaft erfahrene Sicherheit gibt dem Individuum Rückhalt über den unmittelbaren Freundschaftsbezug hinaus. Es wird in die Lage gesetzt, auch in einer überkomplexen Gesellschaft eigenständig, kritisch, innovativ und sinnhaft zu agieren, ohne sich isoliert und ungeschützt zu fühlen, weil es im Privaten aufgefangen wird, verankert ist, seinen Platz hat.

Durch das ganzheitliche Integriertsein in verschiedene Freundschaften wird auch ein vielfältiges, praktisches Verhältnis zur Außenwelt gesichert: Zugangs-, Partizipations- und Nutzungsmöglichkeiten werden modelliert. Es entsteht raum-zeitliche Lebensstruktur, die sich in den gesellschaftlichen Handlungsstrom eingliedert.

Was KAUFMANN (1970) schreibt, gilt mehr denn je:

„Die Struktur von ,Gesellschaft' hat sich gewandelt, d.h. sie hat sich differen-ziert und ist unanschaulich, überkomplex geworden... ,Gesellschaft' ist keine konzeptionsfähige Ganzheit, keine ,Gemeinschaft' mehr, sondern eine bloße Worthülse geworden, hinter der sich eine Menge interdependenter ... und weitgehend autonomer ,sekundärer Systeme' verbergen ..." (S. 358) „Was die sekundären Systeme nicht zu leisten vermögen, ist die Stabilisierung der Per-son als Person sowie der Beziehungen von Person zu Person." (S. 247).

KAUFMANN meint, daß wir deshalb verschiedenster „Sicherheitsgaranten" durch unmittelbar persönliche Beziehungen brauchen. Unseres Erachtens stellt Freund-schaft eine wichtige Sicherheitsquelle dar: Je mehr Freunde, desto mehr Sicherheitsanker, Ressourcen, Richtung- und Informationsgeber stehen zur Verfügung. Dabei darf nicht übersehen werden, daß der Unsicherheitsreduktion durch enge Freundschaften auch Grenzen gesetzt sind. Es gibt Bereiche, in denen schwache Beziehungen bessere Dienste leisten (vgl. WEGENER 1987).

4.4. Freundschaft und Identität

„Wie baut denn das Leben jene Kraftfelder auf, von denen wir leben?" (SAINT-EXUPÉRY 1986:21). In den drei, in der Sahara verbrachten Jahre, beginnen für SAINT-EXUPÉRY die zurückgelassenen Freunde mehr und mehr wesentlich zu werden. Er bedarf ihrer zur Orientierung und Bestätigung seiner Existenz. Er lebt in ihnen und sie in ihm. SAINT-EXUPÉRY bevölkert die Wüste, welche „keinerlei greifbaren Raum bietet", mit Kindheitserlebnissen, Erinnerungen an Frankreich und „noch fruchtbaren" Freundschaften.

Die Identität, das Selbst des Menschen ist immer in der Auseinandersetzung mit seiner Umwelt begründet. Sie ist eine Frage des Eingebundenseins in sekun-däre wie primäre Bezüge. Durch Freundschaften wird ein maßgeblicher und unmittelbarer Beitrag zur Konstruktion von Identität geleistet.

Freunde stellen eine wichtige nicht-familiale Ressource der selbstinitiierten Identitätsbildung dar (4.4.1); sie verkörpern konkrete, handelnd mitbestimmbare Me's, sind Teil unserer sozialen Identität (4.4.2); durch Freundschaften sind wir gehalten, uns nach außen zu kehren, ‚lesbar' zu machen (4.4.3).

4.4.1. *Freundschaft - eine Quelle der selbstinitiierten Identitätsbildung*

Identität ist ein dynamischer und nie abgeschlossener Prozeß, der im sozialen Zusammensein begründet ist, sich dort aufbaut und modifiziert, aber auch deformiert werden kann (vgl. LAING 1973:86).

Schon W. JAMES sowie G. SIMMEL sehen das Selbst als eine Relation, einen Prozeß zwischen Innen (I) und Außen (Me) (vgl. JAMES 1891:400f.). Das Selbst hat also eine individuelle und eine soziale Komponente, was COOLEY (1902) mit der berühmt gewordenen Metapher des „looking-glass self" ausdrückt, welche soviel heißt wie die Erfahrung der Individualität durch den sozialen Spiegel. Dieser vermittelt dreierlei: wie der andere mich sieht, wie er das, was er von mir sieht, bewertet und ein daraus resultierendes Selbst(wert)gefühl (vgl. LINDESMITH/STRAUSS 1983:111). Es handelt sich aber nicht um bloße Widerspiegelungen von Perspektiven, sondern um aktiv reflektierte Auswahl, Interpretation und Gewichtung von Sichtweisen. Erst G. H. MEAD (1975:216ff.) führte die Unterscheidung zwischen I und Me sowie deren Zusammenspiel zum Selbst genauer aus. Das I ist die Art und Weise der Antwort des einzelnen auf die Haltungen anderer ihm gegenüber, es garantiert die Einmaligkeit und Spontaneität einer Person, liefert „das Gefühl der Freiheit, der Initiative" (MEAD 1975:221). Das Me dagegen sind jene von mir aufgenommenen Anteile, wie die andern mich sehen, d.h. „organisierte Gruppen von Haltungen" (MEAD 1975:218), Konventionen und Gewohnheiten.

Das Selbst, die Identität schließlich ist ein permanenter Balance-Akt, in welchem der Mensch zwischen der angesonnenen sozialen Identität und der personalen Identität, auch angesichts von Widersprüchen und nicht integrierbaren Momenten, eine akzeptable innere, vertikale Identitätslinie zu schaffen hat. (Vgl. KRAPPMANN 1975:32ff.) Identität, meint MEAD (1975:225), „ist sozusagen ein Wirbel in der gesellschaftlichen Strömung und somit immer noch Teil dieser Strömung."

Identitätsfindung ist in jedem Falle an Interaktion gebunden und bedarf auf der horizontalen Ebene der Teilnahme an einem Spektrum von Sozialbezügen, die von sehr nahe stehenden Menschen bis zu öffentlich-formalen und abstrakten Beziehungen reichen und eine Rückbindung sowie Rückwirkung auf ein historisch gewordenes Gesellschaftsszenario darstellen. Herstellen von Identität ist also immer auch eine Frage wie die ganz konkreten Me's beschaffen sind mit denen wir leben. Konkrete Me's sind unter anderen repräsentiert in Freundschaften.

Die Diskussion zur Identitätsproblematik hat in letzter Zeit angesichts der gesellschaftlichen Individualisierungsprozesse eine neue Dringlichkeit erfahren.

Zunehmende Komplexität, Mobilität und Anonymität der Gesellschaft spiegeln sich in der Identität ihrer Individuen wider. Gesprochen wird beispielsweise von der „multiplen Identität" (BERGER 1973:105, THOITS 1983, WEIGERT u.a. 1986:57), der „Bastelmentalität" (GROSS u.a. 1986 in KEUPP 1989a:63), der „Patchwork-Identität" (KEUPP 1989a:64) oder von „Such-Identitäten" (BECK 1990b:213).

Auf der Grundlage einer sich ändernden gesellschaftlichen Landschaft, in der sich Freisetzungsprozesse aus traditionalen Bindungen wie z.B. Familie, Ehe, Beruf abzeichnen, wo die geographische Mobilität zu immer heterogeneren Bevölkerungsstrukturen führt und gesicherte Werte und Handlungskoordinaten sowie Partizipationsvorgaben entfallen, erscheint es zwingend, daß anderen Instanzen nicht-institutioneller Art mehr Gewicht bei der Konstruktion von Identität zukommen muß. Dies besonders deshalb, weil das immer noch dominierende Verständnis von Familie als dem Garanten für stabile gesellschaftliche Verhältnisse und für die Sozialisation handlungsfähiger Individuen einem unaufhaltsamen Erosionsprozeß unterworfen ist (KEUPP 1989b:11f.). Das Eingehen differenzierter Freundschaften auf der Basis gemeinsamer Werte und Interessen zählt zu diesen ‚anderen' Instanzen.

Identitätskonstruktion wird viel stärker dem Kompetenz- und Leistungsbereich des Individuums überantwortet. Es ist aufgerufen zur Selbst-Suche und zum Selbst-Management und steht heute vor dem Dilemma, sich nicht mehr beruhigt im Schlepptau vorgegebener Identifikationsmuster eine relativ kontinuierliche, konsistente, vorhersehbare und mit anderen vergleichbare Identität aufbauen zu können, sondern ist gezwungen, sich auf die Vielfalt und Heterogenität des gesellschaftlichen ‚Beziehungsmarktes' einzulassen. Der Identität-Suchende ist auf weit ausgespannte Identitätsarbeit angewiesen, muß sich in seiner Einzigartigkeit darstellen und profilieren, ohne sich dadurch zu isolieren. Im Dickicht vielfältiger Perspektiven hat der einzelne die Chance und das Problem, sich seine Szenarien für Identität in Eigenregie zu konstruieren z.B. über die Auswahl und Ausgestaltung verschiedenster Freundschaften, um damit seinen eigenen Handlungs- und Sinnhorizont abzutasten und seine Positionen im sozialen Raum abzustecken.

Diese „Subjektivierung der Identitätsbildung" (NUNNER-WINKLER 1987:165) verlangt Fähigkeiten wie Offenheit, Flexibilität, soziale Anpassungsfähigkeit einerseits, aber auch ein hohes Potential an Eigenständigkeit und Loslassen-Können, Kritik- und Synthesefähigkeit sowie breitgefächertes Wissen. Qualitäten, die besonders innerhalb von Freundschaften eine Rolle spielen. An dieser Stelle des Auf-Sich-Verwiesenseins mit Identitätssuche, könnten differenzierte Freundschaften eine wichtige Orientierungs- und Stützfunktion haben.

Daß vielfältige Realitäten durch dyadische Freundschaften als Teil privater Netzwerke einer Person überhaupt eine maßgebliche und konstruktive Quelle des Identitätsaufbaus darstellen, wird erst seit den 70er Jahren stärker betont (vgl.

KEUPP 1989a:54). P. L. BERGER (1973:114) spricht von „den Identitäten", die man ausbildet durch Heirat, Freunde, Arbeit.

„In jedem Akt menschlicher Gesellung steckt zugleich ein Moment der Identitätswahl. Umgekehrt braucht jede Identität die richtige Gefährtenwahl, um überdauern zu können."

WALKER u.a. (1977) verweisen in ihrer Studie auf die zentrale Funktion der „Aufrechterhaltung der sozialen Identität" durch soziale Netze bzw. Freundschaften. Je komplexer und offener diese sind, desto eher bieten sie eine Verankerungsbasis für eine multiple Identität.

Der Sozialpsychologe HAUSSER (1983:152) sieht die Bedeutung zwischenmenschlicher Beziehungen für die Identitätsbildung und -änderung in seiner Studie mit 174 Erwachsenen folgendermaßen bestätigt: An erster Stelle sind die (inhaltsanalytisch erfaßten) Erfahrungen mit dem Freundes- und Bekanntenkreis, dann mit dem Partner bzw. der Partnerin, drittens mit Ausbildung und Beruf, schließlich mit Kindheit, Erziehung und Eltern als identitätsrelevant empfunden worden. Abwesenheit des Machtaspektes spielte dabei eine wichtige Rolle.

Die Soziologin THOITS hat sich in mehreren Studien (1983,1986,1987) mit den Auswirkungen zunehmender Rollenkomplexität, das heißt multiplen Identitäten, auf das psychische Wohlbefinden befaßt. Die von ihr formulierte „Identitätsakkummulationshypothese" (THOITS 1983) besagt: Über je mehr Identitäten eine Person durch Partizipation an verschiedenen Beziehungen verfügen kann, umso geringer ist das psychische Belastungsrisiko im Störungsfall. Bezogen auf Freundschaften gilt, daß ein vielfältiges Rollenengagement - wie es für differenzierte Freundschaften zu unterstellen ist - breitgefächerte soziale Ressourcen sichert, so daß bei Verlust einer Teilidentität ein Auffangen durch andere Beziehungen möglich wird.

Um mit H. BERGER (1989:136) zu sprechen: Die Wirkungen von erlebter Rollenvielfalt und komplexen Realitäten sind nicht per se belastend und destabilisierend. Anregende und vielgestaltige Beziehungssituationen fördern die Formung einer gleichermaßen flexiblen wie stabilen, gegen Verunsicherungen gewappneten Identität.

Daß Freundschaften in der heutigen Zeit einen unverzichtbaren Stellenwert als konkrete soziale Identitäten einnehmen ist mit von ihrer inneren Konzeption her begründet. Freundschaft verlangte schon immer das freie, kreativ handelnde, sozial- und egobezogene Individuum. Sie hat besonderes Gewicht für das Identitätsmanagement, weil sie auf der persönlichen Wahl des Individuums in seiner sozialen Lebenssituation beruht, direkt ausgehandelt wird, also „selbstinduziert" ist (SIEGERT/CHAPMAN 1987) und bei aller sozialer Bedingtheit Ausdruck des persönlichen, sich selbst verwirklichenden Ich sein dürfte. Denn die Wahl von Freunden bedeutet Akte der Selbstdefinition (vgl. P. L. BERGER 1973:89).

Von zentraler Wichtigkeit und zum Problem für Identität geworden, scheint uns die bei KRAPPMANN (1975) thematisierte Balance von I und Me. Woran können Menschen sich orientieren, welche Me's sollen balancierend in die Person hereingenommen werden, wenn tradierte Me-Vorgaben entwertet werden oder sich auflösen? Wie soll Identität erlebt werden, die weder (typische, normale) eindimensionale Kontinuität aufweist noch in viele Teilidentitäten zerfällt? Wie kann einer „konsequenzenreichen Reduzierung von Identität auf Individualität" (SIEGERT/CHAPMAN 1987:143) entgegnet werden, um trotz einer stärkeren Ich-Betonung (ELIAS 1987:207ff.) ein inhaltlich gefülltes Wir zu erfahren? Wenn die Forderung lautet „Synthese von individueller Freiheit und sozialer Bindung" (BILDEN 1989:38), dann könnte das Leben mit differenzierten Freundschaften konstruktiv an Identität als „soziale Individualität" (ebd.) mitwirken.

Wie wichtig das Eingehen und Aufrechterhalten mehrerer Freundschaften zur Identitätsfindung ist, kann in Anlehnung an den Vorschlag von BILDEN (1989:41ff.) skizziert werden, das Individuum als offenes, aktiv im Austausch befindliches System von Selbsten zu erfassen. Identität entsteht in der fließenden, variablen Verbindung dieser Selbste, bleibt multistabil und ist revisionsfähig:

Wenn das Individuum als offenes System verstanden wird, das im ständigen Austausch mit seiner sozialen Umwelt steht und somit permanent im Werden begriffen ist, dann stellen Freundschaften verschiedene „Definitionsräume" (FREY/HAUSSER 1987:14) für Identität dar, die sich das Individuum in relativer Autonomie erschließen und ausgestalten kann. Gerade in einer Zeit der abnehmenden Gültigkeit kollektiver Muster, das heißt der Verunsicherung der Beziehung zwischen Individuum und Gesellschaft (manifest in Scheidungen, Arbeitslosigkeit, Sinnzerfall...), bieten Freunde Möglichkeiten eines individuell konstruktiven Umgangs mit im Wandel befindlichen Austauschformen. Die Gefahr, in der virulent gewordenen Diskontinuität biographischer Verläufe nur mehr als ein situatives Personenfragment erkannt zu werden, ist im Eingehen mehrerer Freundschaften aufzufangen, die im personalen Facettenreichtum dennoch einen ganzheitlichen individuellen Zug erkennen und zurückspiegeln können. Freundschaften, weil sie expressiv und instrumentell, personal und sozial ausgerichtet sind, bieten einen sozialen Puffer dort, wo Identität zum Spielball der „sozialen Strömung" (MEAD) zu werden droht. Sie können ideelle und konkrete Richtunggeber und Anker für verunsicherte Identität sein.

In einer Gesellschaft, die ihren Mitgliedern vielfältige aber individuell auszugestaltende Partizipationsformen nahelegt, wird es zur Bildung der unterschiedlichsten Me-Projekte kommen müssen. Die sich so herausbildende multiple Identität kann dann als System vieler Selbste gesehen werden, die je in sich konsistent sein können, aber nicht zentral integriert sind sondern in eher elastischer und flexibler Verbindung stehen. Identitätskrisen erschüttern dann nicht die ganze Person, sondern es kann aus intakten anderen Selbst-Anteilen und damit verbundenen Freundschaften Kraft geschöpft werden.

Unterschiedlichste Freundschaften zu pflegen bedeutet, mit KEUPP gesprochen, in vielfältige und eigenständige „Patches" von Selbsten verwoben zu sein, aus denen je spezifisches Wohlbefinden, Sicherheit und Stabilität herkommen.

Für Identitätskonstitution haben diese besondere Relevanz, weil Erfahrungen an eigenverantwortliche Entscheidung und aktive Teilhabe gebunden sind.

Wenn es für Identität heute wichtiger denn je wird, sich vielfältige soziale Anker zu schaffen, dann ist eine strenge, auf Lebensdauer angelegte Kohärenz und Kontinuität von Identität weder wünschenswert noch sinnvoll. Der Ausbau verschiedenster Freundschaftsräume, die eher locker und fließend zusammengeschaltet werden, kann als ein Ausleben der persönlichen Vielfalt und Wandlungsfähigkeit gesehen werden, ohne einen Verlust der Ganzheit. Neben der Gefahr einer Identitäts-Spaltung tragen Freunde zur kritisch reflexiven Synthese von Identität bei. Synthese bedeutet dann der situationsbezogene, identitätstiftende Umgang mit sozialen Perspektiven. Diese können untereinander kompatibel sein, sich widersprechen oder isoliert nebeneinander stehen. Vielfalt und Revision von Identität wird möglich.

Rollendistanz und Ambiguitätstoleranz als Voraussetzungen für Identität (vgl. KRAPPMANN 1975:132ff.) werden aber, je mehr soziale Selbste existieren, immer komplexere und schwierigere Leistungsanforderungen an Identitätsfindung. Freundschaften könnten dazu wichtige Experimentierfelder darstellen. Rollendistanz, d.h. die Fähigkeit, Rollenanforderungen so weit von sich zu halten, daß eigene Erwartungen und Interpretationen auch Platz behalten sowie Ambiguitätstoleranz, d.h. Widersprüchlichkeiten aus Rollen und Informationen bei sich und den anderen wahrzunehmen und auszuhalten, sind implizite Qualitäten und Effekte aus praktizierter symmetrischer Reziprozität und autonomer Kontrolle in der Freundschaft.

Wenn Menschen nicht zum Opfer der ‚dunklen Seite‘ der Chance zur Beziehungsvielfalt, nämlich der Zerrissenheit von Identität werden wollen, bedürfen sie in jedem Falle der Erfahrung von Kohärenz und Kontinuität. Die von BILDEN (1989:45f.) skizzierten Voraussetzungen dazu, sind unseres Erachtens über Freundschaften realisierbar:

- Als Einheit mit eigener innerer Kohärenz und Kontinuität erfahren Menschen sich im direkten, körperlich-sinnlichen Kontakt mit der Umwelt. Freundschaften bedeuten unmittelbaren und tätigen Austausch.
- Als eine Einheit im permanenten Wandel erfahren Menschen sich über Selbstreflexion bezüglich eigener Handlungen in Relation zum Lebenskontext. In der Freundschaft besteht die Chance als reflektierender, kontrollierender und sich revidierender Regisseur an der eigenen und fremden Lebensgeschichte mitzuwirken, Stabilität und Wandel unmittelbar einsichtig zu initiieren.
- Ein Gefühl für die eigene Subjekt- und Objekthaftigkeit kann nur in der sozialen Auseinandersetzung entstehen. Innerhalb von Freundschaftshandeln können Möglichkeiten und Grenzen erkannt, Kohärenz und Kontinuität für den spezifischen Lebenszusammenhang erarbeitet und sozial geschliffen werden.

- Die Erfahrung der Wandelbarkeit von Kohärenz und Kontinuität entsteht aus dem Aufbauen und Mitgestalten vielfältigster Beziehungen. Je mehr Freundschaften und Aktionskreise unterschiedlichster Art modelliert werden, desto höher ist die Wahrscheinlichkeit neuer Ideen und Lebensweisen, die eine Neuordnung von Identität, einen selbstinitiierten Identitätswandel herbeiführen können.

Festzuhalten bleibt, daß auf dem Hintergrund gesellschaftlicher Freisetzungsprozesse, wo soziale Vorgaben für eine Normalbiographie in Frage gestellt sind, Freundschaften eine wichtige soziale Kategorie darstellen, entlang derer selbstinitiierte Identitätskonstruktion geleistet wird. Differenzierte Freundschaften sind als frei mitgestaltete, prüfbare, konkret erlebbare Me's und Variationen von Spiegel-Selbsten eine bislang wenig beachtete Ressource autonomer Identitätsbildung.

> „Je mehr Mitgliedschaften wir in verschiedenen Gruppen erwerben, und je besser es uns gelingt, die verschiedenen dazugehörenden Perspektiven zu einem sinnvollen Zusammenhang zu integrieren, desto reichhaltiger wird die Identität, die wir für uns selbst aufbauen." (HELLE 1977:139)

Im Dilemma zwischen Chance und Zwang zur Beziehungsvielfalt wo Fragmentierung droht, ist man durch und in frei gewählten, aktiv ausgehandelten Freundschaften als entwickelbare Ganzheit verortet und zurückgespiegelt. Unter Freunden wird Einheit und Differenz, Dauer und Wandel, Sich-Gleichsein und Vielfalt von Identität erlebt. Sie stellen eine schützende Ausgangsbasis für andere Identitätsprojekte dar, ermöglichen Probehandeln und Stilbildung. Freundschaften sind überschaubare Rahmen, innerhalb derer der Selbstfindungsprozeß soziale Bedeutung gewinnt. Sie können als Prototypus des signifikanten Anderen gelten.

4.4.2. Viele Freunde - viele ‚konkrete Me's'

Freunde sind ganz konkrete Repräsentanten unserer sozialen Wirklichkeit. Ob sie nun gerade aktuell sind oder ob es sich um vergangene Freundschaften handelt, sie sind Träger verschiedenster Perspektiven von Identität: sie konkretisieren und symbolisieren Zugehörigkeiten in der Gegenwart, abgeschlossene Phasen der Vergangenheit und verweisen auf Zukünftiges. Auch das, was wir nicht sein wollen und nicht sind, kann über die Art der Freundschaften verstanden werden. Die Welt der Freunde ist jene soziale Basis, deren Standpunkte man sich zueigen macht, um sich ein (je unterschiedliches, oder vielleicht immer dasselbe) Bild von sich selbst zu machen (vgl.auch HELLE 1977:87f.). JAMES (1891:294) meint

> „A man has as many social selves as there are individuals who recognize him and carry an image of him in their mind."

Die Sozialpsychologin RUBIN (1985) - auf die wir uns im folgenden beziehen - hat die Bedeutung von Freundschaften zur Orientierung im Leben und Entwicklung eines in der biographischen Zeit entstehenden Selbst empirisch und theoretisch erarbeitet. Sie plädiert für eine Relativierung der „well-developed ideology about marriage and the family" (RUBIN 1985:9) und deren, besonders in der Psychologie, aber nicht weniger in der Soziologie als überdominant postulierten Einfluß auf Identität.

Selbst wenn eine unterstützende, solidarische Familie existiert, kann auf Freunde nicht verzichtet werden ohne Beeinträchtigung der Identitätsbildung (vgl. auch WEISS 1973).

> „Our sense of self is formed through this process of internalizing the external world, which, among other things, means making attachments and identifications with others who touch our lives." (RUBIN 1985:12)

Freunde berühren innere Facetten, werden hereingenommen in die Person, spielen eine wichtige Rolle als außen verortbare Perspektive sozialer Identität. Sie sind - im Verbund mit allen anderen Bezügen - relevante Fixpunkte der vertikalen Lebensdurchgänge in der Zeit und aktuelle horizontale Verankerungen von Identität in der Gegenwart. In Freunden manifestieren sich Veränderungen, sie sind Teil und Partizipationspartner an Erlebnissen, Gedanken, Ängsten und Erfolgen. Über und an Freunden können psychologische und soziale Leistungen direkt gemessen, bewertet, infrage gestellt werden, um sie dann als gewonnene Perspektive für den Aufbau der Identität zu nutzen, d.h. in die innere Realität zu überführen.

Anders als bei Familienbeziehungen kommt es an Wendepunkten des Lebens oft zur Ablösung von alten Freunden durch neue Beziehungen. Mit äußeren Veränderungen gehen immer auch innere Veränderungen vor sich, die unter anderem durch bestimmte Freundschaften repräsentiert und mitkonstituiert sind. Freunde sind symbolische und konkrete Träger unserer Identitätsentwürfe.

Persönlicher Wandel bzw. das in den Hintergrund treten eines Teil-Selbstes kann oft nur durch Herauslösen aus oder Umstrukturierung von bestehenden Beziehungen bewältigt werden. Auch HUBER/REHLING (1989:156) bestätigen „ein neuer Lebensabschnitt - eine neue Freundin". Wer alte Strukturen verändern möchte oder in eine neue Lebensphase eintritt, z.B. Berufstätigkeit aufgibt und Mutter wird, ist auf die Flexibilität seiner Freunde angewiesen. Andere Lebensumstände verlangen eine Modifikation des Selbstbildes, welches im Außen verankert werden muß. Wo Freunde als soziale Repräsentanten einer modifizierten Identität nur mehr als ‚verzerrter' Spiegel erlebt werden, d.h. wenn man sich durch sie nicht mehr als Perspektive vertreten und im Kern verstanden fühlt, kann es sinnvoll sein, sich zu lösen. Emanzipation aus der ‚alten' Sozialwelt bzw. der ‚alten' inneren Welt birgt neben Leiden immer auch Konstruktives, z.B. wird Raum und Bereitschaft für neue Sichtweisen geschaffen.

Alte Freunde, etwa aus Kindheit und Schulzeit, verkörpern wichtige Episoden und Anteile vergangenen inneren Erlebens. Sie sind Statthalter von Identifikationen (Werten, Empfindungen, Wünschen, Personen, Orten, Zeitverläufen, Möglichkeiten und Grenzen, verpaßten Gelegenheiten...), fungieren als Erinnerungsträger sedimentierter Selbstanteile. Jene auf Geburtstagskarten reduzierten alten Freundschaften stellen symbolische Verbindungen zu in der Gegenwart vielleicht nicht mehr vordergründig relevanten Gegebenheiten und Kontexten her: „He is a reminder of the boy in me..." meint ein Mann (RUBIN 1985:35). Alte Freundschaften sind nur dann überlebensfähig, wenn diese Freunde Bruchstücke des Selbst teilen, verkörpern, ver-lebendigen, die ihre Bedeutung bis in die Gegenwart hinein nicht verloren haben.

Andererseits wird durch alte Freundschaften der eigene Identitätswandel oft überdeutlich demonstriert. Besonders Jugendfreunde, so RUBIN (1985:35), tendieren dazu, einen offensichtlichen Identitätsumschwung zu ignorieren. Sie sehen und appellieren eher an das, was man war, als an das, was man geworden ist. Der einstmals so vertraute Schulfreund wirkt dann fremd und bedrohlich, die Gemeinsamkeit der alten Identität wird zurückgefordert (vgl. JOURARD 1971:68f.). Ein 40jähriger Mann formuliert das so:

„I have less trouble with new friends than I do with old ones because they keep wanting to put me back into some very old slots. It's like they can't see who I am now...";

und eine 49jährige Frau empfindet dies ähnlich:

„But it's different with more recent friends who know me as I really am now. I've changed a lot, especially since I went back to work and have been quite successful. I feel different about myself, but I always have the feeling with these old friends that they still see the old Maggie." (RUBIN 1985:36)

Diese Beispiele zeigen klar, daß eine Notwendigkeit dazu besteht, sich dann vom Gedanken einer andauernden Freundschaft zu lösen, wenn man sich nicht mehr durch seine Freunde repräsentiert und gespiegelt sieht, sondern in seiner Identität mißverstanden und beschnitten. RUBIN (1985:36) bemerkt, daß das Festhalten von Freunden an überkommenen Selbst-Anteilen ein typisches Forderungsmuster aus dem Familienbereich ist.

In der erinnernden oder tatsächlichen Auseinandersetzung mit der Welt vergangener und aktueller Freunde, können die modifizierten sozialen Anteile der Identität bzw. die dadurch aufrechterhaltenen Perspektiven noch einmal durchdacht, geprüft und weiterentwickelt werden. Über Freunde nimmt man Kontakt zu seiner eigenen Entwicklung, zum inneren Selbst auf.

„Wenn der einzelne die Attitüde seines Gegenüber einnimmt, sieht er aus dessen Perspektive nicht nur sein eigenes ‚self‘, sondern auch sein eigenes Tun." (HELLE 1977:77)

Freunde repräsentieren also auch die Dynamik unserer Handlungs-Konformitäten und -Zwänge sowie die mehr oder minder ausgeschöpften Möglichkeiten. Sie führen uns den eigenen Lebensstil vor und im Zusammentreffen mit früheren Freunden (Schultreffen) erfolgt eine wahrnehmbare Demonstration dessen, wie wir hätten werden können... Auch indirekt, in Absetzung davon, haben Freunde bestätigende Wirkung.

Das lebenslange Bestehen alter Freundschaften ist im übrigen eher bei Arbeitern als in der Mittelschicht verbreitet. Wo geringe Mobilität herrscht, sind Freundschaften dann kontinuierliche Stabilisatoren einer eher sozial diktierten Identität (vgl. RUBIN 1985:203, Anm.3).

Freunde fungieren als Marksteine von Ereignissen in verschiedenen Lebensphasen und bei der aktuellen Alltagsbewältigung. Sie helfen dabei, in neue Lebensrollen und Lebenswelten einzutreten, sich dort zu etablieren, zu identifizieren bzw. diese abzugeben. Freunde tragen die eigene Rollen-Realität und -Identität mit, vergewissern diese, kritisieren, setzen handelnd soziale Anker in der Wirklichkeit.

Brüche im Leben, Trennung von Freunden symbolisieren immer das Anbrechen einer ‚neuen‘ Zeit, die Differenz von ‚alten‘ Me's und ‚neuen‘ Me's und damit einer modifizierten Identität.

Freunde können Wunden bzw. Irritationen des SelbstWertes heilen, die z.B. durch Familie oder andere Beziehungen entstanden sind. Solche Freunde repräsentieren ganz bestimmte Erfahrungen und deren Überwindung. Freunde können Korrektiv und Stellvertreter für unbefriedigende, nicht auslebbare oder nicht vorhandene Familienbeziehungen sein. Die Aussage eines 43jährigen Mannes über seinen Freund „I love him like I never loved my brother" (RUBIN 1985:38) zeigt, daß es möglich ist, über Freundschaften zu jenen Anteilen der Identität vorzudringen, die innerhalb anderer Beziehungen nicht erfahrbar waren. So kommt derselbe Mann zu dem Ausspruch „He (der Freund) makes me like myself better than I have for a long time." (RUBIN 1985:40). Am Freund als konkretem Me ist die eigene Identität mit-erlebbar, überprüfbar und neu interpretierbar. Dies gilt für die positiven Seiten genauso wie für jene problematischen, konfliktären, die etwa bei delinquenten Jugendlichen oder Erwachsenen eine Rolle spielen.

In der Beziehung zu Freunden lernt man sich selbst mit den Augen des anderen kennen, erhält viele modifizierte Visionen seiner Identität. In der Art des Zurückgespiegeltwerdens finden manche Aspekte Bestätigung, andere müssen überprüft werden. Festsitzende Zuschreibungen aus Familie oder Umwelt können neu gesehen, relativiert und gemildert werden. Insoweit sind Freunde Mit-Initiatoren, zum Beispiel für die Uminterpretation alter Lebensrollen und Entdeckung von Selbst-Anteilen, für die bislang der Blick verstellt war. Freunde, die sich ‚wie Brüder‘ behandeln oder Freundinnen, die sich ‚mütterlich‘ umeinander sorgen, verhelfen diesen Momenten zu äußerer und innerer Realität bzw. Lebendigkeit.

Durch Freunde, die scheinbar sehr verschieden von der eigenen Person sind, können Fantasien, Träume und nicht direkt aktivierte Teile der Identität stellvertretend über die Personifizierung im Freund gelebt werden. Das versteckte Selbst wird sozusagen im Me, über den Freund zugelassen. Besonders Menschen mit einer marginalen Identität sind auf die Bestätigung durch enge Beziehungen angewiesen.

> „Its very important to have friends who you know are like you, especially if you live in a world that doesn't much value what you are."

meint eine 34jährige lesbische Frau (RUBIN 1985:53), und ein 42jähriger Mann in politischer Außenseiterposition spricht aus, was für alle Formen sozialer Randständigkeit gilt:

> „Being an outsider... is a very important impetus for developing very close, tight bonds with people who share the experience... When you feel yourself marked off from the world around you, you absolutely need that kind of closeness with similar people." (RUBIN 1985:54)

Manche Ausschnitte der Person, etwa die sexuelle Identität Homosexueller, findet nur über Gleichgesinnte soziale Anerkennung. Ohne die bestätigende Rückspiegelung durch sich identifizierende Me's besteht im Extremfall die Gefahr, zur sozialen Nicht-Person degradiert zu werden. (GOFFMAN hat sich dieses Themas vielfältig angenommen.)

Festzuhalten ist, daß die Freunde, die man hat

> „all play their part in our formation, all call upon the self in its various and different capacities, all require us to display some part of self, to withhold another." (RUBIN 1985:45).

Sie verkörpern und symbolisieren, was wir waren, was wir sind und sein möchten, wovon wir uns distanzieren. Durch sie sind unsere Vorlieben und Abneigungen, Stärken und Schwächen, Deformationen und Wandlungen, unsere raumzeitlichen Identitäts-Kreise und Statusbezüge ver-äußert. In der interaktionalen Auseinandersetzung bildet sich innerliche Identifikation und subjektive, perspektivische Realität.

Weil Freundschaften nicht auf einer Idee beruhen, sondern durch direktes Miteinanderhandeln in sozialen Kontexten zustandekommen, sind sie konkret erfahrbarer Teilkomplex von Identität. In ihnen verdichtet sich die je besondere Sozialität eines Individuums. Jeder Freund hinterläßt einen Abdruck im Innern des anderen.

Im Durchgang durch Freundschaften ist die identitätskonstituierende Wechselbeziehung zwischen I und Me sowie deren Struktur- und Bedeutungswandlungen personifiziert nachvollziehbar. Metaphorisch gesprochen sind Freunde eine Art symbolisches und reales ‚Heim' für Identität. DOVEYS „home as conectedness" (1985:43f.) läßt diese Übertragung zu: Freunde als ‚Heim' repräsentieren Identität durch damit verbundene Beziehungen zu Personen und Kontexten, zu Arten der (Wert-) Orientierung und Verwurzelung, zu Erinnerungen, Erfahrungen und Vertrautem sowie durch damit verbundene Träume und Hoffnungen für die Zukunft. Ohne Freunde wäre die äußere und innere Welt ärmer, denn wer würde vor dem geistigen Auge als signifikanter Anderer auftauchen, wenn sie fehlten? (Vgl. SHIBUTANI 1955:569)

4.4.3. ‚Self-Disclosure' und Selbstdarstellung

Ein weiteres, wichtiges Moment der Identitätsfindung durch Freundschaft scheint uns die dieser Beziehung zugrundeliegende Aufforderung zur Darstellung jener Anteile der Person, die sie als ihr „wahres Selbst" empfindet. (Vgl. 3.1.4)[40]
Befriedigende Identitätsarbeit ist nur möglich,

> „wenn der andere ‚weiß', wer ich bin. Dazu muß ich dem anderen deutlichmachen, wer ich bin. Das kann ich nur, wenn ich ‚weiß', wer ich bin, und das wiederum hängt davon ab, was ich bislang aus meiner Umwelt erfahren habe über mich und wie ich diese Erfahrung über mich selbst zu einem Bild über mich selbst zusammenfüge, von dem ich sage: ‚Das bin ich!'" (FREY/HAUSSER 1987:6)

Jede Beziehung macht eine gewisse Transparenz der Person erforderlich, denn

> „die Interaktion mit einem Partner, der über seine eigenen Erwartungen und Bedürfnisse sowie über seine Konflikte und Lösungsstrategien nichts zu erkennen gibt, ist sehr riskant." (KRAPPMANN 1977:318)

Identitätsfindung ist also gebunden an selbstreflexive Akte der Wahrnehmung und Intentionen, des Entwurfes von Zielen und Möglichkeiten, die ich mir selbst zuschreibe, und die ich nach außen zugänglich mache. Wichtig ist, daß andere diese Zeichen auffangen, sie interpretieren, beurteilen und darauf (zustimmend, kritisch, ablehnend) reagieren. Der interaktive Kreislauf des Ich-Zeigens und dabei für den anderen Me-Werdens wird eingeleitet.

Niemand kann gezwungen werden, etwas über sich herzugeben. Nach JOURARD ist es allenfalls möglich, Menschen innerhalb einer Beziehung zur Self-Disclosure „einzuladen". Aufgrund seiner eigenen therapeutischen Erfahrungen,

---

40 Der Begriff des „wahren" Selbst ist nur analytisch brauchbar, denn die Realität kennt kein „wahres" bzw. „falsches" Selbst, sondern stets die situative Integration eines im sozialen Werden befindlichen Selbst.

kommt er zu dem Schluß: „The most powerful and relevant invitation I could find was to share my subjectivity with the other." (JOURARD 1971:14)

Das Maß einer in Beziehungen möglichen „Self-Disclosure" hat nach JOURARD (1971) Auswirkungen auf psychische Gesundheit, Identitätsaufbau und die Entwicklung von Intimität in der Beziehung. Freundschaften sind Bereiche, die zu persönlicher Offenheit „einladen".

Self-Disclosure, am besten mit Selbstoffenbarung im Sinne eines Anzeigens des wahren Selbst übersetzt, wird von JOURARD (1971:19) definiert als „the act of making yourself manifest, showing yourself so others can perceive you."[41]

Menschen stehen jeden Augenblick vor der Entscheidung was, wie dem anderen gezeigt und präsentiert werden soll. Hoffnung auf Akzeptanz und Anerkennung sowie Angst vor Kritik und Zurückweisung begleiten das Ergebnis. Self-Disclosure bedeutet inneres und verhaltensmäßiges Ausloten zwischen Öffnung und Rückzug. Problematisch bleibt dieser Prozeß allemal, weil man nach WATZLAWICK u.a. (1974) nicht nicht-kommunizieren kann, so daß jede Form der Präsentation eine Aussage über den anderen erlaubt. Auch das Nicht-Dargestellte ist ein Verweis auf Persönliches. Der voraussichtliche Grad der Verletzbarkeit durch das Anzeigen des Selbst hängt mit von Beziehungsart und -qualität ab.

Freundschaften, Ehepartner, Familienmitglieder oder auch Institutionen transportieren z.B. aufgrund verschieden gewichteter Rollenerwartungen ein unterschiedliches Angebot des unmittelbaren Sich-Selbst-Sein-Dürfens. Die Chance, daß Menschen sich öffnen, ist mitbedingt von der Tatsache einer privaten Sphäre (physisch und sozial), Gefühlen der Zuneigung und sie erhöht sich mit der Reziprozität zugänglich gemachter Subjektivität (vgl. JOURARD 1971:65, FOODY/FINIGHAN 1981). Dies, obwohl es Fälle geben kann, wo jemand sich durch die Spontaneität des anderen eher zum Rückzug veranlaßt sieht oder einem Fremden viel von sich erzählt.

Obwohl familiale Bindungen einen wichtigen Bereich von obligatorisch angenommener Offenheit darstellen, zeigt etwa die Schizophrenie-Forschung, daß dort häufig „Pseudo-Gegenseitigkeit" (KRAPPMANN 1975:187ff.) herrscht. Divergenzen und Ambivalenzen der Familienmitglieder dürfen oft nicht zum Ausdruck kommen. Das wahre Selbst bleibt maskiert. Andererseits bieten Freundschaften einen geschützten privaten Beziehungsraum, der unter den Bedingungen einer freiwilligen, symmetrischen Reziprozität, bei Abwesenheit vorgegebener Verhaltens- und Sanktionsnormen, in einer emotional wohlwollenden Atmosphäre, zum Anzeigen personaler Anteile einlädt, ja dies erforderlich macht. Das heißt, derjenige, der sich in einer Freundschaft persönlich einbringt, rechnet mit Akzeptanz auch dann, wenn er sich entgegen allen sozialen Erwartungen im ‚schlechten Licht' darstellt. Belohnt wird eher der *Ak*t der Self-Disclosure als dessen Inhalt. Natürlich muß auch in der Freundschaft mit Verstellung gerechnet werden, etwa um die antizipierten Gefühle des anderen nicht zu verletzen oder

---

41   Zur Verwendung des englischen Begriffes siehe das folgende.

weil Wissen Handlungskonsequenzen nach sich ziehen kann (vgl. FOODY/FINIGHAN 1981:9).

Breite und Tiefe der Self-Disclosure wird sich am jeweiligen Interessen- und Handlungsspektrum und den darin ausgehandelten internen Offenheitsregeln orientieren (vgl. PEARCE u.a. 1974:12). Art und Intensität von Extrovertiertheit sowie Introvertiertheit wandeln sich mit den Personen und den sozialen Umständen. Freundschaften kommen im allgemeinen jedoch ohne gegenseitiges Durchschaubarmachen von Personalität nicht aus, worin auch ein Moment des Zwanges steckt.

Entlang den Kriterien für Self-Disclosure wie FISHER (1984) diese aus der Forschungsliteratur und in Absetzung zu verwandten Begriffen[42] vorschlägt, läßt sich zeigen, was Freunde über Selbstdarstellung leisten müssen, um Impressionen über ihr wahres Selbst anzubieten.

Verbale und nonverbale Äußerungen werden dann als Indikatoren für das ‚dahinterliegende‘ Selbst interpretiert, wenn sie als „wahr“, „echt“, „intentional“, „neu“ und „persönlich“ erlebt werden und freiwillig zustandegekommen sind (vgl. FISHER 1984:285ff.):

- Self-Disclosure ist gebunden an intendierte und so vom anderen verstandene *Wahrheit*. Nur derjenige, der in der Lage ist, sein inhaltliches Verständnis und seine Erfahrung der aktuellen Situation so ehrlich wie möglich zu vermitteln ohne zu heucheln, wird als authentisch erlebt. Schon SIMMEL (1968:260) betont, daß Freundschaft zu jenen Näheverhältnissen zu zählen ist, die unerträglich werden, sobald darin gelogen wird. Daß natürlich auch Täuschungsmanöver (self-misrepresentation) etwas über das wahre Selbst vermitteln, soll hier nicht weiter verfolgt werden, denn auf Dauer käme es dabei zum Zerfall der Freundschaft.

- Self-Disclosure ist gebunden an die *Echtheit* der persönlichen Präsentation und deren bestätigende Rückspiegelung durch den anderen. Echtheit zeichnet sich durch Übereinstimmung von zugrundeliegenden *Motiven* und geäußertem Verhalten aus. Im Unterschied zur Wahrheit kommt hier dem Motiv Bedeutung zu. Sofern es sich herausstellt, daß jemand eine lobende Aussage macht, nur um etwa Aufmerksamkeit zu erreichen, ist er im Sinne des Anzeigens seiner Individualität nicht authentisch. Auch Selbstdarstellung kann wahr aber nicht echt sein. Dies zeigt aber, wie komplex und schwierig es ist, eine eindeutige und echte Kongruenz zwischen Motiv und Verhalten zu verlangen. Dennoch können Freundschaften schlecht aufrechterhalten werden, wenn Echtheit häufig infragegestellt ist. Wichtig ist wohl, daß überhaupt ein Interesse daran besteht, die Motive des anderen zu erfahren und zum Thema zu machen.

---

42 Self-Disclosure wird abgesetzt von self-presentation (Darstellung), self-misrepresentation (Verstellung), self-description (Beschreibung), self-revelation (Enthüllung), repetition of information about oneself (wiederholte Information) (gl. FISHER 1984:283)

- Self-Disclosure ist gebunden daran, daß sie *intentional* ist und so vom anderen interpretiert wird. Intentionalität impliziert, daß man genau das meint, was immer man sagt. Es geht dabei nicht um das Motiv, sondern um den *Willen* und das *Bewußtsein*, etwas über sich auszudrücken. „Man has to be willing to show himself." (JOURARD 1971:16). Der Begriff der Selbst-Enthüllung enthält den Aspekt des ungewollten Offenbarens persönlicher Momente und ist deshalb als Übersetzung für Self-Disclosure nicht geeignet. Daß genau dieses natürlich in Self-Disclosure miteingeflochten ist, stellt ein Dilemma jeder Selbst-Präsentation dar. Wer Freundschaften eingeht, bringt die (Risiko-)Bereitschaft mit, Impressionen über sich zu geben.
- Self-Disclosure ist gebunden daran, daß etwas für das Gegenüber *Neues* angezeigt wird. Dieser Aspekt bezieht sich zum einen auf Menge und Wichtigkeit von Informationen (vgl. 3.2.4) aber auch auf den Übermittlungsakt selbst, die Spontaneität des Verhaltens, die Neuinterpretation der eigenen Person, des anderen, der Beziehung oder von Themen. Es geht um die Fähigkeit, etwas Implizites auszudrücken, was dazu führen kann, beim Gegenüber eine Änderung des bestehenden Persönlichkeitsbildes über den Freund zu bewirken. Diesem Moment liegt ein wichtiges Motiv zur Dynamik der beiden Identitäten zugrunde.
- Self-Disclosure ist gebunden daran, daß es sich um persönliche also *private* Information handelt und nicht um allgemein zugängliche. Weil darunter auch sozial mißbilligte Aspekte fallen (vgl. FOODY/FINIGHAN 1981:8), ist das Zugänglichmachen des persönlichen Selbst immer mit der Bedrohung von Identität behaftet. Es wird Macht abgegeben.

Neben diesen fünf Attributen ist Self-Disclosure an Selbstbestimmung bzw. Freiwilligkeit gebunden.

Obgleich die hier dargestellten Implikationen eines ‚gelungenen‘ Self-Disclosure-Prozesses idealtypische Überforderungen an interagierende Freunde bedeuten, wird man innerhalb von Freundschaften nicht umhin können, sich im Rahmen der Identitätskonstruktion auseinanderzusetzen mit der Relation dessen, was man als wahr bzw. unwahr, als echt bzw. Schein, als neu bzw. übernommene Wiederholung, als persönliche bzw. vielen zugängliche Information über sich verstanden wissen will. Freundschaften sind wichtige Quellen für Identitätsfindung, weil sie die Person als Person herausfordern, in ihrer Vagheit und Widersprüchlichkeit sichtbar zu werden, „who one is, but also who one might become, who one would like to become, and who one is afraid of becoming"(REIS/SHAVER 1988:377). Prozesse des Anzeigens der persönlichen Identität haben unter anderem die Funktion einer innerlichen Auseinandersetzung, Klärung und Integration von Ideen und Handlungen (vgl. MORTON/DOUGLAS 1981:17). Indem Freunde die Widersprüche und Ambivalenzen ihres Selbstfindungsprozesses offen in die Freundschaft miteinbringen und in gegenseitiger empathischer Perspektivenübernahme aneinander partizipieren, wird punktuell jene oben beschriebene Transparenz des persönlichen Selbst erreicht. (Vgl. auch KRAPPMANN 1975:32ff.)

Ein Anzeigen von Individualität ist immer darauf angewiesen, daß dieses vom andern entsprechend verstanden wird, der interagierende Freund also die intendierte persönliche Aussage und deren Bedeutung wahrnimmt, sich mit ihr auseinandersetzt, sie für sich als bedeutungsvoll beurteilt und schließlich im kritischen Diskurs bestätigt. Dieser gegenseitige Prozeß der bewertenden Hereinnahme in den eigenen Identitätsaufbau und die Resonanz auf den anderen als individuell empfindende Person, hat unseres Erachtens nachhaltige Bedeutung für die Profilierung und Konstitution gegenseitiger Identität.

Persönliche Transparenz in der Beziehung mit dem anderen ist ein konstituierender Teil der Identitätssuche in der Freundschaft. Je mehr Beziehungen existieren, desto mehr Facetten des Inneren können entdeckt, signalisiert und zurückgespiegelt werden. Der intrinsische Wert von Freunden liegt in der gegenseitigen Unterstützung beim Bemühen um Individualität und der Behauptung von Originalität.

Es ist deshalb nicht verwunderlich, daß die empirisch belegte Offenheit gegenüber Freunden sehr hoch ist. Gemessen an der Bereitschaft, positive, neutrale und negative Themen mit anderen Menschen zu besprechen, rangiert Freundschaft generell an zweiter Stelle (89%) nach dem Ehepartner (91%) und weit vor den Eltern (64%). Insbesondere negative ,denunzierende' Themen scheinen für intime Beziehungen ,reserviert' zu sein. (Vgl. GILBERT/WHITENECK 1976:351f.) Zu ähnlichen Ergebnissen kommen JOURARD/LASAKOW (1971:213ff.). In den Interviews von RUBIN (1985) wiederholt sich die Aussage, daß es leichter ist, Privates mit Freunden als mit Verwandten zu teilen, da erstere eher akzeptierend, letztere eher wertend reagieren. Ausschlaggebend scheint der „dyadische Effet" (JOURARD) einer verstärkten Offenheit durch Reziprozität.

Gegenseitige Self-Disclosure-Prozesse sind riskant und enthalten Konfliktpotential, denn je näher man sich kommt, um so leichter ist jede kleinste Veränderung auch als Verletzung spürbar (vgl. SIMMEL 1908:247ff., GOULDNER/SYMONS-STRONG 1987:115ff.). Freunde können sich auseinanderentwickeln, das geteilte persönliche Wissen kann dazu benutzt werden, die Integrität des anderen zu bedrohen.

„There is probably no experience more horrrifying and terrifying than that of self disclosure to ,significant others' whose probable reactions are assumed but not known." meint JOURARD (zit.n. GILBERT 1976:200)

Wo Menschen sich hauptsächlich in Beziehungen bewegen, in welchen selbstrelevante Informationen und Gefühle zurückgehalten oder versteckt werden (müssen), wird es zur Identitätsverarmung kommen, weil wichtige Anteile der Person nicht sozial aktiviert werden.

Festzuhalten bleibt, daß in Freundschaften ein wichtiger Beitrag zur Identitätsfindung durch vielfache Möglichkeiten zum Anzeigen, Darstellen und zur

Thematisierung des wahren Selbst geleistet wird. Dies wird in der modernen Gesellschaft immer problematischer: „Individuals do not know each other, and they are constantly surprised by the different identities of their fellows." (BACK 1989:220) Mit dem latenten Druck zur Ausweitung der Kontaktkreise, steht das Individuum vor der Frage, inwieweit es sich nach außen kehren, ehrlich Anteile seines inneren Selbst preisgeben oder diese ‚kosmetisch' aufbereiten und zurückhalten soll. Wo immer unklarer wird, welcher Art die sozialen Rückspiegelungen sein werden, stellen Freunde einen wichtigen Bereich dar, in dem man sein und zeigen darf wie man ist, wo „man sich wirklich kennt" (HUBER/REHLING 1989:91). Freunde sind Menschen „where... I can share myself with, not just my time" (RUBIN 1985:61), jedoch ohne tyrannischen Offenheitszwang. Im „Zeitalter der personenbezogenen Stabilität" (BECK-GERNSHEIM 1990a:98) bietet das aktive, projektbezogene Leben mit verschiedenen Freunden eine Möglichkeit, im Rahmen eines geringen Grades an auferlegter Entfremdung, die bunten und vielleicht sozial geächteten Facetten des Ich zu leben.

Ableitbar ist, daß innerhalb von Freundschaften eine Art individuell „autonomisierte" Identitätsbildung stattfindet und damit „eine hohe Last gesellschaftlicher Integrationsvorgänge" übernommen wird (GILDEMEISTER/ROBERT 1987:223), was zu unserer Kompensationsthese zurückführt.

5. Zusammenfassung und Schlußbetrachtung

In der vorliegenden Arbeit wurde der Versuch unternommen, Freundschaft als soziologische Kategorie darzustellen und in einem eigenen Ansatz ein heuristisches Konzept von ‚Freundschaft als nicht-familiale Privatbeziehung' zu erarbeiten.

Unser Interesse am Phänomen Freundschaft ist entstanden im Rahmen der Überlegungen zur individualisierten Gesellschaft.

Wie, so fragt sich, begegnet der einzelne dem Trend einer Freistellung und in deren Gefolge der Herauslösung aus traditionalen Sozialformen? Auf welche relativ gesicherten personalen und sozialen Ressourcen kann sich das Individuum heute berufen? Welche persönlichen Möglichkeiten verbleiben, um sich in Eigeninitiative mit diesen Entwicklungsschüben auseinanderzusetzen?

Wir glauben - und dies herzuleiten war Anliegen unseres Einleitungskapitels - daß die Besinnung auf den Ausbau persönlicher Beziehungen wie Freundschaften, *eine* realistische Möglichkeit bietet, dem Trend zur Vereinzelung autonom gewählte Sozialität entgegenzusetzen.

Es kann damit aber nicht die Form exklusiver Zweierfreundschaften gemeint sein. Eher lockere, flexible, kürzerfristige und thematisch begrenzte, weniger durch extreme Ausschließlichkeit charakterisierbare Freundschaften - so unsere These - beinhalten die Chance einer, in Eigenregie zu erarbeitenden, Einbindung in verschiedenste Gesellschaftsbereiche. Wir meinen, daß diese Form der „differenzierten Freundschaften" (SIMMEL) sich in der individualisierten Gesellschaft durchsetzt.

Wenn Freundschaft aber nicht nur unter dem Aspekt ihrer individuellen Besonderheit sondern auch unter dem Gesichtspunkt ihrer Funktionalität in der Gesellschaft betrachtet wird, zeigt sich ihre soziologische Relevanz. Wenn sich außerdem herausstellt, daß sie „nicht gleichmäßig über Räume und Zeiten verteilt" ist (TENBRUCK 1964:436), und ihre Formen mit der jeweiligen Kultur und Epoche, mit sozialer Schicht, Geschlecht und Alter variieren, dann verweist das darauf, daß Freundschaft auch eine soziologische Kategorie ist.

Unser Versuch, Freundschaft als soziologische Kategorie zu erfassen, war mit dem Problem konfrontiert, daß die Soziologie in der Vergangenheit das Phänomen Freundschaft so gut wie ausgespart hat.

Es schien sinnvoll, mit einem *historischen Überblick* zu beginnen (Kap. 2.). Im Rückgriff auf klassische philosophische Abhandlungen und Arbeiten wie die des Germanisten RASCH und der Soziologen SALOMON und TENBRUCK konnte ein, zumindest kursorischer, Zusammenhang zwischen dem Vorkommen von Freundschaft und den jeweiligen epochespezifischen Differenzierungs- bzw.

Freisetzungsprozessen herausgearbeitet werden. Als zeitübergreifende Tendenzen einer sozial bedingten Freundschaftsdynamik kristallisierten sich zwischen Antike und Neuzeit

- ein Formenwandel: von der institutionalisierten zur individualisierten, freiwilligen Freundschaft
- ein Inhaltswandel: von der instrumentellen, rational-praktischen zur expressiven, intellektuellen Freundschaft und
- ein Funktionswandel: von der sozialen Funktionalität zur personalen Funktionalität

heraus.

Die Tendenz zur individualisierten Freundschaft findet ihren ‚Höhepunkt‘ im Freundschaftskult der Aufklärung, wo zugleich der heute zum Teil noch gültige, geistige Nährboden für Freundschaft als universelles Symbol bereitet wurde. Wo Freundschaft als individuelle Wahlbeziehung vorkommt, bedarf es immer einer entsprechend ausdifferenzierten Gesellschaft, die ihre Mitglieder zu einem gewissen Grad von sozialen Zwängen ‚freistellt‘.

Freundschaft ist gesellschaftlich bestimmt und leistet einen Beitrag zu Struktur und Inhalt von Gesellschaft. Eine ‚Kulturgeschichte der Freundschaft‘ ist bis heute nicht geschrieben.

Wenn Freundschaft eine soziokulturell bedingte Kategorie ist, dann muß sich dies auch anhand einer entsprechend systematisierten Darstellung der aktuellen sozialwissenschaftlichen Konzepte zum Thema nachvollziehen lassen (Kap. 3.).

Es zeigte sich, daß seitens der *Soziologie* (3.1) zwar selten der Verweis auf Freundschaft fehlt, und sie im allgemeinen entweder ausdrücklich oder stillschweigend im ‚Dunstkreis‘ von Familie und Peers den Primärbeziehungen oder gemeinschaftlichen Gruppierungen zugeordnet wird, eine integrierte soziologische Gesamtsicht jedoch fehlt. Übereinstimmung besteht darüber, daß es sich bei der Freundschaft um eine freiwillige, wenig institutionalisierte Beziehung handelt, die sich auf die ganze Person richtet. Dieser soziologisch bedeutsame Komplex blieb bislang viel zu wenig beachtet. Unser Konzept knüpft deshalb an diesem Punkt an.

Als Fazit der Literatursicht zeigt Freundschaft sich für uns im Schnittpunkt verschiedenster, sich bedingender Dimensionen: einer soziokulturellen, personalen, instrumentellen und expressiven Dimension. Freundschaft ist nicht nur persönliche Beziehung sondern gesellschaftlich mitbedingt, sie ist nicht nur emotional getönt sondern bewährt sich lebenspraktisch instrumentell. Kernpunkt der Funktionalität von Freundschaft ist ihr Beitrag zur „sozialen Integration" von Individuen. Da wir glauben, daß diese Funktion eine Handlungs- und eine Symbolebene aufweist, postulierten wir erweiternd eine ‚Kompensationsfunktion‘ von Freundschaft. Auf der Handlungsebene wirkt sie stabilisierend, ausgleichend und verbindend - auf der Symbolebene signalisiert sie Werte *und* Mängel einer Gesellschaft. Freundschaft ist implizit sozialkritisch; sie ist eine Chance für Innovation. Unser Konzept versucht, auf diesen Aspekt immer wieder hinzuweisen.

Das Bemühen um eine ‚Soziologie der Freundschaft' steht noch aus.

Im Gegensatz zur Soziologie ist Freundschaft im Rahmen der *Sozialpsychologie* (3.2) unter verschiedensten Gesichtspunkten theoretisch und häufig empirisch erforscht worden. Leider sind die Befunde, deren Schwerpunkt bei der Frage nach der interpersonellen Anziehung liegt, weder untereinander im Zusammenhang gesehen, noch theoretisch aufgearbeitet. So scheint die Ähnlichkeitsthese der Freundschaftswahl zwar bestätigt, dennoch bliebe den Soziologen zu fragen, unter welchen sozialen Bedingungen und in welchem Ausmaß diese Ähnlichkeits-Dimensionen wirksam sind und inwieweit Komplementarität in der Realität eine Rolle spielt. Der Forschungsstand vermittelt aber wichtige Einsichten in den interaktionalen Prozeß der Intimitätskonstruktion von Freundschaftsdyaden, die soziologisch ausgearbeitet werden könnten. Die interpersonale Funktionalität der Freundschaft: emotionale, kognitive, materielle Unterstützung kann als Grundlage einer Kompensationsfunktion gelten.

Für unser Konzept lieferten die sozialpsychologischen bzw. mikrosoziologischen Überlegungen zur Entwicklungsdynamik und zur eigenständigen kommunikativen Konstruktion von Freundschaft wichtige Anhaltspunkte.

Psychologische und *biosoziale* Konzepte verweisen auf die Tatsache, daß Freundschaft ein individuell-persönliches und körpergebundenes Phänomen ist (3.3). Fähigkeiten zur Freundschaftsbildung werden auch sozialisatorisch vermittelt. Bislang findet sich kein soziologischer Ansatz, der etwa die schicht- oder geschlechtsspezifische Sozialisation zur Beziehungsfähigkeit im Hinblick auf die Voraussetzungen zum Freundschaftshandeln thematisiert. Die umstrittenen biosoziologischen Thesen einer, in der Evolution sich durchsetzenden, geschlechtsspezifischen Bindungsbereitschaft, könnten zum Beispiel im Rahmen einer Kulturgeschichte und/oder eines Kulturvergleichs von Freundschaft besser ausgearbeitet werden.

Für unser Konzept schien es wichtig, auch auf die Körperlichkeit von Freundschaft Bezug zu nehmen.

Die Ausführungen des 2. und 3. Kapitels legen eine Reihe sozialer Komponenten von Freundschaft frei, die jedoch relativ isoliert nebeneinander stehen. Sieht man diese Variablen im interdependenten Zusammenhang, so wird der Blick frei auf Freundschaft in ihrer vielfältigen sozialen Rückbezüglichkeit und Dynamik. Wir sind deshalb in Kapitel 3.4 davon ausgegangen, daß der Literaturstand sich in ein *Modell* der sozialen ‚Bestimmungsfaktoren von Freundschaft' integrieren läßt, welche ein Wechselverhältnis mehrerer Ebenen umfassen: einer gesellschaftlichen und Kleingruppenebene, einer dyadisch-interaktionalen sowie einer psycho-biologischen, raum-zeitlichen und situativen Ebene. Freundschaft ist aufzufassen als ein dynamischer, multidimensionaler Beziehungsprozeß in der Zeit.

Je nach Geschlecht, Alter, Schicht- und Bildungshintergrund, ethnischer Zugehörigkeit, geographischer Wohnlage sowie der Verfügbarkeit bzw. Abwesenheit eines Netzes an sozialen Bezügen, werden Freundschaften aus der Lebenssituation heraus geschlossen. Freundschaften wandeln sich mit der Entwicklung der Individuen, lassen sich entweder dem Rahmen der sozialen Bewegungen anpassen und ausweiten oder vergehen.

Unter Berücksichtigung einer solchen Komplexität entwerfen wir in Kapitel 4 einen *eigenen Ansatz* zur ‚Freundschaft als einer nicht-familialen Privatbeziehung'. Wir beschränkten uns dabei auf die genauere Ausarbeitung der interaktionalen Konstruktions-Besonderheiten von Freundschaft in Abgrenzung zu familialen Dyaden. Es zeigte sich, daß Freundschaft prinzipiell über anders geartete Interaktionsvoraussetzungen als Familie zustandekommt bzw. konstruiert werden muß. Sie beruht auf permanenter Beziehungsarbeit, wird gemeinsam von innen heraus bewertet und definiert. Handlungen sind wenig institutionalisiert, freiwillig, raum-zeitlich und inhaltlich nicht vorhersehbar und intern sanktionierbar. Auf diesem Konstruktionshintergrund werden eigene symbolische Qualitäten erarbeitet und ein wichtiger Beitrag zur selbstbestimmten Identitätsbildung erbracht.

Die Ausarbeitung unseres Freundschaftskonzeptes ist so gehalten, daß die Strukturmerkmale, symbolischen Komponenten und Identitätsaspekte in ihrer Dimensionalität und Dynamik verstehbar werden. Jede in der Realität vorfindbare Freundschaft konstruiert entlang der relevanten Bestimmungsfaktoren ihr eigenes Nähe-Distanz-Verhältnis, definiert ihre eigenen Freiheitsgrade *und* Zwänge, handelt Symmetrie *und* Komplementarität aus, bewegt sich im Rahmen eines eindeutigen *oder* verschiedenster, nicht klar bestimmbarer Themen.

Ihre Symbolischen Qualitäten oszillieren zwischen Zuneigung *und* Abneigung, zwischen Emotionalität *und* Sachlichkeit. In der Freundschaft vertraut *und* mißtraut man sich, verhält sich moralisch *und* ungerecht. Durch Freundschaft wird Sicherheit ermöglicht *und* Unsicherheit konstruiert.

Sie kann zum eigeninitiierten *oder* aber erzwungenen Identitätsaufbau beitragen. Freunde sind Träger sozialer Identität *und* setzen sich davon ab. Man ist in der Lage sich authentisch darzustellen *und* muß sich maskieren.

Wo wir nicht explizit auf die Dynamisierung der Elemente unseres Konzeptes durch die sozialen Bestimmungsfaktoren des Modells hingewiesen haben, lassen sich diese zumindest implizit nachzeichnen:

Freundschaft als Privatbeziehung bedeutet freiwillige, themenspezifische, in symmetrischer Reziprozität ausbalancierte Nähe-Distanz-Relation (4.2).

Wenn Freundschaft dem Pol des gegenseitigen Wissens und der Nähe zustrebt, dann ist der erreichte Nähegrad Resultat verschiedenster Determinanten. Einerseits wird Nähe durch persönliche Bedürfnisse, Motive Werthaltungen und biographische Erfahrungen mitbestimmt. Andererseits brechen persönliche Nähewünsche sich immer auch am sozialen Status, den jemand einnimmt. Freiwilligkeit, Fähigkeit zu symmetrischer Reziprozität und die Thematik einer Freundschaft sind immer durch die jeweiligen *Persönlichkeitsfaktoren* mitkontrolliert.

Nähe ist maßgeblich auch eine Funktion von Geschlecht, Alter oder ethnischer Zugehörigkeit. So weiß man, daß Frauen andere Näheverhältnisse bevorzugen, andere Kommunikationsmittel einsetzen und ihre Freundschaften anders thematisch ausgestalten als Männer. Im Alter scheint es, besonders für Männer, schwieriger zu sein, enge Freundschaften aufzubauen.

Gleichzeitig werden persönliche Nähewünsche, Aspekte der Freiwilligkeit und Kontrolle sowie die Thematik durch die spezifische *Paardynamik*, den kommunikativen Umgang miteinander realisiert und verwehrt. Nähekonstruktion ist immer auch Resultat der spezifischen Zweierkonstellation.

Wichtiger Bedingungsfaktor freundschaftlicher Nähe, dem Grad der Freiwilligkeit und der Themenausgestaltung scheint das Vorhandensein und die Qualität des *sozialen Netzes* einer Person zu sein. Jemand der zeitintensiv und eng in Familie und Verwandtschaft eingebettet ist, wird andere Näheansprüche an Freundschaft stellen als ein Single, der seinen Lebensalltag im Kreis seiner Freunde gestaltet. Wo traditionale Familienbeziehungen ,noch' viele Lebensaspekte abdecken, wird die Freundschaftsthematik sich daran orientieren müssen.

Auch *ökologische* Faktoren ermöglichen oder beschneiden Nähekonstruktion. Freundschaften in eher ländlichen Regionen vermitteln per se mehr Einblick in das Leben des anderen, während man sich in Großstädten leichter ,aus dem Auge verliert' und Nähe ständig neu, z.B. unmittelbar durch Medien wie das Telefon, herstellen muß.

Jede *Gesellschaft* ermutigt zu anderen Näheverhältnissen. Wo die eher traditionale Gesellschaft Nähebeziehungen normativ vorgibt und Aufgaben von Freundschaften institutionalisiert sind, erlaubt die individualisierte Gesellschaft das autonome Herstellen enger Beziehungen zu unterschiedlichsten Personen auf verschiedensten Interessengebieten. Freundschaft als nicht -familiale Privatbeziehung kann nur auf dem Hintergrund einer, ihre Individuen freistellenden, differenzierten Gesellschaft entstehen. Wo aber Kontaktvielfalt realisiert wird, bleibt für die einzelne Beziehung weniger Zeit, so daß differenzierte Freundschaften begünstigt werden.

Schließlich wird die Gesamtheit der Bestimmungsfaktoren ihren Ausdruck finden im jeweiligen *situativen* Kontext. Je nach dem, ob man sich in der Öffentlichkeit oder im Privatbereich bewegt, wird Nähekonstruktion, Freiwilligkeitsgrad, Handlungssymmetrie den situativen Gegebenheiten entsprechen müssen.

Auch Art und Ausmaß der symbolischen Qualitäten der Freundschaft (4.3) sind nicht nur Resultat der jeweiligen Beziehung sondern durch verschiedenste soziale Faktoren mitbestimmt, auf die sie wiederum zurückwirken.

Die Fähigkeit, Emotionalität, Vertrauen, moralische Haltung und das Gefühl der Sicherheit in Freundschaft einzubringen und durch Freundschaft zu erleben, ist mitbedingt von *persönlichen* Motiven und Werthaltungen, vom Körpergefühl, den biographischen Erfahrungen, aber auch dem sozialen Status, den jemand hat. Im Verbund mit biosozialen Faktoren von Geschlecht und Alter läßt sich etwa sagen, daß innerhalb von Frauenfreundschaften Emotionalität und Gleichbehandlung einen betont hohen Stellenwert haben, während Männer diese weniger hervorheben und eher nach Gerechtigkeitsprinzipien handeln.

Ausloten und Zulassen symbolischer Qualitäten in der Freundschaft realisieren sich wiederum an den Möglichkeiten und Grenzen, die aus der *Paardynamik* erwachsen. Sie sind Resultat der Synchronisation zweier Einstellungen, Selbst- und Fremdkonzepte und deren kommunikativer Vermittlung.

Schließlich ist die Qualität der Freundschaftssymbolik mitbedingt vom Vorhandensein und der Qualität *anderer Beziehungen* und familialer Einbindungen. Wo traditionale Bindungen (Familie, Arbeit) fehlen, ist man eher auf den Ausbau freundschaftlicher Vertrauensbeziehungen und Sicherheitsanker angewiesen als dort, wo man selbst Familie hat.

Jede *Gesellschaftsepoche* aber trägt zur Intensivierung oder Behinderung ganz bestimmter symbolischer Qualitäten einer Freundschaft bei. Heute scheint eher eine Tendenz zur Vereinzelung, zum Konkurrenzdenken, zu Rationalität, einer neuen Sachlichkeit und Funktionalisierung vorzuherrschen, die sich auch in der Freundschaft niederschlagen. So wird etwa Treue heute, angesichts erforderlicher Flexibilität und Mobilität, sicher zum Problem. ‚Blindes‘ Vertrauen wird zugunsten eher rationaler Transparenz und Einsicht abnehmen. Die Chance der Unsicherheitsreduktion durch Freundschaft steht im Verhältnis zum Grad der Unsicherheit von Gesellschaftsbereichen.

Die Ausgestaltung symbolischer Qualitäten wird letztlich im Rahmen der Ermöglichung durch die jeweils vorfindbare Offenheit oder Normativität der *Lebenssituation* erfolgen.

Freundschaftshandeln hat nicht nur Wirkungen im Außen, sondern trägt zur Identitätsbildung bei (4.4).

Die Hereinnahme der Haltungen der signifikanten Anderen in die eigene Person ist immer mit der Ausprägung der *Persönlichkeitsfaktoren* verknüpft. Sie ist eine Frage der Bedeutung, die der Person des Freundes zugeschrieben wird. Inwieweit eine Identifikation mit ihm möglich ist, wird von den Bedürfnissen und Wünschen, der Fähigkeit zur Empathie, den biographischen Lebensumständen abhängen.

Sie ist weiterhin abhängig davon, in welcher Weise man in der spezifischen *Paarkonstellation* zurückgespiegelt wird, inwieweit man sich in der Gemeinsamkeit als unverwechselbares Individuum erlebt.

Art und Ausmaß des Einflusses von Freunden auf Identität wird sich relativieren an anderen, dem Individuum wichtigen Beziehungen aus Familie, Arbeits- und Bekanntenkreis. Sie ist auch eine Frage der existierenden *Beziehungsalternativen*.

Inwieweit Identitätsbildung durch Freundschaften in ländlichen *Regionen* mit eher gewachsenen Einbindungen oder städtischen Regionen mit starker Freistellung variiert, müßte geprüft werden.

Der Effekt von Freundschaften auf Identitätsbildung wird sicher auch davon abhängen, welche *gesellschaftliche* Wertschätzung dem Freundschaftshandeln zukommt in Relation etwa zur Familien- oder Arbeitssphäre.

Schließlich stellt jede aktuelle *Lebenssituation* eigene Chancen zur Ausformung von Identitätsmomenten durch Freundschaft bereit.

Im Rekurs auf unsere Überlegungen zu einer *Kompensationsfunktion* der Freundschaft, läßt sich im Rahmen unseres Konzeptes festhalten:

Wenn jeder Mensch Repräsentant seiner sozialen Kreise ist, dann bedeutet Freundschaftshandeln auch Synchronisation und Neuerschließung sozialer Bereiche in Raum und Zeit. Menschen, die befreundet sind, tragen letztlich zur Vernetzung von Gesellschaft bei und zwar über institutionell vorgegebene Beziehungen hinaus. Damit ist ein qualitativ anderer Zusammenhalt identifiziert, der durch alleinige Partizipation an normierten Beziehungen nicht erreichbar ist.

Fehlende traditionale Einbindungen können in Eigeninitiative kompensiert, durch Normen zementierte soziale Ungleichheitsrelationen überschritten und neu gewertet werden. Generelle soziale Unsicherheit, normatives und soziales Vakuum durch Freisetzungen, an Übergängen oder Lebensbrüchen ist im Zusammenschluß mit Freunden aktiv zu bewältigen und abzumildern. Freundschaften leisten gesellschaftliche Integrationsarbeit.

Im einzelnen lassen sich anhand unseres Konzeptes mindestens folgende kompensierenden Effekte herausstellen:

- Freundschaft trägt durch Wissen zur Nähe bei und kompensiert damit Fremdheit und Anonymität.
- Freundschaft betont den freien Gestaltungswillen in Absetzung zu obligatorischen sozialen Verpflichtungen und Kontrollen.
- Freundschaft legt den Einsatz eines breiten Spektrums an Kommunikationsmitteln nahe im Gegensatz zu eingeschränkten, an Ettikette orientierten öffentlichen Verhaltensritualen.
- Freundschaft drückt gleichgewichtete Wertschätzung der ganzen Person aus, akzentuiert damit Offenheit, Empathie, Toleranz und Autonomie in Absetzung zu Prinzipien der Fragmentierung, Konkurrenz, Intoleranz und Macht.
- Freundschaft gibt einer breitgefächerten Emotionalität Raum in Relation zu eher rationalen, emotional verfremdeten Beziehungen.
- Freundschaft begünstigt freiwillig konstruiertes, hinterfragbares Vertrauen im Gegensatz zu einem obligatorisch geforderten Vertrauen.
- Freundschaft ist orientiert an einer moralischen Haltung im Sinne von Gerechtigkeit, Solidarität, gegenseitiger Hilfe, wie sie in anderen primären und sekundären Bereichen oft zu kurz kommt.
- Freundschaft verstärkt personale und soziale Sicherheit durch aktives, transparentes Handeln auf dem Hintergrund allgemeiner Unsicherheiten.
- Freundschaft ermutigt zur Originalität und Innovation, wo starre Vorgaben das Leben durch Handlungseinschränkungen beschneiden.

Der Entwurf unseres Konzeptes geschieht im Bewußtsein, damit nur einen idealen Fall von vielen parallel existierenden und möglichen Freundschaften repräsentiert zu haben.[43]

In Anbetracht eines so ‚schillernden' Phänomens bietet eine idealtypische Präzisierung jedoch ein gutes Ausgangsschema zur analytischen Ordnung und Einschätzung real vorfindbarer Freundschaften.

Andererseits lassen sich mehrere interdependente Pfade denken, in der gesamtgesellschaftliche Individualisierung sich mit der Form und Ausgestaltung von Freundschaften verbindet. Nicht alle Menschen sind in gleicher Art und Weise mit den Auswirkungen der Individualisierung konfrontiert. Positiv kann sie neue Zugangsmöglichkeiten und erweiterte Handlungsspielräume nahelegen. Negativ, etwa im Gewand einer ‚Freisetzung' durch Arbeitslosigkeit, bedeutet sie Beschneidung sozialer Räume und Aktionsmöglichkeiten. Wenn Freundschaften eine relativ autonome Form der Lebensbewältigung darstellen, dann wird es entsprechend der Vielfalt sozialer Amalgamierungen der Bestimmungsfaktoren, ganz unterschiedliche Freundschaftsentwürfe geben müssen.

Arbeitslosigkeit kann z.B. zur Intensivierung verwandtschaftlicher Freundschaften beitragen, weil dieser Bereich den einzigen ausbaubaren Sozialanker darstellen mag. Wo Familienangehörige fehlen oder geographisch schlecht erreichbar sind, kann es wünschenswert erscheinen, mit Personen verschiedenen Alters aus der unmittelbaren Nachbarschaft ein eher komplementäres Freundschaftsverhältnis aufzubauen. Gerade weil jemand viele thematisch gebundene Freundschaften unterhält, ist gleichzeitig ein besonderer Busenfreund von Bedeutung. Wer in der dyadischen Auseinandersetzung häufig enttäuscht wurde, engagiert sich möglicherweise nur noch in oberflächlichen Freundschaften oder hält sich von Freundschaften ganz zurück. Wo gleichgeschlechtliche Freundschaften zum interaktionalen Konkurrenzkampf ausgeartet sind, ist denkbar, daß eher eine Bereitschaft zu platonischen Beziehungen mit dem anderen Geschlecht entsteht. Ein kranker, etwa von Aids betroffener Mensch, ist auf das - vielleicht unfreiwillige - Einrichten von Freundschaften mit jenen angewiesen, die trotzdem zu ihm halten. Mit zunehmender öffentlicher Toleranz, häufig aber im Schutze großstädtischer Anonymität, bekennen Menschen sich vermehrt auch zu homoerotischen Freundschaften. Wo der eine Freunde zur zwanglosen Freizeitgestaltung sucht, strebt der andere persönlich-intellektuelle Beziehungen an.

Freundschaften sind hochflexibel: sie lassen sich der jeweiligen Lebenslage, den einem Individuum bedeutsamen Werten, Interessen, Problemen und dem Raum-Zeit-Gefüge einpassen. Jeder Freundschaft kommt ein eigener, kontextuell gebundener Sinn- und Funktionskomplex zu.

---

43 Zum Beispiel: Busenfreundschaften, Freundschaften zwischen Familienmitgliedern und Verwandten, platonische Freundschaften zwischen Frauen und Männern, lesbische Freundschaften, komplementäre Freundschaften zwischen Ungleichaltrigen, Freundschaftscliquen und -gruppen sowie formalisierte Freundschaften auf internationaler Ebene.

In der Freundschaft können alle humanistischen Wünsche und Werte ihren Ausdruck finden, während gleichzeitig auch das Gegenteil in ihr angelegt ist. Sie begünstigt eben auch ethnozentristische Ausgrenzungen, sprengt die Gruppenkohäsion, bringt Ehen auseinander, treibt einen Keil zwischen Eltern und Kinder, schwächt Autonomie, trägt zu Abhängigkeiten, Zwängen und Unfreiheiten bei, verführt zu kriminellen Handlungen, verunsichert und zerstört Identität. Nur Freunde zu haben, kann auf Opportunismus und Angepaßtheit hindeuten.

Eine an sozialer Realität orientierte Betrachtungsweise wird das Augenmerk auf die soziale Verortung von Freundschaft richten müssen. In Absetzung von einer idealistischen Haltung wird danach zu fragen sein, wer mit wem aus welchen personalen *und* sozialen Gründen diese oder jene Form und Intensität von Freundschaft aufrechterhält.

Es wird sich dann zeigen, daß es sicher ein Fehler ist, von der modernen Gesellschaft als einer unpersönlichen Massengesellschaft zu sprechen, weil Freundschaften keineswegs so selten sind wie ein „schwarzer Schwan" (LÖWITH).

Bibliographie

Abkürzungen: KZfSS = Kölner Zeitschrift für Soziologie und Sozial-psychologie

SFB = Sonderforschungsbereich

Adkins, A.W.H. 1963, Friendship and Self-Sufficiency in Homer and Aristotle, in: The Classical Quarterly, 13, 30-45

Albrecht, T.L./Adelman, M.B. 1984, Social Support and Life Stress: New Directions for Communication Research, in: Human Communication Research, Vol. 11, No. 1, 3-32

Allan, G.A. 1979, A Sociology of Friendship and Kinship, London

Althoff, G. 1990, Verwandte, Freunde und Getreue, Darmstadt

Altman, I. 1975, The Environment and Social Behavior: Privacy, Personal Space, Territority and Crowding, Monterey

Altman, I. 1976, Privacy. A Conceptual Analysis, in: Environment and Behavior 8, 7-29

Altman, I. 1979, Privacy as an interpersonal boundary process, in: Cranach, M.v./Foppa, K./Lepenies, W./Ploog, D. (Hg.), Human Ethology, Cambridge, 95-132

Altman, I./Taylor, D. 1973, Social Penetration: The Development of Interpersonal Relationships, New York

Altman, I./Vinsel, A.M. 1977, Personal Space. An Analysis of E.T. Hall's Proxemic Framework, in: Altman, I./Wohlwill, J.F. (Hg.), Human Behavior and Environment, Vol. 2, New York, 181-259

Argyle, M. 1986, The Skills, Rules and Goals of Relationships, in: Gilmour, R./Duck, St.W. (Hg.), a.a.O., 23-39

Argyle, M./Henderson, M. 1984, The Rules of Friendship, in: Journal of Social and Personal Relationships, Vol. 1, 211-237

Aristoteles 1985, Nikomachische Ethik, Stuttgart

Asher, St.R. 1978, Children's Peer Relations, in: Lamb, M.E. (Hg.), Social and Personality Development, New York, 91-113

Asher, St.R./Gottman, J.M. 1981, The Development of Children's Friendships, London/New York

Augustinus 1963, Bekenntnisse (hrg. von H.Endrös), München

Auhagen, E. 1991, Freundschaft im Alltag, Bern

Austin, W./Walster, E. 1974, Reactions to Confirmations and Disconfirmations of Expectancies of Equity and Inequity, in: Journal of Personality and Social Psychology, Vol. 30, No. 2, 208-216

Back, K.W. 1989, Thriller: The Self in Modern Society, in: Shotter, J./Gergen, K.J. (Hg.), Texts of Identity, London, 220-236

Badura, B. (Hg.) 1981, Soziale Unterstützung und chronische Krankheit, Frankfurt a.M.

Badura, B. 1981a, Zur sozialepidemiologischen Bedeutung sozialer Bindung und Unterstützung, in: Badura, B. (Hg.) 1981, a.a.O., 13-39

Baier, St. 1991, Der Informationsinfarkt, in: Psychologie Heute, 18. Jg., Heft 12, 28-30

Barber, B. 1983, The Logic and Limits of Trust, New Brunswick

Barnett, D.W./Zucker, K.B. 1980, The Others-Concept: Explorations into the Quality of Children's Interpersonal Relationships, in: Foot, H.C. u.a., a.a.O., 65-86

Bates, A.P./Babchuk, N. 1961, The Primary Group: A Reappraisal, in: The Sociology Quarterly, Vol. 2, Nr. 3 July, 181-192

Baxter, L.A. 1986, Accomplishing Relationship Disengagement, in: Duck, St.W./Perlman, D. (Hg.), a.a.O., 243-265

Beck, U. 1986, Risikogesellschaft. Auf dem Weg in eine andere Moderne, Frankfurt a.M.

Beck, U. 1990a, Freiheit oder Liebe. Vom Ohne-, Mit- und Gegeneinander der Geschlechter innerhalb und außerhalb der Familie, in: Beck, U./Beck-Gernsheim, E. 1990, a.a.O., 20-64

Beck, U. 1990b, Der späte Apfel Evas oder Die Zukunft der Liebe, in: Beck, U./Beck-Gernsheim, E. 1990, a.a.O., 184-221

Beck, U./Beck-Gernsheim, E. 1990, Das ganz normale Chaos der Liebe, Frankfurt a.M.

Beck-Gernsheim, E. 1990a, Von der Liebe zur Beziehung? Veränderungen im Verhältnis von Mann und Frau in der individualisierten Gesellschaft, in: Beck, U./Beck-Gernsheim, E. 1990, a.a.O., 65-104

Becker, H. 1931, Some Forms of Sympathy: A Phenomenological Analysis, in: Journal of Abnormal and Social Psychology, Vol. XXVI, No. 1, 58-68

Becker, H./Eigenbrodt, J./May, M. 1983, Cliquen und Raum, in: KZfSS, Sonderheft 25, Gruppensoziologie, 451-483

Becker, H./Useem, R.H. 1942, Sociological Analysis of the Dyad, in: American Sociological Review 7:22, 13-26

Bell, R.R. 1981a, Worlds of Friendship, London

Bell, R.R. 1981b, Friendships of Women and of Men, in: Psychology of Women Quarterly, Vol.5 (3), 402-417

Berger, Ch.R./Calabrese, R.J. 1975, Some Explorations in Initial Interpersonal Communication, in: Human Communication Research, Vol. 1, No. 2, 99-112

Berger, H. 1989, Rita - eine gemeindepsychologische Fallstudie, in: Keupp, H./Bilden, H. (Hg.), a.a.O., 125-152

Berger, P.L. 1973, Einladung zur Soziologie, München

Berger, P.L./Berger, B./Kellner, H. 1987, Das Unbehagen in der Modernität, Frankfurt a.M.

Berghaus, M. 1985, Partnersuche - angezeigt, Berlin

Berkman, L.F./Syme, L. 1979, Social networks, host residance, and mortality: A nine-year follow-up study of alameda county residents, in: American Journal of Epidemiology, 109, 186-204

Berne, E. 1967, Spiele der Erwachsenen, Reinbek

Bernsdorf, W. 1969, Freundschaft, in: ders. (Hg.), Wörterbuch der Soziologie, Stuttgart

Berscheid, E. 1983, Emotion, in: Kelley, H.H. u.a. (Hg.), a.a.O., 111-168

Berscheid, E./Peplau, L. 1983, The Emerging Science of Relationships, in: Kelley, H.H. u.a. (Hg.), a.a.O., 1-19

Berscheid, E./Walster, E.H. 1978, Interpersonal attraction, Reading, MA:Addison-Wesley

Bertram, H. (Hg.) 1984, Gesellschaftlicher Zwang und moralische Autonomie, Frankfurt a.M.

Bertram, H. 1984, Einleitung zu Bertram, H. (Hg.), a.a.O., 9-30

Bierhoff, W./Buck E. 1984, Vertrauen und soziale Interaktion: Alltägliche Bedeutung des Vertrauens, Marburg

Bierhoff, W./Buck, E./Schreiber, Ch. 1983, Vertrauen und soziale Interaktion: Einflüsse interpersoneller Orientierung, Bekanntheit und Machtbalance in Rollenspielen, Marburg

Bilden, H. 1989, Geschlechterverhältnis und Individualität im gesellschaftlichen Umbruch, in: Keupp, H./Bilden, H. (Hg.), a.a.O., 19-46

Blankenship, V./Hnat, St.M./Hess, Th.G./Brown, D.R. 1984, Reciprocal Interaction and Similarity of Personality Attributes, in: Journal of Social and Personal Relationships, Vol 1, 415-432

Blau, P.M. 1974, Exkurs über die Liebe, in: Bühl, W.L. (Hg.), Reduktionistische Soziologie, München, 110-124

Blum, L.A. 1980, Friendship, Altruism and Morality, London

Bolte, M./Hradil, S. 1984, Soziale Ungleichheit in der Bundesrepublik Deutschland, Opladen

Bovenschen, S. 1986, Vom Tanz der Gedanken und Gefühle: Über die Freundschaft, in: Frankfurter Allgemeine Zeitung, Nr. 21, 25.Januar

Brain, R. 1978, Freunde und Liebende, Frankfurt a.M.

Bramel, D. 1975, Interpersonelle Anziehung und Feindseligkeit, in: Moscovici, S. (Hg.), a.a.O., 253-306

Brown, B.B. 1981, A Life-Span Approach to Friendship. Age-related dimensions of an ageless Relationship, in: Research in the Interweave of Social Roles: Friendship, Vol. 2, 23-50

Brückerhoff, A. 1982, Vertrauen. Versuch einer phänomenologisch-ideographischen Näherung an ein Konstrukt, Münster (Diss.)

Bühl, W.L. 1982, Struktur und Dynamik des menschlichen Sozialverhaltens, Tübingen

Bühl, W.L. 1987, Zum Aufbau und zur Dynamik der Gefühle: Versuch einer katastrophentheoretischen Darstellung, in: Schumann, R./Stimmer, F. (Hg.), Soziologenkorrespondenz NF 12, München, 106-138

Buhrmester, D./Furman, W. 1986, The Changing Functions of Friends in Childhood: A Neo-Sullivanian Perspective, in: Derlega, V.J./Winstead, B.A. (Hg.), a.a.O., 41-62

Burkert, W. 1977, Griechische Religion der archaischen und klassischen Epoche, Stuttgart

Byrne, D./Clore, G.L. 1970, A Reinforcement Model of Evaluative Responses, in: Personality, American International Journal, Vol. 1, 103-128

Cameron, W.B./McCormick, Th.C. 1954, Concepts of Security and Insecurity, in: The American Journal of Sociology, Vol. LIX, No. 6, 556-564

Cappella, J.N. 1984, The Relevance of the Microstructure of Interaction to Relationship Change, in: Journal of Social and Personal Relationships, Vol. 1, London, 239-264

Chapple, E.D. 1980, The Unbounded Reaches of Anthropology as a Research Science, and Some Working Hypotheses, in: American Anthropologist 82, 741-758

Chown, S. 1981, Friendship in Old Age, in: Duck, St.W/Gilmour, R. (Hg.), Personal Relationships. 2, a.a.O., 231-246

Christensen, A. 1983, Intervention, in: Kelley, H.H. u.a. (Hg.), a.a.O., 397-448

Clark, M.S. 1981, Noncomparability of Benefits Given and Received: A Cue to the Existence of Friendship, in: Social Psychology Quarterly, Vol. 44, No. 4, 375-381

Clark, M.S./Mills, J. 1979, Interpersonal attraction in exchange and communal relationships, in: Journal of Personality and Social Psychology, 37, 12-24

Cohen, H. 1907, Ethik des reinen Willens, Berlin

Cohen, S./Syme, S.L. (Hg.) 1985, Social Support and Health, Orlando

Cooley, C.H. 1964 (Org. 1902), Human Nature and the Social Order, New York

Cooley, C.H. 1967 (Org. 1909), Social Organization, New York

Cooper, J.C. 1986, Illustriertes Lexikon der traditionellen Symbole, Leipzig

Corsaro, W.A. 1985, Friendship and Peer Culture in the Early Years, New Jersey

Daad-Letter 1987, Hochschule und Ausland, Nr. 4 (Dezember)

Damkowski, C. 1980, Isolation macht krank, in: Gipser, D./Stein-Hilbers, M. (Hg.), Wenn Frauen aus der Rolle fallen, Weinheim, 62-76

Dander, F. 1931, Grundsätzliches zur Auffassung der Freundschaft nach der Lehre des hl. Thomas, in: Zeitschrift für Askese und Mystik 6, 132-145

Davis, K.E. 1985, Near and dear: Friendship and love compared, in: Psychology Today 19, (2), 22-30

Day, B.R. 1960, A Comparison of Personality Needs of Courtship Couples and Same-Sex Friendships, in: Sociology and Social Research, Vol. 45, No. 1, 435-440

Derlega, V.J./Winstead, B.A. (Hg.) 1986, Friendship and Social Interaction, New York

Dickens, W.J./Perlman, D. 1981, Friendship over the life-cycle, in: Duck, St.W./Gilmour, R. (Hg.), Personal Relationships 2, a.a.O., 91-22

Dirlmeier, F. 1931, Philos und Philia im vorhellenistischen Griechentum, München (Diss.)

Dovey, K. 1985, Home and Homelessness, in: Altman, I./Werner, C.M. (Hg.), Home Environments, New York, 33-64

Dreitzel, H.P. 1970, Die Einsamkeit als soziologisches Problem, Zürich

Du Bois, C. 1974, The Gratuitous Act: An Introduction to the Comparative Study of Friendship Patterns, in: Leyton, E. (Hg.), a.a.O., 15-32

Duck, St.W. (Hg.) 1977, Theory and Practice in Interpersonal Attraction, London

Duck, St.W. (Hg.) 1982, Personal Relationships 4: Dissolving Personal Relationships, London

Duck, St.W. (Hg.) 1984, Personal Relationships 5: Repairing Personal Relationships, London

Duck, St.W. (Hg.) 1988, Handbook of Personal Relationships, Chichester

Duck, St.W. 1973, Personal Relationships and Personal Constructs (A study of friendship formation), London

Duck, St.W. 1977a, Inquiry, Hypothesis and the Question for Validation: Personal Construct Systems in the Development of Acquaintance, in: Duck, St.W. (Hg.) 1977, a.a.O., 379-404

Duck, St.W. 1977b, Personality, Similarity and Friendshipchoice: Similarity of what, when?, in: Duck, St. (Hg.) 1977, a.a.O., 301-318

Duck, St.W. 1977c, Tell Me Where Is Fancy Bred: Some thoughts on the study of interpersonal attraction, in: Duck, St.W. (Hg.) 1977, a.a.O., 1-22

Duck, St.W. 1977d, Zur Bedeutung der Persönlichkeit und Persönlichkeitsähnlichkeit der Partner in der Entwicklung von Freundschaftsbeziehungen, in: Mikula, G./Stroebe, W. (Hg.) 1977, Sympathie, Freundschaft, Ehe, Bern, 139-165

Duck, St.W. 1983, Friends for Life. The Psychology of Close Relationships, New York

Duck, St.W./Gilmour, R. (Hg.) 1981, Personal Relationships 1: Studying Personal Relationships, London

Duck, St.W./Gilmour, R. (Hg.) 1981, Personal Relationships 2: Developing Personal Relationships, London

Duck, St.W./Gilmour, R. (Hg.) 1981, Personal Relationships 3: Personal Relationships in Disorder, New York

Duck, St.W./Lea, M. 1983, Breakdown of relationships as a threat to personal identity, in: Breakwell, G. (Hg.), Threatened Identities, London, 75-90

Duck, St.W./Perlman, D. (Hg.) 1986, Understanding Personal Relationships, London

Duck, St.W./Perlman, D. 1986a, The Thousands Islands of Personal Relationships: A Prescriptive Analysis for Future Explorations, in: Duck, St.W./Perlman, D. (Hg.) 1986, a.a.O., 1-15

Durkheim, E. 1973 (Org. 1897), Der Selbstmord, Neuwied

Edelstein, W./Keller, M. (Hg.) 1982, Perspektivität und Interpretation, Frankfurt a.M.

Edelstein, W./Keller, M. 1982, Perspektivität und Interpretation. Zur Entwicklung des sozialen Verstehens, in: dies. (Hg.), a.a.O., 9-46

Edelstein, W./Nunner-Winkler, G. (Hg.) 1986, Zur Bestimmung der Moral, Frankfurt a.M.

Eglinger, R. 1916, Der Begriff der Freundschaft in der Philosophie. Eine historische Untersuchung, Basel (Diss.)

Eibl-Eibesfeldt, I. 1980, Liebe und Haß. Zur Naturgeschichte elementarer Verhaltensweisen, München

Eichenbaum, L./Orbach, S. 1989, Bitter und süß. Frauenfeindschaft - Frauenfreundschaft, Düsseldorf

Eisenstadt, S.N. 1974, Friendship and the Structure of Trust and Solidarity in Society, in: Leyton, E. (Hg.), a.a.O., 138-145

Elias, N. 1978, Über den Prozeß der Zivilisation, Bd. 1 und 2, Frankfurt a.M.

Elias, N. 1982, Über die Einsamkeit der Sterbenden in unseren Tagen, Frankfurt a.M.

Elias, N. 1987, Die Gesellschaft der Individuen, Frankfurt a.M.

Emerson. R.W. 1983, Freundschaft, in: Kiczka, H. (Hg.), Ralph Waldo Emerson Essays, Zürich, 149-170

Erikson, E.H. 1977, Identität und Lebenszyklus, Frankfurt a.M.

Ernst, H. 1991, Das Ich der Zukunft, in: Psychologie Heute, 18. Jg., Heft 12, 20-26

Fasteau, M.F. 1975, The Male Machine, New York

Fatke, R./Valtin, R. 1988, Wozu man Freunde braucht, in: Psychologie Heute, Jg. 15, Heft 4, 22-29

Feld, S.L. 1981, The Focused Organization of Social Ties, in: American Journal of Sociology, Vol. 86, No. 5, 1015-1035

Festinger, L./Schachter, St./Back, K. 1950, Social Pressures in Informal Groups: A Study of Human Factors in Housing, New York

Field, D. 1978, Der Körper als Träger des Selbst, in: KZfSS Sonderheft 20, Materialien zur Soziologie des Alltags, 244-264

Fine, G.A. 1986, Friendships in the Work Place, in: Derlega, V.J./Winstead, B.A. (Hg.), a.a.O., 185-206

Finley, M.J. 1968, Die Welt des Odysseus, Darmstadt

Fischer, C.S. 1982a, What do we mean by a „friend"? An inductive study, in: Social Network 3, 287-306

Fischer, C.S. 1982b, To Dwell among Friends: Personal Networks in Town and City, Chicago

Fisher, D.V. 1984, A Conceptual Analysis of Self-Disclosure, in: Journal for the Theory of Social Behaviour 14:3, October, 277-296

Foody, W.H./Finighan, W.R. 1981, The Concept of Privacy from a Symbolic Interaction Perspective, in: Journal for the Theory of Social Behavior, 10, 1-17

Foot, H.C./Chapman, A.J./Smith, J.R. (Hg.) 1980, Friendship and Social Relations in Children, Chichester

Foucault, M. 1984, Von der Freundschaft, Berlin

Franz, A. 1984, Einleitung zu Michel de Montaigne, Essays, Hamburg, 3-26

Freud, S. 1960, Das Unbewußte (Schriften zur Psychoanalyse), Frankfurt a.M.

Frey, H.-P./Haußer, K. (Hg.) 1987, Identität - Entwicklungen psychologischer und soziologischer Forschung, Stuttgart

Fromm, E. 1976a, Analytische Sozialpsychologie und Gesellschaftstheorie, Frankfurt a.M.

Fromm, E. 1976b, Die Kunst des Liebens, Frankfurt a.M.

Gans, H.J. 1970, Planning and Social Life: Friendship and Neighbor Relations in Suburban Communities, in: Proshansky, H.M. u.a. (Hg.), a.a.O., 501-509

Gehring, A. 1969, Sympathie. Ein Mechanismus zur Bewertungsentlastung, in: Soziale Welt, Jg. 20., 435-441

Gehring, A. 1971, Freundschaft. Eine Studie zur Soziologie der persönlichen Beziehungen, in: Soziologenkorrespondenz 2. Jg., Heft 1/2, 30-52

Geiger, Th. 1963 (Org. 1950), Demokratie ohne Dogma. Die Gesellschaft zwischen Pathos und Nüchternheit, München

Gergen, K. 1991, The Saturated Self. Dilemmas of Identity in Contemporary Life, New York

Gerhards, J. 1988, Soziologie der Emotionen, Weinheim

Giddens, A. 1988, Die Konstitution der Gesellschaft, Grundzüge einer Theorie der Strukturierung, Frankfurt a.M.

Giddens, A. 1989, Sociology, Cambridge

Gigon, O. 1959, Grundprobleme der antiken Philosophie, Bern

Gilbert, S.J./Whiteneck, G.G. 1976, Toward a Multidimensional Approach to the Study of Self-Disclosure, in: Human Communication Research, Vol. 2, No. 4, Summer, 347-355

Gildemeister, R./Robert, G. 1989, Identität als Gegenstand und Ziel psychosozialer Arbeit, in: Frey, H.-P./Haußer, K. (Hg.), a.a.O., 219-232

Gilmour, R./Duck, St.W. (Hg.) 1986, The Emerging Field of Personal Relationships, London

Ginsberg, D. 1986, Friendship and postdivorce adjustment, in: Gottman, J.M./Parker, J.G. (Hg.) Conversations of Friends, London, 346-376

Ginsberg, D./Gottman, J.M./Parker, J. G. 1986, The Importance of Friendship, in: Gottman, J.M./Parker J.G. (Hg.), a.a.O. 3-48

Ginsburg, G.P. 1988, Rules, Scripts and Prototypes in Personal Relationships, in: Duck, St.W. (Hg.), a.a.O., 23-40

Girtler, R. 1984, Interaktion und Kommunikation großstädtischer Vagabunden Wiens - die Wirklichkeit der Gaunersprache, in: Soeffner, H.-G. (Hg.), Beiträge zu einer Soziologie der Interaktion, Frankfurt a.M., 215-242

Glaser, B./Strauss, A. 1964, Awareness Contexts and Social Interaction, in: American Sociological Review, 29, 669-679

Gleichen-Rußwurm, A. v. 1912, Freundschaft. Eine psychologische Forschungsreise, Stuttgart

Goffman, E. 1971, Verhalten in sozialen Situationen, Gütersloh

Goffman, E. 1974, Das Individuum im öffentlichen Austausch, Frankfurt a.M.

Goffman, E. 1978, Erwiderungen und Reaktionen, in: KZfSS Sonderheft 20, Materialien zur Soziologie des Alltags, 120-176

Golther, W. 1895, Handbuch der germanischen Mythologie, Leipzig

Gottman, J.M. 1983, How Children become friends, in: Monographie of the Society for Research in Child Development, Chicago

Gottman, J.M./Parker, J.G. (Hg.) 1986, Conversations of Friends, London

Gould Davis, E. 1987, Am Anfang war die Frau, Frankfurt a.M.

Gouldner, A.W. 1984, Die Norm der Reziprozität, in: ders. (Hg.), Reziprozität und Autonomie, Frankfurt a.M., 79-117

Gouldner, H./Symons-Strong, M. 1987, Speaking of Friendship, New York

Granovetter, M.S. 1973, „The Strength of Weak Ties", in: American Journal of Sociology 78, 1360-80

Graumann, C.F. 1975, Gedanken über das Machen, in: Metraux, A./Graumann, C.F. (Hg.), Versuche über Erfahrung, Bern, 21-33

Gross, E./Stone, G.P. 1977, Verlegenheit und die Analyse der Voraussetzungen des Rollenhandelns, in: Auwärter, M./Kirsch, E./Schröter, K. (Hg.), Seminar: Kommunikation, Interaktion, Identität, Frankfurt a.M., 275-306

Gross, W. 1989, „Da packt mich plötzlich eine richtige Panik", in: Frankfurter Allgemeine Zeitung Nr. 286, 9. Dezember

Grüny, S. 1986, Zur subjektiven Bedeutsamkeit sogenannter Busenfreundschaften bei Frauen im frühen Erwachsenenalter, München (Diplomarbeit)

Haas, D.F./Deseran, F.A. 1981, Trust and Symbolic Exchange, in: Social Psychology Quarterly, Vol. 44, No. 1, 3-13

Hahn, A. 1983, Konsensfiktionen in Kleingruppen, in: KZfSS, Sonderheft 25, Gruppensoziologie, 210-232

Hall, A./Wellman, B. 1985, Social Networks and Social Support, in: Cohen, S./Syme, S.L. (Hg.), a.a.O., 23-41

Hall, E.T. 1966, The Hidden Dimension, New York

Harrison, R.P. 1976, The Face in Face-To-Face Interaction, in: Miller, G. (Hg.), Explorations in Interpersonal Communication, London, 217-236

Hartmann, H.A. 1983, Was ist sozial an der Moral? Moralität, Moral und Ethik - sozialwissenschaftlich betrachtet, in: Lind, G./Hartmann, H.A./Wakenhut, R. (Hg.), Moralisches Urteilen und soziale Umwelt. Theoretische, methodologische und empirische Untersuchungen, Weinheim, 7-24

Hasse, J. 1988, Die räumliche Vergesellschaftung des Menschen in der Postmoderne, Karlsruhe

Hatfield, E./Traupman, J. 1981, Intimate relationships: A perspective from equity theory, in: Duck, St.W./Gilmour, R. (Hg.), Personal Relationships 1, a.a.O., 165-178

Haußer, K. 1983, Identitätsentwicklung, New York

Hays, R.B. 1984, The Development and Maintanance of Friendship, in: Journal of Social and Personal Relationships, Vol. 1, No.1, 75-98

Hays, R.B. 1988, Friendship, in: Duck, St.W. (Hg.), a.a.O., 391-408

Heinemann, K./Ludes, P. 1978, Zeitbewußtsein und Kontrolle der Zeit, in: KZfSS Sonderheft 20, Materialien zur Soziologie des Alltags, 220-243

Helle, H.J. 1977, Verstehende Soziologie und Theorie der Symbolischen Interaktion, Stuttgart

Helvétius, C.A. 1973 (Org. 1758), Vom Geist, Berlin

Henderson, S. 1981, Social Relationship, Adversitiy and Neurosis. An Analysis of Prospective Oberservation, in: British Journal of Psychiatry, 138, 391-398

Hentig, H.v. 1985, Das abgenutzte Vertrauen, in: Süddeutsche Zeitung Nr. 177 vom 3./4.8.

Hess, B. 1972, Friendship, in: Riley, M.W./Johnson, M./Foner, A. (Hg.), Aging and Society 3, New York, 357-393

Hinde, R.A. 1981, The bases of a science of interpersonal relationships, in: Duck, St.W./Gilmour, R. (Hg.), Personal Relationships 1, a.a.O.

Hochschild, A.R. 1979, Emotion Work, Feeling Rules and Social Structure, in: American Journal of Sociology 3, 551-575

Hoffmann, M.L. 1984, Empathy, Its Limitations, and Its Role in a Comprehensive Moral Theory, in: Kurtines, W.M./Gewirtz, J.L. (Hg.), a.a.O., 283-302

Hoffmeister, J. 1955, Wörterbuch der philosophischen Begriffe, Hamburg

Hoffmeyer-Zlotnik, J.H.P. 1988, Lokale Identität als Dimension subjektiver Lebensqualität, in: Hoffmann-Nowotny, H.-J. (Hg.) Kultur und Gesellschaft - Beiträge der Forschungskomitees, Sektionen und Ad-hoc-Gruppen (24. Deutscher Soziologentag), Zürich, 783-785

Hofmann, H. 1972, Freund/Feind, in: Ritter, J. (Hg.), Historisches Wörterbuch der Philosphie, Bd. 2, Darmstadt, 1104-1105

Höllinger, F. 1988, Familie und soziale Netzwerke in fortgeschrittenen Industriegesellschaften, in: Hoffmann-Nowotny, H.-J. (Hg.), Kultur und Gesellschaft - Beiträge der Forschungskomitees, Sektionen und Ad-hoc-Gruppen (24. Deutscher Soziologentag), Zürich 78-79

Hollingshead, A. 1961, Elmtown's Youth, New York

Homans, G.C. 1961, Social Behavior: Its elementary forms, New York

Hoppe-Graff, S./Keller, M. 1989, Was ist Freundschaft?, in: Psychologie Heute, 16. Jg., Heft 5, 14

Huber, M./Rehling, I. 1989, Dein ist mein halbes Herz. Was Freundinnen einander bedeuten, Frankfurt a.M.

Huston, T.L. (Hg.) 1974, Foundations of Interpersonal Attraction, New York

Huston, T.L. 1983, Power, in: Kelley, H.H. u.a. (Hg.), a.a.O., 169-219

Hutter, H.H. 1974, Friendship in Theory and Practice: A Study of Greek and Roman Theories of Friendship in their Social Settings, Ann Arbor

Irwin, J. 1977, Scenes, London

Izard, C.E. 1960a, Personality, Similarity and Friendship, in: Journal of Abnormal and Social Psychology, Vol. 61, 47-51

Izard, C.E. 1960b, Personality, Similarity, Positive Affect, and Interpersonal Attraction, in: Journal of Abnormal and Social Psychology, Vol. 61, S. 484

Jäckel, U. 1980, Partnerwahl und Eheerfolg. Eine Analyse der Bedingungen und Prozesse ehelicher Sozialisation in einem rollentheoretischen Ansatz, Stuttgart

Jahoda, M. 1983, Wieviel Arbeit braucht der Mensch?, Weinheim

James, W. 1891, Principles of Psychology, Vol. I, London

Johnson, C.L. 1983, Fairweather Friends and Rainy Day Kin: An Anthropological Analysis of Old Age Friendships in the United States, in: Urban Anthropology, Vol. 12, No. 2, 103-123

Jourard, S.M. 1971, The Transparent Self, New York

Jourard, S.M. 1966, Some Psychological Aspects of Privacy, in: Law and Contemporary Problems, 31, 307-318

Jourard, S.M./Lasakow, P. 1971, A Research Approach to Self-Disclosure, in: Jourard, S.M., a.a.O., 211-238

Kahle, G. (Hg.) 1981, Logik des Herzens, Frankfurt a.M.

Kahn, A./O'Leary, V.E./Krulewitz, J.E./Lamm, H. 1980, Equity and equality: Male and female means to a just end, in: Basic and Applied Social Psychology 1, 173-197

Kaminsky, H. 1984, Moral Development in a Historical Perspective, in: Kurtines, W.M./Gewirtz, J.L. (Hg.), a.a.O., 400-414

Kandel, D.B. 1978, Similarity in Real-life Adolescent Friendship, in: Journal of Personality and Social Psychology 36, No. 3, 306-312

Kaufmann, F.-X. 1970, Sicherheit als soziologisches und sozialpolitisches Problem, Stuttgart

Keller, M. 1984, Resolving Conflicts in Friendship: The Development of Moral Understanding in Everyday Life, in: Kurtines, W.M./Gewirtz, J.L. (Hg.), a.a.O., 140-158

Keller, M./Edelstein, W. 1986, Beziehungsverständnis und moralische Reflexion. Eine entwicklungspsychologische Untersuchung, in: Edelstein, W./Nunner-Winkler, G. (Hg.), a.a.O., 321-346

Kelley, H.H. 1983, Love and Commitment, in: ders. u.a., (Hg.), a.a.O., 265-311

Kelley, H.H./Berscheid, E.Ch./Christensen, A./Harvey, J.H./Huston, T.L./Levinger, G./McClintock, E./Peplau, L.A./Peterson, D.R. (Hg.) 1983, Close Relationships, New York

Kelley, H.H./Thibaut, J.W. 1978, Interpersonal relations: A teory of interdependence, New York

Kerckhoff, A./Davis, K.E. 1962, Value consensus and need complementary in mate selection, in: American Sociological Review, 27, 3, 395-303

Kersten, K.K./Kersten, L.K. 1988, Marriage and the Family, New York

Kessler, R.C./Price, R.H./Wortman, C.B. 1985, Social Factors in Psychopathology: Stress, Social Support, and Coping Process, in: Annual Review of Psychology, 36, 531-572

Keupp, H. 1988, Riskante Chancen, Heidelberg

Keupp, H. 1989a, Auf der Suche nach der verlorenen Identität, in: ders./Bilden, H. (Hg.), a.a.O., 47-60

Keupp, H. 1989b, Einleitung. Subjekt und Gesellschaft: Sozialpsychologische Verknüpfungen, in: ders./Bilden, H. (Hg.) 1989, a.a.O., 9-18

Keupp, H./Bilden, H. (Hg.) 1989, Verunsicherungen - Das Subjekt im gesellschaftlichen Wandel, Göttingen

Keupp, H./Röhrle, B. (Hg.) 1987, Soziale Netzwerke, Frankfurt a.M.

Klaus, G./Buhr, M. (Hg.) 1975, Philosophisches Wörterbuch, 2 Bde., Leipzig

Kohlberg, L./Boyd, D.R./Levine, Ch. 1986, Die Wiederkehr der sechsten Stufe: Gerechtigkeit, Wohlwollen und der Standpunkt der Moral, in: Edelstein, W./Nunner-Winkler, G. (Hg.) 1986, a.a.O, 205-240

Kohn, M.L. 1989, Social Structure and Personality: A Quintessentially Sociological Approach to Social Psychology, in: Social Forces, 68 (1), 26-33

Kon, I. 1979, Freundschaft, Hamburg

Kosing, A. 1985, Wörterbuch der Philosophie, Westberlin

Kracauer, S. 1920, Georg Simmel, in: Logos 9, 307-338

Kracauer, S. 1971 (Org. 1917/18 und 1921), Über die Freundschaft, Frankfurt a.M.

Krämer-Badoni, Th./Wakenhut, R. 1983, Moral und militärische Lebenswelt, in: Lind, G./Hartmann, H.A./Wakenhut, R. (Hg.) 1983, a.a.O., 179-192

Krappmann, L. 1975, Soziologische Dimensionen der Identität, Stuttgart

Kraus, W./Straus, F. 1990, Das Konzept der Patchwork-Identität: Überlegungen zur Entwicklung eines forschungsmethodischen Baukastens, in: SFB 333, Mitteilungen 2, Universität München, 4-20

Kreutz, H. 1964, Jugend: Gruppenbild und Objektwahl, Wien (Diss.)

Kruse, L. 1980, Privatheit als Problem und Gegenstand der Psychologie, Bern

Kruse, L./Graumann, C.F. 1978, Sozialpsychologie des Raumes und der Bewegung, in: KZfSS Sonderheft 20, Materialien zur Soziologie des Alltags, 177-219

Kühnl, R. 1975, Formen bürgerlicher Herrschaft. Liberalismus - Faschismus, 2 Bde., Hamburg

Kürn, Ch. 1984, Partnerwahl Jugendlicher, München (Diss.)

Kurth, S.B. 1970, Friendship and Friendly Relations, in: McCall, G.J. u.a. (Hg.), a.a.O., 137-170

Kurtines, W.M./Gewirtz, J.L. (Hg.) 1984, Morality, Moral Behavior, and Moral Development, New York

La Gaipa, J.J. 1979, A Developmental Study of the Meaning of Friendship in Adolescence, in: Journal of Adolescence (2), 201-213

Laing, R.D. 1973, Das Selbst und die Anderen, Köln

Laing, R.D./Phillipson, H./Lee, A.R. 1976, Interpersonelle Wahrnehmung, Frankfurt a.M.

Laufer, R.S./Wolfe, M. 1977, Privacy as a Concept and a Social Issue: A multidimensional developmental theory, in: The Journal of Social Issues, Vol. 33, 3, 22-42

Lawton, M.P./Simon, B. 1968, The Ecology of Social Relationships in Housing for the Elderly, in: The Gerontologist, 8, 108-115

Lazarsfeld, P.F./Merton, R.K. 1964 (Org. 1954), Friendship as Social Process: A Substantive and Methodological Analysis, in: Berger, M./Abel, Th./Page, Ch.H. (Hg.), Freedom and Control in Modern Society, New York, 18-66

Lempert, W. 1986, Moralische Entwicklung und berufliche Sozialisation, in: Bertram, H. (Hg.), a.a.O., 224-257

Levinger, G. 1977, Re-Viewing the Close Relationship, in: Levinger, G./Raush, H.L. (Hg.), a.a.O., 137-162

Levinger, G. 1983, Development and Change, in: Kelley, H.H. u.a. (Hg), a.a.O., 315-359

Levinger, G./Raush, H.L. (Hg.) 1977, Close Relationships, Amherst

Levinger, G./Snoek, J.D. 1972, Attraction in Relationships: A New Look at Interpersonal Attraction, New York

Levinson, D.J./Darrow, Ch.N./Klein, E.B./Levinson, M.R./McKee, B. 1978, The Seasons of a Man's Life, New York

Levy, J.A. 1981, Friendship Dilemmas and the Intersection of Social Worlds: Re-entry women on the college campus, in: Research in the Interwave of Social Roles: Friendship, Vol. 2, 143-170

Lewin, K. 1948, Resolving Social Conflicts, New York

Leyton, E. (Hg.) 1974, The Compact. Selected Dimensions of Friendship, Newfoundland

Leyton, E. 1974, Irish Friends and „Friends": The Nexus of Friendship, and Class in Aughnaboy, in: ders. (Hg.), a.a.O., 93-104

Lind, G./Hartmann, H.A./Wakenhut, R. (Hg.) 1983, Moralisches Urteilen und soziale Umwelt. Theoretische, methodologische und empirische Untersuchungen, Weinheim

Lindesmith, A.R./Strauss, A.L. 1983, Symbolische Bedingungen der Sozialisation, Bd. 2, Frankfurt a.M.

Lopata, H. 1979, Women as Widows: Support Systems, New York

Lott, A.J./Lott, B.E. 1974, The role of reward in the formulation of positive interpersonal attitudes, in: Huston, T.L. (Hg.), a.a.O, 171-189

Löwith, K. 1928, Das Individuum in der Rolle des Mitmenschen, München

Luhmann, N. 1968, Vertrauen. Ein Mechanismus der Reduktion sozialer Komplexität, Stuttgart

Luhmann, N. 1977, Einfache Sozialsysteme, in: Auwärter, M./Kirsch, E./Schröter, K. (Hg.), Seminar: Kommunikation, Interaktion, Identität, Frankfurt a.M., 3-34

Luhmann, N. 1982, Liebe als Passion: Zur Codierung von Intimität, Frankfurt a.M.

Lyman, S.M/Scott, M.B. 1970, Territoriality: A neglected sociological dimension, in: dies., A Sociology of the Absurd, New York, 89-109

Lynch, J.J. 1979, Das gebrochene Herz, Hamburg

Matejko, A.J. 1988, The Sociotechnical Perspective on Trust at Work, Speyer

Matz, U. 1974, Thomas von Aquino, in: Politische Denker I, Hg. Bayerische Landeszentrale für politische Bildungsarbeit, München, 53-62

Maurina, Z. 1988, Verfremdung und Freundschaft, Memmingen

McAdams, D.P. 1988, Personal Needs and Personal Relationships, in: Duck, St.W. (Hg.), a.a.O., 7-22

McCall, G.J. 1970a, The Social Organziation of Relationships, in: ders. u.a. 1970, a.a.O., 3-34

McCall, G.J. 1974, A Symbolic Interactionist Approach to Attraction, in: Huston, T.L. (Hg.), a.a.O., 217-231

McCall, G.J./McCall, M.M./Denzin, N.K./Suttles, G.D., Kurth, S.B. (Hg.) 1970, Social Relationships, Chicago

Mead, G.H. 1975 (Org. 1934), Geist, Identität und Gesellschaft, Frankfurt a.M.

Meister, J.J. 1974, Aristoteles, in: Politische Denker I, Hg. Bayerische Landeszentrale für politische Bildungsarbeit, München, 30-40

Merleau-Ponty, M. 1966, Phänomenologie der Wahrnehmung, Berlin

Mielenbrink, E. 1967, Freundschaft in christlicher Erziehung und Seelsorge, in: Schriften zur Religionspädagogik und Kerygmatik, Bd. III, Würzburg

Miell, D./Duck, St.W. 1986, Strategies in Developing Friendship, in: Derlega, V.J./Winstead, B.A. (Hg.), a.a.O., 129-143

Milardo, R.M. 1986, Personal Choice and Social Constraint in Close Relationships: Applications of Network Analysis, in: Derlega, V.J./Winstead, B.A. (Hg), a.a.O., 145-166

Miller, St. 1988, Männerfreundschaft, München

Mills, J./Clark, M.S. 1982, Exchange and communal relationships, in: Review of personality and social psychology, Vol. 3, 121-144

Mills, Th.M 1969, Soziologie der Gruppe, München

Mönkemeyer, K./Nordhoff, I. 1991, Ein platonisches Verhältnis, Reinbek

Montaigne, M.de 1984, Die Essays, Stuttgart

Morris, D. 1978, Der Mensch mit dem wir leben, München

Morton, T.L./Douglas, M.A. 1981, Growth of Relationships, in: Duck, St.W./Gilmour, R. (Hg.), a.a.O., 4-26

Moscovici, S. (Hg.) 1975, Forschungsgebiete der Sozialpsychologie 1, Frankfurt a.M.

Münch, E.M. v. 1990, „Mit ihren Frauen gingen die Römer schonend um", in: Die Zeit, Nr. 35 vom 24.8.

Murstein, B.J. 1971, Theories of Attraction and Love, New York

Murstein, B.J. 1977, Die Stimulus-Werthaltungs-Rollentheorie der Ehepartnerwahl, in: Mikula, G./Stroebe, W. (Hg.) 1977, Sympathie, Freundschaft und Ehe, Bern

Nash, A. 1988, Ontogeny, Phylogeny, and Relationships, in: Duck, St.W. (Hg.), a.a.O., 121-141

Nedelmann, B. 1983, Georg Simmel - Emotion und Wechselwirkung in intimen Gruppen, in: KZfSS Sonderheft 25, Gruppensoziologie, 174-209

Newcomb, T. 1961, The Aquaintance Process, New York

Nickel, H. 1974, Entwicklungspsychologie des Kindes- und Jugendalters, Bern

Noak, L. 1986, Philosophiegeschichtliches Lexikon, Stuttgart

Nolte, V. 1939, Augustinus' Freundschaftsideal in seinen Briefen und den Confessionen, Würzburg (Diss.)

Nunner-Winkler, G. 1985, Identität und Individualität, in: Soziale Welt, Jg. 36, Heft 4, 466-482

Nunner-Winkler, G. 1987, Identitätskrise ohne Lösung: Widerholungskrisen, Dauerkrise, in: Frey, H.-P./Haußer, K. (Hg.), a.a.O., 165-178

O'Connor, P./Brown, G.W. 1984, Supportive Relationships: Fact or Fancy?, in: Journal of Social and Personal Relationships, Vol. 1, 159-175

Ohe, E. von der 1985, Freundschaftsbeziehungen, in: Diakonisches Werk der Evangelischen Kirche in Deutschland (Hg.), Familie ‚82-'84, Lebenszyklus und Familie, Stuttgart, 71-96

Opaschowski, H.W. 1986, Der Freizeitbrief vom B.A.T. Forschungsinstitut, 48, 7.Jg., 2. April

Opaschowski, H.W. 1992, Freizeit 2001, Hamburg

Paine, R. 1974a, Anthropological Approaches to Friendship, in: Leyton, E. (Hg.), a.a.O., 1-14

Paine, R. 1974b, An Exploratory Analysis in ‚Middle-Class' Culture, in: Leyton, E. (Hg.), a.a.O., 118-137

Patterson, M.L 1988, Functions of Nonverbal Behavior in Close Relationships, in: Duck, St.W. (Hg.), a.a.O., 41-56

Pawlby, S.J. 1981, Infant-Mother-Relationships, in: Duck, St.W./Gilmour, R. (Hg.), Personal Relationships 2, a.a.O, 123-139

Pearce, W.B./Sharp, St.M./Wright, P.H./Slama, K.M. 1974, Affection and Reciprocity in Self-Disclosing Communication, in: Human Communication Research, Vol. 1, No. 1, 5-14

Perlman, D./Fehr, B. 1986, Theories of Friendship: The Analysis of Interpersonal Attraction, in: Derlega, V.J./Winstead, B.A. (Hg.), a.a.O., 9-40

Petermann, F. 1985, Psychologie des Vertrauens, Salzburg

Peters, R.S. 1982, Personales Verstehen und persönliche Beziehungen, in: Edelstein, W./Keller, M. (Hg.), a.a.O., 237-265

Phillips, G.M./Metzger, N.J. 1976, Intimate Communication, Boston

Piaget, J. 1990 (Org. 1932), Das moralische Urteil beim Kinde, München

Pinckaers, S. 1963, Der Sinn für die Freundschaftsliebe als Urtatsache der thomistischen Ethik, in: Engelhardt, P. (Hg.), Sein und Ethos, Mainz, 228-235

Platon 1925, Das Gastmahl, Berlin

Platon 1967, Lysis. Von der Freundschaft, München, 136-155

Pohlmeier, H. 1980, Depression und Selbstmord, München

Proshansky, H.M./Ittelson, W.H./Rivlin, L.G. (Hg.) 1970a, Environmental Psychology: Man and his physical setting, New York

Proshansky, H.M./Ittelson, W.H./Rivlin, L.G. 1970b, Freedom of Choice and Behavior in a Physical Setting, in: dies. (Hg.) 1970a, a.a.O., 173-183

Puls, W. 1989, Soziale Isolation und Einsamkeit, Wiesbaden (Diss.)

Raeymaeker, L.de 1949, Einführung in die Philosophie, Bd. I, Köln

Rangell, L. 1963, On Friendship, in: Journal of the American Psychoanalytic Association, 11, 3-54

Rasch, W.-D. 1936, Freundschaftskult und Freundschaftsdichtung im deutschen Schrifttum des 18. Jahrhunderts, Halle

Raymond, J.G. 1987, Frauenfreundschaft. Philosophie der Zuneigung, München

Reilly, M.St.A./Commins, W.D./Stefic, E.C. 1960, The Complementarity of Personality Needs in Friendship Choice, in: Journal of Abnormal and Social Psychology, Vol. 61, No. 2, 292-294

Reiner, H. 1963, Beatudio und Oligatio bei Thomas von Aquin. Antwort an P. Pinkaers, in: Engelhardt, P. (Hg.) Sein und Ethos, Mainz, 306-328

Reis, H.T./Shaver P. 1988, Intimacy as an Interpersonal Process, in: Duck, St.W. (Hg.), a.a.O., 367-389

Reisman, J.M. 1981, Adult Friendships, in: Duck, St.W./Gilmour, R. (Hg.), Personal Relationships 2, a.a.O., 205-230

Rerrich, M. 1989, Was ist neu an den „neuen Vätern"?, in: Keupp, H./Bilden, H. (Hg.), a.a.O., 93-102

Reynolds, V. 1974, Friendship Among Primates, in: Leyton, E. (Hg.), a.a.O., 33-41

Riesman, D. 1958, Die einsame Masse, Hamburg

Ritter, J. (Hg.) 1972, Historisches Wörterbuch der Philosophie, Bd. 2, Darmstadt

Rittner, V. 1983, Zur Soziologie körperbezogener sozialer Systeme, in: KZfSS Sonderheft 25, Gruppensoziologie, 233-255

Roscher, W.H. (Hg.) 1884-1890, Ausführliches Lexikon der griechischen und römischen Mythologie, Bd. I und II, Leipzig

Rubenstein,C./Shaver, Ph. 1982, The Experience of Loneliness, in: Peplau, A./Perlman, D. (Hg.), Loneliness, New York, 206-223

Ruberman, W./Weinblatt, E./Goldberg, J.D./Chaudhary, B.S. 1984, Psychosocial Influences on Mortality after Myocardial Infarct, in: New England Journal of Medicine, 311, 552-595

Rubin, L.B. 1985, Just Friends, New York

Rubin, Z. 1981, Kinderfreundschaften, Stuttgart

Rusbult, C.E. 1980, Satisfaction and Commitment in Friendship, in: Representative Research in Social Psychology, Vol. 11, 96-105

Saint-Exupéry, A. de 1986, Bekenntnis einer Freundschaft, Düsseldorf

Salomon, A. 1979, Der Freundschaftskult des 18. Jahrhunderts in Deutschland: Versuch zur Soziologie einer Lebensform, in: Zeitschrift für Soziologie, Jg. 8, Heft 3, Juli, 279-308

Sants, H.K.A. 1986, The Relation Between Patterns of Friendship, Self-Concept, and Conceptions of Friendship in Six-Year-Olds, in: Gilmour, R./Duck, St.W. (Hg.), a.a.O., 161-172

Schaie, K.W./Parham, J.A. 1974, Social Responsibility in Adulthood: Ontogenetic and Sociocultural Change, in: Journal of Personality and Social Psychology, Vol. 30, No. 4, 483-492

Scheler, M. 1933, Über Scham und Schamgefühl, in: ders., Schriften aus dem Nachlass, Band 1: Zur Ethik und Erkenntnislehre, Berlin, 53-148

Scheler, M. 1974 (Org.1912), Wesen und Formen der Sympathie, Bern

Scheliha, R.v. 1968/69, Freiheit und Freundschaft in Hellas, Amsterdam

Schenk, M. 1984, Soziale Netzwerke und Kommunikation, Tübingen

Scherm, A.G. 1976, Freundschaft als pädagogisches Problem, Regensburg (Diss.)

Scheuch, E. 1992, Cliquen, Klüngel und Karrieren, Reinbek

Schmalohr, E. 1975, Frühe Mutterentbehrung bei Mensch und Tier, München

Schmitt, P. 1989, Die neue Armut betrifft vor allem die Frauen, in: Süddeutsche Zeitung Nr. 119, 27./28. Mai

Schwartz, B. 1968, The Social Psychology of Privacy, in: American Journal of Sociology 73, 741-752

Schwarzer, R./Leppin, A. 1990, Sozialer Rückhalt, Krankheit und Gesundheitsverhalten, in: Schwarzer, R. (Hg.), Gesundheitspsychologie, Göttingen, 395-414

Seidel, Ch. 1972, Freundschaft, in: Ritter, J. (Hg.), a.a.O. Bd. 2, 1106-1114

Seiden, A.M./Bart, P.B. 1975, Women to women: Is Sisterhood powerful?, in: Glazer-Malbin, N. (Hg.), Old family - new family, New York

Selman, R.L. 1980, The Growth of Interpersonal Understanding, New York

Senger, R. 1983, Segmentierung des moralischen Bewußtseins bei Soldaten, in: Lind, G./Hartmann, H.A./Wakenhut, R. (Hg.), a.a.O., 193-210

Sennett, R. 1983, Verfall und Ende des öffentlichen Leben. Die Tyrannei der Intimität, Frankfurt a.M.

Shibutani, T. 1955, Reference Groups as Perspectives, in: American Journal of Sociology, Vol. 60, May, 562-569

Shibutani, T. 1962, Reference Groups and Social Control, in: Rose, A.M. (Hg.), Human Behavior and Social Process, Boston, 128-147

Shils, E.A. 1966, Privacy: Its Constitution and Vicissitudes, in: Law and Contemporary Problems, 31, 281-306

Siegert, M.T./Chapman, M. 1987, Identitätstransformationen im Erwachsenenalter, in: Frey, H.-P./Haußer, K. (Hg.), a.a.O., 139-150

Simmel, G. 1908, Soziologie. Untersuchungen über die Formen der Vergesellschaftung, Leipzig

Simmel, G. 1957, Brücke und Tür. Essays des Philosophen zur Geschichte, Religion, Kunst und Gesellschaft (Hg. M.Landmann), Stuttgart

Simmel, G. 1957a, Die Großstädte und das Geistesleben, in: ders. 1957, a.a.O., 227-242

Simmel, G. 1957b, Fragment über die Liebe, in: ders. 1957, a.a.O., 17-28

Simmel, G. 1968 (Org. 1908), Soziologie. Untersuchungen über die Formen der Vergesellschaftung, Berlin

Smith, A.J. 1960, The Attribution of Similarity: The Influence of Success and Failure, in: Journal of the Abnormal and Social Psychology, Vol. 61, No. 1, 419-423

Smith-Rosenberg, C. 1981, „Meine innig geliebte Freundin!" Beziehungen zwischen Frauen im 19. Jahrhundert, in: Honegger, C./Heintz, B. (Hg.), Listen der Ohnmacht, Frankfurt a.M., 357-392

Smithson, M. 1980, Interests and the Growth of Uncertainty, in: Journal for the Theory of Social Behavior, 10, 157-168

Snyder, M./Campbell, B.H. 1982, Self-Monitoring: The Self in Action, in: Suls, J. (Hg), Psychological Perspectives on the Self, London, 185-208

Snyder, M./Smith, D. 1986, Personality and Friendship: The Friendship Worlds of Self-Monitoring, in: Derlega, V.J./Winstead, B.A. (Hg.), a.a.O., 63-80

Soeffner, H.-G. 1986, Emblematische und symbolische Formen der Orientierung, in: ders. (Hg.), Sozialstruktur und soziale Typik, Frankfurt a.M., 1-30

Solano, C.H. 1986, People Without Friends: Loneliness and Its Alternatives, in: Derlega, V.J./Winstead, B.A. (Hg.), a.a.O., 227-246

Spitz, R.A. 1980, Vom Säugling zum Kleinkind, Stuttgart

Sroufe, L.A./Wunsch, J.P. 1972, The Development of Laughter in the First Year of Life, in: Child Development, Vol. 43, No. 4, 1326-1344

Stackelberg, J. v. 1982, Montaigne als Moralist, in: ders., Französische Moralistik im europäischen Kontext, Darmstadt, 56-78

Staub, E. 1982, Entwicklung prosozialen Verhaltens. Zur Psychologie der Mitmenschlichkeit, München

Steinberger, J. 1956, Begriff und Wesen der Freundschaft bei Aristoteles und Cicero, Erlangen (Diss.)

Stierlin, H. 1971, Das Tun des Einen ist das Tun des Anderen, Frankfurt a.M.

Stimmer, F. 1979, Familiensoziologische Aspekte der Alkoholismusgenese bei Jugendlichen, in: ders. (Hg.), Soziologenkorrespondenz NF 6, München, 171-194

Stimmer, F. 1987, Narzißmus. Zur Psychogenese und Soziogenese narzißtischen Verhaltens, Berlin

Stotland, E./Cottrell, N.B. 1960, Group Interaction and Perceived Similarity of Members, in: Journal of Abnormal and Social Psychology, Vol. 61, No. 3, 335-340

Strauss, A. 1974, (Org. 1959), Spiegel und Masken, Frankfurt

Strauss, A. 1970, Life Styles and Urban Space, in: Proshansky, H.M. u.a. (Hg.), a.a.O., 303-312

Sullivan, H.S. 1980 (Org. 1953), Die interpersonale Theorie in der Psychiatrie, Frankfurt a.M.

Suttles, G.D. 1970, Friendship as a Social Institution, in: McCall, G.J. u.a. (Hg.), a.a.O., Chicago, 95-135

Taviss, I.M. 1969, Change in Form of Alienation: The 1900's vs. the 1950's, in: American Sociological Review, Vol. 34, No. 1

Tedeschi, J.T. 1974, Attributions, Liking and Power, in: Huston, T.L. (Hg.), a.a.O., 193-215

Tenbruck, F. H. 1964, Freundschaft, in: KZfSS, 16. Jg., 431-456

Thaer, E. 1917, Die Freundschaft im deutschen Roman des 18. Jahrhunderts, Hamburg (Diss.)

Thibaut, J.W./Kelley, H.H. 1959, The Social Psychology of Groups, New York

Thoits, P.A. 1983, Multiple Identities and Psychological Wellbeing: A reformulation and test of the isolation hypothesis, in: American Sociological Review 48, 174-187

Thoits, P.A. 1986, Multiple Identities: Examining gender and marital status differences in distress, in: American Sociological Review 51, 259-272

Thoits, P.A. 1987, Negotiating roles, in: Crosby, F.J. (Hg.), Spouse, Parent Worker, New Haven, 11-22

Thomas von Aquin 1954, Summe der Theologie, Band 2, Stuttgart

Thomas, W.I. 1965, Person und Sozialverhalten, Neuwied

Tiger, L. 1969, Men in Groups, New York

Tiger, L. 1974, Sex-Specific Friendship, in: Leyton, E. (Hg.), a.a.O., 42-48

Toffler, A. 1970, Future Shock, New York

Tönnies, F. 1926 (Org. 1887), Gemeinschaft und Gesellschaft, Berlin

Tönnies, F. 1965 (Org. 1931), Einführung in die Soziologie, Stuttgart

Treibel, A. 1990, Migration in modernen Gesellschaften, Weinheim

Trower, P. 1981, Social Skill Disorder, in: Duck, St.W./Gilmour, R. (Hg.) Personal Relationships 3, a.a.O., 97-110

Verbrugge, L.M. 1977, The Structure of Adult Friendship Choices, in: Social Forces 56, 2, 576-597

Vester, H.-G. 1980, Gefährung von Wirklichkeit. Die soziale Konstruktion von Sicherheit und Unsicherheit von Realitäten, Greven (Diss. München)

Vester, H.-G. 1988, Zeitalter der Freizeit, Darmstadt

Völger, G./Welck, K.v. (Hg.) 1990, Männerbande Männerbünde. Zur Rolle des Mannes im Kulturvergleich (2 Bde.), Köln

Walker, K.W./Macbride, A./Vachon, M.L.S. 1977, Social Support Networks and the Crisis of Bereavement, in: Social Science and Medicine, 11, 35-41

Wallman, S. 1974, Kinship, A-Kinship, Anti-Kinship: Variations in the Logic of Kinship Situations, in: Leyton, E. (Hg.), a.a.O., 105-116

Wallner, E. 1972, Soziologie, Heidelberg

Waltz, E.M. 1981, Soziale Faktoren bei der Entstehung und Bewältigung von Krankheit - ein Überblick über die empirische Literatur, in: Badura, B. (Hg.), a.a.O., 40-119

Watzlawick, P./Beavin, J.H./Jackson, D.D. 1974, Menschliche Kommunikation, Bern

Weber, M. 1972 (Org. 1922), Wirtschaft und Gesellschaft. Grundrisse der Verstehenden Soziologie, Tübingen

Wegener, B. 1987, Vom Nutzen entfernter Bekannter, in: KZfSS Jg. 39, Heft 2, 278-300

Weigert, A.J./Smith Teitge, J./Teitge, D.W. 1983, Society and Identity - Toward a Sociological Psychology, Cambridge

Weinreich-Haste, H. 1984, Morality, Social Meaning, and Rhetoric: The Social Context of Moral Reasoning, in: Kurtines, W.M./Gewirtz, J.L. (Hg.), a.a.O., 325-347

Weiss, R.S. 1973, Loneliness. The Experience of Emotional and Social Isolation, Cambrigde/Massachusetts

Weiss, R.S. 1979, Going it alone, New York

Westin, A. 1970, Privacy and Freedom, London

Wiese, L.v. 1933 (Org. 1924), System der Allgemeinen Soziologie, München/Leipzig

Willi, J. 1990, Die Zweierbeziehung, Hamburg

Winch, R. 1955, The Theory of Complementary Needs in Mate-Selection. A test of one kind of complementariness, in: American Sociological Review 20, 1, 52-56

Winch, R./Ktsanes, Th./Ktsanes, V. 1954, The Theory of Complementary Needs in Mate-Selection. An analytic and descriptive study, in: American Sociological Review 19, 241-249

Winstead, B.A 1986, Sex Differences in Same-Sex Friendships, in: Derlega, V.J./Winstead, B.A. (Hg.), a.a.O., 81-99

Winstead, B.A./Derlega, V.J. 1986, Friendship and Social Interaction: An Introduction, in: Derlega, V.J./Winstead, B.A. (Hg.), a.a.O., 1-8

Wright, P.H. 1969, A Model and a Technique for Studies of Friendship, in: Journal of Experimental Social Psychology, Vol. 5, 295-309

Wright, P.H. 1984, Self Referent Motivation and the Intrinsic Quality of Friendship, in: Journal of Social and Personal Relationships 1, 115-130

Young, J.E. 1986, A Cognitive-Behavioral Approach to Friendship Disorders, in: Derlega, V.J./Winstead, B.A. (Hg..), a.a.O., 247-276

Youniss, J. 1982, Die Entwicklung und Funktion von Freundschaftsbeziehungen, in: Edelstein, W./Keller, M. (Hg.), a.a.O., 78-108

Youniss, J. 1984, Moral, kommunikative Beziehungen und die Entwicklung der Reziprozität, in: Edelstein, W./Habermas, J. (Hg.), Soziale Interaktion und soziales Verstehen. Beiträge zur Entwicklung der Interaktionskompetenz, Frankfurt a.M., 34-60

Youniss, J./Smollar, J. 1985, Adolescent Relations with Mothers, Fathers and Friends, Chicago

Zink, G. 1987, Kinderfreundschaften. Eine soziologische Untersuchung zur Relevanz der „Peer-Beziehungen" im Sozialisationsprozeß, München (Diplomarbeit)

Aus dem Programm
Sozialwissenschaften

Karl H. Delhees
Soziale Kommunikation

Psychologische Grundlagen für das Miteinander in der modernen Gesellschaft

1994. 422 S. Kart.
ISBN 3-531-12523-0

Dieses Buch handelt von Vorgängen, an denen jeder täglich teilnimmt; es handelt von Kommunikation zwischen Menschen in der modernen Gesellschaft. Kommunikation, verbale und nonverbale, ist das tägliche Miteinander sozialer Wesen. Das Alltägliche und Selbstverständliche daran sollte uns aber nicht vergessen lassen, daß wir nie zu Ende kommen bei dem Versuch, lebendige und schöpferische Kommunikation mit anderen Menschen zu verbessern und zu kultivieren. In diesem Buch werden wissenschaftliche Erkenntnisse über soziale Kommunikation mit praktischer Anwendung verbunden, wobei viele Beispiele und Abbildungen das Verständnis des Textes unterstützen.

Horst Reimann/
Hans-Peter Müller (Hrsg.)
Probleme moderner Gesellschaften

Peter Atteslander zum 65. Geburtstag

1994. X, 308 S. Kart.
ISBN 3-531-12543-5

In diesem Sammelband stellen Soziologen, Ökonomen, Ökologen und Bevölkerungswissenschaftler, darunter so renommierte ausländische Gelehrte wie W. F. Whyte, N. Stehr, Mongardini und Han Li, die kardinalen Probleme moderner und modernisierender Gesellschaften in kritischer Kommentierung zur Dis-

kussion. Dabei werden, interdisziplinär und kulturvergleichend, hochaktuelle Fragen des demographischen Wandels, der Minderheiten, der Basis-Demokratie, der ökonomischen Rationalität, des Menschenbildes, der sozialen Grundlagen der Marktwirtschaft, des Verkehrs, der Wissenschaft und Forschung exemplarisch behandelt.

Christa Lindner-Braun
Soziologie des Selbstmords

1990. 419 S. Kart.
ISBN 3-531-12088-3

Der Selbstmord ist nicht nur ein privates Unglück, sondern das Spiegelbild gesellschaftlicher Verhältnisse. Aber nicht der „kollektive Geist", sondern der für Industriegesellschaften westlicher Prägung notwendige Zwang zum Selbstzwang schafft egozentrische Weltbilder und ermöglicht die Entwicklung und Sozialisation fehlgeleiteter Selbstkontrollmechanismen, die für die starke Suizidgefährdung in hochentwickelten und reichen Industrienationen verantwortlich zu machen sind. Diese und andere empirische Phänomene der Selbstmordforschung – z.B. auch die weltweite Zunahme der Selbstmorde von Frauen – lassen sich auf der Grundlage einer mehrstufigen motivationstheoretischen Handlungstheorie erklären.

WESTDEUTSCHER VERLAG
OPLADEN · WIESBADEN

Aus dem Programm
Sozialwissenschaften

Raymond Boudon/
François Bourricaud

Soziologische Stichworte

Ein Handbuch

1992. 680 S. Kart.
ISBN 3-531-11675-4

Die Autoren dieses sozialwissenschaftlichen Standardwerkes behandeln in mehr als siebzig Grundsatzartikeln zu Schlüsselbegriffen, Theorien und historisch wesentlichen Autoren die zentralen Probleme der Soziologie. Insgesamt bietet der Band eine ebenso umfassende wie kritische Einführung in Entwicklung und Stand der Soziologie und ihrer einzelnen Bereiche.

Ronald Hitzler/Anne Honer/
Christoph Maeder (Hrsg.)

Expertenwissen

Die institutionalisierte Kompetenz zur Konstruktion von Wirklichkeit

1994. 318 S. Kart.
ISBN 3-531-12581-8

'Expertenschaft' wird von den Autoren dieses Bandes als eine soziale Etikettierung begriffen, die aufgrund spezieller Kompetenzansprüche und Kompetenzunterstellungen vorgenommen wird. In diesen empirischen Arbeiten steht deshalb die Frage nach der gesellschaftlichen Konstruktion von Experten ebenso wie nach der Konstruktion von Wirklichkeit durch Experten im Vordergrund. Gefragt wird auch, inwiefern sich die beanspruchten und unterstellten Kompetenzen von Experten, Spezialisten und Professionellen gleichen und unterscheiden und wogegen sie sich ,abheben' (z.B. gegen Laientum, Amateurhaf-

tigkeit, Dilettantismus, gegen Allerweltswissen, den ,gesunden Menschenverstand', bildungsbürgerliche Wohlinformiertheit usw.).

Joachim Westerbarkey

Das Geheimnis

Zur funktionalen Ambivalenz von Kommunikationsstrukturen

1991. 270 S. Kart.
ISBN 3-531-12114-6

Stichworte zu Inhalt und Ergebnissen der Studie:

– Nicht „Wissensdurst" motiviert primär zur Kommunikation, sondern Lust- und Beziehungsinteresse.
– Geheimnisse sind ein immanenter und funktional ambivalenter Aspekt jeder Kommunikation.
– Folglich ist nicht Öffentlichkeit das zentrale Problem von Publizistik, sondern Stimulanz, Attraktivität und Selektivität.
– Öffentlichkeit und Geheimnis sind multidimensional miteinander vernetzt.
– Öffentlichkeit und Selektionsleistung implizieren Geheimnisse, Geheimnisse provozieren Öffentlichkeit.
– Öffentlichkeitsarbeit ist eine Geheimhaltungsstrategie.

WESTDEUTSCHER VERLAG
OPLADEN · WIESBADEN